Auditing and Accounting Studies

Weitere Bände in der Reihe http://www.springer.com/series/12190

Karsten Asbahr

Entzerrungsstrategien bei der Prüfung geschätzter Werte

Eine theoretische Analyse und empirische Untersuchung zur Berichterstattung über Key Audit Matter

Mit einem Geleitwort von Prof. Dr. Klaus Ruhnke

Karsten Asbahr
Berlin, Deutschland

Dissertation Freie Universität Berlin, 2017

Auditing and Accounting Studies
ISBN 978-3-658-21602-3 ISBN 978-3-658-21603-0 (eBook)
https://doi.org/10.1007/978-3-658-21603-0

Die Deutsche Nationalbibliothek verzeichnet diese Publikation in der Deutschen Nationalbibliografie; detaillierte bibliografische Daten sind im Internet über http://dnb.d-nb.de abrufbar.

Springer Gabler

Gedruckt auf säurefreiem und chlorfrei gebleichtem Papier

Springer Gabler ist ein Imprint der eingetragenen Gesellschaft Springer Fachmedien Wiesbaden GmbH und ist ein Teil von Springer Nature
Die Anschrift der Gesellschaft ist: Abraham-Lincoln-Str. 46, 65189 Wiesbaden, Germany

Geleitwort

Die Jahresabschlussprüfung als die zentrale betriebswirtschaftliche Prüfung befindet sich in einem steten und zuletzt auch tiefgreifenden Wandel. Zentrale Eckpunkte der letzten Jahre sind die Neuausrichtung der Abschlussprüfung als geschäftsrisikoorientierte Prüfung sowie der Wandel im Prüfungsobjekt durch die zunehmende Verbreitung der stärker zukunftsorientiert ausgerichteten International Financial Reporting Standards (IFRS). In diesem Fall sieht sich der Prüfer in hohem Maße mit der Prüfung geschätzter Werte konfrontiert, welche der logischen Struktur nach der Prüfung einer Prognose folgt. Dabei stellt sich zunehmend die Frage nach den kritischen Erfolgsfaktoren guter Problemlösungen, der Existenz von kognitiven Verzerrungen und etwaigen Möglichkeiten, diesen Verzerrungen entgegenzuwirken.

Vor diesem Hintergrund fokussiert der Verfasser die Entzerrungsstrategien bei der Prüfung geschätzter Werte. Dabei wird zum einen der Frage nachgegangen, welche effektiven Entzerrungsstrategien bei der Prüfung geschätzter Werte existieren (Forschungsfrage 1) und zum anderen wird beispielhaft die Eignung der Berichterstattung über Key Audit Matter (KAM) als Entzerrungsstrategie untersucht (Forschungsfrage 2). Eine umfassende Monografie, die sich empirisch und theoretisch mit dieser Fragestellung beschäftigt, liegt derzeit nicht vor.

In der Arbeit wird zunächst ein Bezugsrahmen zu Entzerrungsstrategien bei der Prüfung geschätzter Werte entwickelt und zentrale Objektbereiche dargestellt. Sehr überzeugend werden ausgehend vom Informationsverarbeitungsprozess unterschiedliche Arten von Verzerrungen, wie z.B. kognitive, motivationale und emotionale Verzerrungen, herausgearbeitet und mögliche Entzerrungsstrategien zielgerichtet zugeordnet und analysiert. Dabei fokussiert der Verfasser immer konsequent die Prüfung geschätzter Werte mit ihren vielfältigen Facetten, welche u.a. den prozessualen Ablauf, die Denkprozesse, die normativen Vorgaben und Anreizmechanismen umfassen.

Um den Einfluss der KAM-Berichterstattung auf die prüferische Urteilsbildung zu untersuchen, wird ein Experiment mit 122 erfahrenen Wirtschaftsprüfern der Big4-Prüfungsgesellschaften durchgeführt. Dabei wurde auch das Vorhandensein vom impliziten Mandantendruck hinsichtlich der bilanziellen Bewertung des der Studie zugrundeliegenden Rückstellungssachverhalts variiert. Die Studie bringt eine Vielzahl interessanter Ergebnisse hervor. Beispielsweise führt die KAM-Berichterstattung nicht zu einer Erhöhung der kritischen Grundhaltung des Prüfers. Vielmehr legen die Ergebnisse (insbesondere die niedrigeren geforderten Anpassungsbuchungen des Prüfers) es nahe, dass die KAM-Berichterstattung im Einklang mit der moral-licensing Theorie als ein Substitut zur Kommunikation von Risikoinformationen wahrgenommen wird.

Die kreative Dissertationsschrift richtet sich gleichermaßen an in der Forschung und Lehre Tätige. Sie gibt wichtige Impulse für die weitere wissenschaftliche Diskussion und die Unternehmenspraxis. Die Arbeit liefert auch einen wichtigen Beitrag zur gegenwärtig intensiv geführten Diskussion zur prüferischen Berichterstattung. Beispielsweise sollte der Normengeber bei seinen Aktivitäten künftig berücksichtigen, dass die KAM-Berichterstattung offensichtlich nicht eine höhere Verantwortlichkeit des Prüfers befördert, sondern vielmehr vom Prüfer als eine Art Substitut zur Kommunikation von Risikoinformationen wahrgenommen wird. Insofern bedarf es weiterer Forschungsarbeiten, welche kognitive Verzerrungen und hieran ansetzende Entzerrungsstrategien im Kontext der Prüfung geschätzter Werte weitergehend beleuchten. Hier bieten die vorgelegten empirischen Ergebnisse und deren Reflektion anhand des vorgelegten Bezugsrahmens ausgezeichnete Möglichkeiten, um weitere wissenschaftliche Arbeiten in diesem Themenfeld anzuregen.

In der Hoffnung, dass die Arbeit die zuvor angedeuteten Denkprozesse auslösen und die gegenwärtige Diskussion befruchten wird, wünschen die Herausgeber der vorliegenden Dissertation eine gute Aufnahme durch den Markt.

Weiterhin danke ich Herrn Dr. Karsten Asbahr für seine hervorragende Unterstützung in Lehre und Forschung sowie die vielfältigen gegebenen originellen und kreativen Impulse während seiner Tätigkeit als wissenschaftlicher Mitarbeiter. Ich wünsche ihm viel Erfolg und Zufriedenheit bei seiner weiteren beruflichen Entwicklung!

Berlin, im Januar 2018 Für die Herausgeber: Klaus Ruhnke

Vorwort

Die vorliegende Arbeit entstand während meiner Zeit als wissenschaftlicher Mitarbeiter am Lehrstuhl für Unternehmensrechnung und Wirtschaftsprüfung des Fachbereichs Wirtschaftswissenschaft an der Freien Universität Berlin in den Jahren 2013 bis 2017.

Zunächst möchte ich meinem Doktorvater, Herrn Prof. Dr. Klaus Ruhnke, für die Betreuung der Promotion, die anregenden fachlichen Gespräche und die Gewährung der nötigen akademischen Freiheit sehr danken. Herrn Prof. Dr. Jochen Bigus danke ich für die Übernahme des Zweitgutachtens sowie Herrn Prof. Dr. Dr. Andreas Löffler, Herrn Prof. Dr. Thomas Mellewigt und Herrn Matthias Heinrichs für ihre Mitwirkung in der Promotionskommission.

Weiterhin möchte ich allen Probanden für die Teilnahme an der empirischen Studie sehr danken. Ganz besonders danke ich Frau Dr. Julia Füssel, welche die Gewinnung eines Großteils der Probanden ermöglichte.

Große Dankbarkeit empfinde ich auch für die Unterstützung, welche ich durch die Mitarbeiter des Lehrstuhls und des Departments erfahren habe: Zuerst möchte ich Alexandra Lohr danken, welche mir in allen universitären Belangen eine sehr große Hilfe war und darüber hinaus immer ein offenes Ohr hatte. Dr. Christa Bauer, Dr. Markus Becker, Dr. Matthias Demmer, Dominika Franiel, Dr. Frederik Frey, Dr. Nadine Georgiou, Dr. Jun-Seo Lee, Max Müller und Lena Ribka haben alle - neben den zahlreichen fachlichen Gesprächen - mehr noch durch die Momente der Kurzweil zum Gelingen der Arbeit beigetragen. Rico David Neugärtner, Dr. Christa Bauer und Matthias Heinrichs möchte ich besonders für die zahlreichen Gespräche und für die Unterstüzung bei der Fertigstellung des Manuskripts danken. Ihr habt sämtliche Höhen und Tiefen bei der Erstellung der Arbeit mit mir durchlebt und standet mir immer zur Hilfe.

Der größte Dank gilt schließlich meiner Familie, die mich während meines akademischen Werdegangs bedingungslos unterstützt hat und ohne deren Hilfe diese Arbeit niemals hätte entstehen können. Ihnen möchte ich diese Arbeit widmen.

Berlin, im Januar 2018

Karsten Asbahr

Inhaltsverzeichnis

Abbildungsverzeichnis

Tabellenverzeichnis

Tabellenverzeichnis

Abkürzungsverzeichnis

AAR	Australian Accounting Review (Zeitschrift)
Abb.	Abbildung
ABlEG	Amtsblatt der Europäischen Gemeinschaft
ABlEU	Amtsblatt der Europäischen Union
Abs.	Absolut
Adj.	Adjustiert
AD&A	Auditor Discussion and Analsyis
AH	Accounting Horizons (Zeitschrift)
AICPA	American Institute of Certified Public Accountants
AIM	Alternative Investment Market
AJPT	Auditing: A Journal of Practice & Theory
AJR	Audit Judgment Rule
ANCOVA	Analysis of Covariance
ANOVA	Analysis of Variance
AOS	Accounting, Organizations and Society (Zeitschrift)
AP	Accounting Perspectives (Zeitschrift)
APAK	Abschlussprüferaufsichtskommission
AReG	Abschlussprüferreformgesetz
Aufl.	Auflage
BaFin	Bundesanstalt für Finanzdienstleistungsaufsicht
BB	Betriebs Berater (Zeitschrift)
BC	Basis for Conclusions
Bd.	Band
BDR	Behavioral Decision Research
Berufbez.	Berufsbezogen
BFuP	Betriebswirtschaftliche Forschung und Praxis (Zeitschrift)
BGBl.	Bundesgesetzblatt
BH	Business Horizons (Zeitschrift)
BMJ	British Medical Journal
CAM	Critical Audit Matter
CAR	Contemporary Accounting Research (Zeitschrift)

CF	Cashflow
CPA	Certified Public Accountant
CSR	Corporate Social Responsibility
DB	Der Betrieb (Zeitschrift)
DCF	Discounted Cashflow
Df	Degrees of freedom
DK	Der Konzern (Zeitschrift)
DPR	Deutsche Prüfstelle für Rechnungslegung
E	Entwurf
E&Y	Ernst&Young
EAR	European Accounting Review (Zeitschrift)
ECL	Expected Credit Loss
ELM	Elaboration-Likelihood-Model
EMJ	European Management Journal
EPS	Entwurf eines Prüfunsgstandards
EU	Europäische Union
E.V.	Eingetragener Verein
EWER	Experimentwise error rate
EWG	Europäische Wirtschaftsgemeinschaft
Ext.	Extern
Fn.	Fußnote
FRC	Financial Reporting Council
FV	Fair value
GCO	Going Concern Opinion
Gem.	Gemäß
Ggf.	Gegebenenfalls
HFA	Hauptfachausschuss
HGB	Handelsgesetzbuch
Hrsg.	Herausgeber
HSM	Heuristic-Systematic-Model
HWRP	Handwörterbuch der Rechnungslegung und Prüfung
IAASB	International Auditing and Assurance Standards Board

IAS	International Accounting Standards
I.d.R.	In der Regel
I.d.S.	In diesem Sinne
IDW	Institut der Wirtschaftsprüfer in Deutschland e. V.
I.e.S.	Im eigentlichen Sinne
IESBA	International Ethics Standards Board for Accountants
I.F.	Im Folgenden
IFAC	International Federation of Accountants
IFIAR	International Forum of Independent Audit Regulators
IFRS	International Financial Reporting Standards
I.H.v.	In Höhe von
IJPDLM	International Journal of Physical Distribution & Logistics Management
Int.	Intern
IRZ	Zeitschrift für internationale Rechnungslegung (Zeitschrift)
ISA	International Standards on Auditing
I.S.	Im Sinne
I.S.e.	Im Sinne eines/einer
I.S.v.	Im Sinne von
ITC	Invitation to Comment
I.V.	In Vergleich
I.V.m.	In Verbindung mit
JAL	Journal of Accounting Literature
JAR	Journal of Accounting Research
JDM	Judgment- and Decision Making
JDMR	Judgment- and Decision Making Research
JF	Judgment Framework
JfB	Journal für Betriebswirtschaft (Vorgänger des Management Review Quarterly)
Jg.	Jahrgang
KAM	Key Audit Matter
Kap.	Kapitel
KoR	Zeitschrift für kapitalmarktorientierte Rechnungslegung
Log.	Logarithmiert

M.	Männlich
MAJ	Managerial Auditing Journal
MANCOVA	Multivariate Analysis of Covariance
MANOVA	Multivariate Analysis of Variance
Max.	Maximum
MBA	Master of Business Administration
MC	Manipulation-Check
Min.	Minimum
Mio.	Million
MS	Mean Squares (Varianzschätzung)
MSE	Mean Square Error (Standardfehler der Schätzung)
MW	Mittelwert
M.W.v.	Mit Wirkung von
N	Anzahl
N.F.	Neue Fassung
Nichtred.	Nichtreduziert
NV	Normalverteilung
O.A.	Ohne Angabe
Ökonom.	Ökonomisch
OLS	Ordinary Least Squares
PB	Psychological Bulletin (Zeitschrift)
PCAOB	Public Company Accounting Oversight Board
PIE	Public Interest Entities
PiR	Praxis der internationalen Rechnungslegung (Zeitschrift)
Prof.	Professionel
Proz.	Prozentual
PWC	PricewaterhouseCoopers
Q-Q	Quantil-Quantil
R&D	Research & Development
Red.	Reduziert
RESET	Ramsay Regression Specification Error Test
RGBl.	Reichsgesetzblatt

RMM	Risks of Material Misstatement
Rn.	Randnummer
RS	Stellungnahmen zur Rechnungslegung
RVF	Residual versus fitted
S.	Siehe
SA	Standardabweichung
SMO	Statements of Membership Obligations
S.o.	Siehe oben
Sog.	Sogenannte
SS	Sum of Squares (Quadratsumme)
StB	Steuerberater
StuB	Steuern und Bilanzen (Zeitschrift)
S.u.	Siehe unten
Subj.	Subjektiv
T.	Tausend
Tab.	Tabelle
TAR	The Accounting Review (Zeitschrift)
U.a.	Unter anderem
UCLA	University of California Los Angeles
UK	United Kingdom
Vgl.	Vergleiche
VIF	Variance Inflation Factor
Vol.	Volume
VPA	Verbal Protocol Analysis
Vs.	Versus
W.	Weiblich
WP-Examen	Wirtschaftsprüfungsexamen
WPg	Die Wirtschaftsprüfung (Zeitschrift)
WpHG	Wertpapierhandelsgesetz
WPK	Wirtschaftsprüferkammer
WPO	Wirtschaftsprüferordnung
ZfbF	Zeitschrift für betriebswirtschaftliche Forschung

Symbolverzeichnis

β	Beta
χ	Chi
$	US-Dollar
€	Euro
ε	Epsilon
Ø	Durchschnitt
/	Geteilt durch
=	Gleich
>	Größer
η	Eta
(	Klammer auf
)	Klammer zu
≤	Kleiner gleich
λ	Lambda
-	Minus
×	Multiplikation
φ	Phi
+	Plus
%	Prozent
ρ	Rho
*	Signifikant auf dem 10%-Niveau (marginal signifikant)
**	Signifikant auf dem 5%-Niveau (moderat signifikant)
***	Signifikant auf dem 1%-Niveau (hochsignifikant)
P	Wahrscheinlichkeit

I. Motivation und Gang der Untersuchung

Seit mehreren Jahren dokumentieren die Berichte der nationalen und internationalen Aufsichtsinstitutionen, dass bei der Jahresabschlussprüfung die Prüfung geschätzter Werte besonders fehleranfällig ist.[1] Entsprechend haben in der gegenwärtigen Prüfungsforschung mehrere explorativ ausgerichtete Studien vor allem mittels Interview- und Umfragemethoden versucht, die hierbei auftretenden Probleme zu identifizieren und auf ihre strukturellen Ursachen zurückzuführen.[2] Während einzelne Erklärungsansätze bei den die Prüfung bestimmenden Institutionen ansetzen[3], werden die Defizite häufig auch mit einer fehlerhaften Informationsverarbeitung auf der psychologischen Ebene einzelner Prüfer begründet.[4] Besondere Prominenz haben dabei verschiedene Formen kognitiver Verzerrungen erlangt. Deren Erforschung hat durch die wegweisenden Arbeiten von *Tversky* und *Kahneman* Anfang der 1970er Jahre zur Etablierung eines eigenständigen sog. 'heuristics and biases'-Paradigmas geführt[5], dessen Ideen in der verhaltenswissenschaftlichen Prüfungsforschung intensiv rezipiert wurden.[6] Die aktuell hinsichtlich der Prüfung geschätzter Werte diskutierten Probleme werden aus dieser Perspektive insbesondere mit Blick auf motivational bedingte Verzerrungen und eine nicht hinreichende kritische Grundhaltung erörtert.

Um den verschiedenen Formen kognitiver Verzerrungen entgegenzuwirken, werden seit dem Aufkommen des 'heuristics and biases'-Ansatzes und aktuell verstärkt mit Blick auf die Prüfung geschätzter Werte sog. Entzerrungsstrategien (debias strategies) untersucht.[7] Diese Entzerrungsstrategien sind in ihren konzeptionellen Herangehensweisen und Ausprägungen äußerst heterogen: So versucht ein Teil mittels diverser Techniken und Maßnahmen den kognitiven Umgang mit Informationen beim Prüfer direkt zu verändern. Konkret wurden hierzu die Verwendung eines „deliberative mindset“[8], „concrete thinking“[9], „divergent thinking“[10], „counterfactual reasoning“[11] oder „high-level construals“[12], schließlich sogar die Anwendung von „intuition“[13] erprobt. Neben einem objektiveren Umgang mit Informationen sollen diese Denkhaltungen auch selbstreflexive, metakognitive Prozesse beim Prüfer auslösen, sodass die Aufmerksamkeit des Prüfers auf den eigenen Informationsverarbeitungsprozess gelenkt wird.

---

[1] PCAOB (2008), S. 2; APAK (2013), S. 12; PCAOB (2013a), S. 4 f.; IFIAR (2015), S. 9 und 21 ff.; APAK (2014), S. 14; APAK (2015), S. 7 und 13; FRC (2015), S. 6 und 16 f.; APAK (2016), S. 5; PCAOB (2016a), S. 1 und 4; ferner *Church/Shefchik* (2012), S. 54 f.

[2] Vgl. *Christensen/Glover/Wood* (2012), S. 128 ff.; *Griffith/Hammersley/Kadous* (2015), S. 836 ff.; *Cannon/Bédard* (2016) S. 6 ff.; *Griffith* (2016a), S. 12 ff.; *Lherm* (2016), S. 20 ff.; *Glover/Taylor/Wu* (2017), S. 66 ff.; *Hermanson/Kerler III/Rojas* (2017), S. 22 ff.

[3] Vgl. *Griffith/Hammersley/Kadous* (2015), S. 836 ff.

[4] Vgl. *Martin/Rich/Wilks* (2006), S. 293 ff.; *Bratten et al.* (2013), S. 18 ff.

[5] Vgl. *Kahneman/Tversky* (1972), S. 432 ff.; *Tversky/Kahneman* (1974), S. 1124 ff.; *Kahneman* (2003), S. 1449 ff.; ferner Kahneman/Slovic/Tversky (1982); Gilovich/Griffin/Kahneman (2002).

[6] Vgl. *Wright* (1980), S. 285 ff.; *Smith/Kida* (1991), S. 472 ff.; *Prentice* (2000), S. 143 ff.; *Bazerman/Loewenstein/Moore* (2002), S. 97 ff.; *Koch/Wüstemann* (2009), S. 3 ff.; *Knapp/Knapp* (2012), S. 40 ff.

[7] Vgl. *Fischoff* (1982), S. 422 ff.; *Arkes* (1991), S. 486 ff.; *Ashton/Ashton* (1995), S. 23 ff.; *Yates/Veinott/Patalano* (2002), S. 32 ff.; *Larrick* (2009), S. 316 ff.; *Milkman/Chugh/Bazerman* (2009), S. 379 ff.; *Kaufmann/Carter/Buhrmann* (2010), S. 794 ff.; *Soll/Milkman/Payne* (2015), S. 924 ff.

[8] *Griffith et al.* (2015), S. 50.

[9] *Backof/Carpenter/Thayer* (2016), S. 2.

[10] *Plumlee/Rixom/Rosman* (2015), S. 352.

[11] *Backof/Bamber/Carpenter* (2016), S. 3.

[12] *Rasso* (2015), S. 44.

[13] *Wolfe/Christensen/Vandervelde* (2014), S. 6.

K. Asbahr, *Entzerrungsstrategien bei der Prüfung geschätzter Werte*, Auditing and Accounting Studies, https://doi.org/10.1007/978-3-658-21603-0_1

Andere Entzerrungsstrategien instrumentalisieren prüfungsspezifische Umweltfaktoren und umfassen u.a. die Einführung einer 'audit judgment rule'[14] oder eines 'audit judgment frameworks'[15], Reformulierungen von Prüfungsstandards[16], die Durchführung spezieller Prüfungs- und Dokumentationshandlungen[17] sowie zusätzliche Offenlegungspflichten im Jahresabschluss[18] oder in der prüferischen Berichterstattung[19].

Im Vergleich zu den kognitiven Verzerrungen sind derartige Entzerrungsstrategien bislang weniger intensiv untersucht worden.[20] Eine zusammenführende Systematisierung der verschiedenen Ansätze, mithin eine Integration der bisherigen Ergebnisse zu einem Gesamtbild, welches sich auf Entzerrungsstrategien im Rahmen der Prüfung von geschätzten Werten bezieht, liegt zumindest im Bereich der verhaltenswissenschaftlichen Prüfungsforschung derzeit noch nicht vor. Der erste Teil der vorliegenden Arbeit geht daher folgender Forschungsfrage nach:

Forschungsfrage 1: Welche effektiven Entzerrungsstrategien existieren für die Prüfung geschätzter Werte?

Zur Beantwortung dieser Forschungsfrage werden die einschlägigen Studien, die Entzerrungsstrategien bei der Prüfung geschätzter Werte behandeln, identifiziert, in einen Bezugsrahmen integriert und ausgewertet.

Möglichkeiten, die institutionellen Bedingungen der Abschlussprüfung zu verändern, um dessen Qualität zu steigern, wurden auf europäischer Ebene zuletzt ausführlich im Rahmen des EU-Grünbuchs erörtert.[21] Im Ergebnis wurden eine Richtlinie und eine Verordnung erlassen, die neben zahlreichen anderen Maßnahmen u.a. neue Offenlegungspflichten des Abschlussprüfers begründen.[22] Auch auf internationaler Ebene hat das IAASB nach einem mehr als zehnjährigen Verfahren die Berichterstattungserfordernisse des Prüfers zeitgleich erweitert.[23] Die auf Ebene der ISA-Regelungen am stärksten diskutierte Neuerung stellt die Berichterstattung über Key Audit Matter (KAM) dar, welche über Sachverhalte berichtet, "die nach pflichtgemäßem Ermessen des Abschlussprüfers am bedeutsamsten in der Prüfung des Abschlusses [...] waren".[24] Bezüglich dieser besonders wichtigen Sachverhalte muss der Prüfer in Zukunft öffentlich im Rahmen des Bestätigungsvermerkes erörtern, warum der Sachverhalt als besonders bedeutsam erachtet wurde und wie hierauf im Rahmen der Prüfung reagiert wurde.[25] Während KAM bei börsennotierten Unternehmen verpflichtend anzugeben sind,

---

14 Vgl. *Peecher/Solomon/Trotman* (2013), S. 605 f.
15 Vgl. *Backof/Bamber/Carpenter* (2016), S. 3.
16 Vgl. *Montague* (2010), S. 100 ff.; *Cohen et al.* (2016), S. 6; *Maksymov/Nelson/Kinney* (2017), S. 5 ff.; ferner *Bratten et al.* (2013), S. 34.
17 Vgl. *Fitzgerald/Wolfe/Smith* (2015), S. 8 ff.; *Austin/Hammersley/Ricci* (2016), S. 8 ff.
18 Vgl. *Bell/Griffin* (2012) S. 152.
19 Vgl. *Hackenbrack/Nelson* (1996), S. 55; *Christensen/Glover/Wood* (2012), S. 136.
20 Vgl. *Lilienfeld/Ammirati/Landfield* (2009), S. 391; *Milkman/Chugh/Bazerman* (2009), S. 379; *Reese* (2012), S. 1268.
21 Vgl. Europäische Kommission (2010), S. 3 ff.; ferner *Köhler/Quick/Willekens* (2016), S. 211 ff.
22 Vgl. Richtlinie 2014/56/EU; Verordnung (EU) Nr. 537/2014; dazu *Weis* (2016), S. 4 ff.
23 Vgl. IAASB (2015a), S. 1 ff.; ferner *Köhler* (2015), S. 109 ff.; *Pföhler/Kunellis/Knappe* (2016), S. 57 ff.
24 IDW EPS 401.9; analog ISA 701.8 (Stand anzuwenden für Geschäftsjahre, die an oder nach dem 15. Dezember 2016 enden).
25 Vgl. ISA 701.11 und 13.

kann bei allen anderen Jahresabschlussprüfungen eine freiwillige Berichterstattung erfolgen, sofern dies ex ante im Auftragsbestätigungsschreiben festgehalten ist.[26]

Primäres Ziel der inhaltlichen Ausdehnung der prüferischen Berichterstattung ist es, durch detailliertere Informationen zum Prüfungsprozess und dem Ergebnis der Prüfung die Informationsbasis über und das Vertrauen in die Prüfungsleistung zu erhöhen[27] und somit auch einen Beitrag zur Schließung der sog. Erwartungslücke[28] zu leisten. Offenlegungspflichten im Allgemeinen können allerdings oftmals auch auf das Verhalten zurückwirken über welches berichtet wird.[29] Dieser Wirkungsmechanismus, durch Transparenz Verhaltenssteuerung zu bewirken, ist gleichsam angestrebtes Ziel einer Vielzahl gesetzlich geregelter Offenlegungspflichten in den verschiedensten Bereichen.[30] I.d.S. kann auch die zusätzliche Offenlegungspflicht des Prüfers über KAM funktional als eine Entzerrungsstrategie verstanden werden: Allein die Veröffentlichung von KAM hat schon dadurch das Potenzial den Prüfprozess zu beeinflussen, indem sie u.a. die Bedeutung der zu Grunde liegenden Sachverhalte für den verantwortlichen Prüfer hervorhebt. Das IAASB selbst spricht von einem "[r]enewed auditor focus on matters to be reported that could result in an increase in professional skepticism"[31].

In der Forschung werden die neuen prüferischen Offenlegungspflichten hauptsächlich unter dem Gesichtspunkt ihrer Informationsfunktion für die Abschlussadressaten und hinsichtlich ihrer Auswirkungen auf die prüferische Haftung untersucht.[32] Studien, welche sich hingegen mit dem Einfluss der KAM-Berichterstattung auf den Urteilsprozess des Prüfers i.S.e. Verhaltenssteuerungsfunktion befassen, existieren bisher kaum.[33] Etwaige rückwirkende „real effects“[34] der Berichterstattung über KAM zur Stärkung der kritischen Grundhaltung, wie sie das IAASB erwartet, wurden noch gar nicht untersucht. Um diese Forschungslücke zu adressieren, wird in der vorliegenden Arbeit auch deshalb auf die Prüfung geschätzter Werte zurückgegriffen, weil diese innerhalb der neuen Berichterstattungserfordernisse eine zentrale Rolle einnehmen. So müssen bei der Bestimmung der zu berichtenden KAM explizit geschätzte Werte mit hoher Schätzunsicherheit berücksichtigt werden (ISA 701.9). Auch die unionsrechtlichen Vorgaben lassen durch eine ähnliche Ausgestaltung der konkreten Berichterstattungsinhalte eine besondere Stellung geschätzter Werte im Ergebnis vermuten. Eine weitere wissenschaftliche Auseinandersetzung mit dem Konzept der kritischen Grundhaltung bei der Prüfung geschätzter Werte ist nicht zuletzt deshalb angezeigt[35], weil die Verwendung von fair values und Schätzwerten in der Tendenz weiter zunimmt.[36] Unabhängig von der besonderen Bedeutung von geschätzten Werten ist eine Untersuchung potenzieller rückwirkender Effekte der KAM-Berichterstattung auf den prüferischen Urteilsprozess von Relevanz, da

[26] Vgl. ISA 701.5 f.
[27] Vgl. ISA 701.2; IFAC (2015), BC.1.
[28] Vgl. IFAC (2015), BC.13; ferner *Mock et al.* (2013), S. 325 ff.
[29] Vgl. bereits *Prakash/Rappaport* (1977), S. 29 ff.
[30] Vgl. *Leuz/Wysocki* (2016), S. 527 und 550 ff.; *Kanodia/Sapra* (2016), S. 624 ff.
[31] http://www.iaasb.org/new-auditors-report (zuletzt abgerufen: 28.06.2017, siehe Anlage 13); ferner IAASB (2015a), S. 3.
[32] Vgl. *Mock et al.* (2013), S. 325 ff.; *Bédard et al.* (2016), S. 256 ff.; *Brasel et al.* (2016), S. 2 ff.
[33] Vgl. *Messier* (2010), S. 325. Ausnahmen bilden die Studien von *Fuller* (2015) und *Cade/Hodge* (2016), vgl. Kapitel II.3.b)bb)aaa).
[34] *Leuz/Wysocki* (2016), S. 530.
[35] Vgl. *Koch/Worret* (2013), S. 476 f.; *Hay/Knechel/Willekens* (2014), S. 356.
[36] Vgl. u.a. *Glover/Taylor/Wu* (2015), S. 20; *Platt* (2015), S. 5.

bereits einzelne Länder, u.a. Großbritannien, Frankreich, und die Niederlande, analoge Regelungen umgesetzt haben und weitere Normgeber, u.a. das PCAOB in den USA,[37] ebenso verfahren wollen. Aus diesen Ausführungen ergibt sich die folgende zweite Forschungsfrage:

Forschungsfrage 2: Hat die prüferische Berichterstattung über KAM einen rückwirkenden Einfluss auf den Urteilsprozess bei der Prüfung von geschätzten Werten?

Zur Beantwortung dieser Forschungsfrage wird methodisch auf ein experimentelles Untersuchungsdesign zurückgegriffen. Der weitere Gang der Untersuchung ist wie folgt strukturiert: Im zweiten Kapitel werden der Informationsverarbeitungsansatz, die Formen kognitiver Verzerrungen und das korrespondierende Konzept der Entzerrungsstrategie (II.1) sowie die normativen Grundlagen zur Prüfung geschätzter Werte (II.2) und zur prüferischen Berichterstattung (II.3) dargestellt und problematisiert. In dem Abschnitt zu geschätzten Werten wird zudem ausführlicher auf die zumeist explorativen Studien eingegangen, welche die Probleme bei der Prüfung geschätzter Werte zu identifizieren versuchen und somit wesentlich die vorliegende Arbeit motivieren. Innerhalb des Kapitels zur prüferischen Berichterstattung wird zudem der Stand der Forschung zu den neuen Anforderungen mit Fokus auf die KAM-Berichterstattung dargestellt.

Im dritten Kapitel erfolgt die Darstellung und Einordnung der einschlägigen empirischen Studien zu den Entzerrungsstrategien bei der Prüfung geschätzter Werte (Beantwortung von Forschungsfrage 1). Hierzu wird in einem ersten Abschnitt ein Bezugsrahmen hergeleitet (III.1) und sodann die einschlägigen Studien mithilfe dieses Bezugsrahmens dargestellt und gewürdigt (III.2).

Das vierte Kapitel hat die empirische Untersuchung zur Beantwortung von Forschungsfrage 2 zum Gegenstand. Nach einer konzeptionellen Einordnung (IV.1) werden zunächst die im Experiment verwendeten Konstrukte dargestellt. Innerhalb des experimentellen Sachverhalts wird zur Operationalisierung eines geschätzten Wertes auf die Bewertung von Rückstellungen zurückgegriffen, weshalb an dieser Stelle auch die einschlägigen normativen Grundlagen zur Bewertung von Rückstellungen gem. IAS 37 dargestellt werden (IV.2). Anschließend werden die Hypothesen ausführlich hergeleitet (IV.3) und die Methode sowie das Untersuchungsdesign umrissen (IV.4). Nachdem knapp das Vorgehen bei der Datenerhebung erläutert wird (IV.5), werden die Ergebnisse dargestellt und gewürdigt (IV.6). Schließlich werden die Limitationen der Studie diskutiert (IV.7) und ein Forschungsausblick gegeben (IV.8). Im fünften Kapitel werden die zentralen Ergebnisse der Arbeit thesenförmig zusammengefasst (V). Da ein Großteil der Forschungsliteratur in englischer Sprache abgefasst ist, wird sofern die Übersetzung eines Begriffes problematisch ist oder die Begriffe auch in der deutschen Forschungsliteratur gebräuchlich sind, der englische Begriff (in Klammern) zusätzlich angegeben.

[37] Vgl. PCAOB (2013b).

II. Grundlagen und zentrale Problemfelder der Arbeit

1. Informationsverarbeitung bei der Jahresabschlussprüfung

a) *Informationsverarbeitungsansatz als Forschungsparadigma in der Wirtschaftsprüfungsforschung*

Wie Menschen auf individueller Subjektebene Informationen mental verarbeiten und Entscheidungen treffen, ist originär Forschungsgegenstand der Kognitionspsychologie[38], wobei das Verständnis vom kognitiven Apparat als ein Informationen verarbeitendes und kommunizierendes System und die Terminologie zu dessen Beschreibung teilweise der Computerwissenschaft entlehnt ist.[39] Analog bestimmt der Informationsverarbeitungsansatz als ein Forschungsparadigma in der allgemeinen Psychologie menschliches Denken grundsätzlich als sequenziellen Vollzug, wobei Wahrnehmungen aus der Umwelt über Symbole geistig repräsentiert und durch mentale Operationen gespeichert, verändert oder interpretieret werden.[40] Im Zuge der Übertragung dieser Perspektive auf die Entscheidungstheorie hat sich das Forschungsfeld des sog. „Behavioral Decision Research“[41] (im Folgenden BDR) bzw. „Judgment- and Decision Making Research“[42] (im Folgenden JDMR) entwickelt.[43] Während zuvor die Untersuchung von Entscheidungen bei gegebenen Informationssets und sehr begrenzten Alternativen im Fokus der ökonomischen Entscheidungsforschung standen, wurden nun grundlegende kognitive Prozesse wie Aufmerksamkeit, das Gedächtnis oder logisches Schließen bei Urteilen und Entscheidungen untersucht.[44] Da Urteile und Entscheidungen für alle Lebensbereiche domänenübergreifend Bedeutung haben, war diese Forschungsrichtung des JDMR seit jeher stark interdisziplinär ausgerichtet und anschlussfähig.[45]

Besonders einflussreich in der Entwicklung des JDMR wurde der sog. 'heuristics and biases'-Ansatz, welcher Abweichungen des menschlichen Urteilens und Entscheidens von normativen Maßstäben, die gem. der klassischen Entscheidungstheorie als rational zu qualifizieren sind, festgestellt hat (s. hierzu Kapitel II.1.d)).[46] Nicht zuletzt durch diese Forschungsergebnisse und weitere Impulse aus dem BDR[47] hat sich wie in den anderen Wissenschaftszweigen - z.B. der Politikwissenschaft[48] oder der Ökonomie[49] - auch in der betriebswirtschaftlichen

---

[38] Vgl. u.a. *Lachman/Lachman/Butterfield* (1979), S. 5 ff.; *Wentura/Frings* (2013), S. 9 f.; *Keren/Wu* (2015), S. 24.

[39] Vgl. *Newell/Simon* (1972), S. 5; *Barber* (1988), S. 18 ff.; *Brander/Kompa/Peltzer* (1989), S. 7 und 13.

[40] Vgl. *Lachman/Lachman/Butterfield* (1979), S. 7 und 33 ff.; *Brander/Kompa/Peltzer* (1989), S. 13 f.; *Proctor/Vu* (2012), S. 1458.

[41] Vgl. *Payne/Bettman/Luce* (1998), S. 303.

[42] Vgl. *Libby/Luft* (1993), S. 425; *Goldstein/Hogarth* (1997), S. 3; *Betsch/Funke/Plessner* (2011), S. 6. Stellenweise wird auch von 'Human Information Processing' gesprochen, vgl. *Libby/Luft* (1993), S. 425.

[43] Vgl. grundlegend *Slovic/Fischoff/Lichtenstein* (1977); *Einhorn/Hogarth* (1981); *Dawes* (1988); *Hogarth* (1993); *Goldstein/Hogarth* (1997); ferner *Hastie* (2001), S. 655 ff.; *Oppenheimer/Kelso* (2015), S. 282 ff.

[44] Vgl. u.a. *Newell/Simon* (1972), S. 4 f.; *Einhorn/Hogarth* (1981), S. 27; *Betsch/Funke/Plessner* (2011), S. 4; *Oppenheimer/Kelso* (2015), S. 283 ff. Für die Accounting-Forschung vgl. u.a. *Einhorn* (1976), S. 200; *Dillard* (1984), S. 346.

[45] Vgl. u.a. *Slovic/Fischoff/Lichtenstein* (1977), S. 1 ff.; *Payne/Bettman/Johnson* (1992), S. 88 f.; *Libby/Luft* (1993), S. 426.

[46] Vgl. *Betsch/Funke/Plessner* (2011), S. 17 f.

[47] Zu nennen ist hierbei vor allem die Entwicklung der 'prospect theory', vgl. grundlegend *Kahneman/Tversky* (1979), S. 263 ff.

[48] Vgl. u.a. *Redlawsk/Lau* (2013), S. 136 ff.

[49] Vgl. *Thaler* (1980), S. 39 ff.

K. Asbahr, *Entzerrungsstrategien bei der Prüfung geschätzter Werte*, Auditing and Accounting Studies, https://doi.org/10.1007/978-3-658-21603-0_2

Rechnungslegungs- und Prüfungsforschung[50] ein verhaltenswissenschaftlicher[51] Forschungszweig zum Urteils- und Entscheidungsverhalten etabliert.[52] Diese Forschungsrichtung des „Behavioral Accounting Research" (im Folgenden BAR), unter der i.d.R. auch die verhaltenswissenschaftliche Prüfungsforschung subsumiert wird,[53] geht methodisch vor allem experimentell vor[54] und fußt entsprechend stärker auf psychologischen denn auf ökonomischen Theorien.[55] In den Anfängen des prüfungsbezogenen BAR wurde zunächst auf rein kognitive Determinanten und generische Operationen von Einzelpersonen, z.B. die Kombination von Informationen oder Wahrscheinlichkeitsschlüssen, fokussiert und der Prüfer als 'Black-Box' betrachtet.[56] Ab Anfang der 1980er Jahre rückten zum einen zunehmend prüfungskontextspezifische Determinanten, z.B. die prüferische Expertise oder die Prüfung als Mehrpersonenentscheidung[57], sowie zum anderen eine Betrachtung der einzelnen kognitiven Prozesse in den Fokus des BAR.[58] Anfang der 1990er Jahre war die verhaltenswissenschaftliche Prüfungsforschung bereits stark ausdifferenziert, mithin wurden Konsolidierungstendenzen sichtbar.[59] Studien, welche schließlich seitdem vornehmlich dem JDMR zuzuordnen sind und in dessen Forschungsstrang sich auch diese Arbeit verortet, untersuchen weiterhin die Qualität von individuellen oder Gruppenentscheidungen, deren Determinanten sowie Möglichkeiten, das JDM zu verbessern.[60] Dabei rückt die Prüfungsforschung allerdings zusehends von einer vertikalen Tiefenfokussierung auf generische mentale Prozesse ab und erweitert vielmehr die

---

50 Vgl. grundlegend *Einhorn* (1976); *Einhorn/Hogarth* (1981); *Libby* (1981); *Ashton* (1982); *Birnberg/Shields* (1989); *Dyckman* (1998); *Birnberg* (2011); *Trotman* (2014); ferner *Marten/Quick/Ruhnke* (2015), S. 61 f. *Solomon/Trotman* (2003), S. 397 ff., zeigen, dass zwischen 1976 und 2000 in den fünf top US-amerikanischen Journals von 670 Beiträgen zur Prüfungsforschung 181 Beiträge (27%) Experimente zum JDM von Prüfern durchführen; insoweit stellt dies die am häufigsten publizierte Forschungsrichtung dar.

51 Der Zusatz behavioristisch (behavioral) bzw. verhaltenswissenschaftlich, welcher bereits einzelne betriebswirtschaftliche Subdisziplinen wie den 'behavioral finance' kennzeichnet, weist auf die Übernahme von Grundannahmen menschlichen Verhaltens aus der Psychologie und Sozialpsychologie hin, vgl. *Lenz* (2002), S. 1926. Oftmals wird hierunter allerdings auch ausgehend von dem Konzept der begrenzten Rationalität (s.u. Kapitel II.1.b)bb)) die Abwendung von oder Erweiterung der Annahmen des Modells des rationalen Agenten aus der klassischen Entscheidungstheorie verstanden, vgl. u.a. *Simon* (1986), S. S222 f.; *Jolls/Sunstein/Thaler* (1998), S. 1476 ff.; *Lenz* (2002), S. 1927.

52 Für einen historischen Überblick der Entwicklungsgeschichte des JDM vgl. *Keren/Wu* (2015), S. 5 ff. Für die Entwicklungsgeschichte im deutschsprachigen Raum vgl. u.a. *Lenz* (2002), S. 1926 ff. Einen Gesamtüberblick über die verhaltenswissenschaftliche Prüfungsforschung findet sich bei *Trotman/Tan/Ang* (2011), S. 283 ff.

53 Vgl. u.a. *Birnberg/Shields* (1989), S. 23; *Bamber* (1993), S. 4; *Trotman* (1998), S. 115.

54 Vgl. u.a. *Brownell/Trotman* (1988), S. 331 f.; *Solomon/Trotman* (2003), S. 396. Zudem werden auch feldbasierte Umfragen und Protokollanalysen durchgeführt.

55 Vgl. u.a. *Birnberg/Shields* (1989) S. 25; ferner *Koonce/Mercer* (2005), S. 175 f.; *Maines/Salamon/Sprinkle* (2006), S. 94 und 96. Zur Möglichkeit der Integration des ebenso experimentell verfahrenden, aber stärker ökonomietheoretisch fundierten 'experimental economics paradigm' und dem psychologietheoretisch fundierten 'behavioral research paradigm' in der Rechnungslegungs- und Prüfungsforschung vgl. *King* (1991), S.103 ff.; *Moser* (1998), S. 52 ff.; *Haynes/Kachelmeier* (1998), S. 99 ff.; Übersichten von Studien innerhalb des 'experimental economics paradigm' in der Prüfungs- und Rechnungslegungsforschung finden sich bei *Smith/Schatzberg/Waller* (1987), S. 82 ff. und *Callahan/Gabriel/Sainty* (2006), S. 62 ff. *Berg/Coursey/Dickhaut* (1990), S. 827 ff., liefern eine Methodenkritik.

56 Vgl. u.a. *Libby/Lewis* (1977), S. 245 ff.; *Joyce/Libby* (1982), S. 113 ff. Für eine Kritik der Studien vgl. u.a. *Lenz* (1988), S. 241 ff.

57 Vgl. u.a. *Solomon* (1987), S. 2 ff.

58 Vgl. *Libby/Lewis* (1982), S. 232 und 264 ff.; *Ferris/Dillard* (1988), S. 282 ff.; *Libby* (1991), S. 1 ff.; *Libby/Luft* (1993), S. 426 ff.; *Bamber* (1993), S 7 ff.; *Ashton/Ashton* (1995), S. 8 ff.; *Solomon/Shields* (1995), S. 150 ff.; *Johnson/Jamal/Berryman* (1998), S. 87 ff.; *Trotman* (1998), S. 118 ff.

59 Vgl. *Bamber* (1993), S. 9; *Solomon/Shields* (1995), S. 141; *Trotman* (2011), S. 204.

60 Vgl. u.a. *Trotman* (1998), S. 117; *Bonner* (1999), S. 386.

betrachteten Faktoren auf horizontaler Kontextebene, z.B. auf den Einfluss von organisatorischen corporate governance-Mechanismen, auf interpersonelle Interaktionen im Prüfungsteam und in der Prüfer-Mandantenbeziehung oder auf die prüferische Unabhängigkeit.[61] Entsprechend werden weniger Theorien der Kognitionspsychologie impulsgebend, sondern zunehmend sozialpsychologische Erklärungsansätze.[62]

b) Universelle Charakteristika der Informationsverarbeitung

aa) Systemcharakter und Prozessualität

Der Informationsverarbeitungsansatz fasst den kognitiven Apparat des Menschen als System mit verschiedenen, zusammenwirkenden Komponenten auf. In diesem System gestaltet sich die Informationsverarbeitung bei Urteilen, Entscheidungen oder Problemlösungen als iterativer Prozess mit temporal hintereinander geschalteten Subprozessen.[63] Aus welchen Komponenten und Schritten der kognitive Prozess der Informationsverarbeitung besteht, hängt vom Abstraktionsgrad der Betrachtung und der Art der Denkhandlung[64] ab.[65] *Anderson* (1990) unterscheidet z.B. anhand des Abstraktionsgrades zwischen Prozessen auf einer biologischen (neurophysiologischen) Ebene, einer implementellen Ebene, einer algorithmischen Ebene[66] und einer rationalen Ebene.[67] Eine erste umfassende theoretische Aufbereitung eines kognitiven Prozessmodells zum Problemlösen wurde von *Newell/Simon* (1972) geleistet.[68] Im Gegensatz zu einem routiniert-habituellen Verhalten ist eine Problembewältigung dadurch gekennzeichnet, dass das zu erreichende Ziel oder aber der Lösungsweg bzw. die Mittel zur Erreichung des Ziels nicht bekannt sind.[69]

Auch wenn über die Abgrenzung der mentalen Prozesse sowie die Zweckmäßigkeit einer solchen Einteilung an sich Uneinigkeit besteht, kann der eigentliche Informationsverarbeitungsprozess bei einer Entscheidung in folgende Komponenten schematisch eingeteilt werden:

---

[61] Vgl. *Gramling/Johnstone/Mayhew* (2001), S. 49 und 54; *Nelson/Tan* (2005), S. 42 ff.; *Bonner* (2008), S. 23 ff.; *Trotman* (2011), S. 204 f.; *Bhattacharjee/Maletta/Moreno* (2013), S. P1 ff.; *Trotman* (2014), S. 203 ff.; *Trotman/Bauer/Humphreys* (2015), S. 57 ff.; *Mala/Chand* (2015), S. 5 ff.

[62] Vgl. u.a. *Trotman/Bauer/Humphreys* (2015), S. 56. Für eine Übersicht über psychologische Theorien, welche für die Rechnungslegungsforschung relevant sind, vgl. u.a. *Koonce/Mercer* (2005), S. 179 ff.; ferner *Birnberg/Luft/Shields* (2007), S. 115 ff.

[63] Vgl. *Lachman/Lachmann/Butterfield* (1979), S. 124 ff.; *Bröder/Hilbig* (2017), S. 641.

[64] Hierbei wird generell zwischen Urteilen, Entscheiden und Problemlösen differenziert. Während die Denkhandlung des Urteilens Objekten Werte auf einer Urteilsdimension zuschreibt, wird beim Prozess des Entscheidens zwischen Alternativen gewählt. Problemlösen hingegen wird als Denkprozess beschrieben, welcher Hindernisse ausräumt, um zu einem Ziel zu gelangen, vgl. u.a. *Bonner* (1999), S. 385; *Betsch/Funke/Plessner* (2011), S. 2 ff.; *Wentura/Frings* (2013), S. 139.

[65] Vgl. u.a. *Anderson* (1990), S. 3 ff.; *Bröder/Hilbig* (2017), S. 641. Zu Prozessmodellen des Problemlösens vgl. u.a. *Brander/Kompa/Peltzer* (1987), S. 163 ff. Zu Prozessmodellen bei Urteilsvorgängen vgl. u.a. *Betsch/Funke/Plessner* (2011), S. 19 ff.

[66] Hierunter fallen z.B. kognitive Operationen der Ergänzung, Reduktion, Abstraktion oder Differenzierung, vgl. *Dörner* (1987), S. 111 ff.

[67] Vgl. *Anderson* (1990), S. 3 ff. Solche Prozessmodelle stellen allerdings nur einen Teil der JDM-Forschung dar. *Glöckner/Betsch* (2011) unterscheiden innerhalb der allgemeinen JDM-Forschung z.B. zwischen universellen Entscheidungstheorien wie der Prospect-Theory, Heuristik-Theorien die vor allem die adaptive Verwendung von Heuristiken als Denkhandlung thematisieren sowie (den genannten) universellen Prozesstheorien, welche das Ziel verfolgen, den Denkprozess in seine Einzelschritte aufzuteilen, vgl. 715 f.

[68] Vgl. *Newell/Simon* (1972), S.19 ff., 87 ff. und 787 ff.; ferner *Lachman/Lachman/Butterfield* (1979), S. 111 ff.; *Jonassen/Hung* (2012), S. 2681.

[69] Vgl. bereits *Duncker* (1935), S. 1; ferner *Newell/Simon* (1972), S. 75; *Dörner* (1987), S. 10 f.; *Jonassen/Hung* (2012), S. 2680.

Identifikation und mentale Repräsentation des zugrunde liegenden Problems, die Generierung von Optionen, die aktive Suche und Auswertung nach neuen Informationen, die Beurteilung der Optionen, und schließlich die Umsetzung der Entscheidung.[70] Die bereits vorhandenen Informationen aus dem Gedächtnis spielen dabei in allen Schritten eine Rolle.[71] Eine Unterscheidung zwischen den Operationen des Urteilens einerseits und des Entscheidens andererseits ist bei einer solchen Darstellung hinfällig, da die finale Entscheidung für eine Option eine wertmäßige Beurteilung der wählbaren Alternativen voraussetzt, Urteilen und Entscheiden mithin Hand in Hand gehen.[72]

bb) Begrenzte Rationalität

Die Idee, dass Menschen bei der Informationsverarbeitung Restriktionen unterliegen, welche eine vollumfängliche Verarbeitung der Informationen verhindern, wurde von *Simon* (1957) durch den Begriff der begrenzten Rationalität (bounded rationality) gefasst.[73] Diese Begrenzungen kognitiver Kapazitäten sind physiologischer Natur[74] und führen dazu, dass Menschen in Entscheidungssituationen auch aufgrund von Zeit- bzw. Kostenrestriktionen nicht immer eine optimale Entscheidung sicherstellen, sondern stattdessen bereits eine bloß zufriedenstellende Lösung akzeptieren (satisficing).[75] *Simon* konstatiert zwar die Existenz dieser Begrenzungen und die Konsequenzen für das normative Modell rationaler Agenten, macht indes keine Aussagen darüber, wie und zu welchen Abweichungen bei Entscheidungen dies genau führen kann.[76]

Bei genauerer Betrachtung haben diese kognitiven Grenzen auf verschiedenen Stufen der Informationsverarbeitung unterschiedliche Ausprägungen. So werden Informationen bereits stark selektiv wahrgenommen[77] und nicht simultan, sondern sequentiell verarbeitet.[78] Zudem können im Kurzzeitgedächtnis nur zwischen fünf bis sieben Informationen gespeichert werden.[79] Schließlich findet die Informationsverarbeitung nicht über einen streng optimierenden Algorithmus statt, sondern wird oftmals über sog. Heuristiken gesteuert. Heuristiken können als Richtlinien oder Methoden zum Problemlösen verstanden werden, deren Grundprozess in einer Transformation bzw. Übersetzung des Problems in ein einfacheres Problem, dessen Lösungsweg bekannt ist, besteht.[80] Ihre Verwendung ist zwecks Komplexitätsreduktion und der begrenzten Rationalität zwar unumgänglich. Aufgrund des Vereinfachungscharakters können

[70] In Anlehnung an *Betsch/Funke/Plessner* (2011), S. 75; vgl. ferner *Driver/Mock* (1975), S. 491 ff.; *Hogarth* (1987), S. 206 ff.; *Gibbins/Jamal* (1993), S. 454 f.
[71] Vgl. *Betsch/Funke/Plessner* (2011), S. 75.
[72] Vgl. *Brander/Kompa/Peltzer* (1987), S. 112; *Betsch/Funke/Plessner* (2011), S. 3.
[73] Vgl. *Simon* (1957) S. 196 ff. *Simon* spricht auch von 'limited rationality', vgl. *derselbe* (1956), S. 113.
[74] Vgl. *Simon* (1955), S. 101 und 112 f.
[75] Vgl. *Simon* (1956), S. 129; *derselbe* (1957), S. 204 f.; *derselbe* (1959), S. 262 ff.; ferner *Hogarth* (1987), S. 63 ff.
[76] Vgl. *Bazerman/Moore* (2009), S. 5 f.
[77] So werden nur schätzungsweise 1,4% des Sichtfeldes kognitiv wahrgenommen, vgl. *Hogarth* (1987), S. 4.
[78] Vgl. *Hogarth* (1981), S. 199; *derselbe* (1987) S. 4 ff.
[79] Vgl. *Miller* (1956), S. 86 ff.
[80] Vgl. *De Corte/Verschaffel/VanDooren* (2012), S. 1422.

sie die richtige Lösung eines Problems allerdings oftmals nur approximieren[81] und schließlich auch zu größeren systematischen Verzerrungen führen (s. hierzu Kapitel II.1.d)).

cc) Adaptivität

Viele kognitive Prozesse verlaufen größtenteils unbewusst ab und sind adaptiv, sodass unterschiedliche Arten von Informationen format-, ziel- und aufgabenabhängig eine unterschiedliche Verarbeitung erfahren.[82] Am prominentesten hat sich die Theorie einer dualen Informationsverarbeitung gehalten, wonach zwischen einer intuitiv-automatischen Verarbeitung ('type 1') und einer analytisch-reflektiven Verarbeitung ('type 2') unterschieden wird.[83] Während das Denken im 'type 2' bewusst-kontrolliert, langsam, regelbasiert und mit begrenzten Kapazitäten verläuft, vollzieht sich das Denken nach dem 'type 1' unbewusst-automatisch, schnell und assoziativ.[84] Aufgrund dieser Merkmale wird das Denken im 'type1'-Modus zwar als wenig kognitiv anstrengend, aber auch als wenig veränderbar angesehen. Zudem wird die Funktionsweise des 'type 1'-Denkens oftmals auf die Verwendung von Heuristiken zurückgeführt (vgl. Kapitel II.1.b)bb)).[85] Das 'type 2'-Denken hingegen erfordert Arbeitsspeicher und ist mit kognitiver Anstrengung verbunden.[86] Eine analoge Übertragung dieser Überlegungen auf die Entscheidungstheorie kann dabei die von *Simon* angeführte Tendenz zum 'satisficing' erhellen: Bei Entscheidungen stehen sich generell der Wunsch, zu einem möglichst optimalen Ergebnis zu kommen, und die (unbewussten) Minimierungsbestrebungen kognitiver Anstrengung ähnlich einem Kosten-Nutzen-Vergleich gegenüber und werden entsprechend abgewogen.[87]

Ob das menschliche Denken durch die Zweiteilung adäquat abgebildet wird, die beiden Denkhaltungen nur sequenziell verlaufen oder aber sogar interagieren, ist bislang noch nicht abschließend geklärt.[88] Vereinzelt wurde daher versucht, die Dichotomisierung von möglichen Denkhaltungen in eine unbewusst-intuitive und bewusst-analytische in Anlehnung an die Theorie der kognitiven Kontinuität (cognitive continuum theory) aufzuheben und durch das Konzept der Quasirationalität als eine von mehreren Zwischenstufen der Denkhaltungen zu ergänzen.[89] Unabhängig von diesen theoretischen Entwicklungen wird beiden genannten Merkmalen adaptiven Denkens - der Zielabhängigkeit sowie der dualen Informationsverarbeitung - gegenwärtig für die prüfungsbezogene JDM-Forschung besonders erkenntnisförderndes Potenzial zugesprochen.[90]

---

[81] Vgl. *De Corte/Verschaffel/VanDooren* (2012), S. 1421. Ein Algorithmus hingegen stellt ein abschließend definiertes Vorgehen dar, dessen sequenzielle Befolgung die Lösung einer hinreichend definierten Aufgabe garantiert, vgl. ebenda; ferner *Brander/Kompa/Peltzer* (1978), S. 136 f.; *Dörner* (1987), S. 10.

[82] Vgl. *Newell/Simon* (1972), S. 53; *Payne* (1982), S. 382 ff.; *Anderson* (1990), S. 31 ff. *Payne/Bettman/Johnson* (1992), S. 89 ff.; ferner *Hogarth* (1987), S. 208; *derselbe* (1993), S. 411.

[83] Vgl. *Sloman* (1996), S. 15; *Kahneman* (2003), S. 1450 ff.; *Evans/Stanovich* (2013), S. 223 f. Je nach Disziplin wird der intuitive Denkmodus auch als 'system 1' oder 'type 1' benannt, während der reflektive Denkmodus als 'system 2' bzw. 'type 2' betitelt wird, vgl. *Evans/Stanovich* (2013), S. 225.

[84] Vgl. *Sloman* (1996), S. 7; *derselbe* (2002), S. 380 ff.; *Evans/Stanovich* (2013), S. 225 und 235 f.

[85] Vgl. *Gilovich/Griffin* (2002), S. 5 und 16.

[86] Vgl. *Kahneman* (2003), S. 1451.

[87] Vgl. *Payne* (1982), S. 382 f.; *Gigerenzer/Gaissmaier* (2011), S. 456 f.; ferner *Einhorn/Hogarth* (1981), S. 69 f.

[88] Vgl. u.a. *Hastie* (2001), S. 662; *Dhami/Thomson* (2012), S. 319.

[89] Vgl. *Hammond* (1980), S. 142 ff.; ferner *Payne* (1982), S. 398 f. *Dhami/Thomson* (2012), S. 319 ff.

[90] Vgl. *Griffith/Kadous/Young* (2016), S. 2 ff.

c) Prozessmodelle und Determinanten der Informationsverarbeitung im Rahmen der Abschlussprüfung

aa) Makro- und Mikroebene des Prüfungsprozesses

In Anlehnung an die Arbeiten von *Newell/Simon* (1972) hat sich auch in der Wirtschaftsprüfungsforschung eine Perspektive entwickelt, welche die Jahresabschlussprüfung bzw. den Prüfer als ein Informationen verarbeitendes System betrachtet.[91] So wurde zum einen auf einer Makroebene der Prozess der Jahresabschlussprüfung insgesamt[92] als umfassender Urteils- und Entscheidungsprozess bzw. als „schlechtstrukturiertes Problem"[93] gefasst. Auf einem niedrigeren Abstraktionsgrad ist der Prüfer zum anderen permanent mit der Verarbeitung einzelner Informationen und der Urteilsbildung zu verschiedenen prüferischen Aussagen konfrontiert. Auf dieser Mikroebene wurde in der Prüfungsforschung zunächst bezüglich der analytischen Prüfungshandlungen versucht, die hierbei durchgeführten wesentlichen gedanklichen Schritte und Operationen zu identifizieren und als Prozess darzustellen.[94] Strukturähnlich zu diesen Modellen hat sich ein allgemeines Modell prüfungsspezifischer Informationsverarbeitung gefestigt, welches als hypothesengesteuerter, heuristischer Suchprozess wie folgt charakterisiert werden kann:[95] Basierend auf Vorinformationen (z.B. den Ergebnissen aus der Vorjahresprüfung) baut der Prüfer hinsichtlich einzelner prüferischer Aussagen erste Urteilshypothesen auf. Hieran anschließend findet ein Prozess der Informationssuche vor allem nach Prüfungsnachweisen und deren simultaner Bewertung hinsichtlich der ursprünglichen Hypothese statt, die ggf. gänzlich verworfen oder bestärkt wird. Dieser Prozess der Suche und Integration von Informationen in das Urteil über die ursprüngliche Hypothese stellt den eigentlichen Problemlösungsprozess dar und verläuft iterativ. Schließlich wird der Suchprozess abgebrochen, sobald über die Richtigkeit einer Hypothese ein Überzeugungsgrad erreicht ist, welcher der erforderlichen Prüfungssicherheit hinsichtlich des Prüfungsurteils entspricht.

Neben dem dargestellten Prozessmodell und den älteren Modellierungen prüferischer Urteilsbildung[96] finden folgende Prozessmodelle aus der allgemeinen Psychologie größere Beachtung in der verhaltenswissenschaftlichen Prüfungsforschung:

- **Believe-Adjustment-Model**: Dieses von *Hogarth/Einhorn* (1992) konzipierte Modell geht der Frage nach, wie sich Urteile durch die Integration von Neuinformationen ändern.

[91] Vgl. *Fischer-Winkelman* (1975), S. 171 ff.; *Dillard* (1984), S. 346; *Gibbins* (1984), passim; *Gans* (1986), S. 194 ff.; *Lenz* (1988) S. 219 ff.; *Peters* (1993), S. 391 f. und 403.

[92] Vgl. *Felix/Kinney* (1982), S. 246 ff., welche den Prüfprozess als Urteilsfindungsprozess formulieren. Als ein den gesamten Prüfungsprozess umfassendes Modell ist auch jenes von *Anderson/Koonce/Marchant* (1991), S. 46 f., zu qualifizieren, welches den einzelnen Schritten des risikoorientierten Prüfungsprozesses sechs wesentliche prüferische Urteile zuordnet. *Bonner/Pennington* (1991), S. 2 ff., hingegen teilen den Prüfprozess in 28 unabhängige Aufgaben auf und weisen diesen verschiedene Kategorien von kognitiven Prozessen zu, erstellen mithin kein holistisches Prozessmodell, sondern eine Taxonomie von Prüfungshandlungen. Vgl. ferner *Solomon/Shields* (1995), S. 143 ff.

[93] *Gans* (1986) S. 361.

[94] *Koonce* (1993), S. 58 ff., spricht hierbei von einem diagnostischen Inferenzprozess (diagnostic-inference process); vgl. ferner *Libby* (1985), S. 648 f.; *Blocher/Cooper* (1988), S. 6 ff.; *Solomon/Shields* (1995), S. 147 ff.

[95] In Anlehnung an *Marten/Quick/Ruhnke* (2015), S. 260 ff. Ein leicht abweichendes Prozessmodell findet sich bei *Schreiber* (2000), S. 179, welcher zusätzlich das Problemverständnis als mentale Konkretisierung des zu lösenden Problems einführt.

[96] Zu nennen sind u.a. das Linsenmodell nach *Brunswick* und der *Bayes*-Ansatz, vgl. *Lenz* (1988), S. 202 ff.; *derselbe* (2002), S. 1930 f.

Es stellt somit den Prozess der Informationsbeurteilung in den Fokus und berücksichtigt aufgabenabhängige Kontextfaktoren wie die Reihenfolge der zu verarbeitenden Informationen oder den Antwortmodus (response mode).[97] Insbesondere die Konzeption der Informationsverarbeitung als sequenziell kann derjenigen im Prüfungsprozess gleichen und hat die Verwendung dieses Ansatzes befördert.[98]

- **Elaboration-Likelihood-Model (ELM)**: Das aus der Sozialpsychologie stammende ELM wurde von *Petty/Cacioppo* (1986) zur Erklärung der Entwicklung von Einstellungen (attitudes) entworfen und rekurriert dabei stark auf die aus Kapitel II.1.b)cc) bekannte Unterscheidung zwischen einer systematisch-reflektiven und einer heuristisch-automatischen Informationsverarbeitung.[99] Es unterscheidet zwischen einer systematischen zentralen Route, bei der relevante Argumente objektiv verarbeitet werden (argument-based processing), und einer peripheren Route, bei der sachfremde Determinanten die Einstellungsbildung verzerren.[100] Die Wahrscheinlichkeit, mit der Personen sachrelevante Informationen bearbeiten - eben die namensgebende 'elaboration likelihood' - wird nun durch die beiden situativen Faktoren der Motivation (motivation) und der Fähigkeit (ability) bedingt.[101] Variablen bzw. Informationen selbst können ihre Verarbeitung daher auf drei Weise beeinflussen: Als sachdienliche Argumente im Rahmen einer systematischen Verarbeitung, als Signale im Rahmen der eher verkürzten peripheren Route oder als Einflussfaktor auf die der Verarbeitung vorgelagerten 'elaboration-likelihood'.[102] Die Einstellungsänderungen sind schließlich je nach verwendeter Route persistent oder weniger dauerhafter Natur.[103]
- **Heuristic-Systematic-Model (HSM)**: Das von *Chaiken* entworfene HSM ist ebenso wie das ELM ein duales Prozessmodell zur Erklärung von Einstellungsänderungen.[104] Während sich beide Modelle hinsichtlich der motivierenden Faktoren und der Konsequenzen der verwendeten Denkart gleichen, werden in dem HSM zum einen die Übersetzungsmechanismen von Motivation hin zur Denkart konkretisiert.[105] Zum anderen wird die Art der Informationsverarbeitung in der peripheren Route im HSM durch die Verwendung von Heuristiken spezifiziert und eingeengt.[106] Außerdem wird die Annahme des ELM, dass Personen immer korrekte Einstellungen anstreben (accuracy-motivation), aufgegeben und vielmehr angenommen, dass zusätzliche Motivationen darin bestehen können, eine bestimmte Einstellung zu verteidigen (defense-motivation) oder bestimmten Einstellungen und Erwartungen gerecht zu werden (impression-motivation).[107] Schließlich wird explizit

[97] Vgl. *Hogarth/Einhorn* (1992), S. 8 ff. Der Antwortmodus bestimmt, ob das Urteil nach jeder einzelnen Information sequenziell neu geformt wird oder aber einmal am Ende der Informationsverarbeitung stattfindet. Zur Verwendung des belief-adjustment-Modells in der Prüfungsforschung vgl. *Asare/Messier* (1991), S. 82 ff.; *Trotman* (1998), S. 124; *Trotman/Wright* (2000), S. 170 ff.; *Kahle/Pinsker/Pennington* (2005), S. 9 ff.

[98] Vgl. *Ashton/Ashton* (1988), S. 624 f.

[99] Vgl. *Cacioppo/Petty* (1984), S. 673 ff.; *Petty/Cacioppo* (1986), S. 125 ff.; *Eagly/Chaiken* (1993), S. 305 ff. Für dessen Anwendung im Prüfungskontext vgl. *Griffith/Nolder/Petty* (2017), S. 6 ff.

[100] Hierunter fallen u.a. die in Kapitel II.1.b)cc) angesprochenen heuristischen Verarbeitungsprozesse oder aber auch Affekte und soziale Rollenmuster, vgl. *Eagly/Chaiken* (1993), S. 306 und 309.

[101] Vgl. ebenda, hier S. 306.

[102] Vgl. ebenda, hier S. 309 und 321.

[103] Vgl. ebenda, hier S. 306 und 318 ff.

[104] Vgl. *Chaiken* (1980), S. 752 f. Eine Gegenüberstellung des HDM und des ELM findet sich bei *Eagly/Chaiken* (1993), S. 305 ff.

[105] Vgl. *Eagly/Chaiken* (1993), S. 330 f.

[106] Vgl. *Chaiken* (1980), S. 753; *Eagly/Chaiken* (1993), S. 326.

[107] Vgl. *Eagly/Chaiken* (1993), S. 326.

angenommen, dass eine systematische und eine heuristische Verarbeitung simultan Anwendung finden können und sich gegenseitig beeinflussen.[108] Das Modell weist insgesamt große Ähnlichkeiten zu dem generellen dualen Prozessmodell aus Kapitel II.1.b)cc) auf.

bb) Problematische Übertragung psychologischer Prozessmodelle

Bei der Übertragung der Theorien, Methoden und Bewertungsmaßstäbe der kognitionspsychologischen Forschung auf das Informationsverarbeitungsverhalten von Wirtschaftsprüfern wurde vermehrt hervorgehoben, dass der Prozess der Wirtschaftsprüfung zusätzlich zu den rein kognitiven Determinanten durch zahlreiche aufgabenabhängige- und unabhängige Kontextfaktoren bestimmt wird:[109] Zum einen ist die Urteilsfindung über die Normenkonformität der Jahresabschlussprüfung als zu lösendes Problem deutlich umfangreicher, wissensbasierter und komplexer als die reduzierten Aufgabenstellungen und Problemlösungsprozesse, welche in der Psychologie untersucht werden.[110] Zum anderen ist die Wirtschaftsprüfung durch domänenspezifische Bedingungen[111] wie z.B. spezielle Rechenschafts- und Aufsichtsprozesse oder die starke Normierung der Tätigkeit geprägt, welche ebenso unzweifelhaft einen Einfluss auf das JDM des Prüfers haben.[112] Die Kognitionspsychologie betrachtet indes gerade rein kognitive Determinanten und Operationen und versucht, aufgaben- und kontextinvariante Ergebnisse zu erzielen.[113] Eine direkte Übertragung der Prozessmodelle auf das Informationsverhalten von Wirtschaftsprüfern wäre daher unterspezifiziert.[114] Ein prüfungsbezogenes Prozessmodell sollte stattdessen in dem Maße ausgeweitet oder modifiziert werden, welches mit dem Abstraktionsgrad korrespondiert, auf welchem das Problem der Urteils- und Entscheidungsfindung im Rahmen der Abschlussprüfung durch den notwendigen Einbezug der genannten Determinanten gefasst wird.[115]

Auch wenn eine solche Integration nicht-kognitiver Variablen in den Informationsverarbeitungsansatz insoweit schwierig ist, als dass dies notwendigerweise eine Übersetzung in kognitive Prozesse erfordert,[116] wird tendenziell eine Ausweitung auf mindestens zwei Ebenen für nötig befunden: Auf der horizontalen Ebene des Informationsverarbeitungsprozesses müsse eine Ausweitung auf die Informationsbeschaffung und auf vertikaler Ebene auf den Einfluss von Kontextvariablen erfolgen.[117] Entsprechend hat *Ruhnke* (1997) das Prozessmodell um den Einfluss von Verzerrungen (vgl. Kapitel II.1.d)) einerseits und der Lernumgebung andererseits erweitert.[118] *Schwind* (2011) erweitert dieses Modell schließlich um personelle Fakto-

[108] Vgl. *Eagly/Chaiken* (1993), S. 328.
[109] Vgl. u.a. *Felix/Kinney* (1982), S. 254; *Gibbins/Jamal* (1993), S. 451 ff.; *Gibbins/Swieringa* (1995), S. 234 ff.; *Haynes/Kachelmeier* (1998), S. 99 ff.; *Gibbins* (2001), S. 226 ff.
[110] Vgl. *Brander/Kompa/Peltzer* (1989), S. 10 und 108 ff.; *Bonner* (2008), S. 18.
[111] Vgl. hierzu *Gibbins/Wolf* (1982), S. 111 ff.
[112] Vgl. hierzu u.a. *Ashton/Ashton* (1995), S. 6 ff.; *Gibbins/Swieringa* (1995), S. 239 ff.; *Anderson/Koonce/Marchant* (1991), S. 45 f.
[113] Vgl. u.a. *Peters* (1993), S. 394; *Johnson/Jamal/Berryman* (1998), S. 88; *Schreiber* (2000), S. 55; ferner *Simon* (1979), S. 507 f. und *Hogarth* (1991), S. 283 f.
[114] Vgl. *Hogarth* (1991), S. 283 f.; *Schreiber* (2000), S. 91.
[115] *Schreiber* (2000) unterscheidet dabei vier Abstraktionsgrade, vgl. S. 55.
[116] Vgl. *Brander/Kompa/Peltzer* (1989), S. 9 f.
[117] Vgl. *Gibbins/Jamal* (1993), S. 455; *Schreiber* (2000), S. 82 f.
[118] Vgl. *Ruhnke* (1997), S. 323 ff.; *derselbe* (2000), S. 291 ff.

ren, aufgabenspezifische Faktoren und Kontextfaktoren.[119] Aktuell erlangen vor allem die in Kapitel II.1.b)cc) angesprochenen dualen Prozessmodelle für die verhaltenswissenschaftliche Prüfungsforschung an Bedeutung, da gerade deren generische Natur als Rahmen zur Integration des heterogenen Forschungsstandes als besonders fruchtbar angesehen wird.[120]

cc) Prüfungskontextspezifische Bestimmungsfaktoren der Informationsverarbeitung

Die jüngere prüfungsbezogene JDM-Forschung fokussiert weniger stark auf rein kognitive Prozesse wie den Abruf von Informationen aus dem Gedächtnis oder die Hypothesengenerierung, sondern untersucht vielmehr den Einfluss und das Zusammenwirken verschiedenster prüfungsspezifischer Determinanten bei Urteils- und Entscheidungssituationen. Die Verschiedenheit der bisherigen Systematisierungsversuche unterstreicht dabei die Breite an untersuchten Faktoren:[121] So unterscheiden *Ferris/Dillard* (1988) und *Dillard/Ferris* (1989) zwischen organisationellen/umweltbedingten, demographisch/physiologischen und kognitiven/ psychologischen Determinanten.[122] *Davidson* (1993) verwendet bei seiner Kategorisierung hingegen die verschiedenen Rollen des Prüfers als Individuum (individual), Angestellter (employee), Experte (professional) und Entscheidungsträger (decision maker).[123] *Libby/Luft* (1993) machen den Erfolg des Urteils- und Entscheidungsverhaltens schließlich von den Konstrukten der Fähigkeit (ability), des Wissens (knowledge), von Umweltfaktoren (environment) und der Motivation (motivation) abhängig.[124] In der neueren Forschung dominiert bislang die von *Bonner* (1999) eingeführte Dreiteilung zwischen personenbezogenen, aufgabenbezogenen und umweltbezogenen Determinanten.[125] *Nelson/Tan* (2005) haben in Ihrem Modell umweltbezogene Determinanten schließlich durch interpersonelle Interaktion ersetzt.[126] Bei der Betrachtung dieser unterschiedlichen Systematisierungen fällt auf, dass viele Autoren die Kategorie von umweltbezogenen Determinanten einführen. Dabei bleibt indes oftmals offen, wie sich eine Änderung der umweltbezogenen Determinanten - potenziell auch als eine Entzerrungsstrategie - auf die Ebene der kognitiven Informationsverarbeitung übersetzt.

d) Verzerrungen bei der Informationsverarbeitung

aa) Begriffsabgrenzung und Systematisierung

Bei der Verarbeitung von Informationen zur Urteils-, Entscheidungs- oder Problemlösungsfindung führen Menschen oftmals unbewusst automatische Denkhandlungen durch, die Heuristiken[127] genannt werden. Heuristiken sind dabei als Verfahren anzusehen, welche durch

[119] Vgl. *Schwind* (2011), S. 27 ff. Zur Entwicklung der Informationsverarbeitungsmodelle in der Prüfungsforschung vgl. ferner *Gibbins* (1984), S. 110 f.; *Gans* (1986), S. 361 ff.; *Knechel/Messier* (1990), S. 387 f.; *Gibbins/Jamal* (1993), S. 455; *Bonner* (2008), S. 54 f. und 107 ff.

[120] Vgl. u.a. *Griffith/Kadous/Young* (2016), S. 2 f.; *Griffith/Nolder/Petty* (2017), passim.

[121] Vgl. u.a. *Ferris/Dillard* (1988), S. 282; *Dillard/Ferris* (1989); S. 208 ff.; *Davidson* (1993), S. 375 ff.

[122] Vgl. *Ferris/Dillard* (1988), S. 282; *Dillard/Ferris* (1989), S. 209. Bei ersteren war indes noch eine vierte Kategorie der 'background variables' vorhanden, vgl. ebenda.

[123] Vgl. *Davidson* (1993), S. 376.

[124] Vgl. *Libby/Luft* (1993), S. 426. *Kleinman et al.* (2010) erweitern diesen Entwurf um die Kategorie der kognitiven Heuristiken, vgl. S. 243 f.

[125] Vgl. *Bonner* (1999), S. 388 und *dieselbe* (2008), S. 54 f.; ferner *Gibbins/Swieringa* (1995), S. 234 ff.; *Schwind* (2011) S. 28; *Mala/Chand* (2015), S. 3; *Gaynor et al.* (2016), S. 10 ff.

[126] Vgl. *Nelson/Tan* (2005), S. 41 f.

[127] In der deutschsprachigen Literatur ist ebenso der Begriff der Heurismen geläufig, vgl. u.a. *Dörner* (1987), S. 38 f.; *Brander/Kompa/Peltzer* (1989), S. 124 und 136.

eine Transformation des zu lösenden Problems bzw. des zu treffenden Urteils den Informationsverarbeitungsaufwand stark reduzieren und so zu einer schnellen Lösung kommen.[128] In mehreren Experimenten haben *Tversky* und *Kahneman* zeigen können, dass diese Heuristiken trotz ihrer hohen Effizienz[129] bei Entscheidungen unter Unsicherheit oftmals zu verschiedenartigen, systematischen Verzerrungen[130] - i.S.v. Abweichungen von den Ergebnissen normativ-statistischer Regeln[131] - führen können.[132]

Hinsichtlich dieser kognitiven Verzerrungen ist festzustellen, dass sie nicht Resultat der Überkomplexität einer Problemstellung sind oder einem rein quantitativen information overload entspringen, sondern gerade auch bei äußerst simplen Häufigkeits- und Wahrscheinlichkeitseinschätzungen auftreten, welche die kognitiven Kapazitäten des Entscheiders nicht übersteigen.[133] Sie werden daher vielmehr als Produkt des intuitiven 'type 1'-Denkens angesehen, weshalb die Ersetzungsprozesse[134], auf denen die Funktionsweise der Heuristiken beruht, den Menschen oftmals auch nicht bewusst werden. Die von *Tversky/Kahneman* als solche benannten Heuristiken sind daher abzugrenzen von strategischen Heuristiken, welche als Lösungsstrategien bewusst eingesetzt werden, um mit den naturbedingten Defiziten zurechtzukommen, die *Simon* unter dem Begriff der 'begrenzten Rationalität' gefasst hat.[135] Während die von *Tversky/Kahneman* begründeten Verzerrungen bei Wahrscheinlichkeitsaussagen auftreten, wurden und werden im Zuge der Verbreitung des 'heuristics and biases'-Ansatzes verschiedene andere kognitive Heuristiken und daraus resultierende Verzerrungen identifiziert,[136] die zwecks Systematisierungsbedarf entweder einzelnen kognitiven Prozessen zugerechnet[137] oder aber als prozessübergreifend anhand anderer Kategorien klassifiziert wurden.[138]

Die Ergebnisse dieser 'heuristics and biases'-Forschung wurden auch in der verhaltenswissenschaftlichen Rechnungslegungs- und Prüfungsforschung zur Erklärung des prüferischen JDM

---

128 Vgl. hierzu Kapitel II.1.b)bb).

129 Vgl. *Gilovich/Griffin* (2002), S. 3 f.

130 Diese Verzerrungen werden auch als Problemlösungsanomalien bezeichnet, vgl. *Ruhnke* (1997), S. 323; *derselbe* (2000), S. 291. Zur Unterscheidung zwischen den Begriffen Verzerrungen und Heuristiken im Rahmen des 'heuristics and biases'-Ansatzes vgl. *Keren/Teigen* (2009), S. 91 ff.

131 Vgl. u.a. *Evans* (1989), S. 9 f.; *Caverni/Fabre/Gonzalez* (1990), S. 7 ff.; *Baron* (2012), S. 1.

132 Eine Sammlung der Aufsätze, welche diesen sog. 'heuristics and biases'-Ansatz begründen, wurde in Kahneman/Slovic/Tversky (1982) zusammengetragen. Vgl. ferner *Newell* (2013), S. 606 ff.

133 Vgl. *Hogarth* (1993), S. 411; *Gilovich/Griffin* (2002), S. 3.

134 *Kahneman/Frederick* (2002) sprechen von „attribute substitution“, S. 53. Mehrere der von *Tversky/Kahneman* identifizierten Verzerrungen können auf diesen Prozess zurückgeführt werden und werden daher unter die übergeordnete sog. Attributsubstitutionstheorie gefasst, vgl. *Pfister/Jungermann/Fischer* (2017), S. 144 f.

135 Vgl. *Gigerenzer/Gaissmaier* (2011), S. 454 f.; ferner *Schwind* (2011), S. 51 ff. *Arkes* (1991), S. 487, bezeichnet die Fehler aus einer bewusst suboptimalen Wahl als "Strategy-Based Judgment Errors", wohingegen kognitive Verzerrungen im hier verwendeten Sinne als "Association-Based Judgment Errors" bezeichnet werden.

136 Vgl. u.a. *Keren/Teigen* (2009), S. 95 und 99.

137 Vgl. u.a. die Systematisierung bei *Hogarth* (1987), S. 209 ff.

138 Vgl. u.a. die Übersichten bei *Wright* (1980), S. 285 ff.; *Arkes* (1991), S. 487 ff.; *Plous* (1993), S. 107 ff.; *Carter/Kaufmann/Michel* (2007), S. 636 ff.; *Bazerman/Moore* (2009), S. 13 ff.; *Lockton* (2012), S. 3 ff.; *Montibeller/von Winterfeldt* (2015), S. 1233 ff.

ausführlich rezipiert.[139] Im Folgenden sollen die im Rahmen der Jahresabschlussprüfung auftretenden und von der Prüfungsforschung fokussierten kognitiven Verzerrungen knapp skizziert werden.[140] Hierbei wird - in Übereinstimmung mit bisherigen Systematisierungsversuchen - eine Kategorisierung anhand der Entstehungsursache der Verzerrungen vorgenommen.[141] Entgegen den bisherigen Darstellungen wird im Einzelnen allerdings zwischen kognitiven, modalen und motivationalen Verzerrungen unterschieden, der Begriff der Verzerrungen mithin ausgeweitet.[142] Unter den kognitiven Verzerrungen werden diejenigen Verzerrungen verstanden, die ihren Ursprung in der Grundstruktur menschlichen Denkens, insbesondere in der bereits erwähnten unbewussten heuristischen Funktionsweise des 'type 1'-Denkens, haben.[143] Hierunter fallen vor allem die ursprünglich von *Tversky/Kahneman* identifizierten Verzerrungen. Unter modalen Verzerrungen werden hingegen die Verzerrungen gefasst, welche ihren Ursprung in dem Aufgabenformat, d.h. der Form und Präsentation des Problems und den zu verarbeitenden Informationen haben. Hierunter fallen u.a. Effekte aus der zeitlichen Reihenfolge oder der Quantität an zu verarbeitenden Informationen. Weiter können Verzerrungen auch durch Motivationen und Präferenzen hervorgerufen werden[144], welche wiederum stark von persönlichen wie umweltbedingten Faktoren determiniert werden.[145] Unter motivationalen Verzerrungen werden daher solche Verzerrungen gefasst, welche der anreizbedingten Ziel- und Zweckgerichtetheit kognitiver Arbeit erwachsen.[146] Schließlich können auch Emotionen das Urteils- und Entscheidungsverhalten maßgeblich verzerren und zu fehlerhaften Urteilen führen.[147] Hierbei wurden bislang allerdings weniger einzelne Verzerrungen herausgearbeitet, die nach Natur, Funktionsmechanismus oder Wirkungsrichtung genau spezifiziert sind. Vielmehr wurde im Prüfungskontext der Einfluss bestimmter Emotionen auf das JDM allgemein[148] sowie das Vorhandensein einer „*affect heuristic*“[149] problematisiert[150], wonach anstatt auf relevante Informationen heuristisch auf Emotionen zur Beurteilung rekurriert wird. Eine weitere Darstellung findet daher nicht statt.

---

139 Die erste Übertragung des Ankereffektes und des Repräsentativitätseffektes auf das prüferische Urteil wurde von *Joyce/Biddle* (1981a, 1981b) geleistet, vgl. 122 ff. und S. 324 ff. Eine knappe Darstellung des Transferprozesses des 'heuristics and biases'-Ansatzes findet sich bei *Koch/Wüstemann* (2009), S. 5. Umfassendere Übersichten zu den für die Prüfung einschlägigen Verzerrungen und durchgeführten Studien in der Prüfungsforschung finden sich u.a. bei *Smith/Kida* (1991), S. 473 ff.; *Solomon/Shields* (1995), S. 159 f.; *Trotman* (1998), S. 123 ff.; *Ruhnke* (2000), S. 291 ff.; *Schreiber* (2000), S. 161; *Koch/Wüstemann* (2009), S. 9 ff.; *Schwind* (2011), S. 64 ff.; *Knapp/Knapp* (2012), S. 40 ff.

140 Die Darstellung beschränkt sich auf eine knappe Erläuterung der Effekte.

141 Vgl. ebenso *Arkes* (1991), S. 486 ff.; *Schwind* (2011), S. 62 ff.

142 Vgl. ebenso *Gans* (1986), S. 166. Auch *Bhandari/Hassanein* (2012) unterscheiden z.B. zwischen kognitiven, konativen und Affektverzerrungen, vgl. S. 496 ff.

143 Vgl. i.d.S. ebenso *Wright* (1980), S. 285. *Knapp/Knapp* (2012) sprechen auch von „heuristic behaviors that are 'hardwired'“, S. 40.

144 Vgl. *Brander/Kompa/Peltzer* (1987), S. 168; *Ruhnke* (1997), S. 323.

145 Vgl. u.a. *Trotman* (1998), S. 146 ff.; *Montibeller/von Winterfeldt* (2015), S. 1230 ff. *Schwind* (2011) zählt zu den motivationalen Verzerrungen allerdings auch Konstrukte wie Motivation und Zeitdruck, welche indes nicht als spezielle Verzerrungen im Sinne von Verhaltensmustern aufgrund von psychologischen Mechanismen zu qualifizieren sind, sondern als umweltbedingte Determinanten, vgl. S. 62 ff.

146 Vgl. ebenso *Spetzler/Staël von Holstein* (1975), S. 345; *Raghubir/Das* (1999), S. 69; *McEwen/Welsh* (2001), S. 8 f. und 16 ff.; *Montibeller/von Winterfeldt* (2015), S. 1231.

147 Vgl. für den Prüfungskontext u.a. den Reviewbeitrag von *Bhattacharjee/Moreno* (2013), passim.

148 Vgl. beispielhaft die Studie von *Cianci/Bierstaker* (2009).

149 *Slovic et al.* (2002). S. 400; vgl. ferner u.a. *Schwarz* (2002), S. 536 f.

150 Vgl. beispielhaft die Studie von *Bhattacharjee/Moreno* (2002).

Diese schematische Einteilung und Benennung darf nicht darüber hinwegtäuschen, dass letztlich alle Verzerrungen kognitiv vermittelt sind und daher kognitive Verzerrungen im weiten Sinne darstellen. Da ihre Entstehung mehrere Ursachen haben kann,[151] sind Unschärfen bei der Zuordnung unumgänglich.[152] Die folgende Darstellung erhebt zudem keinen Anspruch auf Vollständigkeit, sondern fokussiert verstärkt Verzerrungen, die in der Prüfungsforschung untersucht werden. Ausführlicher werden die Unterarten motivationaler Verzerrungen dargestellt, da sie die Hypothesen der empirischen Untersuchung begründen.

bb) Formen kognitiver Verzerrungen

In der Prüfungsforschung wurden vor allem folgende Formen der kognitiven Verzerrungen i.e.S. untersucht:[153]

- **Repräsentativitätseffekt (representativeness bias)**: Der Repräsentativitätseffekt bezeichnet die Tendenz, die Wahrscheinlichkeit des Auftretens eines Sachverhaltes anhand von sichtbaren Eigenschaften, die für diesen Sachverhalt als repräsentativ wahrgenommen werden, zu bestimmen.[154] So kann z.B. das gleichzeitige Auftreten zweier Attribute hinsichtlich eines Sachverhaltes aufgrund des persönlichen Erfahrungshorizontes als repräsentativer wahrgenommen werden als das Auftreten eines der beiden Attribute allein, wodurch systematisch falsche Wahrscheinlichkeitseinschätzungen generiert werden. Andere Faktoren wie Basisraten, die für eine korrekte Wahrscheinlichkeitseinschätzung relevant sind, werden hingegen strukturell vernachlässigt.[155] In der Jahresabschlussprüfung konnte z.B. gezeigt werden, dass eine erhöhte Medienberichterstattung zu Repräsentativitätseffekten bei der Beurteilung der GCO-Annahme führen kann.[156]
- **Verfügbarkeitseffekt (availability bias)**: Der Verfügbarkeitseffekt bezeichnet die Tendenz, die Wahrscheinlichkeit von Ereignissen danach einzuschätzen, wie einfach (salient) Beispiele für ihr Auftreten zu Bewusstsein kommen.[157] Der Verfügbarkeitseffekt ist daher vor allem bei der internen Informationssuche im Gedächtnis relevant. Entscheidend ist hierbei, dass die Salienz, mit der das Auftreten eines Ereignisses abgerufen werden kann, von anderen Determinanten abhängt als von deren objektiv-statistischem Auftreten.[158] Beispielsweise wird die Salienz durch die Aktualität der Ereignisse beeinflusst.

cc) Formen modaler Verzerrungen

Zu den modalen Verzerrungen werden die folgenden gezählt:

- **Ankereffekt (anchoring)**: Der Ankereffekt bezeichnet die Tendenz, bei der Suche und Integration neuer Informationen von einem Referenzpunkt (anchor) auszugehen.[159] Dabei erfolgt die Anpassung nicht in einem streng statistischem Sinne (z.B. gem. dem *Bayes-*

---

[151] Vgl. u.a. *Larrick* (2009), S. 319. Der hindsight bias kann z.B. auf kognitive und motivationale Beweggründe zurückgeführt werden, vgl. *Mertins/Salbador/Long* (2013), S. 17 f.
[152] Vgl. ebenso *Arkes* (1991), S. 492.
[153] Vgl. zu den 'klassischen' Verzerrungen *Pfister/Jungermann/Fischer* (2017), S. 132 ff.
[154] Vgl. *Kahneman/Tversky* (1972), S. 431 ff.; *Tversky/Kahneman* (1974), S. 1124 ff.
[155] Vgl. zu den verschiedenen Ausprägungen *Arkes* (1991), S. 489.
[156] Vgl. *Joe* (2003), S. 111 und 115 ff.
[157] Vgl. *Tversky/Kahneman* (1973), S. 208 ff.; *dieselben* (1974), S. 1127 f.
[158] Vgl. *Tversky/Kahneman* (1974), S. 1127.
[159] Vgl. ebenda, hier S. 1128 ff.

Theorem), sondern i.d.R. weniger intensiv als normativ gefordert. Eine theoretische Spezifizierung des Ankereffektes stellt das in Kapitel II.1.c)aa) dargestellte belief-adjustment-Modell dar,[160] welches zusätzlich Aussagen darüber macht, wie bestimmte Determinanten die Urteilsrevision in Richtung und Intensität beeinflussen. Bei der Jahresabschlussprüfung bestehen vielfältige Ankermöglichkeiten, z.B. auf Empfehlungen von Entscheidungshilfen[161] oder auf die ungeprüften Abschlusszahlen des Mandanten[162].

- **Reihenfolgeeffekt (order effect)**: Reihenfolgeeffekte bezeichnen die Tendenz, dass die zeitliche Reihenfolge von Informationen auf die Urteilsbildung Einfluss nimmt.[163] Im belief-adjustment-Modell werden zwei Arten unterschieden: Der primacy-Effekt bezeichnet die Tendenz, zeitlich früher erlangte Informationen stärker zu gewichten als später erlangte Informationen.[164] Der recency-Effekt hingegen bezeichnet die Tendenz, dass jeweils aktuellere, also später verarbeitete Informationen stärker gewichtet werden.[165] Welcher Effekt dominiert, hängt gem. den Annahmen des Modells vom Zeitpunkt der Urteilsbildung sowie den Eigenschaften der Informationen ab.[166]
- **Verwässerungseffekt (dilution effect)**: Verwässerungseffekte bezeichnen die Tendenz, dass zusätzliche Informationen, die in Abhängigkeit vom jeweiligen Kontext irrelevant sind (non-diagnostic), die auf relevante Informationen gerichtete Aufmerksamkeit ablenken können und die Intensität von Urteilsrevisionen verwässern (dilute).[167] Während Verwässerungseffekte der Nicht-Diagnostizität von Informationen entspringen, entstehen information overload-Effekte allein aus der Quantität zu verarbeitender Informationen im Zusammenspiel mit begrenzt kognitiven Kapazitäten.[168]
- **Rahmeneffekt (framing)**: Rahmeneffekte bezeichnen die Tendenz, Informationen, die vom Gehalt her formallogisch äquivalent sind, allein aufgrund der Darstellungsform (z.B. positive Beschreibung als Gewinne vs. Beschreibung im negativen Korrelat als Verlust) unterschiedlich wahrzunehmen, zu gewichten und zu beurteilen.[169] Da sich die Darstellungsform auf unterschiedliche Eigenschaften eines Urteilskontextes beziehen kann, wird auch zwischen verschiedenen Arten von framing-Effekten differenziert.[170] In der Jahres-

---

[160] Vgl. *Hogarth/Einhorn* (1992), S. 8 ff.
[161] Vgl. *Kowalczyk/Wolfe* (1998), S. 149 ff.
[162] Vgl. *Pike/Curtis/Chui* (2013), S. 1417 ff.
[163] Vgl. *Hogarth/Einhorn* (1992), S. 3.
[164] Vgl. ebenda, hier S. 3 ff.
[165] Vgl. ebenda.
[166] Vgl. ebenda, hier S. 4 ff. Eine Übersicht, welche Konditionen zu welchem Effekt führen, findet sich bei *Kahle/Pinsker/Pennington* (2005), S. 8.
[167] Vgl. *Nisbett/Zukier/Lemley* (1981), S. 250 f.
[168] Vgl. *Schick/Gordon/Haka* (1990), S. 203 ff.
[169] Vgl. *Tversky/Kahneman* (1981), S. 453 ff.; *Kahneman/Tversky* (1984), S. 343 ff. Inwieweit die logische Äquivalenz von Informationen auch semantische Inhaltsäquivalenz impliziert, also die im Akt der subjektiven Interpretation zugewiesene Bedeutung ebenso unabhängig vom formalen Rahmen ist, ist umstritten, vgl. u.a. *Keren* (2011), S. 11.
[170] Vgl. *Levin/Schneider/Gaeth* (1998), S. 151 und 179 ff. Sie unterscheiden zwischen erstens einem 'risky choice framing', wobei gem. dem ursprünglichen Vorgehen von *Tversky/Kahneman* das Risiko gesamter Optionen als positiv oder negativ beschrieben wird, zweitens einem 'attribute framing', bei welchem eine Eigenschaft eines Objektes unterschiedlich dargestellt wird, und drittens einem 'goal framing', bei welchem die Konsequenzen bestimmter Handlungen unterschiedlich spezifiziert werden, vgl. S. 150 ff. In Studien zur Prüfungsforschung wird vor allem das 'attribute framing' untersucht, bei denen z.B. hinsichtlich der Bewertung des internen Kontrollsystems formuliert wird, dass die Stärken (positive Formulierung) oder aber die Risiken des internen Kontrollsystems (negative Formulierung) bewertet werden sollen, vgl. *Chang/Yen/Duh* (2002), S. 36 f.

abschlussprüfung können Rahmeneffekte z.B. aus der Formulierung von Prüfungsstandards entstehen.

- **Rückblickeffekt (hindsight bias/outcome effect)**: Unter Rückblickeffekte fallen sowohl der hindsight bias als auch der outcome effect. Der hindsight bias bezeichnet die Tendenz, beim Wissen um den Ausgang[171] eines unsicheren Ereignisses die Wahrscheinlichkeit für das realisierte Ergebnis ex post als höher einzustufen als ohne dieses Wissen.[172] Der outcome effect beschreibt hingegen die Tendenz, ein ex ante getroffenes Urteil ex post anhand des Ausgangs auch als besser zu beurteilen.[173] Innerhalb der Prüfungsforschung wurden Rückblickeffekte vor allem im Rahmen von prüferischen Reviewprozessen[174] und der richterlichen Beurteilung vom prüferischen JDM im Rahmen von Haftungsfragen intensiv erforscht.

dd) Formen motivationaler Verzerrungen

Die institutionelle Ausgestaltung der gesetzlichen Jahresabschlussprüfung stellt den Prüfer grundsätzlich in ein Geflecht sich gegenseitig verstärkender und einschränkender Anreize. So hat der Prüfer - in einer sehr pauschalisierenden Betrachtungsweise - einerseits ein wirtschaftliches Interesse, den Mandanten zu halten (client retention) und als Kunden zufrieden zu stellen (client satisfaction).[175] Hieraus resultieren potenzielle Unabhängigkeitsgefährdungen. Diesen wirken erstens Sozialisationsprozesse im Ausbildungs- und Berufsumfeld, zweitens regulatorische Mechanismen wie Prüfungs-, Rechnungslegungs-, Berufs- und Haftungsnormen (litigation risk), deren Befolgung durch Aufsichtsbehörden zusätzlich kontrolliert wird, sowie drittens marktbasierte Mechanismen wie z.B. etwaige Risiken eines Reputationsverlustes (reputation risk) in Form sozialer und ökonomischer Anreize entgegen.[176] In diesem vielschichtigen Anreizsystem ist keine der sich ergebenen Motivationen und Interessen für den Prüfer als eindeutig dominant anzusehen; es kommt vielmehr zu Zielkonflikten.[177] *Solomon/Shields* (1995) stellen i.d.S. fest, dass die Konzeption des Prüfungsprozesses als eine "search for truth"[178] eine Fehlcharakterisierung darstellen könnte und andere, sich aus dem Anreizsystem situativ konkretisierende Ziele wie Rechtfertigungsmöglichkeiten, die Zufriedenheit des Mandanten oder Effizienz ebenso bedeutende Faktoren beim Urteilsverhalten von Prüfern darstellen würden[179], mithin die "balance of incentives"[180] maßgeblich sei.

---

[171] Da die Rückblickeffekte ebenso wie der Ankereffekt auf dem Problem beruhen, bereits verarbeitete Informationen mental auszublenden, wird für diese Verzerrungen auch der Begriff des 'curse of knowledge' verwendet, vgl. *Camerer/Loewenstein/Weber* (1989), S. 1230 ff.; ferner *Fischoff* (1977), S. 350 ff.; *Koch/Wüstemann* (2009), S. 10 ff.

[172] Vgl. *Fischoff* (1975), S. 288 ff.; *Hawkins/Hastie* (1990), S. 311 ff.

[173] Vgl. *Baron/Hershey* (1988), S. 570 f.; *Mertins/Salbador/Long* (2013), S. 4.

[174] So zeigen *Brazel et al.* (2016) outcome-Effekte bei der Leistungsbewertung eines subordinierten Prüfers durch seinen Vorgesetzten bei einem Vorgehen mit konstant hoher kritischer Grundhaltung auch für den Fall, in welchem das Vorgehen mit dem Vorgesetzten abgestimmt war, vgl. S. 1580 f. und 1585 ff.

[175] Vgl. u.a. *Bazerman/Morgan/Loewenstein* (1997), S. 90 f.; *Johnstone/Sutton/Warfield* (2001), S. 4 ff.; *Bazerman/Loewenstein/Moore* (2002), S. 99; *Moore et al.* (2006), S. 10; *Chiang* (2016), S. 185 ff.

[176] Vgl. u.a. *Johnstone/Sutton/Warfield* (2001), S. 7 ff.; *Nelson* (2006), S. 31; *Smith/Hall* (2008), S. 87 f.; *Jamal/Marshal/Tan* (2016), S. 91.

[177] Vgl. u.a. *Goldman/Barlev* (1974), S. 707 ff.; *Nichols/Price* (1976), S. 335; *Nelson* (2004), S. 4 ff.; *Moore et al.* (2006), S. 10 f.; ferner *Chiang* (2016), S. 187 ff.

[178] *Solomon/Shields* (1995), S. 168.

[179] *Emby/Gibbins* (1988), S. 46 f., zeigen, dass die Kriterien für ein gutes Urteil aus Sicht der Prüfer entsprechend mannigfaltig sind und vor allem das Kriterium der Rechtfertigung von zentraler Bedeutung ist.

Die genannten Anreize können dabei auf zweierlei Weise das Urteilsverhalten der Prüfer negativ beeinflussen.[181] Zum einen können sie zu Unabhängigkeitsrisiken führen, bei deren Realisierung bewusst Urteile und Entscheidungen im Sinne des Mandanten getroffen werden.[182] Zum anderen können sich die prüfungskontextspezifischen Anreize auch unbewusst bereits auf das Informationsverarbeitungsverhalten des Prüfers auswirken.[183] Während die 'klassischen', kognitiven Verzerrungen i.e.S. bei einzelnen Wahrscheinlichkeitsschlüssen auftreten, können die motivationalen Verzerrungen entsprechend der Dauerhaftigkeit der Anreize den Prüfprozess kontinuierlicher beeinflussen und sind tendenziell auch schlechter zu korrigieren.[184] Unter solchen motivational bedingten Verzerrungen werden die folgenden gefasst:

- **Motivated reasoning**: Unter motivated reasoning werden kognitive Tendenzen verstanden, bei welchen die Informationsverarbeitung nicht neutral, sondern unbewusst an den eigenen oder übernommenen Präferenzen, Erwartungen oder Zielen ausgerichtet erfolgt.[185] Gem. dieser Theorie gehen Präferenzen nicht erst bei der Entscheidung zwischen verschiedenen Optionen ein, sondern beeinflussen bereits a priori die Informationsverarbeitung.[186] Begründet wird diese Art der Verzerrung u.a. über das Bedürfnis, kognitive Konsonanz herzustellen oder aber kognitiven Aufwand zu reduzieren.[187] Die dem motivated reasoning zugrundeliegenden verzerrenden Prozesse können dabei z.B. die Ausblendung diagnostischer Informationen bei der Informationssuche, die kognitive Herabstufung (mental discounting) der Relevanz bzw. erhöhte Skepsis gegenüber widersprechenden Informationen[188] oder aber eine Umdeutung von Informationen durch verschiedene Kontexturierungen umfassen.[189] In der Prüfungsforschung wurde dieser psychologische Ansatz umfassend rezipiert, u.a. um die Wirkung der zahlreichen motivationalen Anreize im Prüfungskontext auf die kognitiven Informationsverarbeitungsprozesse zu erklären.[190]
- **Self-serving bias**: Der self-serving bias bezeichnet - als eine Konkretisierung des motivated reasoning - die Tendenz, auf das eigene Wohlergehen zu fokussieren und Informationen in Einklang mit den eigenen Präferenzen selektiv zu suchen, zu interpretieren und zu gewichten.[191] Diese Tendenz kann als sehr resistent beurteilt werden.[192]

---

[180] *Nelson* (2009), S. 12.

[181] Vgl. zu dieser Abgrenzung ebenso *Bazerman/Morgan/Loewenstein* (1997), S. 91; *Moore et al.* (2006), S. 16 f.; *Kleinman et al.* (2010), S. 251; *Chiang* (2016), S. 185 ff.

[182] Vgl. *Johnstone/Sutton/Warfield* (2001), S. 1; *Tepalagul/Lin* (2015), S. 102 ff.

[183] Vgl. *Bazerman/Morgan/Loewenstein* (1997), S. 90; *Moore et al.* (2006), S. 16 ff.; *Chiang* (2016), S. 189 ff. Solch ein vorzeitiger Einfluss der Präferenzen widerspricht gerade der üblichen Unterscheidung zwischen Urteilen und Entscheiden z.B. wie bei *Bonner* (1999), S. 385.

[184] Vgl. *Montibeller/von Winterfeldt* (2015), S. 1232.

[185] Vgl. *Kunda* (1990), S. 482 ff. Dabei unterscheidet sie zwischen der Motivation, möglichst korrekte Urteile zu treffen (accuracy motivation) und einer Motivation, ein gewünschtes Urteil (directional goals) zu erreichen, vgl. S. 481 ff.

[186] Vgl. *Hales* (2007), S. 610 f. Eine Übersicht und Diskussion verschiedener psychologischer Theorien zu dem Phänomen eines „Biased Predecision Processing" (S. 545) findet sich bei *Brownstein* (2003).

[187] Vgl. *Russo/Medvec/Meloy* (1996), S. 107 ff.

[188] Vgl. *Kunda/Sinclair* (1999), S. 12 ff. Die Verarbeitung von erwartungskonformen Informationen findet entsprechend mit geringerem kognitiven Aufwand statt, vgl. *Earley* (2002), S. 599 ff.

[189] Vgl. *Lord/Ross/Lepper* (1979), S. 2099; *Pennington/Hastie* (1986), S. 243 ff.; *Kunda* (1990), S. 483 ff.; *Ditto/Lopez* (1992), S. 569 f. und 579 ff.; *Ditto et al.* (1998), S. 54 und 64 ff.; *Piercey* (2009), S. 339.

[190] Vgl. u.a. *Bonner* (2008), S. 55 f., 74 f. und 202 ff.

[191] Vgl. *Miller/Ross* (1975), S. 213 ff.; *Bradley* (1978), S. 56 ff.; *Nisbett/Ross* (1980), S. 231 ff.; *Babcock/Loewenstein* (1997), S. 110 f.

- **Causal reasoning**: Causal reasoning bezeichnet i.e.S. den kognitiven Prozess der Herstellung kausaler Beziehungen.[193] I.S.e. self-serving bias bezeichnet es die Tendenz, bei der retrospektiven Ergründung von Ursache-Wirkungs-Beziehungen vorteilhafte Ereignisse eigenen Handlungen zuzuschreiben (self-enhancing attribution), unvorteilhafte Resultate hingegen auf externe Entstehungsursachen zu attribuieren (self-protective attribution).[194]
- **Bestätigungseffekte (confirmation bias)**: Bestätigungseffekte bezeichnen die Tendenz, bei dem Testen einer initialen Hypothese unbewusst verifizierend nach Fällen zu suchen, die diese anfängliche Hypothese eher bestätigen als sie widerlegen.[195] Im Prüfungskontext wird der Bestätigungseffekt vor allem i.S. einer einseitigen Suche nach eine Hypothese bestätigenden Informationen anstatt einer kritischen Infragestellung derselben durch die Suche nach und den Einbezug von widersprechenden Informationen verstanden. Die Existenz von Bestätigungseffekten in der Jahresabschlussprüfung wurde oftmals vorgebracht, wobei die Ursachen einer derart ausgerichteten Informationsverarbeitung sehr vielfältig sind.[196] Zum einen kann eine auf Verifikation ausgerichtete Hypothesenteststrategie einer allgemeinen, human-kognitiven Prädisposition entstammen.[197] Sofern Bestätigungseffekte hingegen durch motivationale Anreize bzw. Präferenzen für eine Hypothese entstehen, stellen sie eine Unterform des motivated reasoning dar.[198] Die Tendenz einer hypothesenbestätigenden Informationssuche kann im Prüfungskontext allerdings auch durch andere Faktoren angeleitet werden.[199] So können z.B. Prüfungsstandards normativ vorgeben, dass solche Prüfungsnachweise zu identifizieren sind, welche die Annahmen des Managements bestätigen und so die Suche nach widersprechenden Informationen behindern.[200] In einem solchen Fall entsteht ein Bestätigungseffekt nicht dadurch, dass individuelle Präferenzen für eine Hypothese existieren, sondern dass die zu testende Hypothese in der vorliegenden Form und nicht in ihrem negativen Äquivalent vermittelt wird. Diese Form des Bestätigungseffektes stellt somit einen framing-Effekt dar. Schließlich kann ein bestätigendes Vorgehen institutionell als Ausprägung des Verifikationscharakters der Prüfung gefasst

192 Vgl. u.a. *Bazerman/Loewenstein/Moore* (2002), S. 98.
193 Vgl. *Hastie* (1984), S. 44 ff.
194 Vgl. *Kelley* (1973), S. 113 ff.; *Bettmann/Weitz* (1983), S. 166 ff.; ferner *Koonce/Seybert/Smith* (2011), S. 213 ff.
195 Vgl. *Wason* (1960), S. 129 ff.; *Snyder/Swann* (1978), S. 1202 ff.; *Snyder/White* (1981), S. 39 ff. *Klayman/Ha* (1987), S. 212, und *Klayman* (1995), S. 385 f., sprechen i.d.S. klarstellend von einer „positive test strategy". Als confirmation bias bezeichnen sie vielmehr die Neigung, eine präferierte Hypothese beizubehalten. Zudem können bestätigende Effekte auf mehreren Ebenen des Informationsverarbeitungsprozesses stattfinden, vgl. *Klayman* (1995), S. 386 f.
196 Vgl. *Waller/Felix* (1984), S. 394 f.; *Church* (1990), S. 83 ff. und S. 103.
197 Hiermit ist gemeint, dass Menschen, um das Gegenteil bzw. das negative Korrelat von einer Idee zu verstehen, zunächst diese Idee in seiner positiven Form verstehen müssen.
198 Vgl. i.d.S. u.a. *Lord/Ross/Lepper* (1979), S. 2099; *Nickerson* (1998), S. 176, unterscheidet ebenso zwischen einem motivierten und einem unmotivierten Bestätigungseffekt.
199 So auch *Kadous/Magro/Spilker* (2008), S. 138. *Waller/Felix* (1987), S. 394, sehen in dieser Tendenz eine Grundstruktur der kognitiven Verarbeitung von empirischen Erfahrungen, welche den Bestätigungseffekt u.a. dadurch befördern, dass positive, bestätigende Informationen kognitiv einfacher gespeichert und abgerufen werden können.
200 Im aktuell gültigen ISA 540 zur Prüfung geschätzter Werte wird ein solches Vorgehen indes nicht mehr betont.

werden.[201] Es bleibt anzumerken, dass die Suche nach bestätigenden Informationen ebenso wie das motivated reasoning nicht zwangsweise eine Verzerrung darstellen muss.[202]

- **Acceptability bias**: Der acceptability bias bezeichnet die Tendenz, Präferenzen und Einstellungen von Instanzen, denen man rechenschaftspflichtig ist, zu akzeptieren und hieran unbewusst sein Urteil auszurichten.[203] Hierbei findet weniger eine verzerrte Informationsverarbeitung i.S.e. motivated reasoning, sondern vielmehr eine gem. dem 'type 1'-Denken weniger genaue, aufwendige und umfangreiche Informationsverarbeitung i.S.e. „rational ignorance"[204] statt.[205]
- **Status-quo-Verzerrung**: Der status-quo-Effekt bezeichnet die generelle Tendenz, Zustände und getroffene Entscheidungen angesichts neuer Optionen eher beizubehalten als zu verändern.[206] Im Kontext der Jahresabschlussprüfung kann sich dieser Effekt u.a. darin zeigen, dass oftmals dieselben Prüfungshandlungen wie in den Prüfungen zuvor durchgeführt werden.[207] Auf der Ebene des JDM werden schließlich getroffene Urteile analog eher beibehalten und sich im Nachhinein als invalide herausstellende Informationen weiterhin berücksichtigt[208], sodass diese Verzerrung als eine Form des motivated reasoning zu qualifizieren ist.
- **Halo bias**: Der halo bias bezeichnet die Tendenz, dass eine globale, normative Einstellung hinsichtlich einer Einheit auf die Bewertung anderer einzelner Attribute dieser Einheit ausstrahlt.[209] Eine derartige, durch einen holistischen Gesamteindruck angeleitete Fehlattribuierung kann auch im Prüfungskontext z.B. durch Eindrücke einer ersten Risikoeinschätzung auftreten.[210]
- **Selbstüberschätzung (overconfidence)**: Der overconfidence bias bezeichnet die Tendenz, das eigene Urteil akkurater einzuschätzen, als es tatsächlich ist.[211] Diese Tendenz ist äußerst robust und kann als Nebeneffekt von einer die eigene Position bestätigende Informationsverarbeitung verstanden werden.[212]

e) *Entzerrungsstrategien*

aa) Begriffsabgrenzung und Spezifizierung des Forschungsgegenstandes

Übergeordnetes Ziel der prüfungsspezifischen JDM-Forschung ist es, das Urteils- und Entscheidungsverhalten von Prüfern zu verbessern.[213] Grundlegende Idee ist hierbei, dass Determinanten, die einen negativen Einfluss auf die JDM-Qualität haben, beseitigt, reduziert oder durch andere Determinanten moderiert werden, wohingegen Determinanten mit einem positi-

---

[201] Vgl. u.a. *Power* (2003), S. 387 f.; *Selling/Nordlund* (2015), S. 506. In diesem Fall kann von einem Bestätigungseffekt im psychologischen Sinne indes keine Rede sein.
[202] Vgl. *Lord/Ross/Lepper* (1979), S. 2106 f.; *Klayman* (1995), S. 392 f.; *Church* (1990), S. 98 f.
[203] Vgl. *Tetlock* (1985), S. 310 ff.; *derselbe* (1992), S. 340 ff.; *Chen/Shechter/Chaiken* (1996), S. 262 ff.
[204] *Prentice* (2000), S. 144 f.
[205] Vgl. *Wilks* (2002), S. 52 und 55.
[206] Vgl. *Samuelson/Zeckhauser* (1988), S. 8 ff.; *Tetlock* (1992), S. 367 f.
[207] Vgl. *Messier/Quick/Vandervelde* (2014), S. 60 ff.
[208] Vgl. u.a. *Tan/Tan* (2008), S. 923 f.
[209] Vgl. *Nisbett/Wilson* (1977), S. 250 ff.
[210] Vgl. *O'Donnell/Schultz* (2005), S. 925 f. und 932 ff.
[211] Vgl. *Einhorn/Hogarth* (1978), S. 395 ff.; *Lichtenstein/Fischoff/Phillips* (1982), S. 314 ff.
[212] Vgl. *Koriat/Lichtenstein/Fischoff* (1980), S. 111 ff.; *Arkes* (1991), S. 489.
[213] Vgl. u.a. *Kotchetova/Salterio* (2009), S. 557.

ven Einfluss verstärkt werden.[214] Dieses Vorgehen setzt zwingend die Erfüllung folgender Anforderungen voraus: Erstens eine profunde Ursachenanalyse kognitiver Verzerrungen, zweitens begriffliche Klarheit der die JDM-Qualität messenden Konstrukte und drittens Kenntnisse der Wirkungszusammenhänge zwischen der JDM-Qualität und der diese Qualität bestimmenden Determinanten. Nicht zuletzt seit dem Aufkommen des 'heuristics and biases'-Ansatzes wurden immer wieder auch Verfahren und Methoden untersucht, die den oben genannten Verzerrungen entgegenwirken sollen.[215] Unter solchen Entzerrungsstrategien (debias strategies)[216] werden im Folgenden Maßnahmen verstanden, deren Zweckbestimmung primär darin besteht, die Entstehung der in Kapitel II.1.d) dargestellten Verzerrungen bzw. deren Effekte zu verhindern oder abzumildern.[217]

Auch in der Prüfungsforschung wurden diverse Entzerrungsstrategien vorgeschlagen und untersucht.[218] Diese Maßnahmen berücksichtigen bzw. instrumentalisieren prüfungsspezifische Faktoren entsprechend stärker. Sie umfassen z.B. Dokumentations- und Rechtfertigungsanforderungen, explizite Vorgaben zur Durchführung ausgewählter Prüfungshandlungen oder indirekte Anreize zur Stimulierung spezieller Denkarten. Von diesen Entzerrungsstrategien sind Verhandlungsstrategien (negotiation strategies) abzugrenzen, welche nicht auf die Informationsverarbeitung abzielen, sondern bei einem getroffenen Urteil dessen Durchsetzung z.B. beim Mandanten unterstützen sollen.[219] Die hier verwendete Definition von Entzerrungsstrategie bestimmt ebenjene zudem durch eine Intentionalität, auf eine Minderung kognitiver Verzerrungen hinzuwirken. Hiervon abzugrenzen sind daher andere, allgemeine Einflussfaktoren auf das JDM und den Prüfprozess, deren Zweckbestimmung nicht auf eine Verbesserung des JDM i.S.e. Milderung von Verzerrungen gerichtet ist. Aufgrund ihrer nur mittelbaren Wirkung wird die Gestaltung sämtlicher Anreize auf institutioneller Ebene ohne direkten Bezug zum Prüfprozess wie Normen zur Haftung, corporate governance, Aufsicht, Auftragsvergabe und -dauer sowie Vergütung in dieser Arbeit zwar verortet, aber nicht weiter diskutiert.[220] Die Ausgestaltung dieser institutionellen Aspekte kann zwar unbestritten einen gro-

---

214 Vgl. *Bonner* (2008), S. 308.

215 Vgl. u.a. für die Rechtswissenschaft *Jolls/Sunstein* (2006), S. 206 ff., für die Marktforschung *Kahn/Luce/Nowlis* (2006), S. 131 ff. und für Investmententscheidungen *Bhandari/Hassanein* (2012), S. 497 ff.

216 Die Terminologie des debias findet sich hinsichtlich kognitiver Verzerrungen erstmals bei *Kahneman/Tversky* (1977), S. 4-6, selbst, ist allerdings bereits vorher als Bezeichnung für Gegenmaßnahmen für anderweitige Verzerrungen gebräuchlich, vgl. u.a. *Thomas* (1971), S. 119.

217 Vgl. i.d.S. u.a. *Soll/Milkman/Payne* (2015), S. 925; *Correia* (2016), S. 3.

218 Vgl. u.a. *Knapp/Knapp* (2012), S. 44 ff.; *Bettinghaus/Goldberg/Lindquist* (2014), S. 42 f.

219 Vgl. ebenso Schritt 11 im Modell von *Chung et al.* (2013), S. 170, welches als kognitives Modell zur Prüfung von Ereignissen nach dem Abschlussstichtag entwickelt wurde, aber durchaus als generelles Modell der Informationsverarbeitung bei Abschlussprüfern verstanden werden kann. Studienübersichten zum Themengebiet der Verhandlungsstrategien finden sich bei *Brown/Wright* (2008), S. 92 ff. und *Salterio* (2012), S. 234 ff.

220 Mehrere Autoren schlagen gleichwohl fundamentalere Restrukturierungen vor allem der ökonomischen Prüfer-Mandanten-Beziehung vor und sehen stellenweise hierin die einzige Möglichkeit, die Unabhängigkeit der Prüfer zu effektivieren bzw. das Auftreten insbesondere der motivationalen Verzerrungen zu beheben, vgl. u.a. *Bazerman/Loewenstein* (2001), S. 28; *Moore et al.* (2006), S. 24 f.; *Jamal* (2008), S. 123 ff.; *Bazerman/Moore* (2011), S. 310; *Peecher/Solomon/Trotman* (2013), S. 614 f.; *Selling/Nordlund* (2015), S. 505 ff.

ßen Einfluss auf das JDM der Prüfer ausüben.[221] Sie weisen - anders als z.B. Normen zur prüferischen Berichterstattung - indes keinen unmittelbaren Bezug zum materiellen Prüfungsprozess und noch weniger zu der situativ bedingten Informationsverarbeitung auf.[222] Ferner werden die allgemeine Erfahrung und Expertise nicht als Entzerrungsstrategien behandelt. Diese Faktoren haben zwar, ebenso wie sämtliche andere personenbezogene Eigenschaften auch, einen unbestritten hohen Einfluss auf das JDM des Prüfers[223] und können auch den Einfluss von Entzerrungsstrategien erheblich moderieren.[224] Aus der Perspektive der Entzerrungsstrategien stellen sie indes vielmehr eine endogene Zielgröße dar, wohingegen die Entzerrungsstrategien selbst als Mittel zu qualifizieren sind. In dieser Arbeit werden schließlich Entscheidungshilfen (decision aids) in der Form von computergestützten Systemen ausgeschlossen. Entscheidungshilfen unterbreiten dem Prüfer typischerweise über eine mechanische Kombination von Informationen einen Lösungsvorschlag und sind mittlerweile als strukturierte Hilfen in der Prüfungspraxis gängig.[225]

bb) Zur Notwendigkeit von Entzerrungsstrategien im Rahmen der Jahresabschlussprüfung

Der 'heuristics and biases'-Ansatz im Allgemeinen und die Untersuchung von Verzerrungen bei ökonomischen Entscheidungen im Besonderen wurden in der Forschungsliteratur stellenweise vehement kritisiert.[226] Konkret wurden folgende Kritikpunkte angebracht: Erstens seien die Bewertungsmaßstäbe, welche die Urteile erst als abweichend darstellen, normativ zu einseitig und daher inadäquat.[227] Zweitens wurde kritisiert, dass die Verzerrungen durch schlichte Umformulierungen im experimentellen Design behoben werden könnten. I.d.S. sind die Abweichungen in den Experimenten drittens allein auf die Ambiguität der Fragestellungen

---

[221] *Hurley/Mayhew/Obermire* (2016) zeigen z.B. in einem experimentellen Marktsetting, dass durch eine randomisierte Zuweisung der Prüfer zum Mandanten im Gegensatz zu einem wettbewerbsbasierten Marktmechanismus die Prüfungsqualität steigt, vgl. S. 3 f. und 18 ff. *Brown/Popova* (2016), S. 28 f., und 32 ff., zeigen weiter, dass corporate governance Strukturen, z.B. ein unabhängiger Prüfungsausschuss, den Einfluss von Mandantenpräferenzen und starker Kundenidentifikation bei der Prüfung von geschätzten Werten ebenso verringern kann. Vgl. ferner die Reviewbeiträge von *Johnstone/Sutton/Warfield* (2001), S. 4 und 7 ff. und *Tepalagul/Lin* (2015), S. 102 ff.

[222] Vgl. i.d.S. *Ashton/Kennedy* (2002), S. 229.

[223] Vgl. hierzu u.a. die Reviewbeiträge von *Bédard* (1989), S. 113 ff.; *Choo* (1989), S. 106 ff.; *Colbert* (1989), S. 137 ff.; *Davis/Solomon* (1989), S. 150 ff.; *Bonner/Lewis* (1990), S. 2 ff.; *Bédard/Chi* (1993), S. 21 ff.; *Libby/Luft* (1993), S. 428 ff.; *Bonner* (2008), S. 56 ff. *Guiral et al.* (2015) zeigen, dass Expertise durchaus self serving-Tendenzen bei einer GCO-Beurteilung mindern kann, vgl. S. 106 und 108 ff. Vgl. ebenso *Koch/Wüstemann* (2009), S. 26 ff.

[224] I.d.S. *Gibbins* (1984), S. 107: "Experience produces prestructured guides to judgment". Selbiges trifft auch auf das Konstrukt der kritischen Grundhaltung zu, welches einerseits als ein 'trait' i.S. eines Persönlichkeitsmerkmals und andererseits als veränderbarer 'state' verwendet wird, vgl. u.a. *Robinson/Curtis/Robertson* (2013), S. 3 und 5 ff.

[225] In einem weiten Verständnis reichen solche Entscheidungshilfen von sehr basalen Formen wie Checklisten bis hin zu komplexeren, meist computergestützten Analysetools, vgl. hierzu u.a. *Libby* (1981), S. 100 ff.; *Abdolmohammadi* (1987), S. 173 ff.; *Libby/Luft* (1993), S. 436 ff.; *Messier* (1995), S. 214 ff.; *Bonner/Libby/Nelson* (1996), S. 226 ff.; *Abdolmohammadi* (1999), S. 54 ff.; *Nelson/Tan* (2005), S. 53 f.; *Bonner* (2008), S. 341 ff.; *Knapp/Knapp* (2012), S. 44; *Mala/Chand* (2015), S. 11 ff.

[226] Vgl. hierzu die Auseinandersetzung zwischen *Kahneman/Tversky* (1996) und *Gigerenzer* (1996). Vgl. ferner *Vranas* (2000), S 179 ff.; *Gilovich/Griffin* (2002), S. 7 ff.; *Dhami* (2016), S. 1426 ff. Kritik am 'heuristics and biases'-Ansatz in der Prüfungsforschung findet sich u.a. bei *Shanteau* (1989), S. 166 f. und *Smith/Kida* (1991), S. 472 ff.

[227] Dies betrifft vor allem die Anwendung von Wahrscheinlichkeitsregeln bei singulären Ereignissen, vgl. *Gigerenzer* (1996), S. 592 f.

zurückzuführen und stellen daher lediglich konstruierte Artefakte dar.[228] Viertens sind die Heuristiken als sehr vage Konstrukte zu qualifizieren und repräsentieren keine hinreichend spezifizierten Prozessmodelle.[229] Bei der Übertragung auf ökonomische Sachverhalte wurde zudem angebracht, dass kognitive Verzerrungen verschwinden würden, sofern Anreize zu hoher Leistung z.B. durch Marktkräfte hoch genug sind.[230] Im Bereich der Prüfungsforschung wurde Selbiges postuliert, sofern anstatt von Novizen die Aufgaben von Experten gelöst würden[231] oder aber wenn die Urteilsbildung mehrperiodig und unter Feedback-Mechanismen stattfinden würde.[232] Schließlich wurde auch hier die Kritik i.S. einer Missachtung der "ecological rationality"[233] geübt.[234] Dieser Einwand basiert auf dem erstgenannten Kritikpunkt inadäquater normativer Maßstäbe und betont, dass die Verwendung von Heuristiken trotz systematischer Verzerrungen aus einer globaleren Perspektive unter Einbezug sämtlicher ökologischer Faktoren effektiv sein kann und als rational zu qualifizieren ist.[235]

Während die Kritik an der Außerachtlassung der ökologischen Rationalität jedenfalls partiell begründet erscheint[236], ist mit Blick auf die Prüfungsforschung dennoch festzustellen, dass erfahrene Prüfer manchen Verzerrungen zwar weniger stark, in der Gesamttendenz aber ebenso unterliegen wie Novizen oder Fachfremde.[237] Auch die Annahme, dass hinreichend große Anreize innerhalb der experimentellen Designs das Auftreten von Verzerrungen verhindern, konnte durch bisherige empirische Untersuchungen wenig fundiert werden: Finanzielle Anreize können zwar einzelne kognitive Prozesse verbessern und manche motivational bedingte Verzerrungen abmildern, haben allerdings in den meisten Fällen einen nur geringen oder keinen Einfluss auf die JDM-Leistung gezeitigt.[238] Schließlich ist auch das Argument, dass die bereits vorhandenen prüfungskontextspezifischen Qualitätskontrollmechanismen Verzerrungen im Prüfprozess automatisch korrigieren, zumindest insoweit unschädlich, als dass dieser Zusammenhang empirisch größtenteils ungeklärt ist.[239]

cc) Forschungslücke

Wie die vorherigen Ausführungen gezeigt haben, unterliegen auch Wirtschaftsprüfer den verschiedenen Ausprägungen kognitiver Verzerrungen. Zudem finden sich in der Forschungsliteratur jüngst mehrere meist experimentelle Beiträge, welche Mechanismen zur Verbesserung der JDM-Qualität i.S. von Entzerrungsstrategien untersuchen. Deren Motivation basiert oftmals auf den mehrfach dokumentierten Fehlleistungen bei der Prüfung geschätzter Werte.

---

[228] Vgl. *Gigerenzer* (1996), S. 593.
[229] Vgl. ebenda, hier S. 593 f.
[230] Vgl. *Libby* (1991), S. 13 ff.
[231] Vgl. *Shanteau* (1989), S. 173; *Smith/Kida* (1991), S. 473.
[232] Vgl. *Smith/Kida* (1991), S. 472.
[233] *Hogarth* (2015), S. 952 f. und 962.
[234] Vgl. *Smith/Kida* (1991), S. 472 f.
[235] Vgl. *Gigerenzer/Goldstein* (1996), S. 651.
[236] Vgl. *Gilovich/Griffin* (2002), S. 8 f.
[237] Vgl. ebenso *Ashton* (1990), S. 149; *Prentice* (2000), S. 142 ff.; *Gibbins* (2001), S. 226; *Bazerman/Loewenstein/Moore* (2002), S. 97 ff.; *Koch* (2008), S. 26 f.; *Koch/Wüstemann* (2009), S. 27 f.; ferner *Larrick* (2009), S. 316; *Chiang* (2016), S. 189 ff.
[238] Vgl. *Arkes* (1991), S. 493; *Libby/Lipe* (1992), S. 250 ff.; *Camerer/Hogarth* (1999), S. 8 und 11 ff.; *Gilovich/Griffin* (2002), S. 4 f.; *Kahneman* (2003), S. 1469; *Larrick* (2009), S. 321 f.
[239] Vgl. *Church et al.* (2015), S. 228 ff.

Daher wird in der vorliegenden Arbeit der Fokus auf Ver- und Entzerrungsstrategien bei der Prüfung geschätzter Werte (s. sogleich Kapitel II.2) gelegt.

Während es hinsichtlich der kognitiven Verzerrungen Systematisierungsbestrebungen gibt, sind trotz des Vorliegens mehrerer Einzelstudien Systematisierungen zu Entzerrungsstrategien in der Prüfungsforschung bislang ausgeblieben. Es liegen insoweit lediglich einzelne Gesamtwürdigungen[240] und unsystematisierte Zusammenstellungen[241] vor. Im ersten Hauptteil der Arbeit (Kapitel III) wird daher versucht, für die in der Prüfungsforschung untersuchten Entzerrungsstrategien geeignete Bezugsrahmenkategorien herzuleiten und anschließend die einschlägigen Studien betreffend geschätzter Werte ausführlicher darzustellen, einzuordnen und knapp zu würdigen. Auch wenn die Kosten der Umsetzung (Effizienz) von Entzerrungsstrategien für eine Gesamtwürdigung von Belang sind[242], wird im III. Kapitel nur die Frage ihrer Effektivität (Grad der Zielerreichung) zur Behebung von Verzerrungen fokussiert.

[240] Vgl. hierzu *Bonner* (2008), S. 306 ff.; ferner *Nelson* (2009), S. 17 ff. für Maßnahmen zur Erhöhung der kritischen Grundhaltung.

[241] Vgl. *Kotchetova/Salterio* (2009), S. 557 ff.; *Knapp/Knapp* (2012), S. 44 f.; *Bettinghaus/Goldberg/Lindquist* (2014), S. 42 f.

[242] Vgl. u.a. *Lewis/Shields/Young* (1983), S. 274 ff.; *Ashton/Ashton* (1995), S. 23 f.

2. Prüfung geschätzter Werte

a) Normative Grundlagen

aa) Begriffsabgrenzung

Geschätzte Werte sind Näherungswerte, die nicht exakt bestimmbar sind.[243] Die Unsicherheit der Werte ergibt sich i.d.R. aus deren Zukunftsbezug, wobei zum Zeitpunkt der Bewertung nicht eindeutig bestimmbar ist, in welcher Höhe sich der Wert in Zukunft realisieren wird.[244] Aufgrund dieser inhärent unbestimmten Natur sind geschätzte Werte folglich auch mit einem höheren prüferischen Fehlerrisiko verbunden.[245] Innerhalb des IFRS-Normregimes hat die Verwendung geschätzter Werte stetig zugenommen, sodass mittlerweile die Bewertung einer Vielzahl von Abschlussposten einen gewissen Grad von Unsicherheit aufweist, Schätzwerte mithin eher die Regel denn die Ausnahme darstellen.[246] Vor allem der Wertmaßstab des beizulegenden Zeitwertes (fair value) gem. IFRS 13 wird in der Forschung vorherrschend in seiner Ausprägung als Schätzwert behandelt und aufgrund der dabei unumgänglichen Ermessensspielräume teilweise vehement kritisiert.[247] Bei diesem Bewertungsmaßstab ist allerdings zu beachten, dass er nicht durchgängig einen geschätzten Wert darstellt.[248] Vielmehr versucht die in IFRS 13 genannte Bewertungshierarchie, die Verwendung beobachtbarer und somit objektivierbarer Inputparameter zu maximieren.[249] Sofern in einer ersten Stufe beobachtbare Marktpreise feststellbar sind, stellen diese den beizulegenden Zeitwert dar.[250] Schätzwerte ergeben sich nach IFRS 13 vielmehr auf den nachrangigen Stufen, vor allem bei modellgestützten Berechnungen, denen nicht beobachtbare Annahmen zugrunde liegen.[251]

bb) Geschäftsrisikoorientierte Prüfung gem. ISA 540

Die Prüfung geschätzter Werte gem. ISA 540[252] folgt in ihren Grundzügen explizit dem in ISA 300 und 315 normierten geschäftsrisikoorientierten Prüfungsansatz.[253] Dieser kann pro-

---

[243] Vgl. ISA 540.7(a); IDW PS 314.1 n.F. vom 09.09.2009.

[244] Vgl. *Beaver* (1991), S. 125 f.

[245] Vgl. IDW PS 314.1 und 10 n.F.

[246] Vgl. u.a. *Barth* (2006) S. 271 f.; *Ruhnke* (2007), S. 161; *Baumann* (2014), S. 1179. Als aktuelle Änderung, welche zu einer weiteren Anwendung geschätzter Werte führt, ist u.a. die Einführung des ECL-Modells gem. IFRS 9 zu nennen, vgl. IAASB (2016), S. 5.

[247] Auch hierbei kommt der Grundkonflikt zwischen den Attributen der Relevanz und der Verlässlichkeit zum Tragen, wobei Zukunftswerte i.d.R. als relevanter, aber weniger objektivierbar und daher manipulierbarer als historische Werte gelten, vgl. bereits *Ijiri/Jaedicke* (1966), S. 475 ff.; ferner *Kirchner* (2006), S. 66 ff.; *Laux/Leuz* (2009), S. 827 f.

[248] Vgl. *Ruhnke/Schmidt* (2003), S. 1037 f. *Kirsch et al.* (2015) zeigen für die DAX-Unternehmen, dass ein Großteil der fair values für das Geschäftsjahr 2010 auf beobachtbaren Daten beruht, vgl. S. 5 f.

[249] Vgl. IFRS 13.3 und 67.

[250] Vgl. IFRS 13.76.

[251] Vgl. IFRS 13.62 i.V.m. IFRS 13.B10 ff.

[252] Die Regelungen des ISA 540 finden sich materiell inhaltsgleich im IDW Prüfungsstandard 314 n.F., ergänzt um Anforderungen zur HGB-spezifischen Lageberichterstattung, wieder. Zudem hat das IDW im IDW RS HFA 47 vom 6.12.2013 Einzelfragen zur Ermittlung des fair values nach IFRS 13 adressiert. Der IDW ist als Mitglied (full membership) des IFAC dazu verpflichtet, die nationalen Prüfungsstandards sukzessive an die ISA anzupassen und entsprechende Neuregelungen umzusetzen. Auch wenn eine direkte Anwendung der ISA Normen gem. § 317 Abs. 5 HGB aufgrund des ausstehenden Annahmeverfahrens der EU-Kommission zwar noch nicht verpflichtend ist, kommt es durch den Transformationsprozess indirekt zu einer faktischen Anwendung (zur Normbindung der IDW Prüfungsstandards vgl. *Marten/Quick/Ruhnke* (2015), S. 118 ff.). Die Darstellung der normativen Grundlagen zur Prüfung geschätzter Werte orientiert sich daher ausschließlich an den einschlägigen ISA-Normen.

zessual in vier Schritte eingeteilt werden.[254] In einem ersten Schritt muss sich der Prüfer gem. ISA 540.8 mit den einschlägigen Rechnungslegungsnormen, dem Prozess des Managements zur Identifikation von ansatzpflichtigen Sachverhalten und der konkreten Ermittlung von geschätzten Werten vertraut machen, um ein Verständnis über das Unternehmen und seine Umwelt als Ausgangsbasis zur Bestimmung der Risiken wesentlicher Falschdarstellungen zu gewinnen. Hinsichtlich der Identifizierung von Sachverhalten hat der Prüfer sein Augenmerk auf Änderungen von Umständen zu lenken, welche die Neuaufnahme von geschätzten Werten begründen oder eine Änderung bereits existierender Posten erfordert.[255] Für die genaue Ermittlung ist u.a. ein umfassendes Verständnis der zugrundeliegenden Daten und Annahmen, der angewandten Bewertungsmodelle und der Einbeziehung von Experten erforderlich.[256] Gem. ISA 540.9 hat der Prüfer zudem eine Durchsicht der geschätzten Werte aus der Vorjahresperiode durchzuführen. In einem zweiten Schritt ist anhand dieser gesammelten Informationen das Risiko wesentlich falscher Darstellungen auf Abschluss- wie Aussagenebene zu ermitteln.[257] Gem. ISA 540.11 hat der Prüfer hierbei auch zu beurteilen, welche geschätzten Werte mit hoher Schätzunsicherheit bedeutsame Risiken bergen. Das Ergebnis dieser Risikoanalyse bestimmt nach ISA 540.12 ff. schließlich Art und Umfang der weiteren Prüfungshandlungen auf zwei Stufen.[258]

Um im anschließenden dritten Schritt zu prüfen, ob die Rechnungslegungsnormen und die Methoden zur Bestimmung der Schätzwerte angemessen sind und konsistent angewandt wurden, listet ISA 540.13 zum einen verschiedene Prüfungshandlungen auf, welche unabhängig von dem Vorliegen bedeutsamer Fehlerrisiken durchgeführt werden können. Diese umfassen z.B. die Begutachtung von nach dem Abschlussstichtag aufgetretenen Informationen, das Testen der von der Unternehmensleitung verwendeten Methoden und Daten oder die Erstellung eines eigenen Schätzwertes. Bei Schätzwerten mit bedeutsamen Fehlerrisiken hat der Prüfer gem. ISA 540.15 zum anderen darüber hinaus weitere aussagebezogene Prüfungshandlungen durchzuführen, wobei eine verstärkt kritische Auseinandersetzung mit der Plausibilität der Annahmen der Unternehmensleitung im Fokus steht. Vom strukturlogischen Aufbau gleicht die Prüfung von geschätzten Werten hierbei der Prüfung von Prognosen und prüft das Vorhandensein verschiedener Attribute der zugrundeliegenden Daten - wie deren Vollständigkeit, Richtigkeit und Relevanz - und der Annahmen, die zusätzlich neutral und verständlich sein müssen.[259] In einem vierten Schritt hat der Prüfer in einer Gesamtschau der Prüfungsnachweise zu beurteilen, ob die Schätzwerte vertretbar oder aber falsch dargestellt sind.[260] Die Höhe einer etwaigen Falschdarstellung beträgt im Fall einer Bandbreite vertretbarer Schätzwerte mindestens die Differenz zwischen dem Punktwert der Unternehmensleitung und dem äußersten Punkt der Bandbreite vertretbarer Werte.[261]

---

[253] Vgl. ISA 540.1; *Ruhnke* (2007), passim.
[254] Vgl. ausführlich *Marten/Quick/Ruhnke* (2015), S. 449 ff.
[255] Vgl. ISA 540.8(b).
[256] Vgl. ISA 540.8(c)(i)–(vi).
[257] Vgl. ISA 540.10 i.V.m. ISA 315.25.
[258] Vgl. *Baumann* (2014), S. 1181 f.
[259] Vgl. *Ruhnke/Schmidt* (2003), S. 1045 ff.
[260] Vgl. ISA 540.18.
[261] Vgl. ISA 540.A116.

Ausgehend von der Vielzahl an normativen Änderungen innerhalb der IFRS-Rechnungslegung in der jüngsten Vergangenheit hat das IAASB im Dezember 2015 erneut eine Überarbeitung des aktuellen Standards ISA 540 angestoßen[262] und im April 2017 einen ersten Exposure Draft veröffentlicht.[263] Ziel dieser Überarbeitung ist es, die Anforderungen mit Blick auf bestimmte Arten geschätzter Werte und unter Berücksichtigung bekannter Probleme, z.B. besonders großer Schätzunsicherheiten, zu verbessern und zu konkretisieren.[264]

b) Problemfelder

aa) Problemidentifikation auf phänomenologischer Ebene

Bei der Prüfung geschätzter Werte kommt es besonders häufig zu prüfungsbedingten Fehlern.[265] Neben diversen Gesamtdarstellungen bisheriger Studien[266] sowie logisch-deduktiv angelegten[267] und archivdatengestützten Untersuchungen[268] finden sich in der aktuellen Prüfungsforschung mehrere semi-strukturierte Interviewstudien und feldbasierte Umfragen, welche über die Identifikation der Problemfelder bei der Prüfung geschätzter Werte hinaus eine grundlegendere Ursachenanalyse betreiben.[269] Dabei wird sich strukturell oft an den einschlägigen Normvorgaben orientiert. Folgende wesentliche Charakteristika des Prüfungsprozesses und Problembereiche bei der Prüfung geschätzter Werter wurden dabei herausgearbeitet:[270]

- Von den in ISA 540.13 f. genannten Prüfungshandlungen dominiert das Überprüfen des Ermittlungsprozesses der Unternehmensleitung zur Berechnung des Schätzwertes (ISA 514.13(b)) während das Erstellen eigener Schätzwerte (ISA 514.13(d)) und die Berücksichtigung von Nachweisen nach dem Abschlussstichtag (ISA 540.13(a)) zurückstehen.[271] Die Verwendung aller oder einer Kombination der Prüfungshandlungen scheint allerdings mit der Höhe des Risikos des Schätzwertes zu steigen.[272]
- Bei dieser Überprüfung wird vor allem das Testen der Annahmen der Unternehmensleitung als besonders problematisch herausgestellt.[273] Hierbei ist eine Tendenz erkennbar, dass eher Maßnahmen stattfinden, welche darauf ausgerichtet sind, die Annahmen der Unternehmensleitung und mithin den Schätzwert in seinem Wert zu verifizieren als in Frage

---

262 Vgl. IAASB (2016), S. 4 ff.

263 Vgl. IAASB (2017).

264 Vgl. IAASB (2016), S. 6 ff. Der Abschluss des Projektes ist für das 4. Quartal 2017 angesetzt, vgl. ebenda, S. 9.

265 Vgl. hierzu Fn. 1. (S.1)

266 Vgl. *Martin/Rich/Wilks* (2006); *Bratten et al.* (2013); *Doliya/Singh* (2015).

267 Vgl. *Pannese/DelFavero* (2010); *Bell/Griffin* (2012); *Smieliauskas* (2015).

268 Vgl. *Christensen/Glover/Wood* (2012); *Menzefricke/Smieliauskas* (2015).

269 Vgl. *Glover/Taylor/Wu* (2015); *Griffith/Hammersley/Kadous* (2015); *Cannon/Bédard* (2016); *Griffith* (2016a); *Glover/Taylor/Wu* (2017); *Hermanson/Kerler III/Rojas* (2017).

270 Die untenstehend genannten Punkte finden sich, teilweise wiederholend, ebenso in den in Fn. 266 (S. 39) genannten Reviewstudien sowie den Berichten diverser Aufsichtsbehörden (s. Fn. 1, S. 1).

271 Vgl. *Griffith/Hammersley/Kadous* (2015), S. 835, 842 ff. und 850. Auch die Aufsichtsbehörden bemängeln vor allem das Testen der Annahmen, vgl. hierzu *Glover/Taylor/Wu* (2015), S. 6. *Cannon/Bédard* (2016), S. 23, zeigen hingegen, dass 53% ihrer Stichprobe eigene Bewertungen durchgeführt haben.

272 So fragen *Glover/Taylor/Wu* (2017) nach „highly challenging" fair values und zeigen für solche besonders komplexen Schätzwerte, dass entgegen den Werten von *Griffith/Hammersley/Kadous* (2015) und *Cannon/Bédard* (2016) 96,9% der Befragten bei Finanzinstrumenten bzw. 84,4% bei nichtfinanziellen fair values alle oder eine Kombination aus den genannten Prüfungshandlungen vollziehen, vgl. S. 69 f.

273 Vgl. *Cannon/Bédard* (2016), S. 19 und 24; *Glover/Taylor/Wu* (2017), S. 78; *Hermanson/Kerler III/Rojas* (2017), S. 28 f.

zu stellen.[274] In diesem Zuge wird regelmäßig eine grundsätzlich ungenügende kritische Grundhaltung (professional skepticism) bemängelt.

- Hinsichtlich der Inputs zur Ermittlung der Schätzwerte wird konstatiert, dass die zugrundeliegenden Annahmen oftmals durch hohe Subjektivität und Komplexität gekennzeichnet sind und Daten stellenweise nicht verfügbar sind.[275] Entsprechend sind auch die Prüfungsnachweise zur Plausibilisierung der Annahmen von hoher Subjektivität geprägt oder stellenweise nicht beobachtbar oder verfügbar, um ein hinreichend sicheres und objektiviertes Urteil zu fällen.[276]
- Die Bandbreite potenzieller Werte (die Schätzungenauigkeit), in die der Schätzwert als Output des Ermittlungsprozesses in der Zukunft fallen kann, kann die festgelegte Gesamtwesentlichkeitsgrenze um ein Vielfaches übersteigen.[277] Diese große Schätzungenauigkeit wird vom Prüfer allerdings nicht hinreichend u.a. bei der Ermittlung der inhärenten Risiken der Schätzwerte berücksichtigt.[278]
- Gehäuft wird außerdem bemängelt, dass den Prüfern das spezifische Wissen über die zusehends komplexeren Bewertungsmodelle und -methoden fehlt, um eine Prüfung sachgerecht und mit der nötigen kritischen Grundhaltung durchzuführen.[279]
- Für die Prüfung der geschätzten Werte werden u.a. deshalb sehr häufig unabhängige Bewertungsinstitute (pricing services) und externe wie interne Bewertungsspezialisten eingesetzt.[280] Bei der Verwertung der hieraus erlangten Ergebnisse ergibt sich allerdings zum einen das Problem, dass der Prüfer oftmals nicht alle wesentlichen Informationen über das Vorgehen des Bewertungsspezialisten erhält um wiederum eine hinreichend kritische Prüfung durchzuführen, sondern vielmehr auf dessen Ergebnisse vertraut.[281] Zum anderen kann es zu einer unzureichenden Verarbeitung oder Modifizierung der Ergebnisse von Spezialisten, u.a. zur Behauptung von Kontrolle, Eigenverantwortlichkeit und eines professionellen Berufsbildes, kommen.[282] Zudem variieren die Bewertungen von Spezialisten untereinander und stellen keinen Konsenswert dar.[283]
- Schließlich erwägen einzelne Studien, dass die anhaltenden Beanstandungen der Aufsichtsinstitutionen aus einer Diskrepanz zwischen deren Erwartungen, Anforderungen und Prüfprozessen einerseits und der prüferischen Tätigkeit andererseits erwachsen.[284] *Glover/Taylor/Wu* (2015) sprechen diesbezüglich gar von einer „F[air][Value]M[easure-

---

[274] Vgl. *Griffith/Hammersley/Kadous* (2015), S. 835, 842 und 856; ferner *Trompeter/Wright* (2010), S. 692.

[275] Vgl. *Glover/Taylor/Wu* (2015), S. 19; *Cannon/Bédard* (2016), S. 19 und 24; *Glover/Taylor/Wu* (2017), S. 78 f.

[276] Vgl. ferner *Lherm* (2017), S. 3 f. und 6 ff.

[277] Vgl. *Christensen/Glover/Wood* (2012), S. 129 ff.; *Smieliauskas* (2012), S. 60 f.; *Glover/Taylor/Wu* (2015), S. 20. In dem Sample von *Cannon/Bédard* (2016) mit 115 Sachverhalten zu wesentlichen geschätzten Werten gaben 70% (21,1%) an, dass die Schätzungenauigkeit bei diesen Sachverhalten die Gesamtwesentlichkeitsgrenze (um mehr als das Fünffache) übersteigt, vgl. S. 18 f.

[278] Vgl. *Cannon/Bédard* (2016), S. 21.

[279] Vgl. *Carpentier et al.* (2008), S. 2; *Smith-Lacroix/Durocher/Gendron* (2012), S. 43 f.; *Bratten et al.* (2013), S. 14 f. und 19 ff.; *Griffith/Hammersley/Kadous* (2015), S. 847 ff.

[280] Vgl. *Griffith* (2016a), S. 16 ff.; *Boritz et al.* (2017), S. 52; *Glover/Taylor/Wu* (2017), S. 72 f. und 78.

[281] Vgl. *Smith-Lacroix/Durocher/Gendron* (2012), S. 43; *Griffith/Hammersley/Kadous* (2015), S. 850; *Cannon/Bédard* (2016), S. 33; *Glover/Taylor/Wu* (2017), S. 73; vgl. ferner *Boritz et al.* (2017), S. 7 und 19 f.

[282] Vgl. *Christensen/Glover/Wood* (2012), S. 140; *Griffith* (2016a), S. 26 ff.; *Glover/Taylor/Wu* (2017), S. 76 f.

[283] Vgl. u.a. *Carpentier et al.* (2008), S. 11 ff.

[284] Vgl. *Glover/Taylor/Wu* (2015), S. 17 ff. 61% der 37 befragten Wirtschaftsprüfer gaben hier an, dass die Anforderungen der Aufsichtsbehörden über die der Prüfungsstandards hinausgehen.

ment]s gap“[285] und führen an, dass überzogene Erwartungen der Aufsichtsbehörden auch negative Konsequenzen haben können, wenn diese von den Prüfern antizipiert werden.[286]

Neben diesen jüngeren, eher explorativ ausgerichteten Studien konnten auch weitere Untersuchungen Indizien dafür aufzeigen, dass sich die Schätzunsicherheit bei einer bilanziellen Bewertung wesentlich auf prüferische Entscheidungen auswirkt. So dokumentieren mehrere Studien, dass Anpassungen, die auf subjektiven, stark ermessensabhängigen Werten beruhen, vergleichsweise seltener von Wirtschaftsprüfern initiiert werden[287] und im Vergleich zu stärker objektivierbaren Werten auch mit deutlich niedrigerer Wahrscheinlichkeit gebucht werden.[288] Zudem ermöglichen die Merkmale von subjektiven Inputs und unsicheren Outputs auch der berichterstattenden Unternehmensleitung, Schätzwerte einfacher in eine Richtung einseitig zu verzerren.[289] *Salzsieder* (2016) hat diesbezüglich erste Indizien aufgezeigt, dass Manager bei der Verwendung von Bewertungsspezialisten ein „fair value opinion shopping“[290] betreiben.[291]

bb) Problemidentifikation auf psychologischer Ebene

Neben solchen Problembeschreibungen auf der Ebene beobachtbaren Verhaltens und seiner weiteren Rückführung u.a. auf institutionelle oder normative Rahmenbedingungen werden die problematischen Phänomene bei der Prüfung geschätzter Werte von mehreren Studien auch auf der psychologische Ebene der Informationsverarbeitung und des Urteils- und Entscheidungsverhaltens der Prüfer verortet. Manche der interviewbasierten Studien, vor allem aber zahlreiche experimentelle Studien greifen als Erklärungsansatz im hohen Maße auf die verschiedenen Ausprägungen der in Kapitel II.1.d) angesprochenen Verzerrungen zurück, die sich über den gesamten Beurteilungsprozess von geschätzten Werten erstrecken können. Ak-

---

[285] Vgl. *Glover/Taylor/Wu* (2015), S. 3.

[286] Vgl. ebenda, hier S. 28 f. Konkret führen Sie die Gefahr an, dass eine von Inspektoren geforderte sehr hohe Prüfsicherheit für relativ risikoärmere Prüfungssachverhalte zu einer falschen Fokussierung des Prüfers und einem sog. Overaudit führen kann. Vgl. hierzu bereits *Glover/Prawitt/Taylor* (2009), S. 231 f.

[287] Vgl. *Cannon/Bédard* (2016), S. 14 und 25 f. Ein ähnlich unkonservatives Verhalten zeigen *Nelson/Kinney* (1997), S. 259 ff., bei der Entscheidung zur Offenlegung einer ambigen Eventualverbindlichkeit.

[288] *Wright/Wright* (1997), S. 28; *Joe/Wright/Wright* (2011), S. 119; *Ruhnke/Schmidt* (2015), S. 23; ferner *DeZoort/Hermanson/Houston* (2003), S. 182 und 189 f., welche den Einfluss des Prüfungsausschusses betrachten; gegenteilig *Zimbelman/Waller* (1999), S. 152 und *Griffin* (2014) S. 1189. Analoge Effekte konnten hinsichtlich der Unsicherheiten aus unpräzisen, prinzipienorientierten Rechnungslegungsstandards gezeigt werden, vgl. *Nelson/Elliott/Tarpley* (2002), S. 192 ff.; *Nelson* (2003), S. 97 ff.

[289] Vgl. *Lundholm* (1999), S. 315 f.; *Christensen/Glover/Wood* (2012), S. 132; *Bratten et al.* (2013), S. 18 f.; *Baumann* (2014), S. 1180; *Bable/Moser* (2015), S. 2; *Selling/Nordlund* (2015), S. 502 f.; *Griffith* (2016b), S. 6 f.; *Lherm* (2017), S. 3. Auch im Rahmen der Prüfung geschätzter Werte soll der Prüfer gem. ISA 540.21 Indikatoren berücksichtigen die auf Verzerrungen bei der Urteilsbildung der Unternehmensleitung hinweisen.

[290] Vgl. *Salzsieder* (2016), S. 57.

[291] Vgl. *Salzsieder* (2016), S. 61 f. Analog zeigen *Ayres et al.* (2016), S. 2 ff., hinsichtlich der auf Schätzwerten beruhenden Goodwill-Wertminderungstests, dass bei einer wesentlichen Abschreibung ein Prüferwechsel zu 40,4% wahrscheinlicher ist, die Wahrscheinlichkeit eines Wechsels stark positiv mit der Unvorteilhaftigkeit einer Abschreibung für den Mandanten korreliert, und Unternehmen nach dem Prüferwechsel im Durchschnitt eine mandantenfreundlichere Goodwillbilanzierung aufweisen. Die Ergebnisse werden dergestalt gedeutet, dass durch die Zunahme der Schätzwerte in der Berichterstattung auch verstärkt Konflikte in der Prüfer-Mandantenbeziehung entstehen.

tuellere Studien haben dabei vor allem die folgenden motivational bedingten Verzerrungen thematisiert und als problematisch herausgestellt: [292]

- Motivated reasoning und Bestätigungseffekte:[293] Mehrere Studien untersuchen das Vorliegen von Bestätigungseffekten[294] im Rahmen der Informationssuche oder eine umfassendere motivational bedingte Ausrichtung des JDM an Erwartungen und Präferenzen (directional goals), z.B. der Aufsichtsbehörden[295], der Unternehmensleitung[296] oder des Prüfers selbst u.a. bei der Verwendung von Spezialisten[297]. Vor allem die den Schätzwerten inhärente Unbestimmtheit macht sie besonders für eine derartige präferenzkonforme Suche und Interpretation anfällig.[298] Hierdurch können schließlich auch verstärkt overconfidence-Effekte entstehen.[299]
- Acceptability bias: Mehrere Studien zeugen von einem übermäßigen Vertrauen (overreliance) gegenüber z.B. vorgegebenen Schätzwerten der Unternehmensleitung[300] oder den Empfehlungen von Spezialisten[301]. Solche overreliance-Effekte können dem Konzept der kritischen Grundhaltung ebenso entgegenstehen wie die Formen des motivated reasoning[302] und treten verstärkt bei Aussagen mit hoher geäußerter Zuversicht (confidence)[303] und bei sich widersprechenden, inkongruenten Informationssätzen[304] auf.

cc) Gesamtschau der Problemfelder

In einer Gesamtschau der benannten Probleme, welche bei der Prüfung geschätzter Werte auftreten können, lassen sich diese in drei zentrale Erklärungsebenen bzw. Problemkreise differenzieren (s. Abb. 1):

1. Natur des Schätzwertes (Problemkreis 1): Die Schwierigkeiten bei der Prüfung geschätzter Werte entstammen deren Schätzunsicherheit (unsicherer Output), welche oftmals durch nicht hinreichend diagnostische oder verlässliche Prüfungsnachweise (subjektiver Input) verstärkt werden. Diese Umstände sind bei geschätzten Werten naturgemäß gegeben und lassen sich schlechterdings nicht vollständig ausräumen.[305]

---

[292] Vgl. hierzu ebenso die Reviewbeiträge von *Martin/Rich/Wilks* (2006), S. 293 ff. und *Bratten et al.* (2013), S. 22 ff.

[293] Vgl. hierzu ausführlich die Quellen und Ausführungen in Kapitel IV.3.b)aa)bbb).

[294] Vgl. u.a. *Montague* (2010), S. 24 ff.

[295] Vgl. *Glover/Taylor/Wu* (2015), S. 39. Sie sprechen in diesem Zusammenhang von der "acceptability heuristic", S. 5 und 28 f.

[296] Vgl. *Kachelmeier/Van Landuyt* (2016), S. 7 ff., welche stärker auf sozialpsychologische Erklärungsansätze wie die social identity-Theorie zurückgreifen. *Earley/Hoffman/Joe* (2014) zeigen hingegen keine mandantenkonforme Beurteilung im Rahmen einer fair value-Klassifizierung, vgl. S. 18 ff.

[297] Vgl. *Griffith* (2016a), S. 33 ff.

[298] Vgl. *Chiang* (2016), S. 191; *Elliott/Rennekamp/White* (2016), S. 4 f. *Hsee* (1996), S. 122, spricht i.d.S. auch von „Elastizität".

[299] Vgl. ferner *Boritz et al.* (2017), S. 40 ff.

[300] Vgl. *Mauldin/Wolfe* (2014), S. 660 und 669 ff.; *Griffith/Hammersley/Kadous* (2015), S. 847 ff.; ferner bei der Durchführung analytischer Prüfungshandlungen *Trompeter/Wright* (2010), S. 690 f.

[301] Vgl. *Joe/Vandervelde/Wu* (2015), S. 2; *Brink/Tang/Yang* (2016), S. 30 und 34; *Kadous/Zhou* (2016a), S. 22 und 32; *Brown-Liburd/Mason/Shelton* (2014), S. 12, sprechen diesbezüglich auch von einer „expert opinion heuristic".

[302] Vgl. *Nelson* (2009), S. 13 f.

[303] Vgl. *Aghazadeh/Joe* (2015), S. 4 f. und 12 ff.

[304] Vgl. *Rasso* (2015), S. 45 und 52 ff.

[305] Vgl. *Bell/Griffin* (2012), S. 150.

2. Institutionelle Rahmenbedingungen (Problemkreis 2): Aus einer anderen Perspektive wird das Problem der Prüfung geschätzter Werte als ein normatives Problem gefasst. Als Problemursache werden hierbei z.B. zu hohe Erwartungen der Aufsichtsbehörden im Rahmen des Enforcements und unzulängliche Prüfungsstandards adressiert, welche zur Lösung entsprechend Änderungen auf normativer bzw. institutioneller Ebene erfordern.
3. Urteilsprozess des Prüfers (Problemkreis 3): Ein Großteil aktueller Studien verortet die grundlegenden Probleme schließlich auf der individuellen Ebene der Informationsverarbeitung des Prüfers. Hierbei wird vor allem zwischen bewusst inkorrekten Urteilen z.B. aufgrund von Unabhängigkeitsrisiken und unbewusst inkorrekten Urteilen aufgrund kognitiver Verzerrungen unterschieden. Zudem wird auf dieser Ebene besonders häufig fehlendes Wissen bemängelt.

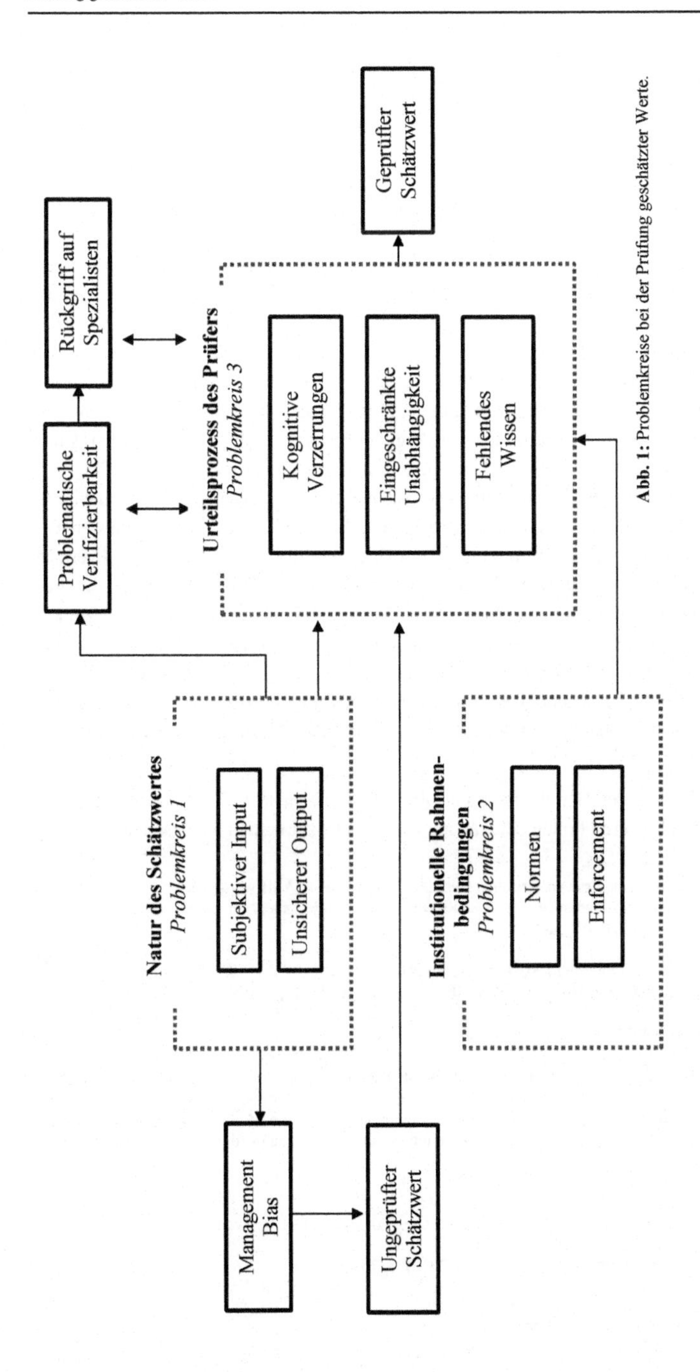

Abb. 1: Problemkreise bei der Prüfung geschätzter Werte.

3. Prüferische Berichterstattung über Key Audit Matter

a) *Normative Grundlagen*

aa) Internationale Normen des IAASB

Die prüferische Berichterstattung über KAM ist in ISA 701 normiert.[306] Hiernach sind für Jahresabschlussprüfungen mit Bilanzstichtag ab dem 15. Dezember 2016[307] KAM zu berichten, sofern das Unternehmen börsennotiert ist[308] oder anderweitig zur Berichterstattung von KAM verpflichtet ist.[309] Ziel dieses neuen Berichterstattungserfordernisses ist es, durch zusätzliche relevante Angaben zur Prüfung die Informationsbasis der Berichtsadressaten zu erweitern[310] und somit auch einen Teil zur Schließung der sog. Erwartungslücke zu leisten.[311] Das IAASB stellt explizit klar, dass die Berichterstattung über KAM weder als Substitut für offenlegungspflichtige Angaben, noch als Substitut für ein zu modifizierendes Testat[312] fungieren soll und somit über eine reine Informationsfunktion hinaus keine etwaige kompensatorische Funktion inne hat.[313] Sofern der Bestätigungsvermerk nicht erteilt werden kann (disclaimer of opinion gem. ISA 705.9 f.), ist eine KAM-Berichterstattung verboten.[314]
Gem. ISA 701.8 umfassen KAM all diejenigen Sachverhalte, die nach pflichtgemäßen Ermessen des Abschlussprüfers am bedeutsamsten bei der Prüfung des Abschlusses für den aktuellen Berichtszeitraum waren.[315] Um sich als KAM zu qualifizieren, muss ein Sachverhalt dem Aufsichtsorgan des Unternehmens kommuniziert worden sein[316] und sollte eines der drei in ISA 701.9 genannten Kriterien erfüllen.[317] Aus den sich hieraus ergebenden potenziellen KAM hat der Prüfer diejenigen auszuwählen, welche nach seinem prüferischen Ermessen „of most significance"[318] bei der Prüfung waren. Bei dieser Abwägung spielen sowohl postenspezifische Faktoren wie die betragsmäßige Größe als auch prüfungsspezifische Faktoren wie Art und Umfang der Prüfungshandlungen eine Rolle.[319] Über den so ermittelten Sachverhalt ist schließlich zu berichten.[320]

Der inhaltliche Umfang der Berichterstattung über KAM ist in ISA 701.13 geregelt. Jeder KAM soll demgemäß Informationen beinhalten, warum der Sachverhalt als besonders wichtig

---

306 Die Überarbeitung der Normen zur prüferischen Berichterstattung des IAASB wurde nach einer fast zehnjährigen Konsultationsphase im Januar 2015 abgeschlossen. Zu den Änderungen vgl. *Köhler* (2015), S. 111 f.; *Pföhler/Kunellis/Knappe* (2016), S. 58 ff.
307 Vgl. ISA 701.6.
308 Zum 1.07.2016 hatten 615 Unternehmen, deren Herkunftsstaat gem. § 2 Abs. 6 WpHG Deutschland ist, zugelassene Wertpapiere gem. § 2 Abs. 1 WpHG emittiert, vgl. BaFin (2016), S. 1 ff.
309 Vgl. ISA 701.5.
310 Vgl. ISA 701.2; IFAC (2015), BC.1.
311 Vgl. IFAC (2015), BC.13.
312 ISA 705.1 unterscheidet neben einem uneingeschränkten Bestätigungsvermerk (unqualified opinion) zwischen drei Arten eines modifizierten Bestätigungsvermerks (modified opinion): zwischen einem eingeschränkten Bestätigungsvermerk (qualified opinion), einem negativen Bestätigungsvermerk (auch Versagungsvermerk, adverse opinion) und einem verweigerten Bestätigungsvermerk (disclaimer of opinion). Vgl. ferner *Marten/Quick/Ruhnke* (2015), S. 565 ff.
313 Vgl. ISA 701.2 und ISA 701.12.
314 Vgl. ISA 701.5 i.V.m. ISA 705.29.
315 Zur Abgrenzung gegenüber der Berichterstattung über sog. 'Emphasis of Matter' vgl. ISA 706.A3.
316 Vgl. ISA 701.8 f. i.V.m. ISA 260.16(d) und A24.
317 Vgl. zum Vorgehen bei der Auswahl u.a. *Dolensky* (2016), S. 139.
318 ISA 701.10.
319 Vgl. *Pföhler/Kunellis/Knappe* (2016), S. 60.
320 Vgl. zusammenfassend *Plendl* (2017), Rn. 1068.

für die Prüfung eingestuft wurde und wie der Sachverhalt im Rahmen der Prüfung adressiert wurde. Generell unterliegt die Beschreibung eines KAM dem „professional judgment“[321] des Prüfers. Hierbei soll der Prüfer allerdings einerseits keine originär unternehmerischen Informationen offenlegen, deren Veröffentlichung allein im Verantwortungsbereich der Unternehmensleitung liegt.[322] Andererseits wird gefordert, dass aus dem KAM die „unternehmensspezifischen Besonderheiten“[323] des jeweiligen Prüfungssachverhalts deutlich werden und keine Allgemeinaussagen (boilerplate) getroffen werden.[324]

bb) Unionsrechtliche Normen

Als ein Ergebnis der Grünbuchdiskussion zur Verbesserung der Abschlussprüfung wurden auch unionsrechtlich die Vorgaben zum Bestätigungsvermerk für alle prüfungspflichtigen Unternehmen durch die Richtlinie 2014/56/EU[325] sowie für Unternehmen von öffentlichem Interesse (PIE)[326] durch die EU-Verordnung Nr. 537/2014 verändert und erweitert. Gemäß der Richtlinie hat der Prüfer einerseits die internationalen Prüfungsstandards des IAASB anzuwenden, sofern diese im Wege delegierter Rechtsakte von der Kommission unter Beachtung bestimmter Restriktionen angenommen worden sind[327] - und unterliegt somit mittelbar den Berichterstattungspflichten des ISAs 701. Solange dies wie bisher noch nicht geschehen ist, kann andererseits auf nationale Prüfungsstandards zurückgegriffen werden.[328] Unabhängig von den nationalen Vorgaben zur Berichterstattung hat die Richtlinie 2006/43/EG (n.F.) in Art. 28 Nr. 2 inhaltliche Mindestbestandteile des Bestätigungsvermerks für alle prüfungspflichtigen Unternehmen festgelegt.

Auch die EU-Verordnung Nr. 537/2014 überträgt der Kommission die Befugnis, die internationalen Prüfungsstandards für die Anwendung innerhalb der EU anzunehmen.[329] Zudem werden für Unternehmen von öffentlichem Interesse[330] die prüferischen Berichtspflichten über die in der Richtlinie genannten Mindestbestandteile sowie über die bisherigen nationalen Regelungen[331] hinaus deutlich erweitert.[332] So muss der Prüfer ähnlich wie bei der KAM-Berichterstattung gem. ISA 701 zusätzlich eine Beschreibung der als am bedeutsamsten beurteilten Risiken wesentlicher falscher Darstellungen, einschließlich derjenigen aufgrund von Betrug, sowie eine Zusammenfassung der Reaktionen des Prüfers auf diese Risiken und ggf. diesbezüglich wichtige Feststellungen darlegen.[333] Diese Feststellungen als Ergebnis der Prüfungshandlungen sind nicht als negative Einwendungen zu verstehen, sondern stellen oftmals

[321] Vgl. ISA 701.A34.
[322] Vgl. ISA 701.A34–A36.
[323] *Dolensky* (2016), S. 139.
[324] Vgl. hierzu IFAC (2015), BC.12 ff.
[325] Die Richtlinie 2014/56/EU hat Neuerungen in die bereits existierende Richtlinie 2006/43/EG eingefügt. Im Folgenden wird auf die Artikel der geänderten Richtlinie 2006/43/EG in der neuen Fassung (n.F.) rekurriert.
[326] Vgl. Richtlinie 2006/43/EG (n.F.), Art. 2, Nr. 13.
[327] Vgl. Richtlinie 2006/43/EG (n.F.), Art. 28, Nr. 1 i.V.m. Art. 26, Nr. 1–3.
[328] Vgl. ebenda, hier Art. 26, Nr. 1. Die Ingangsetzung des Komitologieverfahrens ist derzeit noch offen, vgl. IDW (2016a); *Plendl* (2017), Rn. 5 und 1051 f.; *Skirk* (2017), S. 57.
[329] Vgl. Verordnung (EU) Nr. 537/2014, Art. 9. Die neuen Anforderungen umfassen indes nur einen Bruchteil der seitens der EU-Kommission ursprünglich geforderten Informationen, vgl. *Quick* (2016a), S. 1210.
[330] In Deutschland ca. 1.200 Unternehmen, vgl. *Veidt/Spang* (2016), S. 195.
[331] Vgl. *Hoffmann* (2016), S. 126.
[332] Vgl. Verordnung (EU) Nr. 537/2014, Art. 10, Nr. 2.
[333] Vgl. ebenda, hier Art. 10, Nr. 2 c) i)–iii).

eher die positiven Schlüsse aus den Prüfungshandlungen dar, welche i.d.R. dazu geführt haben, dass der Sachverhalt trotz der Risiken normgerecht abgebildet ist.[334]

Die gemäß der EU-Verordnung Nr. 537/2014 und die nach ISA 701 berichtspflichtigen Sachverhalte weisen konzeptionell eine große Schnittmenge auf[335], da alle in ISA 701.9 genannten Kriterien bei Erfüllung gleichfalls ein höheres Risiko indizieren und somit als berichtspflichtige bedeutsame Risiken nach Unionsrecht in Frage kämen.[336] Terminologisch unterscheiden sich die Selektionskriterien zur Bestimmung der berichtspflichtigen Sachverhalte allerdings doch insofern, als dass in der EU-Verordnung Nr. 537/2014 der Risikobegriff dominiert, während in ISA 701.9 konkretisierende Beispiele, z.B. stark ermessensbehaftete unsichere Schätzwerte, aufgelistet werden.

cc) Nationale Normen

Die externe prüferische Berichterstattung im Rahmen des Bestätigungsvermerks ist nach Art und Umfang in § 322 HGB[337] geregelt.[338] Allerdings wird in § 317 Abs. 5 HGB die verpflichtende Anwendung internationaler Prüfungsstandards - ebenso wie im Unionsrecht - vorgeschrieben, sofern diese im Rahmen des Komitologieverfahrens der EU-Kommission angenommen worden sind.[339] In Bezug auf die prüferische Berichterstattung im Besonderen wurde durch das Einfügen des Abs. 1a in § 322 HGB im Zuge des AReG vom 10.05.2016 eine Anwendungspflicht der internationalen Standards auch in diesem Bereich klargestellt.[340] Da die formale Annahme der internationalen Prüfungsstandards seitens der EU-Kommission noch aussteht, sind indes vorerst weiterhin allein die nationalen Normen bindend.[341] Diese haben zuletzt durch das AReG größere Änderungen erfahren, welches hauptsächlich die oben genannten neuen europarechtlichen Normen in deutsches Recht transformiert. So wird nunmehr in § 317 Abs. 3a HGB für kapitalmarktorientierte Unternehmen gem. § 264d HGB direkt auf die Bestimmungen der unmittelbar geltenden EU-Verordnung 537/2014 verwiesen. Für alle anderen Unternehmen, welche nicht von öffentlichem Interesse sind und daher nicht unter die Bestimmungen der Verordnung fallen, sind die dortigen Regelungen zur Berichterstattung zwar nicht anwendungspflichtig, können aber fakultativ über das Mitgliedsstaatenwahlrecht auf weitere Prüfungen ausgedehnt werden.[342] Der Referentenentwurf zum AReG sah zwecks Erhaltung des Grundsatzes des einheitlichen Bestätigungsvermerks zwar noch vor, dass die Vorgaben aus der EU-Verordnung in einem § 322a HGB-E auch von Unternehmen zu befolgen sind, die nicht im öffentlichen Interesse stehen.[343] Dem Regierungsentwurf folgend wurde eine solche Ausdehnung allerdings nicht umgesetzt. Bei diesen Unternehmen ergeben sich daher hinsichtlich der prüferischen Berichterstattung keine Änderungen zur vor-

334 Vgl. *Pföhler/Kunellis/Knappe* (2016), S. 62.
335 Vgl. ebenso *Blöink/Woodtli* (2016), S. 78; *Köhler/Quick/Willekens* (2016), S. 213; *Plendl* (2017), Rn. 7 und 1056.
336 Vgl. *Pföhler/Kunellis/Kappe* (2016), S. 58.
337 Stand zum 11.04.2017.
338 Vgl. zu Inhalt und Bestandteile des Bestätigungsvermerks IDW PS 400 Rn. 17 ff.; ferner *Plendl* (2017), Rn. 63 ff.
339 Vgl. *Plendl* (2017), Rn. 5 und 94.
340 Vgl. hierzu und i.W. *Blöink/Woodtli* (2016), S. 78 f.
341 Vgl. hierzu die Quellen in Fn. 328 (S. 49).
342 Vgl. Richtlinie 2006/43/EG (n.F.), Art. 28, Nr. 2.
343 Vgl. *Blöink/Wolter* (2016), S. 108; *Quick* (2016b), S. 234.

herigen Rechtslage, da die in Art. 28 der Richtlinie genannten Form- und Inhaltsvorgaben die bereits handelsrechtlich normierten Pflichtbestandteile beinhalten.[344]

dd) Berufsständische Normen

Die berufsständische Normierung zum Bestätigungsvermerk findet sich im IDW PS 400, welcher die Grundsätze für die ordnungsmäßige Erteilung von Bestätigungsvermerken bei Abschlussprüfungen umfasst.[345] Das IDW hat als berufsständischer Normengeber in Deutschland auf die diversen Normänderungen unlängst reagiert. Als Mitglied der IFAC ist es verpflichtet, sämtliche vom IAASB veröffentlichten Standards umzusetzen.[346] So wurde vom HFA am 14.12.2016 eine überarbeitete Version des IDW PS 400[347] sowie der IDW EPS 401[348] verabschiedet, welcher die Berichterstattung von „besonders wichtige[n] Prüfungssachverhalte[n]" regelt.[349] Der IDW EPS 401 ist daher als Normäquivalent zum ISA 701 zu verstehen.[350] Der IDW PS 400 versucht dabei, trotz der sich aus dem Unionsrecht und den internationalen Normen ergebenen Unterschieden je nach Art des Unternehmens (PIE/Nicht-PIE) Vergleichbarkeit und Einheitlichkeit des Bestätigungsvermerks zu wahren.[351]

b) Stand der Forschung

Die bisherigen Forschungsbeiträge zu den Neuregelungen des auditor reportings thematisieren größtenteils die Informationsfunktion der erweiterten Berichterstattung. Dies machen auch die aktuellen Reviewbeiträge deutlich, welche die bisherigen Studien vor allem unter der Perspektive betrachten, inwiefern durch die Neuregelungen die prüfungsbezogenen Erwartungs-, Kommunikations-, und Informationslücken geschlossen werden können.[352] Während diese systematisierenden Reviews Forschungsbeiträge zu sämtlichen Änderungen der Berichterstattungserfordernisse umfassen, wird im Folgenden vor allem ein Überblick über die Forschung zur Berichterstattung über KAM bzw. seine funktionalen Äquivalente wie die Critical Audit Matters (CAM)[353] des PCAOB (USA) oder die sog. Risks of Material Misstatement (RMM)[354] des FRC (Großbritannien) gegeben.[355] Zudem werden - entgegen den bisherigen

[344] Vgl. *Heeb/Schlums* (2016), S. 115 f.; IDW (2016b), S. 63 f.
[345] Vgl. IDW PS 400 vom 24.11.2010.
[346] Vgl. IFAC (2012), SMO 1.1 i.V.m. 3.12; ferner *Marten/Quick/Ruhnke* (2015), S. 120 (hier Fn. 254).
[347] Vgl. IDW EPS 400.
[348] Vgl. IDW EPS 401.
[349] Vgl. IDW (2016c).
[350] Vgl. ferner *Philipps* (2017a), S. 70 ff.
[351] Vgl. IDW PS 400.5 n.F.; ferner *Philipps* (2017b), S. 110 ff.
[352] Vgl. *Mock et al.* (2013), S. 326 ff. *Bédard et al.* (2016) sprechen nur von einer "*audit information gap*", S. 257. *Church/Davis/McCracken* (2008), S. 72 ff., betrachten zwar auch Forschungsbeiträge zu den Einflussfaktoren auf "Auditor's Reporting Decision" (S. 72), aber nicht Art und Umfang der Berichterstattung selbst.
[353] Vgl. PCAOB (2016b).
[354] Vgl. ISA 700 UK (revised 2016).
[355] Die berichtspflichtigen Inhalte sind im Wesentlichen gleich, vgl. u.a. *Guttierez et al.* (2016), S. 7; *Lennox/Schmidt/Thompson* (2016), S. 9 f. Bei der Generalisierung der Ergebnisse ist dennoch Vorsicht geboten, da z.B. manche der CAM-Studien aus dem US-amerikanischen Raum CAM-Entwürfe gem. den Anforderungen des Entwurfs des PCAOBs aus dem Jahr 2013 verwenden. Im Gegensatz zu der KAM-Regelung in ISA 701 des IAASB beinhalten diese oftmals nur die Benennung des CAM und die Begründung, warum der Sachverhalt als CAM gewählt wurde, nicht jedoch eine Beschreibung, mit welchen Prüfungshandlungen der Prüfer darauf reagiert hat. Vgl. hierzu u.a. die Studie von *Kachelmeier/Schmidt/Valentine* (2017), S. 3 und 29 f. Neben den Unterschieden in den einzelnen Normregimen können länderspezifische, institutionelle Ausgestaltungen die Generalisierbarkeit der einzelnen Ergebnisse beeinträchtigen.

Systematisierungen[356] - die Studieninhalte nach ihrem Einfluss auf die Abschlussadressaten einerseits und auf die Abschlussprüfer sowie den Mandanten als Abschlussersteller andererseits kategorisiert. Neben dem Einfluss auf die Prüferhaftung und die Prüfungskosten wird dabei hinsichtlich des Einflusses auf die Prüfungsqualität zwischen input- und outputbezogenen Maßen unterschieden.[357]

aa) Einfluss auf die Abschlussadressaten

aaa) Einfluss auf der Mikroebene des individuellen Abschlussadressaten

Um die Auswirkungen der KAM-Berichterstattung auf die einzelnen Abschlussadressaten zu erforschen, wurden Experimente und Interviewstudien durchgeführt. *Christensen/Glover/Wolfe* (2014) untersuchen, ob eine CAM-Berichterstattung das Investitionsverhalten von nichtprofessionellen Investoren ändert.[358] Sie zeigen, dass bei einer CAM-Berichterstattung die lediglich auf die deutliche Schätzunsicherheit eines unrealisierten level-3 fair values hinweist und keine weiteren Informationen beinhaltet, Probanden weniger wahrscheinlich in das Unternehmen investieren würden als wenn keine CAM-Berichterstattung stattfindet oder wenn dieselben Informationen in den Fußnoten zum fair value veröffentlicht werden.[359] Sofern die CAM-Berichterstattung allerdings (ähnlich wie die Anforderungen aus ISA 701) in einem 'resolution paragraph' zusätzlich kommuniziert, welche Prüfungshandlungen durchgeführt wurden, dass weitere Modifikationen des Schätzwertes als nicht notwendig erachtet werden und man daher eine positiv formulierte Fehlerfreiheit der Berichterstattung vertreten kann[360], ist der Effekt deutlich geringer.[361]

Auch *Dennis/Griffin/Johnstone* (2016) untersuchen experimentell, wie die Form der CAM-Berichterstattung (keine/graphisch/narrativ) und das Vorhandensein einer zusätzlichen Berichterstattung des Managements im Anhang (keine/vorhanden) über wesentliche Bewertungsunsicherheiten hinsichtlich eines level-3 fair values interagieren und die Beurteilung dieses Schätzwertes von nichtprofessionellen Investoren beeinflussen. Sie zeigen zum einen, dass die prüferische CAM- und die unternehmerische Berichterstattung über die dem Schätzwert zugrundeliegende Schätzunsicherheit in einem substitutiven Verhältnis stehen: Bei vorhandener unternehmerischer Berichterstattung hat die narrative CAM-Berichterstattung keinen weiteren Einfluss auf die Bewertung.[362] Zudem fiel bei Vorliegen der unternehmerischen Berichterstattung die Bewertung bei einer graphischen CAM-Berichterstattung höher aus als bei einer narrativen CAM-Berichterstattung.[363] Die Ergebnisse sind insofern überraschend, als dass es sich (wie auch die Autoren betonen)[364] bei der prüferischen und der unternehmerischen Berichterstattung um Informationen mit unterschiedlichem Gehalt handelt, diese aber

---

[356] Vgl. *Bédard et al.* (2016), S. 257 ff., bei welchen die Systematisierung der Studien zum KAM gemischt anhand der Forschungsmethode, des Forschungsgegenstandes sowie regulatorischer Sonderregelungen angeleitet wird.

[357] Vgl. ebenso *DeFond/Zhang* (2014), S. 284 ff.

[358] Vgl. *Christensen/Glover/Wolfe* (2014), S. 79.

[359] Vgl. ebenda, hier S. 81 ff.

[360] Die Ergebnisse bleiben für den Fall, dass die Fehlerfreiheit negativ formuliert wird, gleich, vgl. ebenda, hier S. 77 f.

[361] Vgl. ebenda, hier S. 83.

[362] Vgl. *Dennis/Griffin/Johnstone* (2016), S. 22 f.

[363] Vgl. ebenda, hier S. 24.

[364] Vgl. ebenda, hier S. 1 f., 7 und 26.

anscheinend von den Probanden lediglich binär i.S. eines positiven oder negativen Einflusses interpretiert werden.[365] Dieser Effekt kann u.a. darauf zurückzuführen sein, dass es sich bei den Probanden um MBA-Studenten handelt[366], welche teilweise zwischen dem Gehalt der unternehmerischen und der prüferischen Berichterstattung aufgrund mangelnder praktischer Erfahrung gerade nicht hinreichend differenzieren können. Zudem ist das experimentelle Setting, in welchem eine CAM-Berichterstattung ohne weitere unternehmerische Berichterstattung geschieht, als eher unwahrscheinlich einzustufen.[367]

Boolaky/Quick (2016) untersuchen hingegen - neben einer hypothetischen Berichterstattung über die Prüfungssicherheit und die Gesamtwesentlichkeitsgrenze - den Einfluss der KAM-Berichterstattung auf die Adressatengruppe der Kreditgeber.[368] Sie zeigen anhand einer experimentellen Fallstudie, dass die KAM-Berichterstattung über eine geschätzte Rückstellungsbewertung weder einen Einfluss auf das Vertrauen in die finanzielle Berichterstattung insgesamt, noch auf die wahrgenommene Prüfungsqualität, den wahrgenommenen Informationsgehalt der prüferischen Berichterstattung sowie die potenzielle Kreditvergabeentscheidung hat.[369]

In einer Interviewstudie von *Pelzer* (2016) bezweifelt ein Großteil der befragten Wirtschaftsprüfer selbst den Nutzen der CAM-Berichterstattung, da ihrer Meinung nach die Adressaten den Inhalt fehldeuten können oder dieser mit der Zeit zu stark standardisiert (boilerplate) wird.[370] Interviewte nichtprofessionelle Investoren zeigen hinsichtlich der bilanziellen Sachverhalte, über die im Rahmen von CAM berichtet wird, die Tendenz, eine vom Gesamtprüfungsurteil abweichende, geringere Prüfungssicherheit wahrzunehmen.[371] In einem Experiment untersucht *Pelzer* zudem, inwiefern die CAM-Berichterstattung und die Risikoneigung von Investoren bei einer Anlageentscheidung interagieren.[372] Er zeigt, dass sich die Anlageentscheidung zwischen risikofreudigen und risikoaversen Anlegern in einem Normregime mit CAM-Berichterstattung nur dann signifikant unterscheidet, wenn im CAM explizit darauf hingewiesen wird, dass auch hinsichtlich des CAM-Sachverhalts Prüfungsnachweise im hinreichenden Maße erlangt wurden.[373] Die bloße Nennung der durchgeführten Prüfungshandlungen im Rahmen eines 'resolution paragraph' hatte indes wie bei *Christensen/Glover/Wolfe* (2014) dazu geführt, dass keine Unterschiede auftreten.[374]

Carver/Trinkle (2016) untersuchen in einem experimentellen 2x2 Design, inwiefern die CAM-Berichterstattung die Bewertung von Investoren zu revidieren vermag und deren Beurteilung über die Glaubwürdigkeit der Unternehmensführung und des Wirtschaftsprüfers sowie

---

365 Die Ergebnisse stehen in Einklang mit den Einschätzungen von Kreditgebern, Analysten und nichtprofessionellen Investoren als Adressaten im Rahmen einer Fokusgruppenstudie, vgl. *Gray et al.* (2011), S. 666 f.

366 Vgl. *Dennis/Griffin/Johnstone* (2016), S. 16.

367 Die Evidenz, welche *Dennis/Griffin/Johnstone* (2016) für eine solche Fallkonstellation anführen, ist auch anekdotischer Natur, vgl. S. 7 f.

368 Vgl. *Boolaky/Quick* (2016), S. 163 f.

369 Vgl. ebenda, hier S. 165 f.

370 Vgl. *Pelzer* (2016), S. 15 ff.

371 Vgl. ebenda, hier S. 35 ff. Als nicht-professionelle Investoren wurden MBA-Studenten herangezogen, vgl. ebenda, hier S. 26 f.

372 Vgl. ebenda, hier S. 67.

373 Vgl. ebenda, hier S. 69 ff.

374 Vgl. ebenda, hier S. 70 ff.

die Einschätzung der Zuverlässigkeit der prüferischen Berichterstattung beeinflusst.[375] Neben der Verpflichtung zu einer CAM-Berichterstattung, welche auf die unsicherheitsbehaftete Bewertung von Gewährleistungsrückstellungen aus Rückgaberechten und deren problematische Prüfung hinweist, manipulieren die Autoren zudem, ob das Unternehmen die Ergebnisprognose je Aktie von Analysten gerade noch erreicht oder verfehlt.[376] Sie zeigen, dass die CAM-Berichterstattung insgesamt zu keiner Änderung der Bewertung des Unternehmens führt und auch die wahrgenommene Glaubwürdigkeit des Prüfers sowie die Zuverlässigkeit der prüferischen Berichterstattung nicht beeinflusst.[377] Sofern das Unternehmen allerdings die Prognosen nur gerade noch erfüllt, führt eine CAM-Berichterstattung zu einer Minderung der wahrgenommenen Glaubwürdigkeit der Unternehmensführung.[378]

Kachelmeier/Schmidt/Valentine (2017) untersuchen, ob Analysten, Anwälte und MBA-Studenten die Zuverlässigkeit und Genauigkeit der Darstellung eines bilanziellen Bewertungssachverhalts einerseits und das Vertrauen in und die Verantwortlichkeit des Prüfers nach Bekanntwerden einer Falschdarstellung andererseits bei einem diesbezüglichen CAM anders beurteilen, als wenn kein oder ein sachverhaltsfremder CAM ex ante berichtet wurde.[379] Sie zeigen zum einen, dass der Sachverhalt, über den ein CAM berichtet wird, vor der Feststellung seiner Falschdarstellung von alle Probandengruppen als deutlich weniger zuverlässig wahrgenommen wird als ein risikoäquivalenter Sachverhalt ohne CAM-Berichterstattung.[380] Auch im Vergleich zu einem Normregime ohne CAM sinkt das Vertrauen der Probanden in die Genauigkeit und Zuverlässigkeit der Darstellung des Sachverhalts bei einem diesbezüglichen CAM.[381] Hinsichtlich der wahrgenommenen Verantwortlichkeit des Prüfers bei einer Falschdarstellung können die Autoren zum anderen zeigen, dass die MBA-Studenten und Analysten diese geringer einschätzen, wenn zuvor auf diesen Sachverhalt im Rahmen eines CAMs hingewiesen wurde, als wenn die CAMs andere Sachverhalte adressiert haben.[382] Auch im Vergleich zu einem Normregime ohne CAM-Berichterstattung führt eine CAM-Berichterstattung bei allen Probandengruppen - außer bei einem Teil der Anwälte - zu einer geringeren wahrgenommenen Verantwortlichkeit des Prüfers.[383]

Sirois/Bédard/Bera (2016) untersuchen experimentell über die Messung von Augenbewegungen (eye-tracking), inwiefern KAMs von nichtprofessionellen Kreditgebern beachtet werden und inwieweit deren Existenz, Anzahl und Format die Aufmerksamkeit der Kreditgeber bei der Durchsicht der finanziellen Berichterstattung zu steuern vermag.[384] Sie zeigen, dass die KAM im Vergleich zu den restlichen Komponenten des Bestätigungsvermerks größere Aufmerksamkeit erfahren und auch die diesbezüglichen Angaben im Jahresabschluss intensiver

---

375 Vgl. *Carver/Trinkle* (2016), S. 3 f. und 23 f.
376 Vgl. ebenda, hier S. 21 f. und 51 ff.
377 Vgl. ebenda, hier S. 25 f. und 28 f.
378 Vgl. ebenda, hier S. 26 f.
379 Vgl. *Kachelmeier/Schmidt/Valentine* (2017), S. 1 ff. und 15 ff.
380 Vgl. ebenda, hier S. 19.
381 Der Effekt ist allerdings nur für die Probandengruppe der MBA-Studenten und einen Teil der Anwälte signifikant, vgl. ebenda, hier S. 19 f.
382 Vgl. ebenda, hier S. 21 f.
383 Vgl. ebenda, hier S. 22 ff. Sofern nicht die Verantwortlichkeit des Prüfers, sondern seine Haftung beurteilt werden soll, fallen die Unterschiede geringer aus, vgl. ebenda, hier S. 24 ff.
384 Vgl. *Sirois/Bédard/Bera* (2016), S. 12 ff.

begutachtet werden, als wenn hierauf nicht im Rahmen der KAM hingewiesen wird.[385] Im Fall von mehreren KAM samt Erläuterung der durchgeführten Prüfungshandlungen haben die Probanden den weiteren Angaben im Jahresabschluss allerdings relativ weniger Aufmerksamkeit geschenkt als Probanden mit nur einem KAM.[386]

Köhler/Ratzinger-Sakel/Theis (2016) untersuchen, inwiefern sich die Formulierung der KAM-Berichterstattung auf die Einschätzung der ökonomischen Lage des Unternehmens durch professionelle wie nichtprofessionelle Investoren und auf deren Vertrauen hierin auswirkt.[387] In einem experimentellen Goodwill-Impairment-Setting unterscheiden die Autoren zwischen einem negativen KAM, welcher besagt, dass bereits kleine Änderungen der Bewertungsparameter zu einer Abschreibung führen könnten, und einem positiven KAM, der besagt, dass nur große Veränderungen der wesentlichen Annahmen zu einem Abschreibungsbedarf führen werden.[388] Im Ergebnis hat die Probandengruppe der professionellen Investoren, welche einen negativen KAM erhalten hat, die wirtschaftliche Lage des Unternehmens signifikant besser beurteilt als diejenige mit einem positiv formulierten KAM.[389] Das Vertrauen in die Beurteilung blieb von der Formulierung des KAM allerdings unberührt.[390] Bei der Probandengruppe mit Studenten als nichtprofessionelle Investoren konnten allerdings keine signifikanten Unterschiede festgestellt werden.[391]

bbb) Einfluss auf der Makroebene des Kapitalmarktes

Erste archivdatengestützte Indizien für den Einfluss der KAM-Berichterstattung auf der Marktebene bieten drei Studien, welche die Einführung der Berichterstattung über signifikante Risiken wesentlicher Falschdarstellungen (RMM) in Großbritannien nutzen.[392] Diese Änderung des Bestätigungsvermerks ist bereits seit 2013 anwendungspflichtig und im Wesentlichen der KAM-Berichterstattung funktional äquivalent.[393]

Reid et al. (2015a) untersuchen den Nutzen der neuen Berichterstattungsinhalte für Investoren anhand der Veränderung des abnormalen Handelsvolumens zum Zeitpunkt der Veröffentlichung des Jahresabschlusses zwischen dem Erstanwendungsjahr und dem Vorjahr.[394] Sie zeigen, dass das Handelsvolumen im Sample der die Neuregelungen zu beachtenden Unternehmen im Vergleich zum Vorjahr signifikant um 13,5% höher liegt, dieser Effekt aber durch das Informationsumfeld des Unternehmens - gemessen an der Höhe der Analystengefolgschaft -

[385] Vgl. *Sirois/Bédard/Bera* (2016), hier S. 17 ff.
[386] Vgl. ebenda, hier S. 20 ff.
[387] Vgl. *Köhler/Ratzinger-Sakel/Theis* (2016), S. 24 ff.
[388] Vgl. ebenda, hier S. 13.
[389] Vgl. ebenda, hier S. 30 ff.
[390] Vgl. ebenda.
[391] Vgl. ebenda, hier S. 33 f.
[392] Vgl. hierzu Fn. 1021 (S. 167).
[393] Vgl. ISA 700.6 UK (June 2013). Diese Archivstudien können den einzelnen Effekt der RMM-Berichterstattung allerdings nicht isolieren, sondern beinhalten vielmehr auch Effekte aus anderen, zeitgleich entstandenen Regelungsänderungen, z.B. zur Berichterstattung des Prüfungsausschusses, vgl. *Guttierez et al.* (2016), S. 7 und 30 f. Die Wirkung der RMM-Regelung allein lässt sich daher nur eingeschränkt beurteilen. Darüber hinaus ist eine Übertragbarkeit der Ergebnisse auf die KAM-Berichterstattung gem. ISA 701 aufgrund der nicht vollkommen deckungsgleichen Anforderungen hinsichtlich des Inhalts ebenso nur eingeschränkt möglich.
[394] Vgl. *Reid et al.* (2015a), S. 18 ff.

bedingt ist.[395] Auch im Vergleich zu zwei weiteren Kontrollgruppen können die Autoren die Ergebnisse der Hauptuntersuchung replizieren.[396]

Guttierez et al. (2016) untersuchen, ob die neuen Berichterstattungspflichten die Reaktionen von Investoren am Kapitalmarkt - gemessen anhand der dreitägigen kumulierten abnormalen Rendite und des Handelsvolumens um den Veröffentlichungszeitpunkt des Abschlusses - beeinflussen.[397] In zwei Vergleichsmodellen[398] zeigen die Autoren, dass die neuen Berichtsinhalte insgesamt und einzelne diesbezügliche Faktoren wie die Anzahl der berichteten Risiken und die Länge deren Diskussion im Bericht keinen Einfluss auf die Reaktionen der Investoren haben.[399]

Lennox/Schmidt/Thompson (2016) untersuchen auch etwaige Marktreaktionen auf die Berichterstattung über RMM mittels der kumulierten abnormalen 3-Tages-Rendite um das Veröffentlichungsdatum des Bestätigungsvermerks des Prüfers.[400] Auch sie zeigen, dass weder die Anzahl der RMM, noch deren Bezug auf kontenspezifische oder unternehmensweite Risiken einen Einfluss auf die abnormale Rendite haben.[401] Sie begründen diese geringe Informationsrelevanz damit, dass die Investoren über die RMM durch die Unternehmensberichterstattung des Vorjahres bereits informiert sind.[402]

bb) Einfluss auf die Abschlussersteller

aaa) Einfluss auf Inputmaße der Prüfungsqualität

Bislang existieren zwei experimentelle Studien, welche den Einfluss der KAM-Berichterstattung auf den Prüfprozess als Inputmaß der Prüfungsqualität erforschen. *Cade/Hodge* (2016) untersuchen, ob und in welcher inhaltlichen Ausgestaltung eine KAM-Berichterstattung - unter der zusätzlich variierenden Bedingung von hohem und niedrigem Vertrauen des Mandanten in den Prüfer - Einfluss darauf hat, wie viele sensible Informationen, auf die Investoren eher negativ reagieren, der Mandant an den Prüfer kommuniziert.[403] Die Autoren zeigen für alle Varianten, in denen die KAM-Berichterstattung auch detailliertere Informationen hinsichtlich des bilanziellen Sachverhalts eines Schätzwertes beinhaltet, dass der Mandant weniger private Informationen an den Prüfer kommuniziert.[404] Sofern der KAM allerdings nur Informationen über durchgeführte Prüfungshandlungen beinhaltet, hat er keinen Effekt auf die

[395] Vgl. *Reid et al.* (2015a), S. 22 ff.
[396] Die Autoren verwenden zum einen an der NYSE gelistete Unternehmen, zum anderen AIM-Unternehmen in Großbritannien, vgl. ebenda, hier S. 29 ff.
[397] Vgl. *Guttierez et al.* (2016), S. 2 f. und 17 ff.
[398] Die Autoren untersuchen zum einen potenzielle Unterschiede vor und nach der Anwendungspflicht innerhalb aller Anwender (Pre-Post-Modell), zum anderen die Unterschiede innerhalb des Änderungsjahrs zwischen den Früh- und Spätanwendern (difference-in-difference-Modell), vgl. ebenda, hier S. 12 ff. und 22.
[399] Vgl. ebenda, hier S. 26 f.
[400] Vgl. *Lennox/Schmidt/Thompson* (2016), S. 3 und 14.
[401] *Lennox/Schmidt/Thompson* (2016), S.14 ff und 38 ff., testen ferner weitere Indikatoren wie abnormales Handelsvolumen sowie den Einfluss unerwarteter RMM und kontrollieren für das Informationsumfeld der Unternehmen und der WP-Gesellschaft, finden allerdings auch unter Berücksichtigung dieser Faktoren keine signifikanten Ergebnisse.
[402] Für ein zufällig ausgewähltes Subsample von 248 Unternehmen zeigen die Autoren, dass ca. 60-80% der RMM bereits in den Jahresabschlüssen des Vorjahres identifizierbar sind und die RMM-Berichterstattung daher nur einen eingeschränkten Neuigkeitswert hat, vgl. ebenda, hier S. 17 ff.
[403] Vgl. *Cade/Hodge* (2014), S. 12 ff.
[404] Vgl. ebenda, hier S. 21 f.

Kommunikationsoffenheit des Mandanten.[405] Das experimentelle Setting in dieser Studie setzt gleichwohl voraus, dass der Prüfer in einem nicht weiter definierten Umfang oder Inhalt die sensiblen Informationen über die KAM-Berichterstattung weitergeben kann.[406] Zumindest nach den Anforderungen gem. ISA 701 soll der Prüfer allerdings nur erläutern, warum ein Sachverhalt besonders prüfungsrelevant war. Die Bereitstellung originär unternehmerischer Informationen, wie sie das experimentelle Setting von *Cade/Hodge* suggeriert, wird hingegen gerade nicht gefordert. Die Ergebnisse sind diesbezüglich daher nur eingeschränkt auf die KAM-Berichterstattung nach ISA 701 übertragbar.

Fuller (2015) untersucht weiterführend in einem Experiment mit erfahrenen Finanzexperten, inwieweit CAM und der Detaillierungsgrad der darin bereitzustellenden Informationen die Offenlegung des Mandanten zu dem CAM-Sachverhalt unter der variierenden Bedingung eines starken bzw. schwachen Prüfungsausschusses beeinflusst.[407] Neben einer Kontrollgruppe, in welcher der zu untersuchende Sachverhalt nicht als CAM identifiziert wird, unterscheidet *Fuller* weiterhin zwischen einem kurzem CAM, welcher lediglich den Sachverhalt als CAM identifiziert und dessen Auswahl begründet, sowie einem ausführlichen CAM, welcher deutlich detaillierter auf die Unsicherheiten des Sachverhalts und die potenziellen zukünftigen Auswirkungen eingeht.[408] Während das prüferische Berichterstattungsformat einen nur marginal signifikanten Haupteffekt auf den Offenlegungsumfang des Mandanten in der Finanzberichterstattung zeitigt, interagiert dessen Einfluss mit der Stärke des Prüfungsausschusses.[409] So steigt die mandantenseitige Offenlegung bei einer langen CAM-Berichterstattung im Vergleich zu keiner oder einer kurzen CAM-Berichterstattung bei einem starken Prüfungsausschuss stärker an als bei einem schwachen Prüfungsausschuss.[410]

bbb) Einfluss auf Outputmaße der Prüfungsqualität

Neben diesen beiden Experimenten untersuchen zwei Studien mittels der in Großbritannien zur Verfügung stehenden Kapitalmarktdaten, ob die dortige Erweiterung der prüferischen Berichterstattung die Prüfungsqualität auf der Marktebene beeinflusst. Als Indikatoren zur Messung der Prüfungsqualität verwenden *Reid et al.* (2015b) die absoluten abnormalen Periodenabgrenzungen der betroffenen Unternehmen sowie die Wahrscheinlichkeit, die Analystenschätzungen (Gewinn je Aktie) zu erreichen oder zu übertreffen.[411] Analog zu *Reid et al.* (2015a) vergleichen sie einerseits die Veränderungen innerhalb der von den regulatorischen Änderungen betroffenen Unternehmen über die Zeit anhand eines Pre-Post-Modells, andererseits die Veränderungen zu zwei Kontrollgruppen aus dem britischen und dem US-amerikanischen Kapitalmarkt.[412] Sie zeigen, dass sich die abnormalen Periodenabgrenzungen im Jahr der Erstanwendung signifikant im Vergleich zum Vorjahr mindern und die Wahrscheinlichkeit, die Gewinnprognose der Analysten zu erreichen oder zu übertreffen, signifi-

---

[405] Vgl. *Cade/Hodge* (2014), S. 21 f.
[406] Vgl. ebenda, hier S. 6 f. und S. 38.
[407] Vgl. *Fuller* (2015), S. 19 ff.
[408] Vgl. ebenda, hier S. 21.
[409] Vgl. ebenda, hier 27 f. Der intendierte Offenlegungsumfang wurde anhand einer Likert-Skala (1=minimale Offenlegung–10=ausführlichste Offenlegung) gemessen, vgl. ebenda, hier S. 23 f.
[410] Vgl. ebenda, hier S. 28 f.
[411] Vgl. *Reid et al.* (2015b), S. 14 f. Die diskretionären Periodenabgrenzungen werden anhand des modifizierten *Jones*-Modells gemessen.
[412] Vgl. ebenda, hier S. 15 f. und 18 f.

kant geringer ist (um 7,4%).[413] Auch im Vergleich zu den zwei Kontrollgruppen und bei der Verwendung von reinen Veränderungsgrößen bleiben die Ergebnisse bestehen.[414]

Auch *Guttierez et al.* (2016) untersuchen in ihrer Archivstudie den Einfluss der geänderten Berichterstattungserfordernisse auf die Prüfungsqualität, welche sie anhand der nach dem *Jones*-Modell geschätzten absoluten diskretionären Periodenabgrenzungen messen.[415] Im Gegensatz zur Studie von *Reid et al.* (2015b) konnten anhand dieses Proxies keine statistisch signifikanten Veränderungen der Prüfungsqualität festgestellt werden.[416]

ccc) Einfluss auf die Prüfungskosten

Über den Einfluss der erweiterten prüferischen Berichterstattungspflichten auf die Prüfungskosten liegen aufgrund der wenigen zur Verfügung stehenden Daten nur drei Studien vor, welche ebenso allesamt auf britische Kapitalmarktdaten zurückgreifen. So untersuchen *Reid et al.* (2015b), ob sich die Prüfungshonorare oder der Zeitraum zwischen dem Abschlussstichtag und der Veröffentlichung des Bestätigungsvermerks (sog. reporting lag) erhöhen.[417] Sie zeigen, dass für die betroffenen Unternehmen die Prüfungshonorare im Jahr der Erstanwendung lediglich marginal um 3,4% höher sind als im Vorjahr und sich der Zeitraum zwischen Abschlussstichtag und Veröffentlichung des Bestätigungsvermerks nicht signifikant verändert.[418] Bei der Verwendung von reinen Veränderungsgrößen können für beide Variablen keine signifikanten Effekte festgestellt werden.[419]

Auch *Guttierez et al.* (2016) untersuchen in ihrer Studie den Einfluss der neuen Berichterstattungserfordernisse auf die Prüfungshonorare.[420] Während das Pre-Post-Vergleichsmodell einen signifikanten Anstieg der Prüfungshonorare um ca. 4% dokumentiert, dabei allerdings nicht für andere zeitvariante ökonomische Faktoren kontrolliert, die ebenfalls zu einem Anstieg führen könnten, ist im difference-in-difference-Vergleichsmodell kein signifikanter Effekt sichtbar.[421] Die Autoren können allerdings einen positiven Zusammenhang zwischen den Prüfungshonoraren und der Gesamtlänge des (erweiterten) Bestätigungsvermerks, der Anzahl berichteter RMM und der Länge der Diskussion der RMM aufzeigen.[422]

Lennox/Schmidt/Thompson (2016) vergleichen schließlich die Veränderung der Prüfungshonorare vor und nach Einführung der Neuregelungen zwischen anwendungspflichtigen Unternehmen und einer Kontrollgruppe aus AIM-Unternehmen, deren Prüfung keiner RMM-Be-

413 Vgl. *Reid et al.* (2015b), S. 19 ff.
414 Vgl. ebenda, hier S. 21 f. und 25 f. Bei der Analyse von Veränderungsgrößen werden einmal die Veränderung der Variablen von t_2–t_1 mit den Veränderungen von t_{-1}–t_0 verglichen, wobei t_0 das Jahr der Erstanwendung darstellt.
415 Vgl. *Guttierez et al.* (2016), S. 16 f. Zu den jahresabschlusspolitischen Maßstäben zur Prüfungsqualität wie dem Jones-Modell vgl. ferner *Wiemann* (2010), S.173 ff. und 253 ff.
416 Vgl. *Guttierez et al.* (2016), S. 25 f.
417 Vgl. *Reid et al.* (2015b), S. 15 f.
418 Vgl. ebenda, hier S. 23 ff.
419 Vgl. ebenda, hier S. 26 f.
420 Vgl. *Guttierez et al.* (2016), S. 13 ff.
421 Vgl. ebenda, hier S. 22 ff.
422 Vgl. ebenda, hier S. 24.

richterstattungspflicht unterliegt.[423] Auch sie können keinen signifikanten Anstieg der Prüfungshonorare ausmachen.[424]

ddd) Einfluss auf die Prüferhaftung

Neben dem Einfluss auf die Prüfungsqualität untersucht ein Großteil der Studien aus der angloamerikanischen Forschung potenzielle Auswirkungen der CAM-Berichterstattung auf die Prüferhaftung. *Backof/Bowlin/Goodson* (2016) untersuchen in einem 3x2 between-subject Design, ob die CAM-Berichterstattung und die Berichterstattung über die Verantwortlichkeit des Prüfers (ja/nein), die beinhaltet, dass nur mit hinreichender und nicht absoluter Prüfungssicherheit zu attestieren ist, einen Einfluss auf das richterliche Urteilsverhalten bei einer Fahrlässigkeitsklage zur Überbewertung von Vorratsvermögen haben.[425] Neben einer Kontrollgruppe ohne CAM-Berichterstattung wird im Fall einer CAM-Berichterstattung zusätzlich differenziert, ob nur über die Gründe der Auswahl des CAM berichtet wird oder zusätzlich auch darüber, mit welchen Prüfungshandlungen den Risiken begegnet wurde.[426] Die Autoren zeigen, dass die CAM-Berichterstattung insgesamt zwar zu keinen Änderungen führt, bei einer Differenzierung zwischen partieller und vollständiger CAM-Berichterstattung die vollständige indessen mit einer höheren Verurteilungswahrscheinlichkeit einhergeht.[427] Eine Klarstellung über die zu erreichende Prüfungssicherheit mindert diesen Effekt[428] und führt auch unabhängig von der CAM-Berichterstattung zu einer geringeren Wahrscheinlichkeit einer Verurteilung im Vergleich zur Kontrollgruppe.[429] Eine Replikation der Studie mit anderen Probanden und mit einer modifizierten Manipulation konnte den letzten Effekt nicht bestätigen.[430]

Brasel et al. (2016) hingegen finden in Fällen von auf fraud zurückzuführenden Überbewertungen von Vorräten, dass eine diesbezügliche ex ante KAM-Berichterstattung bei einer Aufdeckung ex post die Wahrscheinlichkeit einer Verurteilung deutlich mindert im Vergleich zu einem Normregime ohne KAM-Berichterstattung sowie im Vergleich zu einer KAM-berichterstattungspflichtigen Prüfung, bei der laut Prüfer explizit keine KAM-Sachverhalte aufgetreten sind.[431] Im Alternativfall einer ebenfalls fraud-bedingten Unterbewertung von Rückbauverpflichtungen war dieser Effekt allerdings nur für den letztgenannten Vergleich beobachtbar.[432] Selbst bei einer KAM-Berichterstattung, welche nicht die Falschdarstellung, sondern einen anderen Sachverhalt adressiert, ist die Verurteilungswahrscheinlichkeit zu den beiden Vergleichsgruppen geringer.[433]

[423] Vgl. *Lennox/Schmidt/Thompson* (2016), S. 26.
[424] Analog zu den Ergebnissen bei den Investoren (vgl. S. 59) zeigen die Autoren vielmehr, dass die Anzahl an berichteten RMM die Einschätzung des Prüfungsrisikos wiederspiegelt und entsprechend positiv mit dem Prüfungshonorar aus dem Jahr der Einführung der Neuregelung sowie dem Vorjahr korreliert. Die RMM bilden die prüfungshonorarbestimmenden Risikofaktoren also ab, wurden aber unabhängig von deren Veröffentlichung bereits vorher eingepreist, vgl. ebenda, hier S. 26 f.
[425] Vgl. *Backof/Bowlin/Goodson* (2016), S. 15 ff.
[426] Vgl. ebenda, hier S. 16.
[427] Vgl. ebenda, hier S. 20 ff.
[428] Vgl. ebenda, hier S. 22 f.
[429] Vgl. ebenda, hier S. 19 f.
[430] Vgl. ebenda, hier S. 27.
[431] Vgl. *Brasel et al.* (2016), S. 1351 f.
[432] Vgl. ebenda, hier S. 1351 f.
[433] Vgl. ebenda, hier S. 1353.

Gimbar/Hansen/Ozlanski (2016b) untersuchen experimentell, ob sich die CAM-Berichterstattung - unter der zusätzlichen variierenden Bedingung eines entweder regel- oder prinzipienbasierten Standards - auf die richterliche Schuldbeurteilung eines Prüfers im Fall einer Schadensersatzklage aufgrund einer nicht entdeckten mutmaßlichen Falschdarstellung auswirkt.[434] Neben einer Kontrollgruppe ohne CAM-Berichterstattung unterscheiden die Autoren weiterhin zwischen einer CAM-Berichterstattung, welche die mutmaßliche Falschdarstellung ex ante adressiert, und einer CAM-Berichterstattung, welche andere Sachverhalte adressiert.[435] Die Studie zeigt, dass bei einem präzisen Standard die CAM-Berichterstattung in beiden Varianten mit und ohne Bezug zur angeblichen Falschdarstellung die Wahrscheinlichkeit einer Verurteilung signifikant um 22% bzw. 21% erhöht.[436] Bei einem Standard mit größerem Ermessensspielraum führt die CAM-Berichterstattung hingegen zu einer marginalen und insignifikanten Verminderung der Verurteilungswahrscheinlichkeit.[437] *Brown/Majors/Peecher* (2016) finden in ihrer experimentellen Untersuchung schließlich keinen Einfluss einer CAM-Berichterstattung auf die Wahrscheinlichkeit einer Verurteilung im Fall einer Schadensersatzklage.[438]

cc) Gesamtschau der Ergebnisse und Forschungslücke

In einer Gesamtbetrachtung der bisherigen experimentellen und archivdatengestützten Studien lassen sich zwei wesentliche Tendenzen ausmachen: Auch wenn i.d.R. mehr Informationen zur Abschlussprüfung seitens der Abschlussadressaten gewünscht sind[439] und die Rückmeldungen im Standardsetzungsprozess beim IAASB die KAM-Berichterstattung in ihrer konkreten inhaltlichen Ausgestaltung eher befürworten[440], weisen die oben genannten Studien darauf hin, dass die Informationsrelevanz der KAM-Berichterstattung in ihrer Ausprägung nach ISA 701 für die Abschlussadressaten eher gering ist. Auch entgegen den Berichten mancher Aufsichtsbehörden[441] stehen diese Ergebnisse in Einklang mit weiteren Studien, welche ebenso unterschiedliche inhaltliche Erweiterungen der prüferischen Berichterstattung hinsichtlich ihrer Informationsrelevanz untersuchen.[442] So indizieren *Coram et al.* (2011) in einer Interview- bzw. VPA-Studie mit professionellen Analysten, dass die ausführlichere prüferische Berichterstattung gem. ISA 700, welche u.a. auf die Verantwortung des Prüfers, die Einhaltung ethischer Standards und das Erreichen hinreichender und angemessener Prüfungsnachweise eingeht, im Vergleich zu dem kürzeren Formeltestat keinen Einfluss auf deren Bewertungsprozess hat.[443] Auch aus den von *Vanstraelen et al.* (2012) geführten Interviews ergibt sich, dass Abschlussadressaten an zusätzlichen Informationen zum Prüfprozess und der

---

434 Vgl. *Gimbar/Hansen/Ozlanski* (2016b), S. 1630 und 1634 f.
435 Vgl. ebenda, hier S. 1634.
436 Vgl. ebenda, hier S. 1636 f.
437 Vgl. ebenda.
438 Vgl. *Brown/Majors/Peecher* (2016), S. 22 f. und 33 f.
439 Vgl. u.a. *Humphrey/Loft/Woods* (2009), S. 819 f.; *Gray et al.* (2011), S. 673 ff.; *Carcello* (2012), S. 24 ff.; *Coram* (2014), S. 295; *Pelzer* (2016), S. 43.
440 Vgl. *Cordoş/Fülöp* (2015), S. 138; *Simnett/Huggins* (2014), S. 732.
441 Vgl. u.a. FRC (2016), S. 4, welche betonen, dass Investoren „greatly value the enhanced information" (S. 4).
442 Vgl. *Bédard/Gonthier-Besacier/Schatt* (2016), S. 7 und 21 ff., die für die in Frankreich seit 2003 zu berichtenden 'justifications of assessment' ebenso keinen dauerhaften Einfluss auf Marktreaktionen oder die Prüfungsqualität feststellen.
443 Vgl. *Coram et al.* (2011), S. 238, 241 f. und 245 ff.

Arbeit des Prüfers weniger interessiert sind als an Informationen, die originär das geprüfte Unternehmen betreffen.[444]

Sofern die Berichterstattung i.d.S. allerdings nicht nur auf den Prüfungsprozess eingeht, sondern darüber hinaus z.B. Bewertung und Ansatz bilanzieller Sachverhalte kritisch kommentiert, zeigt sich ein anderes Bild. So zeigen *Elliott/Fanning/Peecher* (2016) in einer experimentellen Studie mit fortgeschrittenen Studenten als nichtprofessionelle Investoren, dass eine zusätzliche Kommentierung des Prüfers über die Qualität der den KAM zugrundeliegenden Schätzwerte als Indikator für die Qualität der Finanzberichterstattung wahrgenommen wird und dadurch die Zahlungsbereitschaft für den fundamentalen Wert des Unternehmens steigt.[445] Auch *Carver/Trinkle* (2016) zeigen, dass bei einer AD&A gem. dem Entwurf des PCAOBs zur Überarbeitung der prüferischen Berichterstattung aus dem Jahr 2011[446] die Glaubwürdigkeit des Prüfers und der Unternehmensführung steigt, wenn das Unternehmen die Ergebniserwartungen von Analysten verfehlt.[447] *Doxey* (2014) zeigt schließlich, dass eigenständige Stellungnahmen des Prüfers in einem uneingeschränkten Bestätigungsvermerk dazu, ob Schätzwerte der Unternehmensleitung innerhalb oder außerhalb einer angemessenen Bandbreite von Werten liegen, einen Einfluss auf die Investitionsentscheidungen von nichtprofessionellen Investoren sowie deren Wahrnehmung der Unabhängigkeit des Prüfers und der Zuverlässigkeit der Unternehmensleitung haben.[448] Eine solch umfassende Berichterstattung, welche auch originäre Informationen über das geprüfte Unternehmen enthält, ist vom IAASB indessen gerade nicht vorgesehen.[449]

Zweitens ist zu erkennen, dass KAM als eine Art Warnhinweis (disclaimer) gedeutet werden.[450] Die dargestellten Studien zeigen einen solchen Effekt zum einen bei verschiedenen Abschlussadressatengruppen, zum anderen stellenweise auch bei Experimenten mit Probanden in der Position von Richtern, welche die Verantwortlichkeit von Prüfern bei einem falsch dargestellten Sachverhalt als geringer einstufen, sofern hierüber als KAM berichtet wurde.[451] In vorherigen Studien finden sich diese Ergebnisse allerdings nur eingeschränkt. So untersuchen *Wright/Wright* (2014) in einem Experiment mit nichtprofessionellen Investoren, ob sich die Beurteilung der Prüfungsqualität neun Monate nach einem uneingeschränkten Testat zum Zeitpunkt einer eingetretenen Insolvenz ändert, wenn zusätzlich im Bestätigungsvermerk Informationen zum prüferischen Urteils- und Entscheidungsprozess hinsichtlich der Beurteilung

---

[444] Vgl. *Vanstraelen et al.* (2012), S. 200. Für das Interview wurden verschiedene Abschlussadressaten, u.a. Kredit- und Finanzanalysten und Investmentbanker, befragt, vgl. ebenda, hier S. 198 f. Auch *Quick* (2015), S. 212 ff., welcher Bankvorstände befragt hat, kommt zu den gleichen Ergebnissen. *Simnett/Huggins* (2014), S. 734 ff., finden diese Tendenz ebenso in den Rückmeldungen zum ITC 2012 des IAASB.

[445] Vgl. *Elliott/Fanning/Peecher* (2016), S. 12 ff. und S. 21 f.

[446] Die AD&A wurde vom PCAOB als eine Alternative zu den CAM erwogen, im Zuge der Entwicklung des Standards aber verworfen. Inhaltlich gehen die AD&A deutlich über die CAM hinaus, indem sie vor allem eine eigenständige Einschätzung der wesentlichsten Schätzwerte seitens des Abschlussprüfers hätten beinhalten müssen. Vgl. hierzu PCAOB (2011), S. 12 ff.; PCAOB (2013b), S. 14 f. und 22 f.

[447] Vgl. *Carver/Trinkle* (2016), S. 29 ff.

[448] Vgl. *Doxey* (2014), S. 21 ff.

[449] Vgl. IFAC (2015), BC.16 i.V.m. BC.10 und 15.

[450] Diese Wirkweise wurde von mehreren Stakeholdern, u.a. der WPK, vermutet, vgl. IFAC (2015), BC.15; WPK (2013), S. 3.

[451] Vgl. diese Einschätzung bestätigend *Gimbar/Hansen/Ozlanski* (2016a), S. A29. In den Niederlanden und Großbritannien, wo bereits KAM-Inhalte berichtet werden, kam es bislang auch zu keinem erhöhten Haftungsrisiko, vgl. *Berndt* (2016), S. 314.

der GCO-Annahme veröffentlicht wurden.[452] Die Autoren zeigen, dass die Probanden im Falle der zusätzlichen Berichterstattung die erreichte Prüfungsqualität anhand verschiedener Kriterien signifikant besser beurteilen, als wenn über die prüferische Urteilsfindung nicht berichtet wird.[453] *Mong/Roebuck* (2005) können einen solchen haftungsmindernden Effekt bei einer Beschreibung der Art der durchgeführten Prüfungshandlungen, wie sie in der KAM-Berichterstattung gem. ISA 701 gefordert ist, hingegen nicht aufzeigen.[454] Der Einfluss der KAM- bzw. CAM-Berichterstattung auf die Prüferhaftung scheint daher insgesamt stark kontextgebunden zu sein und u.a. vom Bezug zum und der Art des Sachverhalts sowie von der konkreten Formulierung determiniert zu werden.

Die Untersuchung der Frage, ob sich die KAM-Berichterstattungserfordernisse auch auf Prüfungsqualitätsmaße auswirkt, erfolgte bislang größtenteils archivdatengestützt. Potenzielle Auswirkungen auf der Ebene des Prüfprozesses, insbesondere auf das Urteils- und Entscheidungsverhalten des Prüfers wurden bislang nur mittelbar über das Informationsverhalten des Mandanten experimentell untersucht. Diese empirische Lücke adressiert die experimentelle Untersuchung in Kapitel IV.

452 Vgl. *Wright/Wright* (2014), S. 36 f. und 39 f. Die Manipulation erfolgte über einen 'emphasis of matter'-Paragraphen, welcher darlegt, dass der Prüfer eine gründliche Beurteilung des Sachverhalts durchgeführt hat, wobei aus zeitökonomischen Gründen der Rest des Bestätigungsvermerks indes nicht abgebildet war, vgl. ebenda, hier S. 40 f. und 46.

453 Vgl. ebenda, hier S. 42 ff.

454 Vgl. *Mong/Roebuck* (2005), S. 151 f. und S. 161 ff. Das Ausbleiben des Effektes könnte u.a. auch damit erklärt werden, dass bei der Aufzählung der durchgeführten Prüfungshandlungen als letzter Punkt genannt wurde, dass sich die Prüfer auf eine computergestützte Entscheidungshilfe verlassen haben. Dies könnte bei den Probanden als Indikator dafür gedeutet worden sein, dass der Prüfer trotz der durchgeführten Prüfungshandlungen eher weniger eigenständig Ermessen ausgeübt hat, vgl. ebenda, hier S. 152.

III. Bezugsrahmen zu Entzerrungsstrategien bei der Prüfung geschätzter Werte

1. Bezugsrahmenentwicklung

a) Definition, Leistungsanspruch und Herleitung eines Bezugsrahmens

Ein Bezugsrahmen ist ein systematisierendes Ordnungsgerüst, worin Objekte eines Gegenstandsbereiches konzeptionell hergeleiteten, zusammenhängenden Kategorien und diesen untergliederten Dimensionen zugewiesen werden.[455] Im Gegensatz zu einer Theorie beinhaltet ein Bezugsrahmen keine falsifizierbaren Aussagen und ist daher als explorative Vorstufe zur Theoriebildung zu verstehen.[456] Ein Bezugsrahmen geht indes in zweierlei Hinsicht über die reine Ordnungsfunktion[457] einer schlichten Systematisierung hinaus: Er hat zum einen zusätzlich das Ziel, bestehende Forschungsergebnisse[458] zu verbinden (Integrationsfunktion) und so die Ergebnisse auch innerhalb einer Kategorie zu reflektieren.[459] Zum anderen sollen durch den Bezugsrahmen und die gewählten Kategorien erkenntnisfördernde Forschungsperspektiven aufgezeigt werden (Steuerungsfunktion).[460] Für einen gelungenen Bezugsrahmen ist die Herleitung geeigneter Kategorien daher von primärer Bedeutung. Diese Kategorienbildung kann sich an den Forschungsmethoden oder aber an den untersuchten Objekten bzw. Konstrukten orientieren.[461] Eine Objektorientierung ist im Vergleich zu einer Differenzierung nach Methoden der Integrationsfunktion eines Bezugsrahmens i.d.R. ungleich förderlicher[462] und findet daher auch in dieser Untersuchung Verwendung.

Der Prozess der Kategorienherleitung bei einer solchen Objektorientierung verläuft als wechselseitig spiegelnde Betrachtung des Gesamtkontextes, der Kategorien und der Einzelstudien:[463] Zum einen müssen die Kategorien induktiv so aus den einschlägigen Studien herausgearbeitet werden, dass sich eine trennscharfe Unterscheidung zwischen den Kategorien aus den spezifischen Ausrichtungen der Studien ergibt (i.S. eines bottom-up approach). Eine sich derart allein mit Blick auf den Forschungsbestand ergebende Kategorienbildung kann die genannte Steuerungsfunktion allerdings schwerlich erfüllen, da gerade nur vom Status quo der Forschung ausgegangen wird.[464] Die Kategorien sollten sich daher auch deduktiv mit Blick auf den Gesamtkontext des Gegenstandsbereiches ergeben und seine bisherige begriffliche und theoretische Durchdringung spiegeln. Wo an seinen Rändern Forschungsperspektiven liegen, kann sich dabei auch aus einer interdisziplinären Betrachtung gewinnen lassen. Insge-

---

[455] Vgl. zum Aufbau *Kubicek* (1977), S. 17 ff.
[456] Vgl. ebenda sowie *Becker* (1993), S. 115 f.; S. 18; *Ruhnke* (2000), S. 261 f.
[457] Vgl. u.a. *Richter* (1999), S. 265.
[458] Im Folgenden wird davon ausgegangen, dass es sich bei dem Objektbereich um einen abgrenzbaren Forschungsbereich handelt.
[459] Vgl. *Ruhnke* (2000), S. 266. Sofern es primär darum geht, (kausale) Wirkungszusammenhänge darzustellen, wird teilweise auch konkretisierend von einem Erklärungsrahmen gesprochen, vgl. *Becker* (1993), S. 111 und 122 f.
[460] Vgl. *Kubicek* (1977), S.15 f.; *Ruhnke* (2000), S. 268.
[461] Vgl. *Ruhnke* (2000), S. 263.
[462] Vgl. ebenda, hier S. 265; *derselbe* (2006), S. 212.
[463] Auch aus der Dynamik des Forschungsfeldes ergibt sich zudem, dass die Bildung eines Bezugsrahmens stets unabgeschlossen und offen für Weiterentwicklungen ist, vgl. hierzu u.a. *Becker* (1997), S. 119 f. *Kubicek* (1977) spricht diesbezüglich von einer „iterativen Heuristik", S. 14.
[464] Vgl. *Ruhnke* (2000), S. 285.

K. Asbahr, *Entzerrungsstrategien bei der Prüfung geschätzter Werte*, Auditing and Accounting Studies, https://doi.org/10.1007/978-3-658-21603-0_3

samt müssen die Kategorien demnach zum einen trennscharf genug sein, um die vorhandenen Studien mit Blick auf den Gegenstandsbereich sinnvoll zu systematisieren. Die Kategorien sollten zum anderen allerdings auch - ggf. interdisziplinär - anschlussfähig sein und den Gegenstandsbereich in einem solchen Umfang kontextualisieren, dass sich aus ihrem inneren Zusammenwirken und äußeren Verweischarakter das Gesamtphänomen erhellt und zukünftige Forschungsperspektiven aufgezeigt werden.

In der Wirtschaftsprüfungsforschung finden sich diverse Bezugsrahmenentwürfe, u.a. zu abgegrenzten Problembereichen wie dem Nutzen von Abschlussprüfungen[465], der Entdeckung von falschen Angaben durch den Abschlussprüfer[466] bis hin zu einer realwissenschaftlichen Theorie betriebswirtschaftlicher Prüfungen insgesamt[467]. Im Folgenden wird der Versuch unternommen, einen Bezugsrahmen für den Gegenstandsbereich von Entzerrungsstrategien i.S.d. Definition in Kapitel II.1.e)aa) bei der Prüfung geschätzter Werte aufzustellen.

b) Entwicklung der Bezugsrahmenkategorien

aa) Entwicklung einer Leitdifferenz

aaa) Problematische Übertragung bisheriger Kategorisierungsversuche

Als Ausgangspunkt zur Herleitung von Bezugsrahmenkategorien können zunächst bisherige Systematisierungsversuche befragt werden. *Fischoff* (1982), *Arkes* (1991), *Kennedy* (1993, 1995) und *Soll/Milkman/Payne* (2015) gehen allesamt von der Überlegung aus, dass die je nach Entstehungsursache unterschiedlichen Verzerrungen entsprechend unterschiedliche Entzerrungsstrategien erfordern, diese mithin nicht für die einzelnen Verzerrungen gleich effektiv sind.[468] Alle unterteilen hierzu die Verzerrungen ihrer Natur nach in unterschiedliche Arten und diskutieren anschließend diverse Entzerrungsstrategien. *Fischoff* (1982) führt die Ursachen der Verzerrungen auf die Person, die Aufgabe, oder aber eine Inkompatibilität (missmatch) zwischen beiden zurück und nimmt hierbei vor allem die Sichtweise des experimentellen Forschers ein.[469] Die thematisierten Entzerrungsstrategien zielen daher stellenweise stärker auf die Verbesserung von Forschungsdesigns denn auf das Entscheidungsverhalten von Menschen in der Lebenswirklichkeit ab und sind angesichts der Ausrichtung dieser Arbeit weniger einschlägig. Auch *Arkes* (1991) unterteilt die Verzerrungen in drei Arten ein.[470] Verzerrungen, die er als strategisch bezeichnet, basieren allein auf einer bewusst durchgeführten, suboptimalen Informationsverarbeitungsstrategie zur Vermeidung kognitiver Anstrengung.[471] Derartige Verzerrungen stimmen nicht mit der in dieser Arbeit verwendeten Definition kognitiver Verzerrungen überein (s.o. Kapitel II.1.d)), weshalb auch diese Einteilung weniger zweckdienlich ist. *Kennedy* (1993, 1995) hingegen führt die Verzerrungen einerseits auf unzureichende Anstrengung (effort-related bias) und andererseits auf unzureichende Daten (da-

---

465 Vgl. *Ruhnke* (2003), S. 253 ff.
466 Vgl. *Ruhnke* (2009), S. 65 ff.
467 Vgl. *Richter* (1999), S. 267 ff.
468 Vgl. *Fischoff* (1982), S. 423 ff.; *Arkes* (1991), S. 486 ff.; *Kennedy* (1993), S. 233 f.; *Kennedy* (1995), S. 251 ff.; *Soll/Milkman/Payne* (2015), S. 926.
469 Vgl. *Fischoff* (1982), S. 423 ff.
470 Er differenziert zwischen strategische (strategic-based), assoziationsbedingte (association-based) und psychophysikalische (psychophysical-based) Verzerrungen, vgl. *Arkes* (1991), S. 486 f.
471 Vgl. ebenda, hier S. 487.

ta-related bias) zurück.[472] Eine solche Einteilung erscheint angesichts der in Kapitel II.1.e)cc) aufgeführten Befunde, dass viele kognitive Verzerrungen nur bedingt mit einem durch höhere Anreize vermittelten Mehraufwand oder durch höhere Anstrengung behoben werden können, als fraglich. *Soll/Milkman/Payne* (2015) greifen schließlich auf die von *Fischoff* eingeführte Unterteilung zurück und diskutieren die Entzerrungsstrategien danach, ob sie direkt den Entscheidungsträger als Person oder aber seine Umwelt verändern wollen.[473] Unter personenbezogene Entzerrungsstrategien werden dabei Bildungsmaßnahmen, verschiedene kognitive Strategien und die Verwendung von Modellen gefasst, während unter umweltbedingte Entzerrungsstrategien die Veränderung von Anreizen und der Entscheidungsstruktur (choice architecture) behandelt wird.[474]

Unabhängig von diesen konkreten Systematisierungsversuchen ist eine Ausrichtung der Entzerrungsstrategien an der Art bzw. dem Ursprung der zu behebenden Verzerrungen für deren Effektivität zwar unbestritten notwendig.[475] Eine analoge Orientierung bei der Kategorienherleitung zu Entzerrungsstrategien im Rahmen der Jahresabschlussprüfung würde indes gerade deren Spezifika, die sich u.a. aus der funktionalen Konstitution oder der materiellen Implementierung in der Natur des Prüfungskontextes ergeben, außer Acht lassen. Eine Orientierung an den zu behebenden Verzerrungen (oder Kategorien hiervon) wird daher als weniger zielführend eingeschätzt.[476] Auch eine alleinige Systematisierung anhand der verschiedenen Prozesskategorien der Informationsverarbeitung (s.o. Kapitel II.1.b)aa) und II.1.c)aa)) scheint ebenso wenig erfolgsversprechend, da über deren Abgrenzung keine Einigkeit herrscht und schon die Verzerrungen oftmals auch den einzelnen Schritten nicht eindeutig zugewiesen werden können.

Entgegen dieser Blickrichtung scheint eine Perspektive fruchtbar, die nicht darauf abstellt, was entzerrt wird, sondern wie. Somit richtet sich der Fokus auf die verwendeten Mittel. Hierbei käme eine Bezugsrahmenbildung in Anlehnung an diejenige von *Bonner* (2008) in Frage, welche die im Prüfungskontext untersuchten Entzerrungsstrategien danach unterscheidet, ob sie direkt auf eine Änderung der Person, der Aufgabe oder der Umwelt abzielen.[477] Allerdings ergeben sich auch hierbei Abgrenzungsprobleme[478], sodass *Bonner* selbst diese Einteilung als wenig geeignet ansieht und stattdessen zwischen drei Klassen von Methoden zur Verbesserung des JDM unterscheidet: erstens Anweisungen, Praxiserfahrung und Feedback, zweitens zielgerichteter Einsatz von Mitarbeitern und drittens Entscheidungshilfen wie Checklisten oder statistische Modelle.[479] Warum diese Kategorisierung verwendet wird, bleibt allerdings unbegründet und lässt sich aufgrund der Unterschiedlichkeit der behandelten Entzerrungsstrategien nicht eindeutig erschließen. *Larrick* (2009) wiederum verwendet eine Dreiteilung in motivationale Strategien, worunter Anreize und Rechtfertigungsanforderungen gefasst werden, kognitive Strategien, worunter spezielle Hinweise und Trainings zur Verarbeitung von Informationen gefasst werden, und technologische Strategien, welche verschie-

[472] Vgl. *Kennedy* (1993), S. 235 ff.; *dieselbe* (1995), S. 251 f.
[473] Vgl. *Soll/Milkman/Payne* (2015), S. 926; ebenso *Klayman/Brown* (1993), S. 98 ff.
[474] Vgl. *Soll/Milkman/Payne* (2015), S. 930 ff.
[475] Vgl. i.d.S. ebenso *Fischoff* (1982), S. 424 f.; *Kennedy* (1995), S. 253; *Larrick* (2009), S. 319 f.
[476] Vgl. ebenso *Larrick* (2009), S. 319 f.
[477] Vgl. *Bonner* (2008), S. 306.
[478] Vgl. ebenda, hier S. 308.
[479] Vgl. ebenda, hier S. 310 ff.

dene Arten von Entscheidungshilfen wie die Verwendung von Gruppen oder von linearen Modellen umfassen.[480] Diese Kategorisierung berücksichtigt allerdings nicht konsequent, dass letztlich alle Entzerrungsstrategien durch eine wie auch immer geartete Intervention vermittelt werden müssen.[481] Insofern dürfte die Kategorisierung durch die Vermengung einer durchaus sinnvollen psychologischen Ebene mit einer technologischen Ebene nicht überschneidungsfrei sein. Mit Blick auf die verwendeten Instrumente - allerdings auf einem anderen Abstraktionsgrad - könnten in Anlehnung an *Larrick* die Entzerrungsstrategien vielmehr konsequent nach der im Rahmen der praktischen Implementierung verwendeten Technik differenziert werden, also z.B. danach, ob es sich um schlichte Hinweise, Normänderungen, Entscheidungshilfen oder anderweitige organisatorische oder institutionelle Änderungen handelt. Ein solcher Fokus könnte den prüfungskontextspezifischen Besonderheiten, die sich notwendigerweise aus der Frage nach der praktischen Implementierung der Entzerrungsstrategien ergeben, stärker Rechnung tragen. *Yates/Veinott/Patalano* (2003) unterscheiden die Entzerrungsstrategien schließlich ihrer zeitlichen Dauerhaftigkeit gemäß danach, ob sie spezifizierte Verzerrungen im Moment ihres situativen Auftretens beheben sollen oder aber eine dauerhafte Änderung der urteilenden Person zu bezwecken versuchen.[482] Hiermit ist ein weiterer berechtigter Aspekt bei der Frage nach der praktischen Umsetzung angesprochen.

Die bisherigen Betrachtungen zeigen erstens, dass eine effektive Anwendung von Entzerrungsstrategien an den Entstehungsursachen der Verzerrungen ansetzen muss. Dabei sind zweitens zwei Ebenen auseinanderzuhalten: Zum einen zielt jedwede Entzerrungsstrategie in dem hier verstandenen Sinne letztlich auf eine Änderung des kognitiven Informationsverhaltens von Einzelsubjekten ab und betrifft daher eine psychologische Ebene. Zum anderen müssen Entzerrungsstrategien auf einer technologischen Ebene gewisse materielle Formen annehmen, die ihre Implementierung in der physischen Lebenswelt mit sich bringt.[483] Bei den bisher betrachteten Systematisierungen werden diese beiden Ebenen oftmals miteinander vermengt.[484]

bbb) Psychologische Wirkebenen der Entzerrungsstrategien als Leitdifferenz

Betrachtet man die aktuellen Studien, welche Entzerrungsstrategien zur Verbesserung des JDM von Prüfern untersuchen, so ist erkennbar, dass alle Entzerrungsstrategien auf der psychologischen Ebene im Wesentlichen die Veränderung von drei Konstrukten bewirken wollen: In einem ersten Schritt wird versucht, bereits über die Herstellung von Wissen über Verzerrungen deren Auftreten bei der Informationsverarbeitung vorzubeugen.[485] Hierzu zählen z.B. Versuche, durch Warnhinweise oder Feedback ein Bewusstsein für die Existenz von Verzerrungen herzustellen und für die potenziell negativen Effekte zu sensibilisieren. Diese Arten von Entzerrungsstrategien werden im Folgenden als wissensbezogene Entzerrungsstrategien bezeichnet. Ein Großteilteil der Studien zielt zweitens darauf ab, über verschiedene Wege das Denken der Prüfer bzw. den kognitiven Umgang mit Informationen direkt zu beein-

[480] Vgl. *Larrick* (2009), S. 320 ff.
[481] So *Larrick* (2009), S. 318, selbst: „debiasing requires intervention“.
[482] Vgl. *Yates/Veinott/Patalano* (2003), S. 33.
[483] Vgl. i.d.S. *Ashton/Ashton* (1995), S. 24 f.
[484] Vgl. u.a. bei *Larrick* (2009), S. 321 ff.; *Aczel et al.* (2015), S. 2 f.
[485] Als 'general bias awareness' findet sich diese Kategorie ebenso als eigenständige Klasse innerhalb der Taxonomie von *Kaufmann/Carter/Buhrmann* (2010), vgl. S. 804.

flussen und zu steuern. So untersuchen *Backof/Bamber/Carpenter* (2016) z.B., inwiefern „counterfactual reasoning“[486] Einfluss auf das prüferische Urteilsverhalten nehmen kann. Neben dieser Veränderung der Denkhaltung finden sich zudem unterschiedliche Ansätze, die Informationsverarbeitung auf verschiedenen Ebenen zu strukturieren. Diese Entzerrungsstrategien werden im Folgenden als denkbezogene Mechanismen bezeichnet. Schließlich gibt es drittens Untersuchungen, welche nicht an den Konstrukten des Wissens oder des Denkens ansetzen, sondern an dem Konzept der Verantwortung bzw. Rechenschaft (accountability). In der konkreten Umsetzung zählen hierzu verschiedene Arten von Rechtfertigungs- und Berichterstattungserfordernissen[487] sowie Maßnahmen, die ein gesteigertes berufsbezogenes Verantwortungsbewusstsein des Prüfers motivieren wollen.

Der Begriff der accountability fügt sich indes nicht problemlos neben die Kategorien des Denkens und Wissens ein: *Kennedy* (1993) definiert den Begriff der accountability i.S.e. Entzerrungsstrategie als das Erfordernis, sein Urteil zu rechtfertigen.[488] Accountability stellt ihrgemäß, ebenso wie monetäre Anreize, ein "effort-inducing incentive"[489] dar, wobei sie Anstrengung bzw. Aufmerksamkeit (effort) wiederum aus "capacity and motivation"[490] bestehend definiert. Auch *Larrick* (2009) fässt unter dem Begriff motivationaler Strategien zum einen monetäre Anreize und zum anderen accountability-Anreize.[491] Während bei beiden Anreiztypen die Logik der Funktionsweise gleich ist, sind bei den accountability-Mechanismen die Vorteile nicht monetärer, sondern vielmehr sozialer Natur.[492] Im Folgenden scheint es daher zweckdienlich, statt dem Begriff der Verantwortung oder Rechenschaft den - auch in der Psychologie gebräuchlicheren und hinsichtlich der Leitdifferenz passenderen - Begriff der Motivation, also der motivationsbezogenen Strategien zu verwenden.[493] Als Kernelemente der motivationalen Ebene werden die verfolgten Ziele und die aufgebrachte Anstrengung im Bezugsrahmen ausgewiesen.[494] Der Begriff der accountability, welcher eher eine Funktionsbeschreibung denn eine Beschreibung des kognitiven Wirkortes von Entzerrungsstrategien gibt, ist hingegen für weitere Binnenkategorisierungen aufzuschieben. Neben diesen drei Kategorien ist schließlich noch die Kategorie der emotionsbezogenen Entzerrungsstrategien mit aufzunehmen, die aufgrund bislang fehlender Studien und Strategien eine Leerkategorie darstellt.[495] Bisherige Vorschläge, emotionale Verzerrungen zu verhindern, sind wie das von *Bhattacharjee/Moreno* (2013) vorgeschlagene „awareness training“[496] gem. dem hier aufge-

---

486 *Backof/Bamber/Carpenter* (2015), S. 10.
487 Vgl. beispielhaft *Kennedy* (1993), S. 231 ff.
488 Vgl. *Kennedy* (1995), S. 254.
489 *Kennedy* (1993), S. 233.
490 *Kennedy* (1995), S. 251.
491 Vgl. *Larrick* (2009), S. 321 f.
492 Vgl. ebenda, hier S. 322. Diese Differenzierung findet sich bei der Verwendung des Begriffes der accountability i.w.S. allerdings zumeist nicht, vgl. Kapitel III.1.b)bb)ccc).
493 Vgl. i.d.S. ebenso *Johnson/Kaplan* (1991), S. 105. Die Begriffe Wissen, Denken, Motivation und Emotion als Bezeichnung der psychologischen Wirkebenen entsprechen damit auch den in der allgemeinen Psychologie gebräuchlichen Leitbegriffen. Vgl. u.a. *Müsseler/Rieger* (2017), S. XIII ff. die kapitelweise auch zwischen Emotion und Motivation, Lernen und Gedächtnis, und Denken und Problemlösen unterscheiden. Vgl. ebenso *Becker-Carus/Wendt* (2017), S. XX ff.
494 Die Komponenten des zielgerichteten Verhaltens und psychischer/physischer Anstrengung finden sich in mehreren Definitionsversuchen des Begriffs Motivation, vgl. u.a. *Mayer* (2009), S. 228 ff.
495 Dieser Mangel kann auch damit begründet werden, dass die Konzeptionalisierung des Einflusses von Emotionen als Verzerrung problematisch und daher auch unterentwickelt ist, s.o. Kapitel II.1.d)aa).
496 *Bhattacharjee/Moreno* (2013), S. P7.

stellten Bezugsrahmen als wissensbezogene Strategien zu qualifizieren. Als die zentralen, die emotionale Ebene begründenden Elemente, werden Affekte und Stimmungen ausgewiesen.[497]

Diese erste Einteilung anhand der Leitkategorien Wissen, Denken, Motivation und Emotion ist insofern tauglich, als dass konsequent von der psychologischen Wirkebene der Entzerrungsstrategien als Leitdifferenz ausgegangen wird und es so zu keiner Vermengung verschiedener Ebenen kommt. Aufgrund der Orientierung an psychologischen Konstrukten sind die Kategorien allerdings im besonderen Maße generisch. Sie vernachlässigen daher u.a. die Frage, welche konkreten Formen die Entzerrungsstrategien in der Prüfungsforschung- und praxis annehmen und auf welchen Ebenen sie kommuniziert und implementiert werden könnten. *Morewedge et al.* (2015) nennen als die drei wesentlichen Entzerrungsstrategien das Ändern von Anreizen (incentives), die Optimierung der Entscheidungsstruktur und das Durchführen entsprechender Trainings.[498] *Kotchetova/Salterio* (2009) unterscheiden speziell für die Prüfungsforschung hingegen sehr grob zwischen accountability-Instrumenten einerseits und Entscheidungshilfen andererseits.[499] Bei beiden fehlt indes eine überzeugende konzeptionelle Herleitung.

ccc) Funktionsweise und Implementierungsformen der Entzerrungsstrategien als Kategorien zur Binnendifferenzierung

Ansatzpunkte für eine weitere Konzeptionalisierung des Bezugsrahmens bietet die Studie von *Kaufmann/Carter/Buhrmann* (2010), die keinen Bezugsrahmen, sondern anhand von 62 Artikeln zu Entzerrungsstrategien aus diversen Fachbereichen zentrale Unterscheidungsmerkmale in einer Taxonomie herausgearbeitet haben.[500] Diese Unterscheidungskriterien umfassen die Spezifizität der Entzerrungsstrategie (aufgabenspezifisch vs. generisch), die Anzahl an einbezogenen Personen (Einzel- vs. Mehrpersonenstrategie) sowie den Fokus der Entzerrungsstrategie.[501] Die Kategorie des Fokus beinhaltet bei genauerer Betrachtung die Funktionslogiken bzw. Wirkungsweisen der jeweiligen Entzerrungsstrategien, z.B. die der Dekomposition einer Aufgabe, der Perspektivenänderung oder der Beachtung alternativer Ergebnisse.[502] Schließlich scheint die bereits erwähnte Kategorisierung anhand der Implementierungsformen weiter erstrebenswert. Eine Systematisierung könnte hierbei u.a. anhand der Implementierungsebene unterscheiden, z.B. der Ebene der Prüfungshandlungen, einer organisationellen und einer institutionellen Ebene. Hierbei ist allerdings zu berücksichtigen, dass die in dieser Arbeit behandelten Entzerrungsstrategien auf diejenigen fokussiert, die einen unmittelbaren Bezug zu der beim Prüfprozess stattfindenden Informationsverarbeitung aufweisen (s. Kapitel II.1.e)aa)). Zudem ist die Vielfalt an praktischen Umsetzungsformen der Entzerrungsstrategien zwischen den verschiedenen Ausprägungen der Leitdifferenz unterschiedlich stark ausgeprägt: Gerade bei den zentralen denkbezogenen Strategien erweist sich eine alleinige Betrachtung der Studien unter diesem Gesichtspunkt insoweit als verkürzt, als dass sich die Stu-

[497] Während Affekte durch spezielle Stimuli intensive physiologische Reaktionen von geringerer Dauerhaftigkeit darstellen, sind Stimmungen dauerhafterer, aber weniger intensiverer Natur, vgl. u.a. *Pfister/Jungermann/Fischer* (2017), S. 300 ff.
[498] Vgl. *Morewedge et al.* (2015), S. 130 f.
[499] Vgl. *Kotchetova/Salterio* (2009), S. 558 f.
[500] Vgl. *Kaufmann/Carter/Buhrmann* (2010), S. 794 ff.
[501] Vgl. ebenda, hier S. 802.
[502] Vgl. ebenda.

dien mehr in den Funktionsweisen der angewandten kognitiven Strategien und nicht in deren experimenteller und folglich praktischer Implementierung unterscheiden. Ein Großteil der Studien verwendet hierfür verschiedene unidirektionale Kommunikationsformen wie Normen, Anweisungen oder judgment frameworks, die sich in der Prüfungspraxis lediglich in ihrer Bindungswirkung unterscheiden würden. Auf die anderen drei Kategorien trifft dieses Urteil allerdings in deutlich geringerem Maße zu.

Aufgrund der genannten Punkte werden in Anlehnung an *Kaufmann/Carter/Buhrmann* (2010) die verschiedenen Strategien im Folgenden zum einen anhand ihres Fokus' i.S. ihrer Funktionsweisen organisiert.[503] Unter dieser Kategorie der Funktionsweisen wird versucht, die den Entzerrungsstrategien zugrundliegenden Mechanismen auf abstrakter Ebene und, sofern einschlägig, in den konkretisierten Formen begrifflich zu fassen. Zum anderen wird der Versuch unternommen, die Entzerrungsstrategien anhand der Implementierungsebene zu verorten. Im Prüfungskontext kommt dabei zunächst den verschiedenen Formen der Normierung eine überragende Stellung zu.[504] Eingedenk dieses Umstandes wird hinsichtlich der Implementierungsformen - wiederum dichotom - zwischen einer prüfprozessübergreifenden Ebene der Normierung einerseits und deren prüfprozessbezogenen Aktualisierungen andererseits unterschieden. Die Ebene der Normierung unterscheidet dabei nicht anhand der Normquellen- oder Arten[505], sondern vielmehr anhand der Regelungsbereiche. In dieser Form umfassen bzw. verorten sie auch potenzielle Regulierungen auf institutioneller Ebene, welche aufgrund der Eingrenzung der Arbeit (s. Kapitel II.1.e)aa)) nicht weiter diskutiert werden. Die Ebene der prüfprozessbezogenen Aktualisierungen umfasst hingegen die konkretisierten Umsetzungsformen der Entzerrungsstrategien, wie sie in ihrer Vielfalt auch in den einschlägigen Studien behandelt werden. Da zwischen den Leitkategorien des Wissens, Denkens und der Motivation entsprechend größere Heterogenität hinsichtlich der Funktionsweisen und Implementierungsformen der Entzerrungsstrategien besteht, werden die Binnendifferenzierungen im Folgenden isoliert je Leitkategorie ermittelt.

bb) Binnendifferenzierungen innerhalb der Leitkategorien

aaa) Formen wissensbezogener Entzerrungsstrategien

Die Instrumente in dieser Kategorie gehen von der Überlegung aus, dass das Wissen um die Existenz von Verzerrungen der erste Schritt ist, diese wirksam zu überwinden.[506] Der abstrakte Funktionsmechanismus kann hierbei schlicht als Informierung bezeichnet werden. Die konkreten Implementierungsformen können weiter anhand des Anwendungszeitpunktes in Anlehnung an *Bhandari/Hassanein* (2012) sinnvoll gegliedert werden. Diese differenzieren Entzerrungsstrategien im Rahmen von Investitionsentscheidungen danach, ob sie sich mental auf die Evaluierung vergangener Ereignisse (retrospektiv), auf die gegenwärtige Urteilssituation (introspektiv) oder die Berücksichtigung zukünftiger Konsequenzen (prospektiv) richten.[507] Die wissensbezogenen Strategien lassen sich ähnlich gruppieren: Erstens können Prü-

503 Vgl. *Kaufmann/Carter/Buhrmann* (2010), S. 802 ff.
504 Vgl. *Ruhnke* (2000). S. 31 ff.; ferner *Marten/Quick/Ruhnke* (2015), S. 105 ff.
505 Vgl. *Ruhnke* (2000), S. 46; ferner *Marten/Quick/Ruhnke* (2015), S. 105 f.
506 Vgl. *Knapp/Knapp* (2012), S. 45. Ebenso *Bazerman/Loewenstein/Moore* (2002), S. 100; *Bhattacharjee/Maletta/Moreno* (2013), S. P2. *Kaufmann/Carter/Buhrmann* (2010) sprechen diesbezüglich daher auch von einer "meta-strategy", S. 804.
507 Vgl. *Bhandari/Hassanein* (2012), S. 497 ff.

fer vor der Informationsverarbeitung durch entsprechende Hinweise, Warnungen oder Trainings über die Existenz spezieller Verzerrungen aufgeklärt und sensibilisiert werden. Zweitens können im Nachgang des Urteilsprozesses Feedback-Mechanismen eingerichtet werden. Auf normativer Ebene besteht hingegen die Möglichkeit, im Rahmen der Aus- und Fortbildungsnormen das Thema kognitiver Verzerrungen beim prüferischen Urteilen selbst zu adressieren. Hierzu finden sich keine weiteren Forschungsbeiträge.

bbb) Formen denkbezogener Entzerrungsstrategien

Die Entzerrungsstrategien in dieser Kategorie versuchen über diverse Maßnahmen das Denken als den kognitiven Umgang mit Informationen direkt zu steuern. Die in der Prüfungsforschung untersuchten denkbezogenen Instrumente lassen sich gemäß ihrer Funktionsweisen zunächst in drei größere Typen klassifizieren: Erstens wird versucht, den Modus des Denkens, d.h. die Art, wie Informationen semantisch konstruiert und kontextualisiert werden, zu beeinflussen (Modalisierung der Informationsverarbeitung). Bei diesen kognitiven Denkhaltungen (mindsets) werden insbesondere Formen abstrakten, intuitiven und kritischen bzw. metakognitiven Denkens untersucht.

Zweitens wird versucht, den Informationsverarbeitungsprozess durch explizite Regeln und Strukturen zu prozeduralisieren (Prozeduralisierung der Informationsverarbeitung).[508] Hierbei findet zunächst eine aufgabenunabhängige, regelgeleitete Strukturierung der Informationsverarbeitung Anwendung. Diese beinhaltet z.B. Vorgaben, Informationen einzeln anhand von Kriterien wie der Relevanz und Einflussrichtung zu bewerten. Weiter finden aufgabenspezifische Heuristiken Verwendung, die auf die Behebung einzelner kognitiver Verzerrungen zugeschnitten sind. Als in der Prüfungsforschung besonders intensiv erforschte Maßnahme werden im vorliegenden Bezugsrahmen Regeln zur Generierung alternativer Hypothesen, z.B. in Form des kontrafaktischen Denkens, separat ausgewiesen.

Im Rahmen der Prüfung geschätzter Werte wird zudem die Einbindung von Bewertungsspezialisten stärker diskutiert. Dieser Einsatz von Spezialisten hat zunächst das Ziel, die für das Prüfungsurteil notwendige Fachkunde einzubringen.[509] Darüber hinaus kann der Einsatz von Spezialisten insoweit als Entzerrungsstrategie verstanden werden, als dass hierdurch eine Aufteilung der Informationsverarbeitung i.S. einer personalen Strukturierung herbeigeführt wird.[510] Aufgrund der nur episodisch stattfindenden Einbindung sind Spezialisten i.d.R. stärker vom Mandanten entkoppelt und folglich weniger stark durch ein Vertraut- bzw. Bekanntsein mit dem Mandanten (familiarity threat)[511] in ihrer Objektivität eingeschränkt. Der Einsatz von Spezialisten sollte so das Potenzial haben, Verzerrungen seitens des Prüfers aufzudecken und zu korrigieren. Ganz i.d.S. indizieren *Cannon/Bédard* (2016) für ihr Befragungssample, dass die Verwendung von Spezialisten Diskussionen mit dem Mandanten stimulierten und bei allen berichteten Anpassungen auch Spezialisten eingebunden waren.[512] Weitere empirische Belege, die diese Nebeneffekte untersuchen, liegen indes nicht vor. Einzelne Studien untersuchen im Rahmen der Prüfung geschätzter Werte vielmehr, wie die bei der Einbindung

---

[508] Vgl. i.d.S. *Keren* (1990), S. 536 ff.
[509] Vgl. u.a. *Carpentier et al.* (2008), S. 3; *Knechel/Leiby* (2016), S. 1332; *Boritz et al.* (2017), S. 28 und 35.
[510] Vgl. i.d.S. *Fischoff* (1982), S. 427.
[511] Vgl. *Boritz et al.* (2017), S. 7 und 43 ff.
[512] Vgl. *Cannon/Bédard* (2016), S. 34.

von Spezialisten auftretenden Hindernisse[513] ausgeräumt werden können[514] und welchen Einfluss der Einbezug von Spezialisten auf die Prüferhaftung hat.[515]

Schließlich wird drittens versucht, durch die Formatierung von Informationen diese kognitiv leichter zugänglich zu machen. Als prototypisch sind hierfür graphische Visualisierungen zu nennen, welche textuelle oder numerische Informationen in ein bildliches Format transformieren. Um diese Entzerrungsstrategien im Prüfprozess zu implementieren, kommen entsprechende Entscheidungshilfen oder aber gezielte Hinweise bzw. vorherige Trainings in Betracht.

Eine Umsetzung der denkbezogenen Strategien kann darüber hinaus auch auf der Ebene der Prüfungshandlungen erfolgen, indem z.B. gewisse Prüfungshandlungen als zwingend durchzuführen vorgeschrieben. Neben spezifizierten Dokumentations- und Begründungserfordernissen wurden speziell für die Prüfung geschätzter Werte bereits konkrete, meist auf die Erhöhung der kritischen Grundhaltung ausgerichtete Prüfungshandlungen untersucht. Dabei handelt es sich um die Erstellung eines unabhängigen Schätzwertes, die Bewertung von Mandantenpräferenzen und die Durchführung einer gerichteten Nachweissuche.

ccc) Formen motivationsbezogener Entzerrungsstrategien

Der grundlegende funktionale Mechanismus der motivationsbezogenen Entzerrungsstrategien besteht in der Anreizsetzung (Inzentivierung).[516] Eine weitere Konkretisierung könnte ausgehend von *Larrick* (2009) zwischen accountability-Anreizen und monetären Anreizen unterscheiden.[517] Die bisherigen experimentellen Studien, welche accountability als Entzerrungsstrategie instrumentalisieren, definieren den Begriff eng als implizite Erwartung oder explizites Handlungserfordernis, sein Urteil zu rechtfertigen.[518] Da u.a. Zeitpunkt, Rechenschaftsnehmer und Art der Rechenschaftsabgabe unterschiedlich ausgestaltet sein können, kann man schon hier nicht von einem einheitlichen Instrument sprechen.[519] Darüber hinaus wird der Begriff der accountability in der Prüfungsforschung ebenso weit definiert. In diesem Sinne bezeichnet er das Gesamtgefüge an Rechenschaftspflichten und -normen im Rahmen der Jahresabschlussprüfung und umfasst z.B. auch Haftungsnormen und regulatorische Aufsichtsstrukturen.[520] Folgt man dieser Definition, so wäre eine Abgrenzung zur monetären Anreizen stellenweise nicht mehr trennscharf gegeben.

---

[513] So zeigen *Boritz et al.* (2017), S. 34 f. und 44 f., dass vor allem Bewertungsspezialisten oftmals nicht proaktiv eingebunden werden; vgl. hierzu die in Kapitel II.2.b) genannten Probleme.

[514] Vgl. die Studien von *Griffith* (2016b) und *Bauer/Estep/Griffith* (2017).

[515] So zeigen *Brown et al.* (2017), S. 4 f. und 20 ff., in einem Experiment, dass die Verwendung von externen Spezialisten im Fall eines sehr aggressiven Schätzwertes dazu führt, dass Richter die Schuldhaftigkeit von Prüfern als deutlich geringer beurteilen.

[516] Vgl. i.d.S. auch *Nelson* (2009), S. 11 ff., welcher die Verwendung von Anreizen zur Stärkung der kritischen Grundhaltung problematisiert.

[517] Vgl. *Larrick* (2009), S. 321 ff.

[518] Vgl. u.a. *Johnson/Kaplan* (1991), S. 98; *Kennedy* (1993), S. 231; ferner *Lerner/Tetlock* (1999), S. 255; *dieselben* (2003), S. 434 f. *Peecher/Kleinmutz* (1991) betonen indes, dass sich das Gefühl der Verantwortlichkeit nicht allein auf das Urteil als Ergebnis, sondern auch auf den Urteilsprozess oder aber auf dessen Rechtfertigung beziehen kann, vgl. S. 109.

[519] Vgl. *Lerner/Tetlock* (1999), S. 255 f.; *dieselben* (2003), S. 435 f.; ferner *Koch/Wüstemann* (2014), S. 129 ff.

[520] Vgl. i.d.S. auch *Peecher/Solomon/Trotman* (2013), S. 599 ff.; *Westermann/Cohen/Trompeter* (2014), S. 4 und 9; ferner *Humphrey/Samsonova/Siddiqui* (2014), S. 166 ff.

Für den Bereich der Abschlussprüfung haben *Peecher/Solomon/Trotman* (2013) ein accountability framework in einem solchen weiten Sinne vorgeschlagen, welches explizit durch die Probleme bei der Beurteilung des prüferischen JDM bei komplexen Schätzwerten motiviert ist.[521] Dieses accountability framework regt eine Änderung des Rechenschaftssystems in zwei basalen Dimensionen an: Zum einen soll das Anreizsystem stärker auf eine Belohnung von gutem JDM als auf die Bestrafung von schlechtem JDM abzielen.[522] Zum anderen soll das JDM des Prüfers nicht anhand der Ergebnisse des JDM (outcome-oriented) sondern anhand des JDM-Prozesses (process-oriented) beurteilt werden.[523]

In der vorliegenden Arbeit wird zwischen accountability, der Zielrahmung und der individuellen Vergütung als den konkretisierten Funktionsweisen der Inzentivierung unterschieden. Accountability wird dabei funktional als Kommunikationserfordernis in Form einer Rechenschaftsabgabe verstanden: Die accountability-Entzerrungsstrategien konstituieren demgemäß eine Beziehung, bei der eine Einheit einer anderen Einheit gegenüber informationspflichtig ist und der Rechenschaftsnehmer potenziell die Möglichkeit hat, den Rechenschaftsgeber zu belohnen oder zu bestrafen, wodurch dieser wiederum Anreize hat, gemäß dessen Präferenzen zu handeln.[524] Es ist anzumerken, dass derartige Rechenschaftsstrukturen grundsätzlich auf zwei Weisen wirken können: Zum einen können sie i.S.e. Kontrollmechanismus entstandene Verzerrungen und Fehler ex post aufdecken und beheben. Als Entzerrungsstrategie umfassen sie zum anderen die Antizipation der Rechenschaftsabgabe, die auf motivationaler Ebene zu erhöhter Anstrengung des Rechenschaftsgebers führt und so das Informationsverarbeitungsverhalten beeinflussen soll.[525] Da hierbei vor allem soziale Werte wie Reputation und Anerkennung berührt werden, kann die Funktionsweise der Rechenschaftsabgabe primär als sozialer Anreiz qualifiziert werden.[526]

In der Jahresabschlussprüfung sind derartige Rechenschaftsstrukturen allgegenwärtig und haben ausdifferenzierte Formen angenommen.[527] Sie können im Prüfprozess abstrakt auf zwei Ebenen verankert werden: Zum einen können accountability-Mechanismen durch die Arbeit in hierarchisierten Gruppen konstituiert werden, wobei diese Rechenschaftsbeziehung durch die gleichzeitige physische Präsenz von Rechenschaftsnehmer und -geber geprägt ist.[528] Aufgrund weniger einschlägiger Studien zur Prüfung geschätzter Werte wird diese Ausprägungsform nicht weiter behandelt.[529] Zeitlich versetzt werden Rechenschaftsbeziehungen zum anderen durch verschiedene Formen der Dokumentation und Berichterstattung verwirklicht. Je

---

521 Vgl. *Peecher/Solomon/Trotman* (2013), S. 597 ff.

522 Vgl. ebenda, hier S. 599 ff.

523 Vgl. ebenda sowie bereits *Beach/Mitchell* (1978), S. 445.

524 Vgl. grundlegend *Schedler* (1999), S. 14 ff., welcher accountability ebenso aus den Elementen der Informationspflicht (answerability) und der Sanktionsmöglichkeit (enforcement) bestehend definiert. Vgl. ebenso u.a. *Gibbins/Newton* (1994), S. 166; *Bovens* (2007), S. 450 ff.

525 Vgl. u.a. *Beach/Mitchell* (1978), S. 445; *Tetlock* (1983a), S. 74 ff.; *Koch/Wüstemann* (2014), S. 128.

526 Vgl. *Larrick* (2009), S. 322.

527 Vgl. u.a. *Gibbins/Newton* (1994), S. 167 f.; *Bagley* (2010), S. 143 f.; ferner *Humphrey/Samsonova/Siddiqui* (2014), S. 166 ff.

528 Vgl. *Larrick* (2009), S. 326 f.; ferner *Correia* (2016), S. 7 f. Neben diesem accountability-Einfluss können Gruppen die Urteilsfindung auf verschiedene Weisen beeinflussen, vgl. u.a. *Larrick* (2009), S. 326 f.

529 Vgl. *Trotman/Bauer/Humphrey* (2015), welche neben dem Reviewprozess - welcher hier behandelt wird - noch Brainstorming im Rahmen der fraud-Beurteilung und die Einholung von Zweitmeinungen als 'group judgments' behandeln, vgl. S. 56 ff. Vgl. ferner *Solomon* (1987), S. 5 ff.; *Libby/Luft* (1993), S. 438 ff.; *Chung* (1998), S. 30 ff.

nach Rechenschaftsnehmer kann dabei aus dem Blickwinkel des einzelnen Prüfers zunächst zwischen Studien unterschieden werden, welche Formen der internen Berichterstattung oder Formen der externen Berichterstattung untersuchen.[530] Die interne Berichterstattung kann weiter allein durch Dokumentation ohne weitere Durchsicht - i.S. einer Rechenschaft gegenüber sich selbst (self-review) - oder als dialogischer Reviewprozess ausgestaltet sein. Die externe Berichterstattung umfasst hingegen die Berichterstattung gegenüber den verschiedenen Organen des Mandanten und schließlich die Berichterstattung gegenüber allen weiteren Stakeholdergruppen, mithin der Öffentlichkeit. In der Prüfungsforschung wurde hierbei vor allem die Kommunikation mit dem Prüfungsausschuss untersucht.[531] Schließlich ist die prüferische KAM-Berichterstattungspflicht als Erweiterung zu dem bisherigen Formeltestat an dieser Stelle einzuordnen.

Ausgehend von den betrachteten Studien zeigt sich, dass es weitere Entzerrungsstrategien gibt, die ebenso auf die Idee der Rechenschaft rekurrieren. Deren Funktionsweise besteht indes weniger in einem Kontroll- bzw. accountability-Mechanismus durch Berichterstattungsstrukturen, sondern in der Schaffung eines Verantwortungsbewusstseins durch eine Betonung der berufsbezogenen Werte und öffentlichen Bedeutung der Jahresabschlussprüfung.[532] Die Funktionsweise dieser Entzerrungsstrategien kann daher abstrakt als Zielrahmung bezeichnet werden. Konkret werden hierzu normative Verhaltensanweisungen erstens in Form von frameworks, z.B. zur Förderung eines professionellen, berufsbezogenen Rollenverständnisses, oder zweitens in Form einer audit judgment rule als Beurteilungsrahmen behandelt. Diese Maßnahmen zielen weniger darauf ab, die Motivation der Prüfer i.S. von Anstrengung zu erhöhen, sondern versuchen vielmehr, innerhalb der Zielstruktur des Prüfers die berufsbezogenen Ziele mental zu aktivieren bzw. den Prozess der Urteilsgenerierung zu betonen. In diesem Fall kann daher von berufsbezogenen Anreizen gesprochen werden.

Als dritte Form der Inzentivierung ist neben den sozialen und den berufsbezogenen Anreizen schließlich die Vergütung als ökonomischer Anreiz zu nennen. Auf organisationaler Ebene wird die Vergütung vor allem durch verschiedene regulatorische Marktbestimmungen kodeterminiert, die neben Normen zur Auftragsvergabe und -dauer auch Regelungen zur internen und externen Rotation sowie zu Nichtprüfungsleistungen beinhalten (Normen zum Prüfermarkt). Diese Maßnahmen sind, ebenso wie die Normen zu Haftungs- und Aufsichtsstrukturen, eher auf einer institutionellen Ebene zu verorten. Aufgrund der nur mittelbaren Verankerung am eigentlichen Prüfprozess werden diese Regelungen entsprechend der Eingrenzung der Arbeit, wie sie in Kapitel II.1.e).aa) dargelegt wurde, nicht weiter betrachtet. Zudem ist davon auszugehen, dass die Anreizwirkung auf das Urteilsverhalten stark von der hierarchischen Stellung des Urteilenden abhängt und es daher an Zielgerichtetheit für die Konzeption als Entzerrungsstrategie fehlt. Auf der Ebene, die stärkeren Bezug zum Prüfprozess aufweist, wären hingegen die intraorganisationalen Vergütungsstrukturen einzelner Prüfer zu verorten[533], zu denen indes nur sehr wenige Forschungsbeiträge vorliegen.[534] So berichten in einer

[530] Vgl. i.d.S. ferner *Hurtt et al.* (2013), S. 61 f., welche zwischen accountability ggü. Reviewern einerseits und Regulatoren andererseits unterscheiden.
[531] Vgl. u.a. *Brennan/Solomon* (2008), S. 888 und die dort aufgeführten Studien.
[532] Vgl. i.d.S. ferner *Mulgan* (2000), S. 557 ff.
[533] Vgl. i.d.S. *Nelson* (2009), S. 11; *Church et al.* (2015), S. 229 ff.
[534] Vgl. *Hurtt et al.* (2013), S. 55 f.

aktuellen Interviewstudie *Coram/Robinson* (2017) einen generellen Anstieg von leistungsbasierten Erfolgsbeteiligungen (performance-based profit-sharing).[535] Hinsichtlich der die Leistung bemessenden Bewertungsmaßstäbe stellen sie fest, dass neben dem weiterhin besonders wichtigen Kriterium der Einnahmengenerierung auch diverse qualitative Kriterien mit Bezug zur Prüfungsqualität, z.B. die Unabhängigkeit vom Mandanten und der Konsultationsumfang, verwendet werden.[536] Auf dieser Ebene ist ansatzweise schließlich auch die von *Peecher/Solomon/Trotman* (2013) vorgeschlagene stärkere Ausrichtung des Anreizsystems auf die Belohnung (rewards) guten JDM denn auf Bestrafungsmechanismen einzuordnen.[537]

c) *Gesamtdarstellung des Bezugsrahmens*

Abb. 2 stellt den Bezugsrahmen graphisch dar. In Anlehnung an *Chung et al.* (2013) wird der JDM-Prozess in einen Informationsverarbeitungsprozess und einen Verhandlungsprozess eingeteilt, wobei die Informationsverarbeitung (verkürzt) als iterativ ablaufender Prozess zwischen Hypothesengenerierung und Nachweissuche und -bewertung (s.o. Kapitel II.1.c)aa)) dargestellt ist.[538] Der Verhandlungsprozess mit dem Mandanten, an dessen Ende das verhandelte Urteil (resolution) steht, stellt dabei keinen Bestandteil des eigentlichen Informationsverarbeitungsprozesses dar. Weiter verdeutlicht die Abbildung, dass die Wirkungsrichtung der verschiedenen wissens-, denk-, motivations- und emotionsbezogenen Entzerrungsstrategien über eine konkrete Implementierungsform durch spezielle Funktionsmechanismen auf die verschiedenen psychologischen Bereiche des Urteilenden entgegen den Verzerrungen verläuft. Die untere Basis des Bezugsrahmens stellt weiter die zentralen Bewertungskriterien dar, wobei für die Funktionsweisen das Kriterium der Effektivität und für die Formen der Implementierung die Kriterien der Integrationsfähigkeit in den Prüfprozess und die Kosten maßgeblich sind. Vor allem die Beurteilung der möglichen Umsetzungskosten ist in den bisherigen Studien zu den Entzerrungsstrategien fast gänzlich ausgeblieben. Hinsichtlich der Implementierungsformen sind zudem eine zeitliche und eine personale Dimension als Leitdimensionen ausgewiesen. Sie verdeutlichen, dass bei jeder Entzerrungsstrategie mitentschieden werden muss, wann und an wen sie sich wendet.

Außerdem verdeutlicht der Bezugsrahmen, dass sämtliches Informationsverarbeitungsverhalten vor einer Folie unterschiedlicher, subjektiver Ziele stattfindet.[539] Diese Ziele können z.B. ökonomischer, sozialer und berufsbezogener Natur sein und die Informationsverarbeitung bewusst oder unbewusst beeinflussen.[540] Vor allem die Studien, die accountability-Mechanismen als Entzerrungsstrategie untersuchen, vernachlässigen oftmals, dass diese Maßnahmen nicht nur eine höhere Anstrengung auf motivationaler Ebene stimulieren können, sondern

---

[535] Vgl. *Coram/Robinson* (2017), S. 112 und 115 ff.

[536] Vgl. ebenda.

[537] Vgl. *Peecher/Solomon/Trotman* (2013), S. 606 und 614 ff. Konkret werden z.B. Regelungen zu einem finanziellen Ausgleich für den Fall eines Rücktritts vom Mandat aufgrund von Meinungsverschiedenheiten aufgeführt, vgl. ebenda.

[538] Vgl. *Chung et al.* (2013), S. 170 und 174 ff.

[539] *Knechel/Leiby* (2016), S.1338 f. und 1346 ff., zeigen z.B., dass die Urteile der Probanden, die als interne Berater agieren, in Präzision und Richtung von den Statusmotiven der Probanden bedingt sind.

[540] Vgl. *Griffith/Kadous/Young* (2016), S. 9 f.

auch Präferenzen und Ziele kommunizieren und somit auch Einfluss auf das Zielsystem des Urteilenden nehmen können.[541]

Schließlich ist der aufgestellte Bezugsrahmen auch an dem von *Griffith/Nolder/Petty* (2017) auf die Prüfungsforschung übertragenem ELM anschlussfähig (s.o. Kapitel II.1.c)aa)).[542] Gem. diesem Modell bestimmen die Konstrukte Motivation (im vorliegenden Bezugsrahmen die motivationale Struktur) und Fähigkeit (im vorliegenden Bezugsrahmen analog die kognitive Struktur) weitestgehend, in welchem kognitiven Modus Informationen verarbeitet werden. Während das ELM genauere Aussagen dazu trifft, wie Informationen bei gegebener Motivation und Fähigkeit verarbeitet werden, unternimmt die vorliegende Arbeit den Versuch, die aktiv gestaltbaren Entzerrungsstrategien, die einen Einfluss auf das Wissen, die Motivation sowie das Denken nehmen, zu identifizieren und zu bewerten. Durch die Verknüpfung von Implementierungsform, Funktionslogik und psychologischer Wirkebene wird auch dem in Kapitel II.1.c)bb) und cc) angesprochenem Problem begegnet, die potenziellen Wirkrichtungen umweltbedingter Faktoren auf das prüferische JDM zumindest grob zu erfassen. Eine über diese reine Verortung der Entzerrungsstrategien hinausgehende Darstellung moderierender Effekte aus der jeweils gegebenen psychologischen Struktur, also inwiefern z.B. das individuell gegebene Wissen und unterschiedliche Fähigkeiten mit verschiedenen Entzerrungsstrategien interagieren, wird gleichwohl nicht geleistet. Im folgenden Abschnitt werden die jeweiligen Studien anhand der Objektbereiche des Bezugsrahmens dargestellt. Dabei werden Studien zu geschätzten Werten entsprechend dem Fokus der Arbeit ausführlicher dargestellt. Zur Würdigung der einzelnen Maßnahmen wird gleichwohl auf Studien aus der gesamten JDM- und Prüfungsforschung zurückgegriffen.

[541] Vgl. *Weber/Johnson* (2009), S. 58 f.; ferner *Griffith/Kadous/Young* (2016), S. 7 ff.
[542] Vgl. *Griffith/Nolder/Petty* (2017), S. 36.

Abb. 2: Bezugsrahmen zu Entzerrungsstrategien

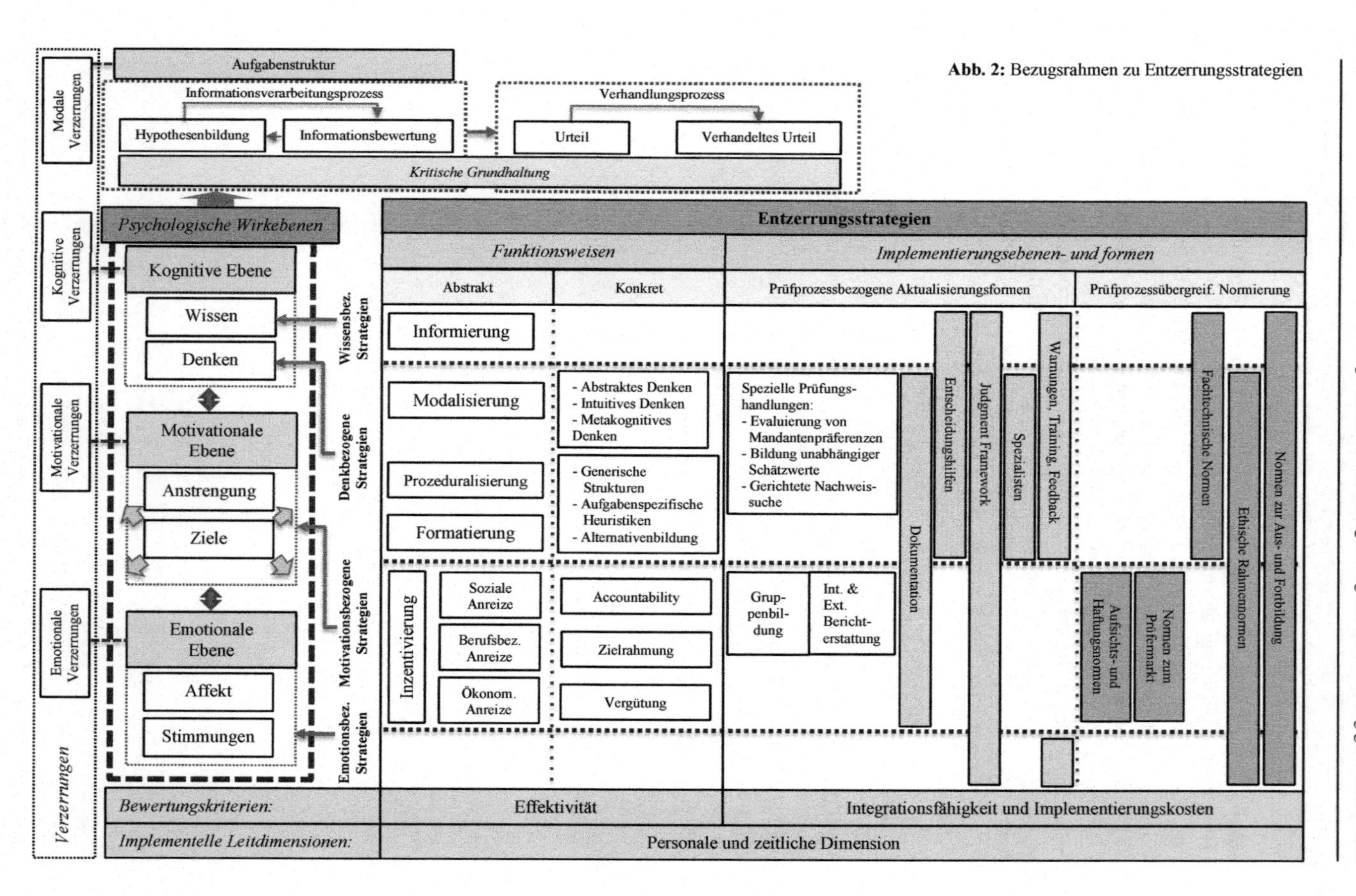

2. Darstellung der zentralen Objektbereiche

a) *Wissensbezogene Strategien*

Die wissensbezogenen Strategien zielen darauf ab, durch das Informieren über Verzerrungen (z.B. über Wirkrichtung und Stärke der Verzerrungen) deren Auftreten zu verhindern. Unabhängig davon, ob ex ante in Form von Warnungen oder im Rahmen von Schulungen, oder ex post in Form von Feedback informiert wird, wurden diese Maßnahmen in der Prüfungsforschung in ihrer Funktionsweise als Entzerrungsstrategie kaum untersucht.[543] Allein *Clarkson/ Emby/Watt* (2002) haben Instruktionen zur Verhinderung von Rückblickeffekten (hindsight bias, s.o. Kapitel II.1.d)cc)), allerdings bei der richterlichen Überprüfung von Prüfungsurteilen, untersucht.[544] Sie haben dabei erstens zwischen Hinweisen unterschieden, die lediglich vor Rückblickeffekten warnen, zweitens die zusätzlich noch eine genauere Reflexion der Evidenz anmahnen und drittens zusätzlich dazu auffordern, die Konsequenzen der Entscheidung zu reflektieren.[545] Die Autoren zeigen, dass schlichte Hinweise keinen Effekt haben und bei den stärker auf Reflexion bedachten Hinweisen nur die letzte Anweisung zu Urteilen geführt hat, die denen ohne das Wissen um den Ausgang gleichen.[546]

Die geringe Anzahl an Studien zu dieser Art von Entzerrungsstrategien in der Prüfungsforschung kann u.a. damit begründet werden, dass sich die Maßnahme in vorherigen psychologischen Studien als wenig effektiv erwiesen hat und in der Literatur insgesamt auch als wenig wirksam beurteilt wird.[547] Dies betrifft sowohl das Potenzial zur Verhinderung motivationaler Verzerrungen wie den self serving-bias[548] als auch kognitiver Verzerrungen wie den hindsight bias[549]. Neuere Studien konnten hingegen positive Ergebnisse, z.B. durch Instruktionen zu Rahmeneffekten[550] oder durch Trainings u.a. mit digitalen Medien zu verschiedenen Verzerrungen[551], ausweisen.

Die tendenzielle Unwirksamkeit der wissensbezogenen Maßnahmen kann u.a. mit dem Phänomen des sog. 'blind spot' begründet werden, wonach Individuen das Auftreten von Verzerrungen bei einem selbst für weniger wahrscheinlich halten als bei Dritten.[552] Neben diesem Hindernis ergibt sich außerhalb des experimentellen Settings, welches den Bezug zwischen Sachverhalt und den dort auftretenden Verzerrungen i.d.R. automatisch herstellt, in der Prüfungspraxis grundsätzlich der zusätzliche Schritt, zunächst die Situationen zu erkennen, bei denen bestimmte Formen von Verzerrungen auftreten können.[553] Diese Punkte sollten bei der

[543] Feedback-Mechanismen wurden, wenn auch nicht als Entzerrungsstrategie, gleichwohl intensiver erforscht, vgl. *Bonner* (2008), S. 225 ff.; *Viator et al.* (2014), S. 132 ff.

[544] Vgl. *Clarkson/Emby/Watt* (2002), S. 8 f.

[545] Vgl. ebenda, hier S. 11 f.

[546] Vgl. ebenda, hier S. 12 ff.

[547] Vgl. u.a. *Evans* (1989), S. 114 ff.; *Reese* (2012), S. 1281 f.; *Bettinghaus/Goldberg/Lindquist* (2014), S. 42; *Kenyon/Beaulac* (2014), S. 343 und 345 ff.; *Aczel et al.* (2015), S. 2; ferner *Lilienfeld/Ammirati/Landfield* (2009), S. 393 und die dort genannten Studien.

[548] Vgl. *Babcock/Loewenstein* (1997), S. 115.

[549] Vgl. *Fischoff* (1977), S. 354 ff.; ferner *derselbe* (1982), S. 429 f.

[550] Vgl. *Cheng/Wu* (2010), S. 329 ff.

[551] Vgl. *Morewedge et al.* (2015), S. 132 ff.

[552] Vgl. *Wilson/Brekke* (1994), S. 125; *Pronin/Gilovich/Ross* (2006), S. 784 ff.; *Croskerry/Singhal/Mamede* (2013), S. 2; *Maynes* (2015), S. 185, spricht diesbezüglich auch von einem "metacognitive bias".

[553] Vgl. u.a. *Wilson/Brekke* (1994), S. 19 f. Im KPMG judgment framework wird dies unter dem Begriff der 'awareness' gefasst, vgl. *Ranzilla et al.* (2011), S. 30.

Wissensvermittlung entsprechend mitberücksichtigt werden, indem auch situationale Hinweise, die im Aufgabenkontext auf die Verzerrungen hinweisen, z.B. in Trainings, mitgeschult werden.[554] Als weitere Maßnahme zur Erkennung relevanter Situationen, die anfällig für Verzerrungen sind, wird in der Literatur die Schulung metakognitiven Denkens (s. u. Kapitel III.b)aa)ccc)) vorgeschlagen.[555] Vor allem hinsichtlich des Wissens um Verzerrungen soll diese Art des Denkens befähigen zu erkennen,

„*when* these cognitive skills [das Wissen um die Verzerrungen und die entsprechenden Gegenmaßnahmen, Anm. d. Verf.] should be used, knowing *how* to use them, and *why* to use them“[556].

Es verwundert daher nicht, dass auch die Wirksamkeit von Feedback-Mechanismen als eine Form des Informierens neben zahlreichen anderen Faktoren[557] stark abhängig ist von der individuellen Fähigkeit, sein eigenes Denken zu reflektieren: In einer weiteren einschlägigen Studie zeigen *Viator et al.* (2014) in vier Experimenten mit Aufgabenstellungen aus dem Accounting-Kontext, dass Feedback das Auftreten von verschiedenen Verzerrungen nur dann abgemildert hat, wenn die Probanden ein relativ großes Reflexionsvermögen ("reflective cognitive capacity"[558]) besaßen.[559] I.d.S. haben *Bryant/Murthy/Wheeler* (2009) die Wirksamkeit eines reinen ergebnisorientierten Feedbacks verbessert, sofern den Probanden zusätzlich Feedback zu ihren kognitiven Prädispositionen, mithin zu ihrem mentalen Vorgehen gegeben wurde.[560] Die insgesamt uneindeutigen Ergebnisse können daher auf die unterschiedlichen Formen und Intensitäten der Wissensvermittlung sowie auf die individuellen Reflexionsgrade zurückzuführen sein.

Unabhängig von diesen Befunden finden sich in der Prüfungspraxis unterschiedlich stark ausdifferenzierte sog. judgment frameworks (JF), welche grundlegende Schritte für ein 'professional judgment' festlegen und stellenweise auch über bestimmte Verzerrungen im Prüfungskontext unterrichten.[561] Deren Wirksamkeit zur Verhinderung von Verzerrungen wurde bislang nicht untersucht. Bei der Bewertung derartiger Anleitungen sollte allerdings beachtet werden, dass sie nicht allein Einfluss auf das Informationsverhalten der Prüfer nehmen, sondern darüber hinaus Nebeneffekte wie einen indirekten Haftungsschutz erzeugen können.[562]

---

[554] Vgl. *Kenyon/Beaulac* (2014), S. 360 f.; *Beaulac/Kenyon* (2016), S. 6; *Maynes* (2015), S. 195 ff.
[555] Vgl. *Wilson/Brekke* (1994), S. 118 und *Maynes* (2015), S. 186 f. und 191 f.; ferner *Sanna/Schwarz/Kennedy* (2009), S. 201 ff.
[556] *Maynes* (2015), S. 186.
[557] Vgl. hierzu den Reviewbeitrag von *Andiola* (2014), S. 8 ff.
[558] *Viator et al.* (2014), S. 139.
[559] Vgl. ebenda, hier S. 141 ff. Die vier in der Studie verwendeten Aufgabentypen sind je für verschiedene Verzerrungen besonders anfällig, vgl. S. 141 und 154. Probanden mit geringer reflektiver Prädisposition konnten ihr Urteil im Ergebnis nur dann leicht verbessern, wenn das Feedback sehr häufig stattfand, vgl. ebenda, hier S. 149 f. und 156.
[560] Vgl. *Bryant/Murthy/Wheeler* (2009), S. 46 ff. Ein solches Feedback wäre allerdings nur unter erheblichem Aufwand umsetzbar.
[561] Vgl. *Ranzilla et al.* (2011), S. 22 ff.; E&Y Foundation (2014), S. 1; PWC (2017), S. 3.
[562] So können *Grenier/Pomeroy/Stern* (2015), S. 340 ff., mittels zweier Experimente erste Indizien dafür geben, dass Richter das prüferische Urteil bei unpräzisen Rechnungslegungsstandards im Rahmen einer Schadensersatzklage als weniger fahrlässig beurteilen, sofern dieses unter Verwendung eines vom AICPA vorgegebenen JF gebildet wurde.

b) Denkbezogene Strategien

aa) Modale Konstituierung von Denkhaltungen

aaa) Abstraktes Denken

i) Darstellung der Studien

Die Studien in dieser Subkategorie greifen im Wesentlichen auf die sog. 'construal level theory' von *Trope/Liberman* zurück.[563] Die Theorie basiert auf der Idee, dass die Beurteilung von Informationen semantisch nicht fixiert ist, sondern fortlaufend kognitiv konstruiert wird.[564] Diese Kontextualisierung von Informationen ist vor allem durch die psychologische Distanz (psychological distance) bestimmt, welche zeitliche, örtliche und soziale Dimensionen umfasst: Während es bei großer Distanz vornehmlich zu „high level construals"[565], also einer abstrakten, globaleren Einbettung von Informationen kommt, evoziert eine geringere Distanz sog. „low level construals"[566], wodurch Informationen stärker subjektiv durch aktuell-situativ gegebene Kontexte und Erfahrungen beurteilt werden. Bei der Übertragung dieses Ansatzes auf die Informationsverarbeitung im Rahmen der Prüfung geschätzter Werte wird das Ziel verfolgt, die Informationsverarbeitung qualitativ zu verbessern und nicht lediglich eine zweifelnd-kritische Einstellung herbeizuführen oder den kognitiven Aufwand zu erhöhen.

Rasso (2015) untersucht in einem Experiment, inwiefern die Art der kognitiven Interpretation und Verarbeitung von Prüfungsnachweisen die kritische Grundhaltung bei der Informationssuche und -verarbeitung beeinflussen kann.[567] Er unterscheidet hierbei zwei Arten von Interpretations- bzw. Denkhaltungen: zum einen einer engen Denkhaltung (low-level construal thinking), welches die einzelnen Informationen isoliert und detailliert auswertet, zum anderen eine weite Denkhaltung (high-level construal thinking), welche stärker von den einzelnen Informationen abstrahiert und dadurch die Integration mehrerer Prüfungsnachweise erleichtern soll.[568] Um diese Denkhaltungen bei den Probanden über ein priming zu implementieren, werden die Probanden im Rahmen von Dokumentationserfordernissen in der high-level-Manipulation dazu aufgefordert, umfassend die gesammelten Prüfungsnachweise in einer Gesamtschau zu würdigen (think broadly) und Gründe zu nennen, warum der Schätzwert wesentlich falsch dargestellt sein könnte.[569] In der low-level-Manipulation wurde den Probanden hingegen kommuniziert, jeden spezifischen Nachweis einzeln zu begutachten und Gründe dafür zu nennen, wie der Schätzwert falsch dargestellt sein könnte.[570] Im Ergebnis kann *Rasso* zeigen, dass die Probanden in dem high-level construal insoweit eine höhere kritische Grundhaltung aufweisen, als dass sie signifikant mehr Prüfungsnachweise begutachten und mehr Zeit für die Informationssuche verwenden, sowie das Risiko einer Falschdarstellung und die Wahrscheinlichkeit, eine Anpassung vorzuschlagen, höher einschätzen als in der Kontroll-

---

[563] Vgl. *Trope/Liberman* (2003), S. 405 ff.; *dieselben* (2010), S. 441 ff. Eine erste Studienübersicht zur Verwendung der construal level-Theorie in der Rechnungslegungsforschung findet sich bei *Weisner* (2015), S. 162 ff.

[564] Vgl. *Trope/Liberman* (2003), S. 405 ff.; *dieselben* (2010), S. 441 ff.; ferner *Weisner* (2015), S. 138 ff.

[565] *Trope/Liberman* (2003), S. 405.

[566] Ebenda.

[567] Vgl. *Rasso* (2015), S. 44.

[568] Vgl. ebenda, hier S. 46 f.

[569] Vgl. ebenda, hier S. 48.

[570] Vgl. ebenda.

und der low-level-Untersuchungsgruppe.[571] Die Interpretation der Ergebnisse wird gleichwohl dadurch erschwert, dass die praktizierte Manipulation sehr umfassend ist und mehr als ein Konstrukt manipulieren könnte.

Griffith et al. (2015) untersuchen ebenfalls experimentell, ob eine Veränderung der Denkhaltung (mindset) des Prüfers das kritische Testen der Annahmen der Unternehmensleitung bei der Prüfung geschätzter Werte, im Besonderen die Berücksichtigung der diesen Annahmen widersprechenden Prüfungsnachweise, verbessern kann.[572] Denkhaltungen stellen hier dauerhafte und aufgabenunabhängige Bewertungskriterien und kognitive Prädispositionen dar, in einer bestimmten Art auf Informationen zu reagieren und diese zu verarbeiten.[573] *Griffith et al.* unterscheiden dabei eine abwägende Denkhaltung (deliberative mindset), welche vor allem bei der Ermittlung von Präferenzen und der Auswahl von Alternativen vorherrscht und dabei eine breite Berücksichtigung von Pro- und Gegenargumenten ermöglicht, von einer auf den Umsetzungsprozess gerichteten Denkhaltung (implemental mindset).[574] Letztere sucht und verarbeitet Informationen deutlich aufgaben- und handlungsorientierter bzw. enger ausgerichtet an festgelegten Zielen und bereits ausgewählten Alternativen.[575] Um die entsprechende Denkhaltung bei den Probanden auszulösen, wurden die Probanden verpflichtet, entweder die Vor- und Nachteile eines Secondments aufzulisten (deliberative mindset), oder aber - eine Entscheidung für ein Secondment vorausgesetzt - Schritte auflisten, um ein solches Secondment durchführen zu können (implemental mindset).[576] In der eigentlichen Aufgabenstellung mussten die Probanden anschließend Prüfungsnachweise zu vier wesentlichen Annahmen einer fair value-Berechnung im Rahmen eines Wertminderungstestes auswerten, die bei einer integrativen Zusammenschau auf wesentliche Probleme bei der Berechnung hinweisen.[577] Von Interesse war nun, ob sich Unterschiede bei der finalen Bewertung der Vertretbarkeit des Schätzwertes und dem weiteren Vorgehen ergeben.[578] Die Autoren zeigen im Ergebnis, dass die Probanden mit abwägender Denkhaltung den Schätzwert als signifikant weniger vertretbar einschätzen, anschließend deutlich häufiger sofort den Kontakt zum verantwortlichen Prüfer suchen als die Urteilsbildung aufzuschieben und schließlich auch häufiger die zentralen Problemstellen bei den Annahmen identifizieren.[579] In mehreren Robustheitstests können die Autoren zudem zeigen, dass die Ergebnisse nicht einem Mehraufwand oder einem erhöhten Konservatismus entstammen, sondern auf einen originär anderen kognitiven Umgang mit den Informationen zurückzuführen sind.[580]

Backof/Carpenter/Thayer (2016) untersuchen schließlich ebenfalls experimentell, ob die Art der Denkhaltung einen Einfluss auf die Beurteilung der Angemessenheit der Annahmen der Unternehmensleitung im Rahmen eines Wertminderungstests eines Markennamens hat.[581] Wie *Rasso* (2015) und *Griffith et al.* (2015) greifen auch sie auf die construal level-Theorie

[571] Vgl. *Rasso* (2015), S. 49 f.
[572] Vgl. *Griffith et al.* (2015), S. 50 f.
[573] Vgl. ebenda, hier S. 54 f.
[574] Vgl. ebenda, hier S. 55 f.
[575] Vgl. ebenda.
[576] Vgl. ebenda, hier S. 59 f.
[577] Vgl. ebenda, hier S. 58 f.
[578] Vgl. ebenda, hier S. 60 f.
[579] Vgl. ebenda, hier S. 62 f.
[580] Vgl. ebenda, hier S. 66 ff.
[581] Vgl. *Backof/Carpenter/Thayer* (2016), S. 2 f und 12 ff.

zurück, betrachten aber abweichend vor allem die isolierte Beurteilung einzelner Annahmen anhand detaillierter Prüfungsnachweise und nicht die Gesamtbeurteilung eines Schätzwertes.[582] Eine konkrete Denkhaltung (concrete thinking) sollen die Probanden dadurch erlangen, dass sie der Beurteilung der Annahmen die Frage zugrunde legen, wie die Unternehmensleitung die gewählten Annahmen getroffen hat.[583] Die Manipulation der abstrakten Denkhaltung (abstract thinking) hingegen forderte die Probanden auf, zu berücksichtigen, warum die Unternehmensleitung die gewählten Annahmen getroffen hat.[584] Die Probanden sollten schließlich die Angemessenheit von zwei einzelnen Annahmen der Unternehmensleitung und die Wahrscheinlichkeit einer Wertminderung der Marke insgesamt beurteilen.[585] Im Ergebnis können die Autoren zeigen, dass die Probanden im Modus der konkreten Denkhaltung beide Annahmen als signifikant weniger angemessen beurteilen und auch die Wahrscheinlichkeit des Vorliegens einer Wertminderung insgesamt als signifikant höher einstufen.[586]

Darüber hinaus untersuchen vereinzelte Studien die Anwendung eines sog. Systemdenkens, welches dem Konzept des abstrakten Denkens nahesteht. *Bucaro* (2015) verwendet diese Form des Denkens, um Prüfer bei der Wesentlichkeitsbeurteilung einer Falschdarstellung bei Schätzwerten von einem sog. 'check-the-box'-Vorgehen[587] zu einem stärker auf das prüferische Urteilsvermögen (professional judgment) gerichtetem Vorgehen zu motivieren.[588] Er unterscheidet bei seiner Untersuchung zwischen einem Systemdenken (systems-thinking), welches auf ein holistisches Verständnis von Problemsituationen abzielt, und einem reduktionistischem Denken (reductionist-thinking), bei welchem nicht auf das Ganze, sondern durch Dekompositionsarbeit vielmehr auf einzelne Problembestandteile fokussiert wird.[589] *Bucaro* vermutet, dass die Art der Denkhaltung mit der Art des Prüfungsstandards (prinzipienorientiert vs. regelbasiert) insofern interagiert, als dass der Unterschied in der Beurteilung zwischen prinzipien- und regelbasierten Standards bei einem Systemdenken größer ausfällt als bei einem reduktionistischem Denken.[590] Zur empirischen Überprüfung der These werden in einem 2x2 Experiment die Prüfungsstandards zur Bestimmung der Wesentlichkeit und die Denkhaltung manipuliert.[591] Die Manipulation der Denkhaltung geschieht auch hier über mehrere kurze Anweisungen bezüglich der Informationsverarbeitung.[592] In dem Experiment müssen die Probanden die Wahrscheinlichkeit einer wesentlichen Falschdarstellung einer Garantierückstellung und das Vorhandensein wesentlicher Schwächen im internen Kontrollsystem vor und nach der Verarbeitung kritischer Prüfungsnachweise beurteilen.[593] Die Ergeb-

[582] Vgl. *Backof/Carpenter/Thayer* (2016), S. 5 f.
[583] Vgl. ebenda, hier S. 14.
[584] Vgl. ebenda.
[585] Vgl. ebenda.
[586] Vgl. ebenda, hier S. 15 f. und 19 f.
[587] Diese 'check-the-box'-Mentalität bezeichnet eine einseitige Bewertung von Sachverhalten anhand vorgegebener Normen, die im Ergebnis der Vielschichtigkeit des Einzelfalls nicht gerecht werden kann, vgl. *Bucaro* (2015), S. 1 f.
[588] Vgl. ebenda.
[589] Vgl. ebenda, hier S. 17 ff.
[590] Vgl. ebenda, hier S. 28 f.
[591] Vgl. ebenda, hier S. 32 f. und 43 ff.
[592] Die Manipulation erfolgt durch „instructions describing the developement of audit-focused mental models", vgl. ebenda, S. 43. Konkret werden implizite Hinweise gegeben, mögliche Interaktionen von Prozessen zu beachten und diese graphisch festzuhalten, vgl. ebenda, hier S. 46 ff.
[593] Vgl. ebenda, hier S. 43 f. und 47 f.

nisse der Studie zeigen, dass bei Probanden mit reduktionistischem Denken keine Unterschiede in der Beurteilung unter prinzipienorientierten vs. regelbasierten Standards auftreten, sondern nur bei den Probanden im Systemdenken.[594] Eine Normierung prinzipienorientierter Normen ist gem. *Bucaro* demnach nicht hinreichend, um ein problematisches 'check-the-box'-Vorgehen zu unterbinden, sondern muss mit einer entsprechenden Denkhaltung einhergehen.[595]

ii) Würdigung der Maßnahme

Die Manipulationen, die bei den Probanden die unterschiedlichen Denkhaltungen evozieren sollen, verwenden allesamt Formen schriftlicher Dokumentation, die strukturell den in Kapitel III.2.c)bb)aaa)i) behandelten Begründungserfordernissen ähneln und bei *Rasso* (2015) zudem größere Überschneidungen mit dem Konzept von Gegenerklärungen (vgl. hierzu Kapitel III.2.b)bb)bbb)) aufweisen. Weiter ist festzustellen, dass die Studien auf der Konstruktebene verschiedene Terminologien verwenden, obwohl sich die Operationalisierung der Manipulationen oftmals gleicht.[596] Insgesamt zeigen die Studien, dass die Art der Denkhaltung das Informationsverarbeitungsverhalten wesentlich beeinflussen kann. Zudem zeigen die hier betrachteten Studien, dass die Effektivität spezifischer Denkhaltungen aufgabenabhängig ist.[597] Allgemeine Aussagen darüber, dass eine Denkhaltung vorziehenswürdig ist, können daher nicht getroffen werden.[598] Auch eine gezielte Instrumentalisierung als Entzerrungsstrategie ist folglich problematisch. Eine ähnliche Einschätzung ergibt sich aus den Ergebnissen der Studie von *Payne/Ramsay* (2008), welche den Einfluss des Detaillierungsgrades der Dokumentation (detailliert vs. synoptisch) auf die Informationssuche und -verarbeitung untersucht haben.[599] Während eine detaillierte Dokumentation zu einer längeren Bearbeitungszeit führte, wurden die Nachweise bei der synoptischen Dokumentation häufiger begutachtet.[600] Beide Formen haben sich folglich auf verschiedene Dimensionen der Informationsverarbeitung unterschiedlich positiv ausgewirkt.

Während abstraktes Denken in der weiteren Prüfungsforschung nicht erforscht wurde, konnten für Formen des Systemdenkens positive Einflüsse auf die Informationsverarbeitung aufgezeigt werden. So zeigt *Brewster* (2011) im Rahmen analytischer Prüfungshandlungen, dass Novizenprobanden bei manipuliertem Systemdenken kausale Begründungszusammenhänge und Interdependenzen mental besser abbilden: So konnten die Probanden deutlich effektiver Informationen über die ökonomische Entwicklung auf Unternehmensebene hinsichtlich ihrer Auswirkungen auf die finanzielle Berichterstattung übersetzen.[601]

[594] Allerdings auch nur bei der Beurteilung der Rückstellung und nicht der internen Kontrollen, vgl. *Bucaro* (2015), S. 50 ff.
[595] Vgl. ebenda, hier S. 4 und 64 ff.
[596] Vgl. u.a. die Studien von *Rasso* (2015) und *Backof/Thayer/Carpenter* (2016).
[597] Vgl. *Backof/Bamber/Carpenter* (2016), S. 10.
[598] Vgl. ebenso *Fujita/Trope/Liberman* (2015), S. 419 f.
[599] Vgl. *Payne/Ramsay* (2008), S. 152 f. und 157 f.
[600] Vgl. ebenda, hier S. 159 ff.
[601] Vgl. *Brewster* (2011), S. 916 f. und 921 ff.

bbb) Intuitives Denken

i) Darstellung der Studien

Wolfe/Christensen/Vandervelde (2014) greifen auf die Unterscheidung zwischen dem 'type 1'- und 'type 2'-Denken zurück (s.o. Kapitel II.1.b)cc)). Im Gegensatz zu vorherigen Studien betonen sie hinsichtlich des automatisch-intuitiven 'type 1'-Denkens nicht die Anfälligkeit für Verzerrungen, sondern dessen Vielschichtigkeit.[602] So greift intuitives Denken im Gegensatz zu rein analytischen Vorgehensweisen unbewusst auch auf andere, z.B. emotional vermittelte Informationen und kognitive Strukturen zurück.[603] Ausgehend von der Annahme, dass „auditors' subconscious cognitive structures should be sensitive to evidence that produces concerns about management's assertions“[604], stellen *Wolfe/Christensen/Vandervelde* die Hypothese auf, dass Prüfer bei der Verwendung intuitiven Denkens negative Prüfungsnachweise emotional stärker wahrnehmen und deswegen insgesamt eine höhere kritische Grundhaltung aufweisen.[605] Um die Effektivität dieser Konzeption intuitiven Denkens zu testen, müssen die Probanden in einem ersten Fall die Notwendigkeit eines Wertminderungstests zu einem immateriellen Vermögenswert beurteilen, wobei vier Indikatoren für und acht gegen eine Wertminderung sprechen.[606] Eine zweite Fallgestaltung setzt die Notwendigkeit eines Wertminderungstests bei einem anderen immateriellen Vermögenswert voraus und stellt den Probanden Informationen zur Verfügung, welche den verwendeten Annahmen einer Cashflow-Berechnung zur Ermittlung des erzielbaren Betrages allerdings nicht widersprechen.[607] Die Bewertung des Vorliegens einer Wertminderung in diesem Fall soll zeigen, dass durch die intuitive Denkhaltung eine erhöhte kritische Grundhaltung nicht generell, sondern situativ bei evidenten Anzeichen greift.[608] Die Manipulation der Denkhaltung wurde über konkrete Anweisungen umgesetzt: Die Probanden sollten entweder die Beurteilung anhand ihrer Intuition und gefühlsbasierten Ansichten oder aber anhand einer genauen Analyse der einzelnen Indikatoren durchführen.[609] Hinsichtlich der ersten Beurteilung können die Autoren zeigen, dass Probanden mit intuitiver Denkhaltung signifikant häufiger eine Wertminderung für wahrscheinlicher und eine Ermittlung des erzielbaren Betrages für notwendiger halten.[610] Die Ergebnisse zur zweiten Fallgestaltung zeigen keine Unterschiede in der Bewertung, womit indiziert wird, dass das intuitive Denken nicht zwingend zu einer höheren kritischen Grundhaltung führt.[611]

ii) Würdigung der Maßnahme

Trotz der Befunde von *Wolfe/Christensen/Vandervelde* (2014) sowie anderer Untersuchungen, bei denen Formen nicht-bewusster Informationsverarbeitung - wie diejenige der Intuition - denen eines analytischen Vorgehens als überlegen demonstriert werden konnten[612], ist die Verwendung von Intuition allenfalls subsidiär zur Überprüfung eines Ergebnisses bei der Ur-

---

[602] Vgl. *Wolfe/Christensen/Vandervelde* (2014), S. 5 f.
[603] Vgl. ebenda, hier S. 6 f.
[604] Ebenda, S. 2.
[605] Vgl. ebenda, hier S. 6 f.
[606] Vgl. ebenda, hier S. 7 f. und 11 ff.
[607] Vgl. ebenda, hier S. 10 ff.
[608] Vgl. ebenda, hier S. 10.
[609] Vgl. ebenda, hier S. 12.
[610] 60,5% vs. 40,5%, vgl. ebenda, hier S. 3 und 17 f.
[611] Vgl. ebenda, hier S. 20.
[612] Vgl. *Cone* (2010), S. 8 f. und 47 ff.

teilsfindung im Rahmen der Abschlussprüfung vertretbar. Vor allem die 'klassischen' Verzerrungen beruhen gerade auf dieser Art intuitiven 'type1'-Denkens.[613] Die Verquickung mit emotionalen Erfahrungen und Beurteilungen, die durch hohe Subjektivität geprägt sind, führt dazu, dass sich die intuitive Denkhaltung als eine operable Entzerrungsstrategie disqualifiziert.

ccc) Metakognitives Denken

i) Darstellung der Studien

Metakognition beschreibt die Fähigkeit, das Denken als Gegenstand seiner selbst zu reflektieren und zu steuern.[614] Diese Form des Denkens kann zum einen als automatisch ablaufender, kognitiver Selbstregulierungsmechanismus verstanden werden. Bei entsprechender Anleitung kann metakognitives Denken indes auch instrumentell als Entzerrungsstrategie fungieren, wobei die mentale Spiegelung des eigenen Denkprozesses Potenzial zur Fehlerkorrektur besitzt.[615] Metakognitives Denken kann dabei u.a. durch die bewusste Kombination bzw. vielmehr die Gegenüberstellung zweier Denkhaltungen initiiert werden. *Cheng* (2011) schlägt i.d.S. für die Informationsverarbeitung bei der Jahresabschlussprüfung eine komplementäre Verwendung der beiden Denktypen aus dem dualen Prozessmodell, intuitives 'type 1'- und rationales 'type2'-Denken vor, um verschiedene kognitive Verzerrungen abzumildern.[616] In der Prüfungsforschung finden sich bislang zwei Studien, die eine solche Strategie empirisch untersuchen.

Zimbelman (2014) verwendet hierfür die Idee der 'crowd-within', wonach eine Einzelperson die sog. 'wisdom of the crowd' dadurch fingiert, dass sie dasselbe Urteil mehrmals selbst trifft und anschließend mittelt.[617] Eine Kombination der beiden Denkhaltungen initiiert *Zimbelman* dadurch, dass eine Untersuchungsgruppe explizit dazu angehalten wird, das erste Urteil - es handelt sich dabei konkret um die Bewertung von Rückstellungen - intuitiv gem. dem Bauchgefühl zu treffen.[618] Im Ergebnis zeigt *Zimbelman* allerdings, dass das gemittelte Urteil aus intuitivem Ersturteil und Zweiturteil stärker von dem Ergebnis eines Expertenpanels i.S.e. konservativeren Urteils abweicht als bei Probanden, die keine Anleitung für das Ersturteil erhalten haben.[619]

Auch *Plumlee/Rixom/Rosman* (2015) testen im Rahmen analytischer Prüfungshandlungen die Möglichkeit, durch die Kombination zweier Denkhaltungen metakognitives Denken zu stimulieren und strategisch einzusetzen.[620] In dem experimentellen 3x1 Design werden die Probanden erstens in divergierendem Denken (divergent thinking) und zweitens zusätzlich in konvergierendem Denken (convergent thinking) trainiert.[621] Während divergierendes Denken im Rahmen der Suche nach Erklärungen auf das Verbinden verschiedener Nachweise abzielt, um zu der richtigen Erklärung zu gelangen, mithin auf einen breiteren Einbezug möglicher Erklä-

---

[613] Vgl. *Van Boven et al.* (2013), S. 382 ff.
[614] Vgl. u.a. *Hasselhorn* (2010), S. 541 ff.; *Koriat* (2015), S. 356 ff.
[615] Vgl. i.d.S. *Donovan/Güss/Naslund* (2015), S. 284 f.; *Setiawan* (2017), S. 243 f.
[616] Vgl. *Cheng* (2011), S. 1065 ff.
[617] Vgl. *Zimbelman* (2014), S. 9 ff.; ferner *Vul/Pashler* (2008), S. 645 ff.
[618] Vgl. *Zimbelman* (2014), S. 14 und 21 ff.
[619] Vgl. ebenda, hier S. 29 ff.
[620] Vgl. *Plumlee/Rixom/Rosman* (2015), S. 352.
[621] Vgl. ebenda, hier S. 356.

rungen abzielt, soll konvergierendes Denken hingegen durch einen gezielten Ausschluss von mangelhaften Erklärungen die Erklärungssuche sinnvoll einengen.[622] Um divergierendes Denken zu stimulieren, wurde den Probanden kommuniziert, die Suche nach einer Erklärung für eine ungewöhnliche Fluktuation einer Kennzahl als kreative Herausforderung zu bearbeiten.[623] Probanden, die zusätzlich in konvergierendem Denken trainiert wurden, mussten die Erklärungsversuche daraufhin prüfen, ob sie dem Erklärungsgehalt nach als hinreichend und/oder notwendig zu beurteilen sind.[624] Im Ergebnis können die Autoren zeigen, dass die Probanden, die in beiden Denkarten trainiert wurden, weniger stark einer "premature elimination of explanations"[625] unterlagen, sondern quantitativ mehr Erklärungen generiert haben und im Ergebnis auch signifikant häufiger die korrekten Begründungen der Fluktuationen identifizierten.[626] Durch eine zusätzliche Analyse von Denkprotokollen untermauern die Autoren, dass die Ergebnisse auf metakognitive Denkhandlungen zurückzuführen sind.[627]

In enger Verbindung zum metakognitiven Denkens steht das Konzept des selbstkritischen Denkens, bei welchem das eigene Denken skeptisch beurteilt werden soll. In der Prüfungsforschung finden sich hierzu drei Studien, indes ohne Bezug zur Prüfung geschätzter Werte.[628]

ii) Würdigung der Maßnahme

Neben den Befunden von *Plumlee/Rixom/Rosman* (2015) zeigen auch andere Studien positive Effekte erhöhter Selbstreflexion auf das Urteils- und Entscheidungsverhalten, so z.B. bei unternehmerischen Strategieentscheidungen.[629] Im Gegensatz zu den Studien zum abstrakten oder intuitiven Denken umgeht die Verwendung von metakognitivem Denken - zumindest in der Form einer Anwendung multipler Denkhaltungen - dem Problem, eine mit der jeweiligen Aufgabe inkompatible bzw. nachteilige Denkhaltung zu wählen. Aufgrund dieser Unbedingtheit seiner Anwendungsvoraussetzungen ist diese Denkhaltung am ehesten für eine generelle Anwendung zu empfehlen. Auch durch seinen mittelbaren Einfluss z.B. auf das Vertrauen in das eigene Urteil wird diese Denkhaltung für die Infragestellung der Annahmen der Unternehmensleitung im Rahmen der Prüfung geschätzter Werte als förderlich angesehen.[630] Hinsichtlich der praktischen Umsetzung scheinen vor allem entsprechende Trainings analog zu *Plumlee/Rixom/Rosman* (2015) geeignet. Darüber hinaus ist die Reflexion der situativen Ur-

[622] Vgl. *Plumlee/Rixom/Rosman* (2015), S. 352 ff.
[623] Vgl. ebenda, hier S. 359 f.
[624] Vgl. ebenda, hier S. 359.
[625] Ebenda, S. 353.
[626] Vgl. ebenda, hier S. 361 ff.
[627] Vgl. ebenda, hier S. 363 f.
[628] Weder *Grenier* (2017), S. 249 ff., noch *Harding/Trotman* (2017), S. 117 ff., können allerdings Unterschiede in dem Urteilsverhalten zwischen Probanden, die zur Skepsis gegenüber dem eigenen Urteil aufgefordert werden (inward orientation) im Vergleich zu Probanden, die zur Skepsis gegenüber den Urteilen von Dritten aufgefordert werden (outward orientation), feststellen. *Parlee/Rose/Thibodeau* (2014), S. 4 f. und 17 ff., die ebenso eine selbstkritische (self-skeptical) und eine mandantenkritische (client-skeptical) Einstellung manipulieren, zeigen gleichwohl, dass Probanden in beiden Manipulationen zwar höhere Fraudrisikourteile im Vergleich zur Kontrollgruppe vornehmen, allerdings nur Probanden mit einer mandantenkritischen Einstellung signifikante Veränderungen an Umfang und Art der weiteren Prüfungshandlungen vornehmen. Insoweit ist kein Vorzug einer selbstkritischen i.V. zu einer mandantenkritischen Denkhaltung erkennbar.
[629] Vgl. *Donovan/Güss/Nasslund* (2015), S. 286 ff.
[630] Vgl. *Griffith/Nolder/Petty* (2017), S. 30.

teilssituation - wie bereits erwähnt - Voraussetzung dafür, die Anwendung wissensbezogener Strategien zu erkennen und umzusetzen.[631]

bb) Strukturelle Prozeduralisierung der Informationsverarbeitung

aaa) Verwendung generischer und aufgabenspezifischer Regeln

i) Darstellung der Studien

Unter dem Begriff der Prozeduralisierung werden im Folgenden Entzerrungsstrategien betrachtet, die den Umgang mit Informationen bzw. die Herangehensweise an Aufgaben strukturieren und regelbasiert anleiten wollen. Mehrere Studien untersuchen hierbei zunächst generische Regeln, wie Aufgabenstellungen zu bearbeiten sind (z.B. durch Dekomposition) bzw. wie eine Integration mehrerer Informationen zu einem Gesamturteil zu erfolgen hat. Auch wenn in diesen Studien geschätzte Werte nicht explizit untersucht wurden, sollten sich die Ergebnisse gerade wegen des generischen Charakters der Regelungen auf die Prüfung geschätzter Werte ohne größere Einschränkungen übertragen lassen.[632]

Emby/Finley (1997) untersuchen die Techniken der Einzelbewertung von Prüfungsnachweisen (evidence rating) bei der Beurteilung interner Kontrollen des Inventarsystems als Entzerrungsstrategie für Rahmeneffekte (s.o. Kapitel II.1.d)cc)).[633] In dem Experiment mussten die Probanden in der Manipulation mit Entzerrungsstrategie nach Erhalt einer jeden Information separat deren Richtung und Relevanz für die Beurteilung des Kontrollsystems angeben, bevor sie anschließend ausgehend von der Gesamtbeurteilung den Umfang der weiteren Einzelfallprüfungen bestimmen sollten.[634] Die generische Regel schreibt in diesem Fall vor, Informationen stets einzeln zu würdigen. Die Ergebnisse zeigen, dass bei den Probanden mit dem Erfordernis der Einzelbewertung Rahmeneffekte aufgrund der Aufgabenformulierung, entweder die Stärken oder die Schwächen des Kontrollsystems zu beurteilen, fast gänzlich eliminiert wurden.[635]

Ashton/Kennedy (2002) untersuchen eine analoge Maßnahme im Rahmen eines self-reviews, um den recency bias (s.o. Kapitel II.1.d)cc)) bei der Verarbeitung von Informationen im Rahmen der Beurteilung der Unternehmensfortführung abzumildern.[636] In dem Experiment werden Probanden nach einer ersten GCO-Einschätzung eines fiktiven Unternehmens aufgefordert, zwölf Nachweise, wovon sechs die Fortführung stützen und sechs diese in Frage stellen, zu verarbeiten.[637] Bevor die Probanden final über die Wahrscheinlichkeit der Unternehmensfortführung und eine Modifizierung der GCO-Beurteilung zu entscheiden hatten, mussten sie in der debias-Manipulation in einem self-review für jeden Nachweis die Wirkungsrichtung auf die GCO-Beurteilung angeben und die zwölf Nachweise in einer Rangliste anhand ihrer Wichtigkeit listen. Durch diese Maßnahme sollte eine sequentielle Verarbeitung in eine

[631] Vgl. *Maynes* (2015), S. 186 sowie Kapitel III.2.a).
[632] Vgl. i.d.S. *Earley/Hoffman/Joe* (2008), S. 1462 f.
[633] Vgl. *Emby/Finley* (1997), S. 60 und 63 f.
[634] Vgl. ebenda, hier S. 66.
[635] Vgl. ebenda, hier S. 65 f. und 68 ff.
[636] Vgl. *Ashton/Kennedy* (2002), S. 221 f.
[637] Vgl. ebenda, hier S. 224 ff.

simultane Verarbeitung konvertiert werden.[638] Die Autoren zeigen, dass der umfassende self-review das Auftreten von Reihenfolgeeffekten effektiv gemindert hat.[639]

Earley/Hoffmann/Joe (2008) untersuchen Maßnahmen, um Rückblickeffekten (curse of knowledge, s.o. Kapitel II.1.d)cc)) aus dem Wissen um die Einschätzung des Mandanten entgegenzuwirken.[640] Als Entzerrungsstrategie müssen die Probanden in dem Experiment nicht einzelne Nachweise, sondern die Auswirkungen auf einen einzelnen betroffenen Posten des Abschlusses bewerten, sofern hypothetischerweise Probleme des internen Kontrollsystems nicht entdeckt würden.[641] Die Autoren zeigen, dass diese - auf die potenziellen Konsequenzen gerichtete - Methode den Einfluss der vorläufigen Einschätzung der Unternehmensleitung auf die finale Beurteilung des Kontrollsystems, mithin die Verzerrungen aus bereits vorhandenen Informationen i.S.e. curse of knowledge, abmildert.[642]

Neben den vorgestellten generischen Regeln zur Informationsverarbeitung und Urteilsbildung werden auch aufgabenspezifische Regeln untersucht, die auf eine Minderung der mit dem jeweiligen Aufgabenformat verbundenen Verzerrungen ausgerichtet sind. Sie fokussieren daher insbesondere die Struktur spezieller Urteile und geben Regeln vor, wie mit den gegebenen Informationen, z.B. bei einer Wahrscheinlichkeitsrevision nach *Bayes*, zu verfahren ist.[643] Ein solches regelgeleitetes Prozedere wurde von *Kahneman/Tversky* (1977) für Risiko- bzw. Wahrscheinlichkeitsaussagen entworfen, wobei vor allem die Berücksichtigung von Basisraten und diagnostischen Informationen gestärkt werden soll.[644] Die Autoren schlagen hierzu ein fünfstufiges Modell vor[645], wobei der Erwartungswert der Bezugsklasse, für die eine Vorhersage getroffen werden soll, hinsichtlich singulärer Informationen des Einzelfalls - gewichtet nach deren diagnostischer Kraft für die Vorhersage - angepasst wird.[646] *Butler* (1985) hat dieses Schema modifiziert auf die Risikobewertung von Stichprobenerhebungen übertragen.[647] Bevor eine solche Risikobeurteilung anhand acht verschiedener Fallbeispiele durchzuführen war, mussten die Probanden in dem Experiment Fragen beantworten, die die Aufmerksamkeit auf Basisraten und die eigene Vorhersagefähigkeit des Risikos gelenkt haben.[648] Die Ergebnisse zeigen, dass die Probanden mit den Fragestellungen, die auf Basisraten und das Kriterium der Diagnostizität implizit hinweisen, intersubjektiv konsistentere und häufiger korrektere Urteile im Vergleich zur Kontrollgruppe getroffen haben.[649]

ii) Würdigung der Maßnahme

Die Studien zeigen insgesamt, dass Strukturierungen der kognitiven Verarbeitungsprozesse unabhängig davon, ob sie durch eine materielle Dokumentation oder rein mental im Rahmen

---

[638] Vgl. *Ashton/Kennedy* (2002), S. 224 f.
[639] Vgl. ebenda, hier S. 224.
[640] Vgl. *Earley/Hoffman/Joe* (2008), S. 1462 f.
[641] Vgl. ebenda, hier S. 1467 f. und 1476 f.
[642] Vgl. ebenda, hier S. 1477 ff.
[643] Vgl. i.d.S. *Lopes* (1987), S. 180; *Wilson/Brekke* (1994), S. 118 f. und 142.
[644] Vgl. *Kahneman/Tversky* (1977), S. 1-1 ff.
[645] Vgl. ebenda, hier S. 3-4 ff.
[646] Vgl. ebenda, hier S. 3-4 ff. Besonders an diesem Ansatz ist, dass gerade von einem Erwartungswert ausgegangen wird und nicht von Einschätzungen hinsichtlich des zu beurteilenden Einzelfalls.
[647] Vgl. *Butler* (1985), S. 515 f.
[648] Vgl. ebenda, hier S. 516 ff.
[649] Vgl. ebenda, hier S. 518 ff.

eines self-reviews durchgeführt werden, spezielle Informationsverarbeitungseffekte mindern können. Im Rahmen der Prüfung geschätzter Werte können self-reviews u.a. in Form eines distanzierenden "standback"[650] konkret die erlangten Prüfungsnachweise danach reflektieren, ob sie angemessen und hinreichend sind.[651] Die komponentenweise Bewertung von Informationen kann indes auch das Auftreten anderer Effekte begünstigen. So zeigen *Wheeler/Arunachalam* (2008), dass die Einzelbewertung von Informationen im Gegensatz zu einer durch eine relative Gewichtung angeleiteten integrierten Beurteilung der Informationen zwar nicht die Anzahl, aber die Gewichtung von hypothesenbestätigenden Informationen i.S.e. Bestätigungseffektes (s.o. Kapitel II.1.d)dd)) begünstigen.[652] Da sie neben der Struktur der Informationsverarbeitung noch drei weitere Faktoren untersucht haben, ist der Effekt indes nicht monokausal allein auf dieses Erfordernis zurückzuführen. Die Gesamtwirkung ist demnach auch hier schwer einzuschätzen.[653] Die Studien zu aufgabenspezifischen Regeln zeigen, dass eine automatisierte Korrektur speziell von Wahrscheinlichkeitsurteilen in der Regel vernachlässigte Tendenzen wie die Regression zum Mittelwert effektiv ausgleichen können.

bbb) Erstellung alternativer Hypothesen

i) Darstellung der Studien

Bei der Vorgabe zur Berücksichtigung hypothesenwidersprechender Informationen soll - ausgehend von einer gegebenen Hypothese - eine kritische Nachweissuche initiiert werden (vgl. hierzu Kapitel III.b)dd)ccc)). In Abgrenzung zu dieser Maßnahme geht die Bewegungsrichtung bei der hier behandelten Entzerrungsstrategie nicht von einer gegebenen Hypothese aus hin zu der Informationssuche, sondern vielmehr von (gegebenen) Informationen aus hin zu möglichen Hypothesen bzw. Erklärungen.

Um die Erstellung alternativer Hypothesen anzuleiten, finden in der JDM-Forschung die mentalen Strategien des kontrafaktischen Denkens (counterfactual thinking) und der Gegenerklärung (counterexplanation) Verwendung. Kontrafaktisches Denken stellt im Kern eine kognitive Simulationsleistung dar, wobei hypothetischerweise eine andere informationelle Ausgangslage als die faktisch Gegebene imaginiert wird.[654] In den experimentellen Forschungsdesigns wird den Probanden oftmals aufgetragen, das Gegenteil der zugrundeliegenden Fakten oder aber der aus den Fakten geschlossenen Erklärung anzunehmen und hieran sein Urteil zu überprüfen.[655] Bei dem Konzept der Gegenerklärung soll ausgehend oder unabhängig von den gegebenen Informationen nach alternativen Erklärungen bzw. Hypothesen für ein Ereignis gesucht werden.[656] Es handelt sich hierbei also zunächst um eine Interpretationsleistung. Da beide Denkstrategien explizit bzw. implizit in Frage stellen, ob ein Ereignis auch ohne das Vorliegen einer gegebenen Information vorläge, diese Information mithin als Erklärung hinreichend ist, wird im Besonderen eine Überprüfung kausaler Begründungszusammenhänge

[650] *Köhler* (2017), S. 35.
[651] Auch der Entwurf zur Überarbeitung des ISA 540 sieht ein solches Vorgehen des stand-back vor, vgl. IAASB (2017), S. 7 und 14 f.
[652] Vgl. *Wheeler/Arunachalam* (2008), S. 135 ff.
[653] Vgl. ebenda, hier S. 135 f.
[654] Vgl. *Roese* (1997), S. 133 f.; ferner *Tversky/Kahneman* (1982), S. 201 ff.; *Lipe* (1991), S. 457 f.
[655] Vgl. *Lord/Lepper/Preston* (1984), S. 1231 f.
[656] Vgl. *Knapp/Knapp* (2012), S. 45.

angeleitet.[657] Bei der Prüfung geschätzter Werte kann diese Strategie z.B. für die Beurteilung der Annahmen der Unternehmensleitung bedeutsam sein.

Backof/Bamber/Carpenter (2016) untersuchen i.d.S. den Einfluss kontrafaktischen Denkens als kognitive Entzerrungsstrategie, verwenden zu dessen Implementierung allerdings ein judgment framework (im Folgenden JF).[658] Im Gegensatz zu den JF der Big4-Gesellschaften[659] ist das im Experiment operationalisierte JF indes nicht als umfassendes Rahmenwerk zu qualifizieren, welches einzelfallübergreifend regelt, wie ein professioneller Urteilsprozess gelingt.[660] Neben einer Kontrollgruppe ohne JF verwenden die Autoren in dem 2x4 between-subject Experiment vielmehr drei verschiedene Manipulationen des JF, die eher als fallspezifische, vorstrukturierte Urteilsvorlagen zu verstehen sind:[661] Die erste Ausprägung fordert, die Vor- und Nachteile der vom Mandanten präferierten Bilanzierungsmethode zu berücksichtigen, wodurch nicht ausdrücklich, aber indirekt kontrafaktische Überlegungen angestoßen werden sollen. Das zweite JF fordert hingegen auf drei unterschiedlichen Abstraktionsebenen darüber nachzudenken, warum der Sachverhalt gem. den Mandantenpräferenzen zu bilanzieren ist und warum nicht.[662] Hier steht also die Denkstrategie des abstrakten Denkens (s.o. Kapitel III.2.b)aa)aaa)) im Vordergrund. Die dritte Manipulation hält die Probanden schließlich dazu an, nur Gründe auf den drei Ebenen zu identifizieren, die gegen die vom Mandanten präferierte Methode sprechen. Als zweiter Faktor wird die Präzision des Rechnungslegungsstandards i.S.e. Prinzipien- vs. Regelorientierung manipuliert. Nachdem die Probanden Informationen zur Klassifizierung eines Leasinggeschäftes erhalten hatten, mussten sie sich für eine der zwei Varianten und so implizit für oder gegen die Variante der Unternehmensleitung entscheiden.[663] Die Ergebnisse zeigen, dass im Vergleich zur Kontrollgruppe die erste Untersuchungsgruppe mit kontrafaktischem Denken sowie die zweite Gruppe mit abstraktem Denken die aggressive, vom Mandanten präferierte Bilanzierung signifikant stärker ablehnen, allerdings nur bei weniger präzisen, prinzipienorientierten Rechnungslegungsstandards.[664] Unabhängig von der Art der Standards hat nur die dritte JF-Manipulation die Probanden signifikant stärker abgehalten, ein mandantenkonformes Urteil zu treffen.[665]

Neben dieser Studie wurde vor allem die Strategie der Gegenerklärung in der Prüfungsforschung eingehend untersucht und findet sich u.a. auch in den judgment frameworks der Big4-Prüfgesellschaften.[666] *Heiman* (1990) untersucht in einer ersten Studie das Konzept von Gegenerklärungen bei der Beurteilung ungewöhnlicher Fluktuationen der Bruttomarge durch analytische Prüfungshandlungen im Planungsstadium.[667] Sie zeigt, dass sowohl die eigene Generierung als auch die Bereitstellung von Gegenerklärungen seitens Dritter dazu führt, dass

[657] Vgl. *Roese* (1997), S. 140 ff.; ferner *Lipe* (1991), S. 458 f.
[658] Vgl. *Backof/Bamber/Carpenter* (2016), S. 3 f.
[659] Die Big4-Gesellschaften umfassen die Wirtschaftsprüfungsgesellschaften E&Y, PwC, KPMG und Deloitte.
[660] Vgl. hierzu Fn. 561 (S. 91).
[661] Vgl. *Backof/Bamber/Carpenter* (2016), S. 6, Appendix A und Appendix B. Entsprechend müssen die Probanden das JF schriftlich vervollständigen, vgl. ebenda, hier S. 5 f.
[662] Diese Formulierung soll, identisch mit dem Vorgehen bei *Backof/Thayer/Carpenter* (2016) abstraktes Denken befördern, vgl. Kapitel III.2.b)aa)aaa).
[663] Vgl. *Backof/Bamber/Carpenter* (2016), S. 6.
[664] Hier 59% vs. 26%, vgl. ebenda, hier S. 6 ff.
[665] Vgl. ebenda, hier S. 8 f.
[666] Vgl. *Ranzilla et al.* (2011), S. 33.
[667] Vgl. *Heiman* (1990), S. 876 f.

die Probanden die vom Experimentator vorgegebene Begründung für weniger wahrscheinlich halten.[668] In einem Folgeexperiment zeigt die Autorin, dass es dabei nicht so sehr um die Stärke der Gegenerklärungen, sondern vielmehr auf deren Anzahl ankommt.[669] In einem Experiment von *Koonce* (1992) mussten die Probanden ebenso Gegenerklärungen für die Begründungen der Unternehmensleitung zu ungewöhnlichen Fluktuationen der Bruttomarge angeben.[670] Auch hier führte die Erstellung von Gegenerklärungen dazu, dass die Probanden die Begründungen der Unternehmensleitung als weniger wahrscheinlich beurteilten.[671]

Als ausdrücklich konzeptionalisierte Entzerrungsstrategie untersucht *Kennedy* (1995) die Erstellung von Gegenerklärungen zur Verhinderung von Rückblickeffekten.[672] In der Studie wurde den Probanden historische Quartalsumsätze zu zwei Produkten gegeben.[673] Sie mussten zunächst schriftlich begründen, warum der letzte Quartalsumsatz unwahrscheinlich ist und anschließend angeben, wie Dritte diesen Quartalsumsatz bei den gegebenen historischen Informationen einschätzen würden.[674] *Kennedy* zeigt, dass die Gegenerklärung den Einfluss der bekannten Informationen in Form eines outcome bias (s.o., Kapitel II.1.d)cc)) effektiv abmildern kann.[675] *Chung/Monroe* (1999) zeigen schließlich mit Studentenprobanden, dass diese bei einer wiederholten GCO-Beurteilung neue Informationen objektiver gewichten und weniger stark einer hypothesenbestätigenden Teststrategie i.S.v. Bestätigungseffekten (s.o. Kapitel. II.1.d)dd)) unterliegen, sofern die Probanden für die Zwischenurteile jeweils Gegenerklärungen verfassen mussten.[676]

ii) Würdigung der Maßnahme

Auch in sozialpsychologischen Studien haben direkte Aufforderungen oder indirekte primes, sein Urteil anhand der Annahme zu überprüfen, dass die gegenteilige Hypothese wahr sei, Urteile verbessert: So wurden eine objektivere Bewertung neuer Informationen i.S. geringerer hypothesenbestätigender Evaluierungen und weniger starke Polarisierungstendenzen zu einer Hypothese dokumentiert.[677] Die Befunde von *Kennedy* (1995), dass die Generierung von Gegenerklärungen Rückblickeffekte verhindern kann, konnten in Fällen zur ex post Bewertung von Wirtschaftsprüfern mit Schöffen-[678] und Studentenprobanden[679], indes nicht mit Richterprobanden [680], repliziert werden. Bei Richterprobanden konnte der hindsight bias indes dadurch effektiv behoben werden, indem nicht alternative Ergebnisse, sondern die Auswir-

---

[668] Vgl. *Heiman* (1990), S. 880 ff.
[669] Vgl. ebenda, hier S. 884 ff.
[670] Vgl. *Koonce* (1992), S. 68 ff.
[671] Vgl. ebenda, hier S. 71 ff.
[672] Vgl. *Kennedy* (1995), S. 250.
[673] Vgl. ebenda, hier S. 267 i.V.m. S. 260 f.
[674] Vgl. ebenda, hier S. 267.
[675] Vgl. ebenda, hier S. 267 ff.
[676] Vgl. *Chung/Monroe* (1999), S. 116 ff.
[677] Vgl. *Lord/Lepper/Preston* (1984), S. 1233 ff.; ferner *Kenyon/Beaulac* (2014), S. 347.
[678] Vgl. *Lowe/Reckers* (2007), S. 406 ff. Nachdem den Probanden zunächst zwei alternative Ergebnisse mitgeteilt wurden, deren Wahrscheinlichkeit zu bewerten war, mussten sie eigene alternative Ausgänge angeben, vgl. ebenda, hier S. 412. Es handelt sich daher um eine sehr starke Intervention.
[679] Vgl. *Grenier/Peecher/Piercey* (2007), S. 9 f. und 27 f. In dieser Studie hatten die Probanden die Wahrscheinlichkeit zweier alternativer Erklärungen zu bewerten, die nicht auf Prüferversagen zurückzuführen sind, vgl. ebenda, hier S. 21.
[680] Vgl. *Anderson et al.* (1997), S. 23 ff.

kungen auf andere Stakeholdergruppen in das Urteil einzubeziehen waren.[681] Darüber hinaus hat die Berücksichtigung von Gegenargumenten bzw. von Kontrafakta verschiedenen Verzerrungen in generischeren experimentellen Settings vorgebeugt, so. u.a. dem self-serving bias[682], overconfidence-Effekten[683], Ankereffekten[684] dem Bestätigungseffekt bei Einzelpersonen[685] und Gruppen[686] und dem explanation bias[687]. Da die Studien insgesamt positive Befunde zeigen, Prüfer i.d.R. aber nicht automatisch Gegenerklärungen generieren,[688] ist eine Normierung entsprechender Handlungen angezeigt.

cc) Graphische Formatierung der Informationen

aaa) Darstellung der Studien

Die graphische Formatierung von Informationen ist ebenfalls auf das Denken bezogen, setzt aber nicht wie die vorherigen Strategien bei der Person Prüfers und ihrem Informationsverarbeitungsverhalten, sondern bei den verschiedenen Darstellungsformen der Informationen selbst an.[689] Grundlegend kann zwischen einer textuellen (alphabetisch und numerisch) und einer bildlichen Darstellung differenziert werden. Im Bereich der Prüfung geschätzter Werte haben *Backof/Carpenter/Thayer* (2016) untersucht, inwiefern eine graphische Darstellung von Informationen Einfluss auf die Bewertung der Annahmen der Unternehmensleitung nehmen kann.[690] In dem Experiment wurden die Prüfungsnachweise, welche Aufschluss über die historische Entwicklung der den Annahmen zugrundeliegenden Daten geben, entweder graphisch in Form eines Liniendiagramms oder textuell präsentiert.[691] Die Autoren zeigen, dass bei der graphischen Darstellung die Annahmen als weniger vertretbar beurteilt und in Folge auch die Wahrscheinlichkeit des Vorliegens einer Wertminderung als höher eingestuft wurden.[692]

In der weiteren Prüfungsforschung haben bislang zwei Studien die Formatierung von Informationen konkret als Entzerrungsstrategie erforscht: Zur Milderung von Reihenfolgeeffekten untersuchen *Desanctis/Jarvenpaa* (1989) bei der Beurteilung einer Gewinnprognose den Einfluss von numerisch-tabellarischen im Vergleich zu einer graphischen Darstellung mit Balkendiagrammen, finden hierbei allerdings nur geringe Effekte.[693] *Wright* (1995) untersucht

---

[681] Vgl. *Anderson et al.* (1997), S. 23 ff. Dieses Vorgehen wird konkretisierend als 'perspective taking' bezeichnet, vgl. *Reese* (2012), S. 1285.

[682] Vgl. *Babcock/Loewenstein/Issacharoff* (1998), S. 916 ff.

[683] Vgl. *Koriat/Lichtenstein/Fischoff* (1980), S. 108 ff.

[684] Vgl. *Mussweiler/Strack/Pfeiffer* (2000), S. 1144 ff.

[685] Vgl. *Galinsky/Moskowitz* (2000), S. 385 und 398 ff.

[686] Vgl. *Kray/Galinsky* (2003), S. 70 ff.

[687] Vgl. *Anderson* (1982), S. 129 ff.; *Hirt/Markman* (1995), S. 1070 ff. Der explanation bias bezeichnet die Tendenz, das Auftreten eines hypothetischen Ereignisses als wahrscheinlicher einzustufen, sofern man begründen muss, warum es eintreten könnte, vgl. *Koehler* (1991), S. 500.

[688] Vgl. *Koonce* (1992), S. 74 f. *Griffith/Hammersley/Kadous* (2015) zeigen i.d.S., dass Prüfer bei der Prüfung geschätzter Werte darüber hinaus ebensowenig unabhängig Annahmen und Faktoren eruieren, welche nicht bei der Bestimmung des geschätzten Wertes eingeflossen sind, aber durchaus einen Einfluss nehmen könnten, vgl. S. 845.

[689] Vgl. i.d.S. ebenso *Klayman/Brown* (1993), S. 100 ff.; *Roy/Lerch* (1996), S. 235; ferner *Libby* (1981), S. 116 ff.

[690] Vgl. *Backof/Carpenter/Thayer* (2016), S. 2 f. und 9 ff.

[691] Vgl. ebenda, hier S. 13 f.

[692] Vgl. ebenda, hier S. 16 ff.

[693] Vgl. *Desanctis/Jarvenpaa* (1989), S. 511 und 518 ff.

unterschiedlich komplexe prognostische Urteile hinsichtlich einer Kreditrückzahlung.[694] Die Ergebnisse zeigen hier, dass bei zusätzlicher graphischer Darstellung der Informationen signifikant weniger stark optimistisch-verzerrte Urteile bei komplexen Urteilen getroffen wurden.[695]

bbb) Würdigung der Maßnahme

Neben den dargestellten Studien zeichnen die weiteren Ergebnisse der Prüfungsforschung insgesamt ein gemischtes Bild hinsichtlich der durch eine graphische Transformation von Informationen bestehenden Einflussmöglichkeiten auf das Urteilsverhalten.[696] In psychologischen Studien konnten ferner Ausprägungen der 'klassischen' kognitiven Verzerrungen in generischen Aufgabensettings abgemildert werden, so z.B. die Vernachlässigung von Basisraten unter Verwendung von graphischen Häufigkeitsmatrizen (probability maps)[697]. Insbesondere kann sie durch die Kondensierung von Informationen die Verarbeitung quantitativ größerer Mengen von Daten erleichtern und i.d.S. information overload-Effekte verhindern. Die Wirksamkeit graphischer Darstellungen ist gleichwohl immer dadurch bedingt, dass die graphische Präsentation mit dem Aufgabentyp kompatibel ist (cognitive fit)[698], womit entsprechende Anforderungen hinsichtlich einer praktischen Implementierung einhergehen.

dd) Durchführung spezifischer Prüfungshandlungen

aaa) Evaluierung von Mandantenpräferenzen und management bias

i) Darstellung der Studien

Die vorangegangenen kognitiven Strategien können durch unterschiedlich stark verhaltenserzwingende Strukturen, z.B. durch Prüfungsleitfäden oder Entscheidungshilfen, implementiert werden. Darüber hinaus wurden spezifisch auf die Prüfung geschätzter Werte ausgerichtete Prüfungshandlungen untersucht, die stellenweise bereits als fakultativ in manchen Prüfungsstandards aufgeführt sind. So normiert u.a. ISA 540.21 wahlweise die Identifikation von Indikatoren, die auf Verzerrungen seitens der Unternehmensleitung bei der Ermittlung eines Schätzwertes hindeuten.

Zwei Studien untersuchen bislang, wie sich eine Evaluierung der Mandantenpräferenzen auf das JDM bei der Prüfung geschätzter Werte auswirkt. *Fitzgerald/Wolfe/Smith* (2015) erproben die Vorgabe, die Mandantenpräferenzen unabhängig zu bewerten, im Rahmen von zwei Experimenten, bei denen die Probanden die Bewertung einer Rückstellung aus Rechtsstreitigkei-

[694] Vgl. *Wright* (1995), S. 146 f.
[695] Vgl. ebenda, hier S. 149 ff.
[696] Hinsichtlich der Zeiteffizienz bei Prognoseurteilen zeigen *Anderson/Reckers* (1992), S. 29 ff., einen positiven Einfluss und *Schulz/Booth* (1995), S. 120 ff., nur einen geringfügig positiven Einfluss graphischer Darstellungen im Vergleich zu einer numerisch-tabellarischen, während *Kaplan* (1988), S. 92 ff., keine Unterschiede zwischen einer numerisch-tabellarischen und einer graphischen Darstellung in Form eines Liniendiagramms nachweist.
[697] Vgl. *Roy/Lerch* (1996), S. 241 ff. Hinsichtlich der bei Wahrscheinlichkeitsschlüssen auftretenden Verzerrungen hat *Gigerenzer* (1996) mehrmals vertreten, dass bereits die Darstellung von Wahrscheinlichkeitsinformationen als Häufigkeitsangaben (relative frequency) kognitive Verzerrungen deutlich abmildern kann, vgl. S. 594 ff. und die dortigen Quellenangaben.
[698] Vgl. *Vessey* (1991), S. 220 ff.; *Kelton/Pennington/Tuttle* (2010), S. 83 f.; ferner *Davis* (1989), S. 502 und 504 f.; *Wright* (1995), S. 145.

ten beurteilen mussten.[699] Diese waren i.S. der Präferenzen des Mandanten sehr aggressiv am niedrigen Ende einer Bandbreite vertretbarer Werte angesetzt.[700] Nachdem die Probanden diverse Informationen erhalten und den Fall bearbeitet hatten, wurde als zentrale Variable eine Beurteilung der Wahrscheinlichkeit, dass der amtierende Prüfer den Schätzwert der Unternehmensleitung als vertretbar einschätzt, erhoben.[701] Entgegen den Erwartungen konnte ein Effekt bei der Untersuchungsgruppe, welche die Präferenzen des Mandanten unabhängig bewertet hat, im Vergleich zur Kontrollgruppe auch dann nicht gezeigt werden, wenn diese zusätzlich aufgefordert wurde, besonders skeptisch vorzugehen.[702] Die Autoren zeigen vielmehr, dass die Probanden in der Untersuchungsgruppe den Wert der Unternehmensleitung zwar zu 90% als wenig vertretbar einschätzen, im Ergebnis allerdings 50% dieser Probanden trotzdem eine unveränderte Übernahme in den Jahresabschluss akzeptieren.[703]

Emett/Libby/Nelson (2016) untersuchen, ob die Bewertung eines Portfolios von level-2 fair values dadurch beeinflusst wird, dass der Prüfer zuvor anhand der gegebenen Informationen beurteilt, ob diese auf Verzerrungen seitens der Unternehmensleitung hinweisen.[704] Diese Vorgabe wird durch die Reihenfolge der Erhebung der beiden abhängigen Variablen manipuliert, wodurch die Einschätzung, ob die gegebenen Informationen auf Verzerrungen seitens der Unternehmensleitung hindeuten, vor oder nach der Beurteilung der Höhe einer notwendigen Anpassung erfolgt.[705] Die Autoren zeigen, dass Prüfer die Beurteilung von möglichen Verzerrungen seitens des Mandanten zum einen nicht automatisch berücksichtigen.[706] Auch für den Fall, in dem die Informationen vor der Beurteilung einer etwaigen Anpassung zu evaluieren waren, wurde zwar die Wahrscheinlichkeit des Vorhandenseins von Mandantenverzerrungen höher eingeschätzt.[707] Ein signifikanter Einfluss auf die finale Anpassungsentscheidung des fair values konnte indes auch hier nicht beobachtet werden.[708]

ii) Würdigung der Maßnahme

Eine explizite Begutachtung von Verzerrungen seitens des Managements ist neben der Prüfung geschätzter Werten vor allem bei der Beurteilung von fraud-Risiken einschlägig. Studien in diesem Bereich zeigen, dass eine Berücksichtigung der Ziele der Unternehmensleitung u.a. die Identifikation von fraud-Schemata verbessert hat.[709] Trotz der dargestellten gegenteiligen Befunde kann schwerlich vertreten werden, dass Prüfer die Möglichkeiten von Verzerrungen seitens des Mandanten bei der Prüfung geschätzter Werte gar nicht berücksichtigen.[710] So

---

[699] Vgl. *Fitzgerald/Wolfe/Smith* (2015), S. 2 und 12 f.
[700] Vgl. ebenda, hier S. 4 und 12 f. Die Mandantenpräferenzen wurden dabei durch Begründetheitsaussagen der Unternehmensleitung kommuniziert, dass hohe Rückstellungen eine gesteigerte Medienaufmerksamkeit mit sich brächten, was wiederum zu mehr Klagen führe. Deshalb würden nur sehr sichere Ansprüche passiviert.
[701] Vgl. ebenda, hier S. 12 f.
[702] Vgl. ebenda, hier S. 5 und 15 ff.
[703] Vgl. ebenda, hier S. 5 und 19.
[704] Vgl. *Emett/Libby/Nelson* (2016), S. 3 und 11 f.
[705] Vgl. ebenda, hier S. 13 f. Zudem wird die Häufigkeit und relative Größe der überbewerteten Finanzinstrumente bei konstanter Überbewertung des portfolios insgesamt manipuliert, was an dieser Stelle irrelevant ist, vgl. ebenda.
[706] Vgl. ebenda, hier S. 3 und 20 ff.
[707] Vgl. ebenda.
[708] Vgl. ebenda.
[709] Vgl. *Simon* (2012), S. 4 f. und S. 10 ff.
[710] Vgl. *Earley/Hoffman/Joe* (2014), S. 9.

zeigen *Earley/Hoffman/Joe* (2014), dass Prüfer bei der Beurteilung einer strittigen Klassifizierungsfrage von Finanzinstrumenten (als level 2 oder 3) Verzerrungen seitens der Unternehmensleitung berücksichtigen, sofern diese mit den Anreizen des Bilanzierenden kompatibel sind.[711] Diese Ergebnisse legen nahe, dass es nicht so sehr auf eine explizite Forderung ankommt, Anreize und Präferenzen der Unternehmensleitung zu evaluieren, sondern dass diese Anreize und Präferenzen sichtbar kompatibel mit der Bilanzierungsmethode sind.[712] *Fitzgerald/Wolfe/Smith* (2015) haben in einer Folgeuntersuchung ferner zeigen können, dass die Bewertung der Mandantenpräferenzen zwar notwendig, aber nicht hinreichend ist, um deren potenziell verzerrenden Einfluss zu begrenzen;[713] hierfür müssen zusätzlich noch persönliche Einstellungen vorliegen.[714] Die Maßnahme der eigenständigen Evaluierung der Mandantenpräferenzen ist daher insgesamt als nur bedingt erfolgreich zu beurteilen.

bbb) Erstellung eines eigenen Schätzwertes

i) Darstellung der Studien

ISA 540.13(d) erwähnt als weitere fakultative Prüfungshandlung die Erstellung eines eigenen Schätzwertes. Bislang untersucht allein die bereits erwähnte Studie von *Fitzgerald/Wolfe/Smith* (2015), ob dies eine effektive Möglichkeit darstellt, den Schätzwert des Mandanten objektiver zu bewerten. Im Zentrum ihrer Untersuchung steht die Frage nach Möglichkeiten, sich kognitiv von irrelevanten Informationen z.B. in Form von Mandantenpräferenzen zu distanzieren.[715] Konkret erproben die Autoren erstens die Vorgabe, einen eigenen unabhängigen Schätzwert zu berechnen, zweitens die bereits oben behandelte Vorgabe, unabhängig die potenziellen Präferenzen des Mandanten zu ergründen, und drittens die Vorgabe, den Zeitpunkt des Bekanntwerdens der Mandantenpräferenzen von der Beurteilung der Prüfungsnachweise dadurch zu entkoppeln, dass diese erst nach der Begutachtung der Prüfungsnachweise mitgeteilt werden.[716] Die Ergebnisse zeigen, dass die Berechnung eines eigenen Schätzwertes dazu führt, dass der von der Unternehmensleitung angesetzte Wert im Vergleich zur Kontrollgruppe als signifikant weniger vertretbar beurteilt wurde.[717] Zudem wird die Vertretbarkeit geringer beurteilt als in der Kontrollgruppe, sofern die Probanden die Mandantenpräferenzen erst nach der Beurteilung der Prüfungsnachweise erhalten.[718] Dieser Effekt zeigt sich auch unabhängig von einer durchgeführten Beurteilung der Mandantenpräferenzen.[719]

ii) Würdigung der Maßnahme

Die verschiedenen Maßnahmen von *Fitzgerald/Wolfe/Smith* (2015) zielen insgesamt darauf ab, entweder durch eine zeitliche Entfernung von irrelevanten Informationen bereits ihr Gewahrwerden zu verschieben oder aber, sofern diese bekannt sind, durch eine kognitive Reflexion deren Einfluss zu relativieren. Analoge Ergebnisse zu denen von *Fitzgerald/Wolfe/Smith* (2015), bei denen der Zeitpunkt der Informationen über die Mandantenpräferenzen manipu-

---

711 Vgl. *Earley/Hoffman/Joe* (2014), S. 5 f. und 18 ff.
712 Vgl. ebenda, hier S. 11 f. und 18 ff.
713 Vgl. ebenda, hier S. 6 und 19 ff.
714 Vgl. ebenda.
715 Vgl. *Fitzgerald/Wolfe/Smith* (2015), S. 1.
716 Vgl. ebenda, hier S. 2 und 8 ff.
717 Vgl. ebenda, hier S. 14 f.
718 Vgl. ebenda, hier S. 18.
719 Vgl. ebenda, hier S. 5 und 18.

liert wurde, konnten *Wilks* (2002)[720] innerhalb des Reviewprozesses und *Jenkins/Haynes* (2003)[721] bei der Beurteilung eines Offenlegungssachverhalts aufzeigen. Auch *Pike/Curtis/Chui* (2013) zeigen, dass eine frühzeitige Beachtung ungeprüfter Bilanzwerte sich negativ auf die Informationsverarbeitung i.S.v. Ankereffekten auswirken kann.[722]

Die Studien zeigen insgesamt, dass der Zeitpunkt des Zugangs von (irrelevanten) Informationen ihren Einfluss auf das weitere JDM effektiv mitgestaltet. Da sich der Informationsfluss in der Regel schwer steuern lässt[723], ist dieser Ansatz zumindest nur bedingt als eine Entzerrungsstrategie operationalisierbar.[724] Die Studien unterstreichen daher die Bedeutung der Bildung einer unabhängigen Erwartungshaltung vor allem zur Vermeidung einer gerichteten Hypothesenteststrategie. Bei der Prüfung geschätzter Werte scheint die Bildung eines unabhängigen Erwartungswertes ebenfalls effektiv und zudem in der Praxis leicht umsetzbar. Im Rahmen analytischer Prüfungshandlungen zeigen *McDaniel/Kinney* (1995), dass explizite Anleitungen zur Erwartungsbildung und Dokumentation (expectation-formation instructions) die Identifizierung fehlerhafter Konten hingegen nur moderat verbessern konnte.[725]

ccc) Durchführung einer gerichteten Informationssuche und Dokumentation

i) Darstellung der Studien

Auf der Ebene der Prüfungshandlungen untersuchen mehrere Studien das Erfordernis, im Rahmen der Nachweissuche explizit auch der Ursprungshypothese widersprechenden Informationen nachzugehen. Eine derartige Verpflichtung kann vor allem innerhalb der Prüfungsstandards normiert werden. Zur Verhinderung von Bestätigungseffekten (s.o. Kapitel II.1.d)dd)) untersucht *Montague* (2010) drei verschiedene Anleitungen hinsichtlich der Überprüfung der Annahmen der Unternehmensleitung: erstens solche Informationen zu suchen, welche die Annahmen stützen, zweitens nach gegenteiligen Nachweisen zu suchen und drittens Nachweise zu erlangen, um einen eigenen Schätzwert erstellen zu können.[726] Das Experiment umfasst die Prüfung von vier Annahmen des fair values eines immateriellen Vermögenswertes, zu denen je drei stützende und drei widersprechende Nachweise vorlagen.[727] Während das Suchverhalten über den Zeitaufwand sowie die Anzahl gesichteter und gespeicherter Nachweise elektronisch erfasst wurde, wurde zur Messung der kritischen Grundhaltung die Einschätzung des Risikos wesentlich falscher Darstellungen und eine Anpassungsempfehlung erhoben.[728] Im Ergebnis haben die Probanden mit Anweisung zur Suche nach gegenteiligen Nachweisen entsprechend stärker ebensolche Nachweise gesichtet und gespeichert und zudem eine höhere kritische Grundhaltung bei der Beurteilung aufgewiesen.[729]

---

[720] Vgl. *Wilks* (2002), S. 53 und 59 f.
[721] Vgl. *Jenkins/Haynes* (2003), S. 144 und 148 f.
[722] Vgl. *Pike/Curtis/Chui* (2013), S. 1415 und 1422.
[723] Vgl. ebenda, hier S. 1427; *Correia* (2016), S. 6 f.
[724] In der Psychologie wird ein solches Vorgehen, welches bereits den Zugang eines Stimulus (hier Information) aus der Umwelt verhindern will, anstatt nach dessen Zugang dessen Einfluss durch die interne Kognitionsleistung auszublenden, als "*stimulus control*", *Kenyon/Beaulac* (2014), S. 357, oder "exposure control", *Gilbert* (1993), S. 79, bezeichnet. Vgl. ferner *Wilson/Brekke* (1994), S. 134 ff.
[725] Vgl. *McDaniel/Kinney* (1995), S. 60 f. und 68 ff.
[726] Vgl. *Montague* (2010), S. 44 ff.
[727] Vgl. ebenda, hier S. 58 f.
[728] Vgl. ebenda, hier S. 50 f.
[729] Vgl. ebenda, hier S. 87 ff.

Auch *Cohen et al.* (2016) untersuchen experimentell die Auswirkungen verschiedener Formulierungen von Prüfungsstandards zur Informationssuche. Sie betrachten dabei ebenfalls zentrale Prüfschritte in ihrem gesamtheitlichen Zusammenwirken: die Suche und Auswertung von Prüfungsnachweisen sowie die finale Risikobeurteilung und Beurteilung der Angemessenheit des Schätzwertes.[730] Die Autoren gehen davon aus, dass die Prüfungsstandards im positiven frame[731] zu kognitiven Bestätigungseffekten bei der Informationssuche und -verarbeitung führen und behandeln Normänderungen als konkrete Gegenmaßnahme.[732] Zur Untersuchung der Effekte aus den unterschiedlichen Formulierungen findet eine between-subject Manipulation zwischen positiver, neutraler und negativer Formulierung statt.[733] Im Rahmen der Prüfungsaufgabe - eine fair value-Bewertung eines immateriellen Vermögenswertes - mussten die Probanden innerhalb von fünf Minuten zu drei unterschiedlichen Annahmen jeweils sechs Prüfungsnachweise[734] sichten, relevante Nachweise in einer digitalen Akte speichern und schließlich das Risiko einer wesentlichen Falschdarstellung beurteilen sowie eine eigene Empfehlung für einen angemessenen Schätzwert angeben.[735] Durch die elektronische Erhebung der Daten konnten zudem die Anzahl der gesichteten und der in der digitalen Ablage gespeicherten Nachweise gemessen werden.[736] Die Ergebnisse sind insgesamt uneinheitlich: Einerseits führt ein neutraler frame zu einer stärkeren Fokussierung auf widersprechende Informationen bei der Nachweissuche und -ablage und in der Folge auch zu einer geringeren fair value-Bewertung im Vergleich zu einem positiven frame. Andererseits unterscheidet sich die abschließende Bewertung bei einem negativen frame trotz stärkerer Fokussierung auf widersprechende Informationen im Rahmen der Suche nicht vom positiven frame.[737] In einer Mediationsanalyse zeigen die Autoren darüber hinaus, dass der frame die finale Beurteilung vor allem über die Anzahl an gespeicherten Nachweisen, mithin deren Dokumentation, und nicht über die Anzahl an Sichtungen derselben beeinflusst.[738]

Austin/Hammersley/Ricci (2016) untersuchen zwei Entzerrungsstrategien, welche explizit gegen die kognitive Verzerrung des motivated reasoning (s.o. Kapitel II.1.e)dd)) bei der Prüfung geschätzter Werte gerichtet sind.[739] Bei den Entzerrungsstrategien handelt es sich wie bei *Cohen et al.* (2016) einmal um eine Dokumentationspflicht, während der Informationssuche und -auswertung vornehmlich solche Prüfungsnachweise zu dokumentieren, welche inkonsistent zu den Annahmen der Unternehmensleitung sind.[740] Als zweite Entzerrungsstrate-

---

[730] Vgl. *Cohen et al.* (2016), S. 4 f. und 20 ff.

[731] Während ein positiver frame formuliert, dass Prüfungsnachweise zu sammeln sind, welche die Annahmen der Unternehmensleitung stützen, formuliert ein negativer frame, dass solche Prüfungsnachweise zu sammeln sind, welche die Annahmen der Unternehmensleitung in Frage stellen. Die neutrale Formulierung fordert sowohl die Suche nach unterstützenden als auch nach widersprechenden Prüfungsnachweisen, vgl. ebenda, hier S. 23 f.

[732] Vgl. ebenda, hier S. 3 f. und 8 f.

[733] Vgl. *Cohen et al.* (2016), S. 23.

[734] Zu jeder Annahme lagen drei die Annahmen der Unternehmensleitung stützende und drei widersprechende Prüfungsnachweise vor, vgl. *Cohen et al.* (2016), hier S. 22.

[735] Vgl. ebenda, hier S. 20 ff.

[736] Vgl. ebenda, hier S. 20 und 24. Es ist indes fraglich, ob man - wie die Autoren - aus der Entscheidung über die Speicherung der einzelnen Nachweise schließen kann, dass diese als wichtiger beurteilt wurden, vgl. ebenda, hier S. 31.

[737] Vgl. ebenda, hier S. 25 ff.

[738] Vgl. ebenda, hier S. 27 ff.

[739] Vgl. *Austin/Hammersley/Ricci* (2016), S. 2.

[740] Vgl. ebenda, hier S. 2 und 8 f. und 13 f.

gie wird versucht, das Ziel bzw. die Motivation der einzelnen Prüfer, zu einer möglichst genauen Beurteilung zu kommen (accuracy goal), zu stärken.[741] Hierzu wird den Probanden ein dieses Ziel unterstreichendes Statement des übergeordneten Managers kommuniziert.[742] In dem 2x2 between-subject Experiment sollen die Probanden die Cashflow-basierte Ermittlung des erzielbaren Betrages einer Unternehmenseinheit im Rahmen des Goodwill-Wertminderungstests beurteilen, wobei Sensitivitätsanalysen zeigen, dass bereits kleine Änderungen der eher überhöhten CF-Prognosen zu einer Unterschreitung des Buchwertes führen würden.[743] Zur Prüfung dieser Annahmen erhalten die Probanden drei Interviews im Audio-Format, wobei sie im Anschluss die sich daraus ergebenen Prüfungsnachweise dokumentieren und die Vertretbarkeit des fair values insgesamt sowie das weitere Vorgehen angeben sollen.[744] Die Ergebnisse zeigen zum einen, dass die Probanden mit einer Dokumentationspflicht zu widersprechenden Prüfungsnachweisen diese auch signifikant häufiger dokumentieren und hierdurch auch mittelbar die Vertretbarkeit des Schätzwertes als geringer beurteilt wird.[745] Genauere Analysen zeigen dabei, dass die Probanden nicht inkonsistente Fakten verstärkt dokumentieren, sondern stärker die sich hieraus ergebenden Schlussfolgerungen (inferences).[746] Hinsichtlich der Motivation, zu einem akkuraten Ergebnis zu kommen konnten keine Effekte gezeigt werden, da diese Motivation in der Grundgesamtheit bereits im Durchschnitt sehr hoch war und die Manipulation daher keine hinreichende Variabilität herstellen konnte.[747]

Maksymov/Nelson/Kinney (2017) untersuchen schließlich, ob sich eine Änderung der Formulierung von Prüfungsstandards in der Form, dass explizit zu begutachten ist, ob die Annahmen der Unternehmensleitung bei einem Schätzwert nicht angemessen sind, die Prüfungsplanung eines level-3 fair values beeinflusst.[748] Das Experiment basierte dabei auf der Bewertung eines Mietobjektes anhand eines DCF-Modells gem. IFRS 13.[749] Nachdem die Probanden relevante Informationen zur Bewertung erhalten haben, mussten sie unter der between-subject variierenden Bedingung einer positiven vs. negativen Formulierung und einer within-subject Manipulation von zunächst niedrigen und sodann hohen Effizienzdruck zu 15 gegebenen Prüfungshandlungen Zeiteinheiten für deren Durchführung budgetieren.[750] Anschließend haben sie zudem Selbsteinschätzungen zu der Verifizierbarkeit der Qualität einer jeden Prüfungshandlung abgegeben.[751] Die Ergebnisse zeigen, dass Prüfer im negativen framing unabhängig von der Drucksituation insgesamt signifikant mehr Zeit für die Durchführung der Prüfungs-

[741] Vgl. *Austin/Hammersley/Ricci* (2016), S. 2 und 9 f. Dem stehen oftmals sog. 'directional goals', welche die Tendenz benennen, nicht zu einem möglichst korrekten, sondern zu dem gewünschten bzw. angestrebten Ziel zu gelangen, entgegen, vgl. ebenda, hier S. 9 f. Diese Maßnahme entspricht funktional der Zielrahmung und ist daher primär den in Kapitel III.2.c)aa) dargestellten Studien zuzuordnen.

[742] Vgl. ebenda, hier S. 14.

[743] Vgl. ebenda, hier S. 12 und 16.

[744] Vgl. ebenda, hier S. 12 f.

[745] Vgl. ebenda, hier S. 18 ff.

[746] Vgl. ebenda, hier S. 15 f. und 22 ff.

[747] Vgl. ebenda, hier S. 19 und 24 f.

[748] Vgl. *Maksymov/Nelson/Kinney* (2017), S. 1 f.

[749] Vgl. ebenda, hier S. 12 f.

[750] Jeweils in 15-Minuten Einheiten, wobei die Gesamtzeit für ähnliche Prüfungen auf 30-40 Stunden verankert wurde, vgl. ebenda, hier S. 10 f.

[751] Vgl. ebenda, hier S. 13.

handlungen allokierten.[752] Dieser Effekt tritt zudem verstärkt für Prüfungshandlungen auf, deren Qualität als weniger verifizierbar eingeschätzt wurde.[753]

ii) Würdigung der Maßnahme

Die Ergebnisse der neueren Studien zur Prüfung geschätzter Werte stehen im Einklang mit den Befunden von Studien, welche analoge Maßnahmen bei anderen Prüfungssachverhalten untersuchen. So hatten in einer Studie von *Agoglia/Kida/Hanno* (1993) die Probanden anhand eines umfassenden Informationssets zu beurteilen, inwieweit ein internes Kontrollsystem fraud-Vorfälle verhindern kann.[754] Die Dokumentationsanweisung variierte, ob nur urteilsstützende Nachweise, unterschiedliche Nachweise oder unterschiedliche Nachweise disaggregiert für einzelne Zwischenurteile zu dokumentieren sind.[755] Die Autoren zeigen, dass Probanden innerhalb der letzten Manipulation vergleichsweise mehr positive Nachweise dokumentierten und das interne Kontrollsystem positiver beurteilten.[756] Auch *Wheeler/Arunachalam* (2008) untersuchen in einem tax-setting zur Beurteilung der Absetzungsfähigkeit einer Bonuszahlung ähnliche, im Detail gleichwohl stark variierende Dokumentationserfordernisse um Bestätigungseffekten entgegenzuwirken.[757] Sie untersuchen zum einen ein balanciertes Begründungserfordernis, Informationen für wie gegen das eigene Urteil zu dokumentieren, wobei die Probanden die Informationen frei extrahieren konnten.[758] Zudem müssen die Probanden ähnlich wie bei *Emby/Finley* (1997) angeben, wie stark sie die einzelnen Nachweise relativ zu den anderen Nachweisen für ihr Urteil gewichten und diese Gewichtung begründen.[759] Zum anderen untersuchen die Autoren eine Dokumentationsanleitung, nach der vorgegebene Informationen komponentenweise einzeln bewertet werden mussten und sehr knapp zu dokumentieren war, warum sie dem eigenen Urteil entgegenstehen.[760] Die Autoren zeigen im Ergebnis, dass die verschiedenen Ausgestaltungen der Informationsbewertungs- und Dokumentationserfordernisse nur im ersten Fall Bestätigungseffekte minderten.[761] Da hier mehrere Faktoren manipuliert wurden, ist dieser Effekt allerdings nicht eindeutig allein auf das gerichtete Dokumentationserfordernis rückführbar. Angesichts der überwiegend positiven Befunde und der leichten Umsetzbarkeit sind Maßnahmen der gerichteten Informationssuche insgesamt als effektiv zu bewerten und sollten, wie derzeit im Rahmen der Überarbeitung des ISA 540[762] angedacht, als Maßnahme zur Stärkung der kritischen Grundhaltung beachtet werden.

---

[752] Durchschnittlich 38 vs. 31 Stunden, vgl. *Maksymov/Nelson/Kinney* (2017), S. 14.
[753] Vgl. ebenda, hier S. 16 ff.
[754] Vgl. *Agoglia/Kida/Hanno* (2003), S. 37 f.
[755] Vgl. ebenda, hier S. 35 f.
[756] Vgl. ebenda, hier S. 39 ff.
[757] Vgl. *Wheeler/Arunachalam* (2008), S. 132 und 136 f.
[758] Vgl. ebenda, hier S. 132.
[759] Vgl. ebenda, hier S. 135 f.
[760] Vgl. ebenda, hier S. 136.
[761] Vgl. ebenda, hier S. 139 ff. Dies betrifft allerdings nur die Informationsgewichtung und nicht die Informationsselektion, auf welche die Manipulation keinen Effekt hatte, vgl. ebenda.
[762] Vgl. *Köhler* (2017), S. 35.

c) Motivationsbezogene Strategien

aa) Formen der Zielrahmung

aaa) Darstellung der Studien

i) Antizipation einer prozessorientierten Urteilsbewertung

Die hier behandelten Maßnahmen richten sich auf eine Beeinflussung der Zielstruktur des Prüfers (s.o. Kapitel III.1.b)bb)ccc)). Konkret wurden Normierungsversuche beleuchtet, die zum einen die Unabhängigkeit der prüferischen Urteilsfindung betonen und zum anderen durch die Festlegung von Bewertungskriterien, wie z.B. einer audit judgment rule, den Urteilsprozess hervorheben. Eine audit judgment rule (im Folgenden AJR) stellt analog zu einer business judgment rule eine Beurteilungsnorm dar.[763] Im Gegensatz zu dem weiter oben angeführten judgment framework ist eine AJR weniger an die Prüfer gerichtet, sondern soll vielmehr geeignete Kriterien für die ex post-Beurteilung der Prüfer bereitstellen, wodurch die AJR auch mittelbar wiederum Einfluss auf den Urteilsprozess von Prüfern nehmen kann.

Empirische Studien, die den potenziellen Einfluss einer AJR auf das Informationsverarbeitungsverhalten bei der Prüfung geschätzter Werte untersuchen, liegen derzeit noch nicht vor. *Kang/Trotman/Trotman* (2015) untersuchen indirekt den Einfluss einer AJR auf das prüferische JDM bei Schätzwerten und zeigen, dass eine solche Beurteilungsnorm dem Prüfungsausschuss Anhaltspunkte an die Hand gibt, das Vorgehen der Prüfer gezielter in Frage zu stellen und so ex ante zu einer erhöhten kritischen Grundhaltung bei den Prüfern selbst führen kann.[764] Unabhängig von der Frage nach der inhaltlichen Konkretisierung einer AJR haben mehrere Studien in Anlehnung an *Peecher/Solomon/Trotman* (2013) die unterschiedlichen Wirkweisen einer ergebnis- im Vergleich zu einer prozessorientierten Beurteilungsnorm auf das prüferische JDM erforscht. *Kim/Trotman* (2015) untersuchen explizit den Einfluss einer prozessorientierten Beurteilung auf die kritische Grundhaltung von Prüfern.[765] Das Experiment beinhaltet die Beurteilung der Wahrscheinlichkeit einer Falschdarstellung bei unerwarteten Steigerungen der Umsatzerlöse, wobei den Probanden in der prozessorientierten Manipulation kommuniziert wurde, dass die Experimentatoren im Nachgang stichprobenweise Teilnehmer auffordern werden, den Urteilsprozess, welcher sie zum abschließenden Urteil geführt hat, zu erklären.[766] Im Ergebnis wurde vor allem bei unerfahrenen Probanden die kritische Grundhaltung verbessert: Sie haben signifikant mehr alternative Hypothesen und Erklärungen zu denen der Unternehmensleitung generiert, diese als unzuverlässiger eingeschätzt, mehr Zeit zur Urteilsbildung verwendet und im Vergleich zur Beurteilung eines Expertenpanels weniger Abweichungen in der finalen Beurteilung aufgewiesen.[767] *Messier/Quick/Vandervelde* (2014) hingegen untersuchen, inwiefern eine prozessorientierte Rechenschaftsabgabe im Rahmen eines Reviews durch den Prüfungspartner dazu beiträgt, unreflektiert die Bilanzierungsmethoden aus dem Vorjahr i.S.e. status quo bias auf ähnliche Sachverhalte zu übertragen.[768] Materiell mussten die Probanden in dem Experiment über die Kapitalisierung

[763] Vgl. u.a. *Peecher/Solomon/Trotman* (2013), S. 605 ff.
[764] Vgl. *Kang/Trotman/Trotman* (2015), S. 60 f. und 66 ff.
[765] Vgl. *Kim/Trotman* (2015), S. 1019 f.
[766] Vgl. ebenda, hier S. 1024 f.
[767] Im Vergleich zu Probanden, welche u.U. ihr Urteil ergebnisorientiert hätten begründen müssen, vgl. *Kim/Trotman* (2015), S. 1030 ff.
[768] Vgl. *Messier/Quick/Vandervelde* (2014), S. 60 und 66.

von R&D-Ausgaben entscheiden.[769] Die Resultate zeigen auch hier, dass eine starke prozessorientierte Rechenschaftsmanipulation das Auftreten des status quo biases signifikant verringert hat.[770]

ii) Internalisierung eines unabhängigkeitsorientierten Verantwortungsbewusstseins

Die Institution der Jahresabschlussprüfung beeinflusst mehrere Stakeholdergruppen und ist von gesamtgesellschaftlichem, öffentlichem Interesse.[771] Ausgehend von dieser Bestimmung werden Strategien vorgeschlagen, die auf eine Vergegenwärtigung allgemeiner Berufspflichten und der Verantwortung, im öffentlichen Interesse zu handeln und erheblichen Einfluss auf die Urteile Dritter zu nehmen,[772] mithin auf ein verstärktes berufsbezogenes Rollenverständnis (professional identity) abzielen.[773] Diese Maßnahmen der Zielrahmung sind entsprechend vor allem gegen motivationale Verzerrungen gerichtet. Eine Möglichkeit, diese berufsstandsmäßigen Verantwortungszusammenhänge im Rahmen des prüferischen JDM zu effektivieren, besteht in der Einführung sog. codes of ethics wie dem Code of Ethics for Professional Accountants des IESBA[774], welcher die zentralen Werte von Objektivität, Integrität und Unabhängigkeit für die Urteilsbildung betont.

Während mehrere Studien zum 'moral' bzw. 'ethical reasoning' im Prüfungskontext vorliegen,[775] finden sich nur wenige Studien, die explizit untersuchen, inwiefern ethische Rahmennormen die Fähigkeit besitzen, das JDM der Prüfer - auch i.S.e. Entzerrungsstrategie - effektiv zu beeinflussen. Studien, die in spezifischer Weise geschätzte Werte behandeln, liegen nicht vor. Eine erste Studie von *Fatemi/Hasseldine/Hite* (2014) untersucht den Einfluss des code of professional conduct des AICPA.[776] In dem between-subject Experiment wurde das Vorhandensein zweier Textpassagen aus dem code of conduct manipuliert, wobei die erste Passage die Integrität des prüferischen Urteils betont und die zweite auf die Möglichkeit hinweist, als Vertreter des Mandanten agieren zu können.[777] Neben einer Kontrollgruppe hat eine zweite Gruppe nur die erste Passage, eine dritte Gruppe nur die zweite Passage, und eine vierte Gruppe schließlich beide Passagen erhalten. Im Ergebnis haben die Studentenprobanden der zweiten Gruppe einen ambigen Bilanzierungsfall ebenso wie die Kontrollgruppe konservativ bewertet; beim Vorliegen beider Auszüge wurden indes die objektivsten Urteile erreicht.[778]

Neben diesem Einzelbefund finden sich mehrere Studien, welche das Konstrukt eines berufsbezogenen Rollenverständnisses (professional identity) untersuchen. Diese Studien zeigen insgesamt ein uneinheitliches Bild auf. *Bauer* (2015) untersucht Möglichkeiten, ein auf Unabhängigkeit bedachtes professionelles Berufsverständnis durch erhöhte Sichtbarkeit (sa-

---

[769] Vgl. *Messier/Quick/Vandervelde* (2014), S. 65 ff.
[770] Vgl. ebenda, hier S. 68 ff.
[771] Vgl. *Naumann* (2017), Rn. 1.
[772] Vgl. zu den zentralen Berufspflichten § 43 WPO (Stand zum 10.05.2016); ferner *Naumann* (2017), Rn. 89 ff.
[773] Vgl. u.a. *Dillard/Yuthas* (2002), S. 50 f. und 56 ff.; *Knapp/Knapp* (2012), S. 45.
[774] Vgl. IESBA (2016).
[775] Moralisches Urteilsvermögen wird oftmals mittels des sog. 'defining issue tests' gemessen, vgl. *Rest et al.* (1974), S. 492, welcher von mehreren Studien in der Prüfungsforschung verwendet wird, vgl. u.a. *Ponemon/Gabhart* (1990), S. 229 ff.
[776] Vgl. *Fatemi/Hasseldine/Hite* (2014), S. 27 f.
[777] Vgl. ebenda, hier S. 32 f.
[778] Vgl. ebenda, hier S. 34 ff.

lience) mental zu evozieren, um Verzerrungen aus sozialen Beziehungen zum Mandanten bereits nach kurzer Mandatsdauer entgegenzuwirken.[779] Während Probanden in einer Aufgabe zur Beurteilung der GCO zuvor durch visuelle und textuelle Hinweise auf berufsständische Werte hingewiesen wurden, mussten Probanden in einem zweiten Experiment vor der Beurteilung der Werthaltigkeit von Vorratsvermögen Berufsgrundsätze und -werte in einer mindmap erarbeiten.[780] Für beide Experimente kann gezeigt werden, dass Probanden mit erhöhter 'professional identity' weniger stark zu den vom Mandanten präferierten Beurteilungen gelangen und eine erhöhte kritische Grundhaltung aufweisen.[781] Die Studie repliziert damit Befunde aus einer vorherigen Untersuchung von *Bamber/Iyer* (2007), bei denen eine größere Identifikation mit dem Berufsstand (professional identification) die Wahrscheinlichkeit, dem Mandantendruck nachzugeben, gemindert hat.[782] Auch *Clayton/van Staden* (2015) zeigen analog, dass Prüfer, die sich stärker den berufsbezogenen Werten des Berufsstandes verpflichtet fühlen (professional commitment), weniger stark dem Einfluss sozialen Drucks aus den organisationalen Rechenschaftsstrukturen gegenüber dem Vorgesetzten und dem Einfluss des Konformitätsdrucks aus dem Verhalten von Gleichrangigen unterliegen.[783]

Kadous/Zhou (2016a) fokussieren schließlich auf das Konstrukt der intrinsischen Motivation. Sie untersuchen experimentell, inwiefern eine Hervorhebung bzw. Stimulierung dieser Motivation gerade die bei der Prüfung geschätzter Werte auftretenden Unzulänglichkeiten und Verzerrungen bei der Annahmenprüfung abmildern kann.[784] Während extrinsische Motivation auf sekundären aufgabenunabhängigen Konsequenzen einer Aufgabenbewältigung wie Vergütung oder Reputation beruht, basiert intrinsische Motivation auf den mit der Bewältigung einer Aufgabe direkt, um ihrer selbst willen verbundenen Konsequenzen wie z.B. Neugier zu stillen, etwas zu lernen oder Lust zu empfinden.[785] Die intrinsische Motivation für die Untersuchungsgruppe wurde dadurch stimuliert, dass die Probanden eine Liste mit berufsbezogenen, intrinsischen Faktoren begutachten und in einer Rangfolge listen mussten.[786] Die Aufgabe beinhaltete die Bewertung dreier Annahmen im Rahmen einer Cashflow-basierten fair value-Bewertung, auf deren Aggressivität eine Kombination mehrerer Hinweise hindeutete.[787] Die Autoren zeigen im Ergebnis, dass die Prüfer in der Untersuchungsgruppe mehr von den Hinweisen identifizieren, die auf Probleme bei der Bewertung hindeuten, und insgesamt fokussierter i.S. einer Nachfrage nach diagnostisch-relevanten Informationen - unter gleicher Zeiteffizienz wie die Kontrollgruppe - vorgehen.[788] Auch der Schätzwert wird folglich als weniger angemessen beurteilt.[789]

---

[779] Vgl. *Bauer* (2015), S. 96 f. und 99 f.
[780] Vgl. ebenda, hier S. 101 ff.
[781] Vgl. ebenda, hier S. 103 ff.
[782] Vgl. *Bamber/Iyer* (2007), S. 2 f. und 18 ff.
[783] Vgl. *Clayton/van Staden* (2015), S. 375 ff.
[784] Vgl. *Kadous/Zhou* (2016a), S. 2 f. und 8 ff.
[785] Vgl. ebenda, hier S. 8. Sie grenzen diese Form der Motivation explizit von derjenigen von *Bauer* (2015) ab, bei dem die 'professional identity' vielmehr durch extrinsische Faktoren wie Reputation motiviert wird, vgl. *Kadous/Zhou* (2016a), S. 6.
[786] Vgl. *Kadous/Zhou* (2016a), S. 17 und 35.
[787] Vgl. ebenda, hier S. 15 ff.
[788] Vgl. ebenda, hier S. 21 ff.
[789] Vgl. ebenda, hier S. 22.

Entgegen diesen Ergebnissen zeigen *Lord/DeZoort* (2001), dass weder ein hohes persönliches Einstehen für die Ziele des Berufsstandes (professional commitment), noch eine hohe moralische Integrität (moral development) bei der Beurteilung eines bewertungsmäßig zu hoch ausgewiesenen Vermögenswertes den Einfluss aus Konformitäts- und Mandantendruck abmildern.[790] *Ortegren/Downen/Kim* (2016) zeigen ebenfalls, dass ein höheres 'professional commitment' den negativen Einfluss einer stärkeren Identifikation mit dem Mandanten bei der Risikobeurteilung wesentlicher Falschdarstellungen nicht direkt abmildert.[791] *Hurley/Mayhew/Obermire* (2016) zeigen schließlich, dass ein auf das Wohl von Investoren gerichtetes Verantwortungsbewusstsein allein nicht ausreicht, um ein mandantenkonformes JDM des Prüfers einzuschränken, sondern sich nur dann effektiv ausnahm, wenn auch die ökonomischen Anreize zum Mandanten eliminiert wurden.[792]

bbb) Würdigung der Maßnahmen

Die Studien, welche den Einfluss einer prozessorientierten im Gegensatz zu einer ergebnisorientierten Bewertung auf das prüferische JDM untersuchen, bestätigen die Befunde aus der psychologischen Forschung, welche i.d.R. ebenso die Vorteile einer Prozessorientierung herausstellen.[793] Eine derartige Ausrichtung könnte vor allem auch innerhalb des Prüfungsteams positive Effekte zeitigen. *Brazel et al.* (2016) bestätigen z.B. Rückblickeffekte (s.o. Kapitel II.1.d)cc)) bei der Bewertung von untergebenen Prüfern im Rahmen eines Reviewprozesses und zeigen, dass die Erwartung dieses Umstandes der Ausübung der kritischen Grundhaltung seitens der untergebenen Prüfer entgegenstehen kann.[794] Auch eine proaktive, offene Kommunikation der subordinierten Prüfer zur Abstimmung des eigenen Vorgehens i.S.e. „culture of consultation"[795] konnte die negative Bewertung nicht verhindern.[796] Die Implementierung einer prozessorientierten Bewertung könnte hingegen die Entstehung von Rückblickeffekten und die negativen Auswirkungen ihrer Antizipation zumindest potenziell abmildern.

Hinsichtlich der Wirksamkeit der (ethischen) Rahmennormen zur Förderung eines berufsbezogenen Rollenverständnisses lassen bereits die heterogenen Ergebnisse Zweifel bestehen. Zusätzlich stellt sich die Frage, wie sich ein solches professionelles Berufsbild und Rollenverständnis in praxi effizient und dauerhaft kognitiv internalisieren und aktualisieren lässt, damit auch eine Verbesserung bzw. Entzerrung auf der Ebene der Informationsverarbeitung zu erwarten ist. Problematisch scheint dabei vor allem, dass die abstrakte Idee der Verantwortung für eine in vielerlei Hinsicht entfernte und diffuse Öffentlichkeit situativ schwerlich in kon-

[790] Vgl. *Lord/DeZoort* (2001), S. 221 f., 225 und 228; ebenso *Ortegren/Downen/Kim* (2016), S. 10 f. und 20 f.
[791] Vgl. *Ortegren/Downen/Kim* (2016), S. 4 und 20 f.
[792] Vgl. *Hurley/Mayhew/Obermire* (2016), S. 11 und 19 f.
[793] Vgl. u.a. *Siegel-Jakobs/Yates* (1996), S. 3 f. und 14 f. *Rausch/Brauneis* (2015), S. 492 f.; ferner *Keren* (1990), S. 539 f.
[794] Vgl. *Brazel et al.* (2016), S. 1579 und 1594 ff. In dem Experiment musste die Leistung untergebener Prüfer im Rahmen eines Reviews bewertet werden, wobei das auf einer hohen kritischen Grundhaltung basierende Vorgehen der subordinierten Prüfer als Bewertungsgrundlage in jeder Untersuchungsgruppe gleich war. Gem. dem Rückblickeffekt wurden Prüfer, deren zusätzlicher Prüfungsaufwand zu keinen weiteren Ergebnissen geführt hat, schlechter bewertet als diejenigen, deren (gleiche) Vorgehensweise zu einem positiven Befund führte.
[795] *Glover/Prawitt* (2014), S. P10.
[796] Vgl. *Brazel et al.* (2016), S. 1582 und 1586 ff.

kreter Form erfahrbar gemacht werden kann.[797] Auch *Clayton/van Staden* (2015) unterstreichen, dass allein die bloße Existenz von Rahmennormen nicht ausreicht, sondern deren Internalisierung in Form eines „commitment to one's employing organisation and professional body“ [798] notwendig ist, um Einfluss auf den Urteilsprozess zu nehmen. Die in den Studien verwendeten Methoden zur Stimulierung eines erhöhten berufsbezogenen Rollenverständnisses, bei denen wichtige Werte des Berufsstandes enumerativ aufzulisten oder mind-maps anzufertigen waren, scheinen angesichts des ohnehin durch Zeitdruck bestimmten Prüfungsalltags weniger praktikabel.

Darüber hinaus deuten mehrere Studien darauf hin, dass andere organisationale Faktoren, die sich i.S.e. Entzerrungsstrategie nur schwerlich manipulieren lassen sollten, die Ausbildung einer gewünschten Berufsidentität wesentlich mitbestimmen.[799] So untersuchen *Svanberg/Öhman* (2016) über ein Umfrage, ob die ethische Kultur eines Unternehmens (firm ethical culture) Einfluss auf die Objektivität des prüferischen Urteils gegen die Tendenzen zum motivated reasoning nehmen.[800] Sie zeigen, dass Prüfer in einem Unternehmen mit einer höheren ethischen Firmenkultur bei einer strittigen Entscheidung über die Wesentlichkeit nichtbilanzierter Verbindlichkeiten weniger stark den Mandantenpräferenzen nachkommen.[801] Neben der Firmenkultur sind weiter im Besonderen der 'tone at the top' und die Ausgestaltung der internen Governancestrukturen als innerorganisationale Faktoren zu nennen.[802]

bb) Formen der internen Dokumentation und Berichterstattung als accountability-Strategien

aaa) Darstellung der Studien

i) Monologische Rechtfertigungs- und Dokumentationserfordernisse

Mehrere Studien haben den Einfluss verschiedener Ausgestaltungen eines Rechtfertigungs- bzw. Begründungserfordernisses (justification) untersucht. In der Prüfungspraxis sind derartige Dokumentationspflichten allgegenwärtig. Die Studien, die in diesem Abschnitt dargestellt werden, untersuchen diese Rechtfertigungserfordernisse isoliert und klammern weitergehende Mechanismen - wie ein darauf folgendes Feedback oder umfangreiche Reviewmechanismen - aus. [803] Als psychologischer Wirkmechanismus wird dabei angenommen, dass allein die Handlung des Aufschreibens eine auf relevante Informationen gerichtete mentale Fokussierung anleiten kann.[804] I.d.S. sind die Begründungserfordernisse primär als denkbezogene Strategien zu qualifizieren und den in Kapitel III.2.bb)aaa) Studien zuzurechnen. Im Rahmen eines experimentellen Settings können durch die Aufforderung, das Urteil schriftlich zu begründen, gleichwohl beim Probanden Rechtfertigungserwartungen ggü. einem Dritten evo-

---

[797] Die Prüfer selber weisen diesem Punkt einen eher geringen Einfluss auf die prüferische Unabhängigkeit zu, vgl. *Farmer/Rittenberg/Trompeter* (1987), S. 9 f.

[798] *Clayton/van Staden* (2015), S. 373.

[799] Vgl. i.d.S. ebenso *Kadous/Zhou* (2016a), S. 31, die Firmenkultur und Führung anführen.

[800] Vgl. *Svanberg/Öhman* (2016), S. 67 f.

[801] Vgl. ebenda, hier S. 69 ff.

[802] Vgl. *Jenkins et al.* (2008), S. 47 ff. Für die Prüfung geschätzter Werte zeigen *Kadous et al.* (2017), S. 4 f. und 11 f., dass auf intrinsische Motivation bedachte Führungspersonen dazu beitragen, dass problematische Sachverhalte öfter über die Hierarchieebenen hinweg kommuniziert werden.

[803] Zur Unterscheidung der Konstrukte der Rechtfertigung (justification) und Rechenschaft (accountability) vgl. *Johnson/Kaplan* (1991), S. 98; *Peecher/Kleinmutz* (1991), S. 108 f.; *Cushing/Ahlawat* (1996), S. 116; *Audsabumrungrat/Pornupatham/Tan* (2016), S. 20.

[804] Vgl. *Sieck/Yates* (1997), S. 207 ff.; *Cushing/Ahlawat* (1996), S. 113 f.

ziert werden. In diesem Fall entsprechen die psychologischen Wirkmechanismen denjenigen eines interaktiven Reviewprozesses (vgl. Kapitel III.c)bb)bbb)), wobei es zu einer höheren kognitiven Anstrengung und einem stärkeren analytischen Denken gem. dem 'type 2'-Denken kommen soll.[805] Konzeptionell abzugrenzen ist dieses Erfordernis der Urteilsbegründung von Aufforderungen, im Rahmen der Informationssuche und -dokumentation gerichtet vorzugehen (vgl. Kapitel III.b)dd) ccc)).[806]

In einer ersten experimentellen Studie von *Ashton* (1990) zur Bewertung von Bondratings mussten die Probanden unter der accountability-Manipulation auf einem separaten 'Justification Sheet' für jedes der 16 Ratings eine Begründung aufführen, das nach der Durchführung vom Experimentator eingesammelt wurde.[807] Probanden, die diesem Rechtfertigungserfordernis unterlagen, haben im Ergebnis akkuratere Bondratings vorhergesagt.[808] *Jones/Brown/ Wheeler* (2001) replizieren diese Ergebnisse mit einem strukturell gleichen, aber generischen Aufgabenformat.[809] *Audsabumrungrat/Pornupatham/Tan* (2016) zeigen in einer neueren Studie einen ebenfalls positiven Einfluss von Dokumentationserfordernissen bei der Bestimmung der Gesamtwesentlichkeitsgrenze.[810] Probanden, die zur Dokumentation aufgefordert wurden, mussten ihre Entscheidung allein hinsichtlich der Basisgröße und dem verwendeten Prozentsatz schriftlich begründen.[811] Diese Probanden haben im Ergebnis weniger einseitig die internen Richtlinien (materiality guidance) befolgt, sondern deren Ergebnisse intensiver hinterfragt und im Ergebnis eine höhere Wesentlichkeitsgrenze festgesetzt.[812]

Als konkrete Entzerrungsstrategie hat bislang lediglich eine Studie Rechtfertigungserfordernisse untersucht, obgleich nicht bei der Prüfung geschätzter Werte. In dieser experimentellen Studie von *Cushing/Alhawat* (1996) mussten Probanden ein Memorandum für den Seniorpartner entwerfen und darin so viele Gründe wie möglich angeben, welche das getroffene Urteil hinsichtlich einer GCO-Beurteilung stützen.[813] Das Dokumentationserfordernis hat in diesem Fall das Auftreten von Reihenfolgeeffekte in Form des recency bias (s.o. Kapitel II.1.d)cc)) bei der sequentiellen Verarbeitung von Informationen verhindert.[814]

Trotz dieser positiven Befunde zur Leistungsfähigkeit von Dokumentations- und Rechtfertigungserfordernissen weisen zwei Studien auf potenzielle Nebeneffekte und Einschränkungen hin. *Koonce* (1992) zeigt in einem Experiment, dass die schriftliche Abfassung von Erklärungen für eine vom Mandanten geäußerte Begründung hinsichtlich ungewöhnlicher Fluktuationen dazu führte, dass dieser Begründung größerer Erklärungsgehalt zugeschrieben wurde.[815] *Chang/Ho/Liao* (1997) zeigen darüber hinaus in einer experimentellen Studie mit Studentenprobanden, dass die Probanden unter einem Rechtfertigungserfordernis zwar größere An-

[805] Vgl. *Ashton* (1990), S. 155 f.; *Audsabumrungrat/Pornupatham/Tan* (2016), S. 18 ff.
[806] Die Aufforderung, sein Urteil zu begründen, beinhaltet gleichwohl auch implizit eine positive Begründungsrichtung eben zum eigenen Urteil hin.
[807] Vgl. *Ashton* (1990), S. 159.
[808] Vgl. ebenda, hier S. 167 f. und 173; *derselbe* (1992), S. 295 ff.
[809] Vgl. *Jones/Brown/Wheeler* (2001), S. 193 ff.
[810] Vgl. *Audsabumrungrat/Pornupatham/Tan* (2016), S. 23.
[811] Vgl. ebenda, hier S. 22 f.
[812] Vgl. ebenda, hier S. 23 ff.
[813] Vgl. *Cushing/Ahlawat* (1996), S. 114 ff.
[814] Vgl. ebenda, hier S. 117 ff.
[815] Vgl. *Koonce* (1992), S. 65 ff. Sie bezeichnet dies als sog. "explanation effect", S. 61. Vgl. ebenso *Chung/ Monroe* (1999), S. 121 f.

strengung (effort) aufbrachten, diese aber unabhängig von der Aufgabenkomplexität keinen Einfluss auf ihre Leistung hatte.[816] Die Studie unterstreicht die Aussagen von *Kennedy* (1993), dass erhöhte Anstrengung nicht in jedem Fall die Informationsverarbeitung verbessert, sondern nur dann, wenn die zugrundeliegende Aufgabe gegenüber der kognitiven Anstrengung eine gewisse Sensitivität aufweist.[817]

ii) Dialogische Reviewprozesse

Der Reviewprozess kann als ein in der Prüfungspraxis gängiges Feedback- und Kontrollinstrument verstanden werden, wodurch Fehler - auch aufgrund einer mangelhaften Informationsverarbeitung - ex post korrigiert werden können.[818] *Trotman/Yetton* (1985) zeigen z.B., dass der Reviewprozess i.d.S. die Konsistenz bei Urteilen erhöhen kann.[819] Zudem kann der Reviewprozess auch als Rechenschaftsinstrument ex ante Einfluss auf die Informationsverarbeitung ausüben.[820] Auf der psychologischen Ebene wird diese Wirkung über den kognitiven Mechanismus der sog. präventiven Selbstkritik (preemptive self-criticism) erklärt: Aufgrund der antizipierten Bewertung durch einen Dritten empfinden Personen sozial-emotionalen Druck z.B. zum Erhalt von Selbstachtung oder zur Demonstration von hoher Leistung und richten daher mehr Mühe und kognitive Anstrengung auf die Bearbeitung einer Aufgabe.[821] Neben solchen quantitativen Veränderungen der Anstrengung konnten Studien zeigen, dass sich die Informationsverarbeitung in diesem Zuge auch qualitativ verändert. So konnte gezeigt werden, dass es zu einer umfassenderen Berücksichtigung mehrerer möglicher Erklärungen kommt, mehr unterschiedliche Informationen integriert werden und stärker auf den eigenen Informationsverarbeitungsprozess i.S. eines metakognitiven Bewusstseins (s.o. Kapitel III.b)aa)ccc)) geachtet wird.[822]

Mehrere Studien in der Prüfungsforschung zeigen im Einklang mit diesem Erklärungsansatz einen positiven Einfluss von Reviewprozessen als präventivem accountability-Mechanismus auf. So erzeugt *Lord* (1992) accountability in einem experimentellen Setting zur Beurteilung mehrerer Fälle zweifelhafter Ertragsvereinnahmung dadurch, dass den Probanden von einem bekannten Partner der Gesellschaft mitgeteilt wird, dass deren Antworten ex post in einem Review ausgewertet werden und somit die Anonymität aufgehoben wird.[823] Im Ergebnis wird gezeigt, dass diese Probanden deutlich weniger oft unter Beibehaltung der Bilanzierungsmethode einen uneingeschränkten Bestätigungsvermerk erteilen würden.[824] Auch *Anderson/Koonce/Marchant* (1995) zeigen unter einer ähnlichen Manipulation, dass durch die Antizipation eines Reviewprozesses die Erklärungen der Unternehmensleitung zu unüblichen Fluktuatio-

[816] Vgl. *Chang/Ho/Liao* (1997), S. 100 und 103 ff.
[817] Vgl. *Kennedy* (1993), S. 232 ff.
[818] Vgl. *Solomon* (1987), S. 3 f.; *Libby/Trotman* (1993), S. 560 f. und 570 ff.; *Rich/Solomon/Trotman* (1997), S. 485; *Trotman/Bauer/Humphreys* (2015), S. 58 ff.
[819] Vgl. *Trotman/Yetton* (1985), S. 257 und 262 ff.
[820] Vgl. *Johnson/Kaplan* (1991), S. 97; *Anderson/Koonce/Marchant* (1995), S. 23 f.; *Koonce/Anderson/Marchant* (1995), S. 370; *Peecher* (1996), S. 126 ff.; *Rich/Solomon/Trotman* (1997), S. 483 ff.; ferner *Nelson/Tan* (1995), S. 54 ff.; *Andiola* (2014), S. 3 ff.
[821] Vgl. *Tetlock* (1983a), S. 74 f. und 80 f.; *Ashton* (1990), S. 150 ff.; *Tetlock* (1992), S. 343.
[822] Vgl. *Tetlock* (1983a), S. 81; *derselbe* (1985), S. 315 ff.; *Messier/Quilliam* (1992), S. 129 f.
[823] Vgl. *Lord* (1992), S. 93 ff.
[824] Vgl. ebenda, hier S. 96 ff.

nen stärker heuristisch anhand der Expertise des Erklärenden beurteilt werden.[825] *Koonce/Anderson/Marchant* (1995) zeigen weiter, dass Prüfer unter einer solchen accountability-Stimulation mehr Rechtfertigungen und diese zudem ausführlicher dokumentieren.[826] *Asare/Trompeter/Wright* (2000) zeigen schließlich, dass Probanden im Rahmen der Hypothesenteststrategie zur Erklärung von Fluktuationen mehr Aufwand in das Testen unterschiedlicher Hypothesen (breadth) als in die Absicherung einzelner Hypothesen (depth) investieren.[827] Insgesamt stimmen diese Studien mit den Ergebnissen früherer Studien überein, die positive Einflüsse auf verschiedene Qualitätsindikatoren von gutem JDM - wie Konsistenz, Konsens, Selbsteinsicht und eine vielseitige, unverzerrte Informationsintegration - aufgezeigt haben.[828]

Über diese präventive Wirkkraft haben manche Studien den Reviewprozess explizit als Entzerrungsstrategie instrumentalisiert. In einer experimentellen Studie von *Kennedy* (1993) mussten die Probanden eine GCO-Beurteilung anhand eines diagnostisch ausgewogenen Informationssets durchführen.[829] Den Probanden in der accountability-Manipulation wurde kommuniziert, dass die Antworten einem Review unterzogen werden und man ggf. sein Urteil auf einer Anschlusskonferenz begründen muss und daher Kontaktdaten beifügen soll.[830] *Kennedy* geht auch in dieser Studie davon aus, dass das Konstrukt der accountability allein die motivationale Dimension der Anstrengung befördert.[831] Die Ergebnisse zeigen, dass bei den Studentenprobanden Reihenfolgeeffekte in Form des recency bias (s.o. Kapitel II.1.d)cc)) in der accountability-Manipulation abgemildert wurden.[832] Bei Prüfern als Probanden trat dieser Effekt allerdings nicht auf.[833] In einer Folgestudie mit gleicher Manipulation konnte *Kennedy* (1995) ebenso für eine GCO-Beurteilung sowie für eine analytische Prüfungshandlung dokumentieren, dass Studenten- wie Prüferprobanden dem hindsight bias (s.o. Kapitel II.1.d)cc)) unterliegen, die accountability-Manipulation als Entzerrungsstrategie allerdings auf dessen Auftreten nicht nur keinen Einfluss hat, sondern bei der analytischen Prüfungshandlung diesen vielmehr noch verstärkt.[834]

Neben diesen in der Tendenz dennoch überwiegend positiven Befunden wurden auch negative Effekte von Reviews problematisiert. Diese entstehen erstens dadurch, dass beim Reviewprozess nicht nur die Angemessenheit eines Urteils anhand der Nachweislage beurteilt wird, sondern auch die Stringenz der Dokumentation und die Rechtfertigbarkeit des Urteils selbst.[835] Aus dem Bedürfnis nach einem konsistenten Begründungszusammenhang kann es zu einer weniger umfangreichen Dokumentation von inkonsistenten Informationen seitens des Prüfers, dessen Urteil einem Review unterliegt, kommen.[836] Dies steht im Gegensatz zu den Ergebnissen z.B. von *Koonce/Anderson/Marchant* (1995) oder *Tan* (1995), bei denen accountability-Manipulationen gerade zu einer größeren Berücksichtigung widersprechender Infor-

[825] Vgl. *Anderson/Koonce/Marchant* (1995), S. 25 ff.
[826] Vgl. *Koonce/Anderson/Marchant* (1996), S. 376 f. und 380.
[827] Vgl. *Asare/Trompeter/Wright* (2000), S. 549 ff.
[828] Vgl. *Johnson/Kaplan* (1991), S. 96 und 102 ff.; *Tan* (1995), S. 129 ff.
[829] Es wurden je vier positive und negative Informationen präsentiert, vgl. *Kennedy* (1993), S. 236 f.
[830] Vgl. ebenda, hier S. 238 f.
[831] Vgl. ebenda, hier S. 233 ff.
[832] Vgl. ebenda, hier S. 240 f.
[833] Vgl. ebenda, hier S. 241 f.
[834] Vgl. *Kennedy* (1995), S. 250 und 255 ff.
[835] Vgl. *Rich/Solomon/Trotman* (1997), S. 484 und 494; *Tan* (1995), S. 119.
[836] Vgl. *Libby/Trotman* (1993), S. 560 und 565 ff.

mationen geführt haben.[837] Darüber hinaus kann die mit dem Reviewprozess einhergehende Dokumentation auch strategisch benutzt werden, um positive Signale hinsichtlich der Leistung des Erstellers zu erzeugen.[838] Angesichts dieser in der Prüfungspraxis durchaus möglichen Eingriffe wurden die positiven Effekte aus den früheren Studien u.a. damit erklärt, dass dort derartige Möglichkeiten zur Dokumentation gerade nicht bestanden.[839] Schließlich werden durch accountability-Beziehungen i.d.R. auch Präferenzen kommuniziert.[840] Eingedenk dieses Umstandes können Rechenschaftsmechanismen auch dazu führen, dass Prüfer die Präferenzen des Rechenschaftsnehmers ex ante i.S.e. acceptability-Heuristik antizipieren und weniger kognitive Anstrengung auf die Informationsverarbeitung richten.[841] Zudem können geäußerte Präferenzen die Informationsverarbeitung ex ante auch analog zum motivated reasoning (s.o. Kapitel II.1.d)dd)) beeinflussen.[842] Schließlich können Rechenschaftserfordernisse auch zu einer verteidigenden Strategie führen, bei welcher das eigene Urteil i.S.e. 'defensive bolstering' ex post rationalisiert wird.[843] Der hierfür erforderliche persönliche Kontakt, welcher in der Prüfungspraxis beim Reviewprozess unumgänglich stattfindet und auch die Kommunikation von Erwartungen und Präferenzen ermöglicht, wurde in den frühen Studien indes vernachlässigt.

Um den Einfluss von Präferenzen zu berücksichtigen, haben *Buchmann/Tetlock/Reed* (1995) in einer experimentellen Studie den Probanden kommuniziert, dass sie entweder den Vizepräsidenten des Mandanten aus der Fallstudie oder aber den verantwortlichen Prüfer der Fallstudie treffen würden, um diese Fallstudie zu diskutieren.[844] Unter diesem konkretisierten, persönlichen Verantwortungszusammenhang konnten die Autoren bei der Beurteilung einer fraglichen Offenlegung von einer Eventualverbindlichkeit zeigen, dass erfahrene Probanden den Sachverhalt zwar einheitlich bewerten, in Abhängigkeit von der Rechenschaftsmanipulation allerdings entsprechend stärker einen eingeschränkten (bei Rechenschaft ggü. dem Prüfer) bzw. einen uneingeschränkten Bestätigungsvermerk (bei Rechenschaft ggü. dem bilanzierenden Unternehmen) erteilen würden.[845] Auch *Peecher* (1996) betrachtet explizit den Einfluss der Präferenzen des Rechenschaftsnehmers im Planungsstadium der Prüfung auf die Beurteilung von Erklärungen seitens der Unternehmensleitung zu ergebniserhöhenden Fluktuationen im Forderungsbestand und auf die Suche nach alternativen Erklärungen.[846] Die manipulierten Präferenzen favorisierten entweder ein größeres Vertrauen in den Mandanten und weniger kostenintensive Nachforschungen, eine möglichst objektive Informationsverarbeitung oder aber eine erhöhte kritische Grundhaltung.[847] Im Ergebnis haben die Probanden, sofern der Mandant glaubwürdig ist, in der Vertrauensmanipulation die Richtigkeit der mandantenseiti-

---

[837] Vgl. *Koonce/Anderson/Marchant* (1995), S. 380 ff.

[838] Vgl. *Rich/Solomon/Trotman* (1997), S. 486 f. und 492 ff. Sie sprechen i.d.S. auch von „stylized working papers", S. 483.

[839] Vgl. ebenda, hier S. 486 und 492 f.

[840] Vgl. *Gibbins/Newton* (1994), S. 166 ff.; *Peecher* (1996), S. 126 ff.

[841] Vgl. *Tetlock* (1983a), S. 75 und 80 ff.; *derselbe* (1985), S. 311 ff.; *Tetlock/Skitka/Boettger* (1989), S. 632 ff. In Bezug auf den Prüfungskontext vgl. *Peecher/Kleinmutz* (1991), S. 111; *Messier/Quilliam* (1992), S. 131; *Gibbins/Newton* (1994), S. 167 ff.

[842] Vgl. *Peecher* (1996), S. 126 f.

[843] Vgl. u.a. *Tetlock/Skitka/Boettger* (1989), S. 634.

[844] Vgl. *Buchman/Tetlock/Reed* (1996), S. 386.

[845] Vgl. ebenda, hier S. 388 ff.

[846] Vgl. *Peecher* (1996), S. 127 f.

[847] Vgl. ebenda, hier S. 128 f.

gen Erklärung für wahrscheinlicher gehalten und weniger stark nach weiteren alternativen Erklärungen gesucht.[848] *Gong/Kim/Harding* (2014), zeigen ebenfalls, dass Studentenprobanden die Erklärungen und Nachweise der Unternehmensleitung zu einer ungewöhnlichen Fluktuation unter einer accountability-Manipulation nur dann kritischer i.S.e. preemptive self-criticism begutachten, wenn die Präferenzen des Rechenschaftsnehmers nicht bekannt sind.[849] *Tan/Jubb/Houghton* (1997) rekurrieren explizit auf den acceptability bias (s.o. Kapitel II.1.d)dd)) und zeigen, dass bei einer Risikobestimmung zur Obsoleszenz von Vorratsbeständen Probanden unter einer starken Rechenschaftsmanipulation beim Wissen um die Beurteilung des vorgesetzten Partners stärker dessen Beurteilung folgen und weniger kognitiven Aufwand für die Begründung betreiben.[850] *Turner* (2001) konnte zeigen, dass das Wissen um die Präferenzen im Reviewsetting bereits Art und Typ der Nachweissuche, -beurteilung und -dokumentation gem. den Präferenzen des Rechenschaftsnehmers beeinflusst.[851] *Ashton* (1990) zeigt in diesem Zusammenhang schließlich, dass eine solche acceptability heuristic auch durch die Existenz von Entscheidungshilfen entstehen kann.[852] Sofern durch Rechtfertigungserfordernisse, Feedback oder finanzielle Anreize höherer Druck auf die Probanden ausgeübt wurde, haben diese sich stärker auf die Ergebnisse einer mechanischen Entscheidungshilfe verlassen und weniger akkurate Urteile getroffen.[853]

bbb) Würdigung der Maßnahmen

Auch wenn die Studien zu den Dokumentationserfordernissen i.d.R. positiv ausfallen, können diese ebenfalls zu negativen Effekten führen.[854] *Anderson/Koonce* (1995) zeigen, dass Probanden, die ähnlich wie in den Manipulationen der in Kapitel III.c)bb)aaa)i) genannten Studien Erklärungen finden sollen, warum eine Begründung seitens der Unternehmensleitung zu unüblichen Fluktuationen zutrifft, auch zu einer einseitig hypothesenbestätigenden Informationsverarbeitung tendieren können.[855] So zeigen *Wheeler/Arunachalam* (2008), dass die genaue Konfiguration eines Dokumentationserfordernisses (balanciert oder einseitig-gerichtet) bestimmt, ob Bestätigungseffekte gemindert oder aber verstärkt werden.[856]

Sofern die Präferenzen des Rechenschaftsnehmers nicht bekannt sind, konnten die Studien aus der Prüfungsforschung sowie im Bereich des Management Accounting[857] i.d.R. vornehmlich positive Effekte der verschiedenen Formen interner Rechenschaftsinstrumente auf das Informationsverarbeitungsverhalten zeigen.[858] Hierbei ist die konkrete Ausgestaltung gleichwohl von zentraler Bedeutung. So zeigen *DeZoort/Harrison/Taylor* (2006) für unterschiedli-

[848] Vgl. *Peecher* (1996), S. 133 f. Diese Ergebnisse werden von *Duh/Chang/Chen* (2006), S. 53 f. und 58 ff., unter zusätzlicher Kontrolle der anfänglichen Einstellung durch ein Zweistufenmodell repliziert.
[849] Vgl. *Gong/Kim/Harding* (2014), S. 683 ff.
[850] Vgl. *Tan/Jubb/Houghton* (1997), S. 161 ff.
[851] Vgl. *Turner* (2001), S. 688 ff.
[852] Vgl. *Ashton* (1990), S. 155 f. und 159 f.
[853] Vgl. ebenda, hier S. 158 f. und 164 ff. Unter Verwendung eines anderen Maßes zur Messung der Akkuratesse des Urteils kommt *derselbe* (1992), S. 296 ff., zu gegenteiligen Ergebnissen, mithin zu einer positiven Einschätzung der Entscheidungshilfe.
[854] Vgl. *Chung/Monroe* (1999), S. 115.
[855] Vgl. *Anderson/Koonce* (1995), S. 125 ff.
[856] Vgl. *Wheeler/Arunachalam* (2008), S. 143.
[857] Vgl. u.a. *Rausch/Brauneis* (2015), S. 489 f. und 502 ff.
[858] Ebenso *Bagley* (2010), S. 143.

che Ausgestaltungen der internen Berichterstattung[859], dass je nach Stärke der Berichterstattungserfordernisse die Bestimmung der Gesamtwesentlichkeitsgrenze und die Beurteilung einer Anpassung zur Bewertung einer Rückstellung für Forderungsausfälle konservativer und weniger variabel ausfallen und sich die Probanden auch stärker bemüht haben.[860] Hinsichtlich der Beseitigung konkreter Verzerrungen bestätigen die Studien aus der Prüfungsforschung die Befunde aus der Psychologie, die ebenso z.B. eine Minderung von Reihenfolgeeffekten durch Rechtfertigungserfordernisse aufzeigen konnten.[861] Allerdings besteht auch die Möglichkeit, dass durch die Rechenschaftsinstrumente Verzerrungen erst hervorgebracht oder verschlimmert werden. Studien im Prüfungskontext[862] konnten die Ergebnisse psychologischer Studien, bei denen Rechenschaftsmechanismen die Intensität von Verwässerungseffekten verschlimmerten, indem auch nichtdiagnostische Informationen auf komplexere Weise, aber gleichwohl fälschlich integriert wurden, indes nur eingeschränkt replizieren.[863]

cc) Formen der externen prüferischen Berichterstattung als accountability-Strategien

Um den Abschlussadressaten eine bessere Einschätzung von geschätzten Werten zu ermöglichen, kann u.a. die Transparenz hinsichtlich der Unsicherheit der Werte erhöht werden. I.d.S. wurden mehrmals formale und inhaltliche Änderungen oder Erweiterungen der finanziellen Berichterstattung[864] und der prüferischen Berichterstattung gefordert.[865] Die prüferische Berichterstattung kann allerdings auch i.S.e. accountability-Mechanismus gefasst werden. In dieser Funktion wurden in der jüngeren Vergangenheit insbesondere lokal bedingte, konkrete Umsetzungs- und Ausprägungsformen der externen Berichterstattung wie die Einführung personalisierter Unterzeichnungspflichten verstärkt erforscht.[866] Eine solche persönliche Unterschriftenabgabe kann ganz i.S. einer motivationsbezogenen Entzerrungsstrategie das persönliche Verantwortungsempfinden stärken und setzt im Prüfungskontext reputationsbewahrende Anreize.[867] Die bisherigen empirischen Studien, welche diese Maßnahme indes nicht als gezielte Entzerrungsstrategien untersuchen, zeigen uneinheitliche Ergebnisse auf[868]: Während eine experimentelle Studie einen positiven Einfluss auf die Prüfungsqualität aufzeigen

[859] Die Autoren differenzieren konkret zwischen einer 'review'-Manipulation, wobei lediglich die Anonymität der Probanden aufgegeben wird, einer 'justification'-Manipulation, bei der die Probanden zusätzlich Begründungen für ihre Urteile aufbereiten müssen, und einer 'Feedback'-Manipulation, bei der zusätzlich zur Dokumentation der Begründungen Feedback erwartet wird, vgl. *DeZoort/Harrsion/Taylor* (2006), S. 377 ff.

[860] Vgl. ebenda, hier S. 380 ff.

[861] Vgl. *Tetlock* (1983b), S. 286 f. und 288 ff.; *Messier/Quilliam* (1992), S. 133 f.; ferner *Rausch/Brauneis* (2015), S. 493.

[862] *Favere-Marchesi/Pincus* (2006), S. 4 und 15 ff., zeigen, dass Rechenschaftserfordernisse die Häufigkeit von Verwässerungseffekten reduzieren, im Falle von deren Auftreten dessen Stärke aber vergrößern. Hingegen zeigen *Hoffman/Patton* (1997), S. 233 ff., im Rahmen der fraud-Risikobeurteilung und *Glover* (1997), S. 216 ff., im Rahmen der Risikobewertung von Falschdarstellungen des Forderungsbestandes, dass die accountability-Mechanismen den Verwässerungseffekt nicht abmildern konnten. Sie begründen dies damit, dass im Prüfungskontext konservative Urteile ggü. einem Rechenschaftsnehmer i.d.R. leichter zu rechtfertigen sind, vgl. *Hoffman/Patton* (1997), S. 228 und 235.

[863] Vgl. *Tetlock/Boettger* (1989), S. 389 ff.

[864] Vgl. u.a. *Glover et al.* (2005), S. 268, welche die Darstellung von prognostizierten und realisierten Werten in einem Matrixformat erwägen, oder *Lundholm* (1999), S. 316 ff., welcher eine Gegenüberstellung von Schätz- und realisierten Werten fordert.

[865] Vgl. u.a. *Barth* (2006), S. 282 f.; *Bell/Griffin* (2012), 151 f.

[866] Vgl. *Church/Davis/McCracken* (2008), S. 84.

[867] Vgl. *Petty/Cacioppo* (1986), S. 149 f.; *Cole* (2014) S. 85 ff.; ferner *Church/Davis/McCracken* (2008), S. 84.

[868] Vgl. ebenso *Mock et al.* (2013), S. 338.

konnte,[869] haben archivdatengestützte Studien keinen Einfluss[870] oder aber einen positiven Einfluss[871] auf verschiedene Proxies der Prüfungsqualität aufzeigen können. Hinsichtlich der potenziellen Effekte der KAM-Berichterstattung, die darüber hinaus das prüferische Urteil transparenter gestaltet, besteht eine Forschungslücke, die in Kapitel IV adressiert wird.

d) *Würdigende Gesamtschau der Ergebnisse*

aa) Moderate Wirksamkeit wissensbezogener Entzerrungsstrategien

Grundlegendes Ziel aller Entzerrungsstrategien ist es, die Berücksichtigung nichtdiagnostischer, aufgabenirrelevanter Informationen zu verhindern bzw. auf einen stärkeren Einbezug relevanter, wesentlicher Informationen hinzuwirken. Die Vermittlung von Wissen über einzelne kognitive Verzerrungen (s.o. Kapitel III.2.a)) kann diese Verzerrungen zwar am zielgenauesten adressieren, ist aber alleinstehend i.d.R. wenig effektiv. *Kahneman/Tversky* (1977) haben diesbezüglich auf die Ähnlichkeit mit visuellen Illusionen hingewiesen, bei denen das Wissen um die Existenz deren Wahrnehmung ebenso wenig mindert.[872] Unter Beachtung weiterer Faktoren - wie die Intensität der Maßnahmen (Warnung vs. Schulung) und die Kombination mit entsprechenden Denkhaltungen - zeigt sich indes ein optimistischeres Bild, weshalb eine pauschale Disqualifizierung der Strategie der Informierung auch angesichts der neueren positiven Befunde verfehlt ist.

bb) Wirksamkeit von denkbezogenen Entzerrungsstrategien der Distanznahme und Selbstreflexion

Vielen der denkbezogenen Entzerrungsstrategien (s.o. Kapitel II.2.b)) im Prüfungskontext liegt das Ziel zugrunde, Objektivität bzw. Unabhängigkeit bei der Informationsverarbeitung durch Formen der Distanzierung sicherzustellen und so auch motivationale Verzerrungen zu verhindern. I.d.S. stellen *Bratten et al.* (2015) speziell für die Prüfung geschätzter Werte fest, dass

„providing auditors with explicit, structured guidance can assist in forming independent estimates and that these estimates should be prepared prior to observing management's estimate“[873].

Eine solche Distanznahme kann wie bei den Studien zum abstrakten Denken (s.o. Kapitel III.2.b)aa)aaa)) einerseits mental 'innerhalb' der Personen stattfinden.[874] Andererseits kann eine zeitliche Strukturierung des Informationszugangs oder aber eine personale Aufteilung des Urteils- bzw. des Informationsverarbeitungsprozesses selbiges bewirken.[875] Der zeitlichen Dimension scheint vor allem für die Bildung einer unabhängigen Erwartungshaltung besonderes Gewicht beizukommen.[876] Eine gezielte personale Aufteilung des Urteilsprozesses, wie von *Commerford et al.* (2014) als Entzerrungsstrategie bei der Bestimmung und Durchfüh-

[869] Vgl. *Brown/Gissel/Vitalis* (2016), S. 4 f. und 21 ff.
[870] Vgl. *Blay et al.* (2014), S. 173 ff.
[871] Vgl. *Carcello/Li* (2013), S. 1513 und 1524 ff.
[872] Vgl. *Kahneman/Tversky* (1977), S. 1-2.
[873] *Bratten et al.* (2015), S. 25.
[874] Vgl. *Plumlee/Rixom/Rosman* (2015), S. 367.
[875] Vgl. *McDaniel/Kinney* (1975), S. 73; *Griffith/Kadous/Young* (2016), S. 10.
[876] Vgl. *Kinney/Uecker* (1982), S. 66 ff.; *Fitzgerald/Wolfe/Smith* (2015), S. 22.

rung zufallsbasierter Stichproben erprobt, wurde bislang weniger untersucht, scheint aber ebenso effektiv.[877]

In einer Gesamtbetrachtung der Studien zu den verschiedenen Denkhaltungen wird zudem ersichtlich, dass deren Vorteilhaftigkeit abhängig ist von der Struktur der jeweiligen Aufgabe.[878] Als global anwendbar und daher besonders erstrebenswert scheint die Vermittlung selbstreflexiver Fähigkeiten (s.o. Kapitel III.2.a)aa)ccc)), wodurch z.B. eine Beurteilung von Informationen nicht aus einer, sondern aus verschiedenen Perspektiven bzw. 'construals' heraus erfolgen kann.[879]

cc) Kontextsensitive Wirksamkeit von motivationsbezogenen Entzerrungsstrategien

In einer Gesamtbetrachtung legen die Studienergebnisse nahe, dass die Wirkung der Rechenschafts- und Berichterstattungspflichten in der Funktion einer Entzerrungsstrategie sehr kontextsensitiv ist.[880] Die Art der Ausgestaltung und das Vorhandensein weiterer Faktoren können maßgeblich dafür sein, ob die jeweilige Maßnahme i.S.e. accountability-Mechanismus Verzerrungen verhindert, keinen Einfluss hat, oder Verzerrungen sogar verschlimmert oder entstehen lässt.[881] Im Prüfungskontext kann die Wirkungsrichtung interner Rechenschaftspflichten, entweder zu einer intensiveren Auseinandersetzung mit einem Sachverhalt oder aber zu einer Übernahme der Urteile des Rechenschaftsnehmers i.S.e. acceptability biases zu führen, u.a. von der Anstellungsdauer der Mitarbeiter[882] und vor allem von den Einstellungen des Rechenschaftsnehmers abhängen.[883] Der konkrete Umgang mit inkonsistenten Informationen kann wiederum u.a. davon abhängig sein, nach welcher Art von Rechenschaftsregime (ergebnisorientiert vs. prozessorientiert) man beurteilt wird.[884] Im Prüfungskontext ergibt sich zudem das Problem, dass der Prüfer i.d.R. mehreren Parteien rechenschaftspflichtig ist.[885] Da viele der genannten Kodeterminanten proaktiv wenig beeinflussbar sind, ist eine gezielte Anwendung der Formen der internen Berichterstattung als Entzerrungsstrategie hinsichtlich der praktischen Umsetzung zumindest als eingeschränkt zu beurteilen.

---

877 Vgl. *Commerford et al.* (2014), S. 3 f. und 10 ff. I.d.S. diskutieren auch *Kachelmeier/Van Landuyt* (2016), S. 28 f., Möglichkeiten zur Eingrenzung von social bonding und betonen dabei auch die Rolle von Spezialisten (s.o. Kapitel III.2.a)bb)).

878 Vgl. *Griffith/Kadous/Young* (2016), S. 2 ff.

879 Vgl. *Fujita/Trope/Liberman* (2015), S. 421 f.

880 Vgl. ebenso *Trotman/Bauer/Humphreys* (2015), S. 62 f.

881 Vgl. *Lerner/Tetlock* (1999), S. 263 ff.; *dieselben* (2003), S. 440 ff. Im Prüfungskontext zeigen z.B. *Tan/Kao* (1999), S. 210 und 217 ff., dass Verbesserungen des JDM durch Rechenschaftserfordernisse bei komplexeren Aufgaben nur dann auftreten, wenn zudem weitere persönliche Faktoren wie Wissen und Problemlösungsfähigkeiten vorhanden sind.

882 Vgl. *Peecher/Kleinmutz* (1991), S. 111.

883 *Bergner/Peffer/Ramsay* (2016) zeigen, dass die Einstellungen des Rechenschaftsnehmers - sofern sie eine entsprechende kritische Grundhaltung repräsentieren - durchaus auch positive Effekte haben können, vgl. S. 18 ff. Zudem zeigt eine erste Studie von *Kim/Harding* (2017), S. 117 ff., dass eine motivierte Informationssuche in Einklang mit den Präferenzen des vorgesetzten Prüfers u.a. dadurch bedingt ist, wie dessen Expertise eingeschätzt wird, und kann daher auch eine Motivation zu einer akkuraten Suche wiederspiegeln.

884 Vgl. *Tan* (1995), S. 119 f.; *Lerner/Tetlock* (2003), S. 439.

885 Vgl. *Messier/Quilliam* (1992), S. 132; *Gibbins/Newton* (1994), S. 167 ff. *Bagley* (2010), S. 150 ff., zeigt diesbezüglich, dass mit der Zunahme verschiedener Rechenschaftspflichten das Auftreten negativer emotionaler Affekte zunimmt und sich die Leistung bei relativ einfachen Aufgaben signifikant verschlechtert.

dd) Problematische Ebene der Implementierung

Eine Würdigung der Maßnahmen muss auch mit Blick auf die praktische Implementierbarkeit geschehen. Hierbei ist zunächst als Problem festzustellen, dass Menschen Verzerrungen oftmals bei sich selbst weniger vermuten (blind spot) und zusätzlich gegen Entzerrungsmaßnahmen Widerstände entwickeln. Bei den Befunden der experimentellen Studien ist weiter zu beachten, dass diese qua Methode die untersuchten Entzerrungsstrategien oftmals in eine konstruierte Nähe zum Informationsverarbeitungsprozess stellen, die in der Prüfungspraxis zumindest in dieser Form nicht vorliegen sollte. Dies betrifft vor allem sämtliche normative Hinweise zur Erzeugung einer gewissen Zielrahmung oder aber einer Denkhaltung, die in den jeweiligen experimentellen Settings situativ durch die verschiedenen Manipulationen kognitiv besonders hervorgehoben werden; bei dem alltäglichen Informationsverhalten sollten diese mental gleichwohl weniger intensiv präsent sein. I.d.S. bewerten Prüfer selbst diejenigen accountability-Mechanismen als am effektivsten zur Herstellung einer kritischen Grundhaltung, die nicht auf der Team- und Firmenebene ansetzen, sondern auf der persönlich-individuellen Ebene des einzelnen Prüfers.[886]

ee) Multiple Wirkweisen der Entzerrungsstrategien aufgrund von Interdependenzen zwischen psychologischen Ebenen

Letztlich weisen die dargestellten Studien im Spiegel des Bezugsrahmens vor allem darauf hin, dass sich die verschiedenen Maßnahmen zum einen nicht eindeutig und überschneidungsfrei den einzelnen psychologischen Wirkebenen zuordnen lassen, sondern vielmehr auf die anderen psychologischen Ebenen ausstrahlen: So können z.B. Feedback-Mechanismen primär für die Wissensvermittlung angedacht sein, aber ebenso wie Reviewprozesse die motivationale Ebene beeinflussen.[887] Zum anderen wird ersichtlich, dass es zur Erfüllung der von *Brekke/Wilson* (1994)[888] genannten Voraussetzungen (s.o. Kapitel III.2.a)aa)) auf ein Zusammenspiel der verschiedenen Ebenen ankommt. Während die wissensbezogenen Strategien das notwendige Wissen über Verzerrungen und mögliche Korrekturmöglichkeiten geben, muss beachtet werden, dass zum bewussten Erkennen der Situation denkbezogene Strategien ebenso wie motivationale Strategien, die Anreize für eine Veränderungsbereitschaft setzen, benötigt werden.[889] Erforderlich ist ein Instrumentarium von miteinander abgestimmten, kontextsensiblen Entzerrungsstrategien.

[886] Vgl. *Westermann/Cohen/Trompeter* (2014), S. 5 und 35.
[887] Vgl. *Bonner* (2008), S. 233.
[888] Vgl. *Brekke/Wilson* (1994), S. 119 f. und 130.
[889] Vgl. i.d.S. *Croskerry/Singhal/Mamede* (2013), S. 1 f.; *Kenyon/Beaulac* (2014), S. 356 f.; *Beaulac/Kenyon* (2016), S. 5 ff.

IV. Empirische Untersuchung der KAM-Berichterstattung als Entzerrungsstrategie bei der Prüfung geschätzter Werte

1. Zielsetzung und Vorgehen

Die folgende empirische Untersuchung hat zum Ziel, den potenziellen Einfluss der prüferischen Berichterstattung über KAM (s.o. Kapitel II.3) auf den Urteilsprozess von Prüfern (s.o. Kapitel II.1) bei der Prüfung von geschätzten Werten (s.o. Kapitel II.2) unter der variierenden Bedingung von implizitem oder nicht vorhandenem Mandantendruck (s.u. Kapitel IV.2.a) bb)) zu erforschen. Das Konstrukt des Mandantendrucks wurde deshalb als moderierende Variable gewählt, weil es Anreize für den Prüfer schaffen kann, die zu unterschiedlichen Wirkungsrichtungen der KAM-Berichterstattung führen können. In der durchgeführten Fallstudie zur Untersuchung der Prüfung geschätzter Werte wird auf die Bewertung einer Garantierückstellung gem. IAS 37 zurückgegriffen. Dieses Prüffeld wurde gewählt, da es naturgemäß mit Schätzunsicherheiten behaftet ist, häufiger in experimentellen Studien zu geschätzten Werten verwendet wurde[890] und auch mehrfach in den KAM-äquivalenten Instrumenten der bisherigen Berichtspraxis adressiert wurde.[891] Der weitere Gang der Untersuchung gestaltet sich wie folgt:

Zum grundlegenden Verständnis werden zunächst die verwendeten Konstrukte des Mandantendrucks, welcher als erklärende Variable manipuliert wird, und der kritischen Grundhaltung (professional skepticism) als übergeordnete abhängige Variable zur Messung des Urteilsverhaltens des Prüfers begrifflich geklärt (s.u. Kapitel IV.2.a)). Da der Fallstudie ein Sachverhalt zur Bewertung von Rückstellungen gemäß den internationalen Rechnungslegungsstandards zu Grunde liegt, werden zudem die für die Fallstudie einschlägigen normativen Grundlagen des IAS 37 umrissen (s.u. Kapitel IV.2. b)). Anschließend werden die Hypothesen - zusammen mit einer umfassenden Darstellung der sie tragenden Theorien und bisherigen Forschungsergebnisse - entwickelt (s.u. Kapitel IV.3). Anhand der formulierten Hypothesen wird die Wahl der experimentellen Untersuchungsmethode begründet und das Forschungsdesign erläutert (s.u. Kapitel IV.4). Nach einer knappen Darstellung der Datenerhebung (s.u. Kapitel IV.5) werden schließlich die Ergebnisse der empirischen Untersuchung analysiert (s.u. Kapitel IV.6) und anhand der bestehenden Literatur und der dem Design zugrundeliegenden Limitationen diskutiert (s.u. Kapitel IV.7). Die Arbeit schließt mit einem Forschungsausblick (s.u. Kapitel IV.8) und einer thesenförmigen Zusammenfassung (s.u. Kapitel V).

---

[890] Vgl. u.a. *Koch/Weber/Wüstemann* (2008), S. 805 ff.; *Rowe* (2013), S. 20 ff.

[891] Vgl. *Philipps* (2017a), S. 72.

K. Asbahr, *Entzerrungsstrategien bei der Prüfung geschätzter Werte*, Auditing and Accounting Studies, https://doi.org/10.1007/978-3-658-21603-0_4

2. Theoretische und normative Grundlagen

a) Verwendete Konstrukte

aa) Kritische Grundhaltung

Das Konzept der kritischen Grundhaltung (professional skepticism) wird innerhalb der Forschungsliteratur sowie zwischen der Forschungsliteratur und den einschlägigen Prüfungsstandards unterschiedlich definiert.[892] In der experimentellen Prüfungsforschung wird die kritische Grundhaltung weiter entweder als erklärende Variable i.S.e. Persönlichkeitsdisposition gefasst oder aber als eine abhängige Variable i.S.e. situativen Verhaltens, das es prinzipiell zu stärken gilt.[893] In dieser Arbeit wird die kritische Grundhaltung als übergreifendes Konstrukt für die Messung des Urteilsverhaltens, also als übergeordnete abhängige Variable, verwendet. Definitorisch und konzeptionell folgt diese Arbeit darin den Bestimmungen von *Nelson* (2009), welcher die kritische Grundhaltung als ein durch die verfügbaren Informationen bedingtes Urteils- und Entscheidungsverhalten definiert, welches durch eine erhöhte Aufmerksamkeit dafür, dass Aussagen falsch dargestellt sein könnten, gekennzeichnet ist.[894] Zwecks einer weiteren Ausdifferenzierung wird die kritische Grundhaltung zudem aus den Elementen des skeptischen Urteilens (skeptical judgment) und des skeptischen Handelns (skeptical action) bestehend gefasst.[895] Diese Unterscheidung trägt dem Gedanken Rechnung, dass zunächst ein mental skeptisches Denken in hinreichendem Umfang vorhanden sein muss, um sich konsequenterweise in ein Verhalten übersetzen zu können.[896] Eine Orientierung an diesem Konstrukt wird vor allem deshalb praktiziert, weil es stark durch motivationale Verzerrungen, die im Fokus dieses Experiments stehen, beeinflusst werden kann und entsprechend auch entzerrende Wirkungen abbildet.[897]

bb) Mandantendruck

aaa) Faktoren der Entstehung von Mandantendruck

Der Prüfer kann mehreren Arten von Drucksituationen und -einflüssen (u.a. Prüfungshonorardruck, Zeitdruck, Rechtfertigungsdruck oder Mandantendruck) unterliegen.[898] Mandantendruck bezeichnet dabei eine Situation, in welcher der Prüfer über die Präferenzen des Mandanten (z.B. hinsichtlich eines zu bilanzierenden Sachverhaltes) informiert ist, negative Konsequenzen bei deren Nichtrealisation (bzw. positive bei deren Realisation) aufgrund explizit

---

[892] Vgl. *Nelson* (2009), S. 2 ff.; *Glover/Prawitt* (2013), S. P2 ff.; *Koch/Worret* (2013), S. 477 ff.; *Quadackers/Groot/Wright* (2014), S. 640 ff.; *Köhler* (2017), S. 33; *Nolder/Kadous* (2017), S. 1 f.

[893] Für die Messung der 'professional skepticism' als Persönlichkeitsmerkmal hat sich die sog. Hurtt-Skala etabliert, vgl. *Hurtt* (2010), S. 150 ff.; ferner *Nelson* (2009), S. 10 f.; *Hurtt et al.* (2013), S. 50 f. *Nolder/Kadous* (2017) differenzieren das Konzept der kritischen Grundhaltung i.S.e. Persönlichkeitsmerkmals weiter als mindset (Denkhaltung) sowie als attitude (Einstellung), S. 19 ff.

[894] Vgl. *Nelson* (2009), S. 4 f.

[895] Vgl. ebenda, hier S. 5 f. Vgl. i.d.S. bereits *Shaub* (1996), S. 156 f.

[896] Vgl. *Nelson* (2009), S. 6. Für die konkrete Operationalisierung s.u. Kapitel IV.4.b)cc).

[897] Vgl. *Nelson* (2009), S. 14 f.

[898] Vgl. *DeZoort/Lord* (1997), passim; eine Übersicht verschiedener Druck-Konstrukte findet sich auf S. 36; für eine Übersicht über die Auswirkungen von verschiedenen Drucksituationen auf das Urteilsverhalten von Prüfern vgl. *Ruhnke* (2000), S. 302 ff.; *Bierstaker/Houston/Wright* (2006), S. 27 ff.

oder implizit kommunizierter Informationen des Mandanten erwartet und in der Folge für ihn selber Anreize entstehen, deren Erfüllung herbeizuführen.[899]

Im Gegensatz zum Konstrukt der Mandantenpräferenzen (client preferences) unterscheidet sich das Konstrukt des Mandantendrucks gem. dieser Definition durch eine motivational-emotionale Komponente. Der Prüfer muss nicht nur über die Präferenzen des Mandanten informiert sein, sondern auch selbst ein Bedürfnis empfinden, diesen Präferenzen nachzukommen. Die Entstehung einer solchen Motivation bzw. eines empfundenen Druckgefühls kann durch diverse (externe) Faktoren forciert werden, wird aber letztlich durch die subjektive Wahrnehmung des individuellen Prüfers vermittelt und ist von dieser abhängig. Dies geht bereits aus dem zweistufigen Modell von *DeZoort/Lord* (1997) hervor. Gemäß deren Modell werden die Reaktionen auf Drucksituationen (strain outcome) durch die subjektiven Wahrnehmungen eines Einzelnen (stress response) mediiert. [900] Für die Wahrnehmung einer Situation als Drucksituation spielen daher neben kontextuellen Faktoren auch personenbedingte Faktoren, wie z.B. individuelle Konfliktbewältigungsstrategien[901] oder die Verhandlungserfahrung[902], eine gewichtige Rolle. Dieser Umstand macht es äußert schwierig, hinreichende Voraussetzungen zur Entstehung von Mandantendruck allgemeingültig und abschließend festzulegen. Im Folgenden wird dennoch versucht, auf einem höheren Abstraktionsniveau grundsätzliche Faktoren - über denjenigen des Wissens um die Mandantenpräferenzen hinaus - zu benennen, welche die Entstehung von Mandantendruck befördern.

Zunächst hat der Prüfer kontextuellen Faktoren zu unterliegen, die vom Mandanten überhaupt manipulierbar und so als Druckmittel geeignet sind. Im Rahmen der Abschlussprüfung besteht ein solcher Faktor in den gegenwärtigen oder in Aussicht gestellten, zukünftigen ökonomischen Vorteilen aus einer Mandantenbeziehung[903] und ist daher quasi omnipräsent.

Zweitens muss die Veränderung dieses Faktors für den einzelnen Prüfer mit hinreichend hohen Konsequenzen i.S. einer möglichen konkret-individuellen Betroffenheit verbunden sein, um seitens des Mandanten zwecks Verhaltenssteuerung im Wege der Ausübung von Druck genutzt werden zu können. So erwächst gem. *Lord* (1992) bei großen Prüfungsgesellschaften allein durch die ökonomische Bindung an den Mandanten oftmals keine persönliche Betroffenheit bzw. hinreichende Anreizbildung (client retention incentive), da die Kosten im denkbar schlimmsten Fall einer Mandatsbeendigung über mehrere Partner verteilt werden.[904] Mandantendruck wird hier vielmehr als über innergesellschaftliche Verantwortungs- und Rechtfertigungszusammenhänge indirekt vermittelt angenommen.[905] Bei größeren Wirtschaftsprüfungsgesellschaften kann in der Praxis das Risiko eines Mandatsverlusts indes auch auf den einzelnen Prüfer übertragen und auf diese Weise unmittelbare Betroffenheit erzeugt werden, indem z.B. die Vergütung des Prüfers vertraglich an die Umsätze des lokalen Stand-

[899] In Anlehnung an *DeZoort/Lord* (1997), S. 31 und S. 47. Hier wird Mandantendruck definiert als „the pressure to yield to a client's wishes or influence whether appropriate or not" (S. 47).
[900] Vgl. das Modell in *DeZoort/Lord* (1997), S. 31.
[901] Vgl. ebenda, hier S. 33 ff.
[902] Vgl. *Brown/Johnstone* (2009), S. 67 f. und 70.
[903] Für eine Übersicht weiterer Faktoren vgl. *Umar/Anadarajan* (2004), S. 102 ff. Sämtliche hier genannte Faktoren wie u.a. die Vergabe von Nichtprüfungsaufträgen lassen sich auf die ökonomische Dimension der Mandantenbeziehung zurückführen.
[904] Vgl. *Lord* (1992), S. 90 f.
[905] Vgl. ebenda, hier S. 91.

orts gebunden wird.[906] Als weitere ökonomische Faktoren, welche die Stärke des Anreizes zur Fortführung der Mandatsbeziehung moderieren, sind die Markt- und Konkurrenzverhältnisse zu nennen.[907]

Schließlich muss der Mandantendruck drittens nach der hier vertretenen Meinung in einer kommunikativen Form vom Mandanten ausgeübt werden. Dies beinhaltet, dass der Mandant gegenüber dem Prüfer die Druckmittel instrumentell mit der Erfüllung seiner Präferenzen in Verbindung bringt oder diese anderweitig in besonderer Weise betont. Im Vergleich zum Konstrukt der Mandantenpräferenzen wird den Präferenzen also bei Mandantendruck auf der kommunikativen Ebene besonderer Nachdruck verliehen.[908]

bbb) Expliziter und impliziter Mandantendruck

Die Druckausübung kann durchaus auf unterschiedliche kommunikative Weisen erzeugt werden, wobei man zwischen explizitem und implizitem Mandantendruck unterscheiden kann.[909] Bei explizitem Mandantendruck versucht der Mandant, seine Präferenzen durch direkten Rückgriff auf die Druckmittel, z.B. über ausdrückliche Drohungen mit einer Beendigung der Geschäftsbeziehungen, durchzusetzen. In bisherigen Studien werden i.d.R. vor allem die ökonomischen Nachteile für den Prüfer betont.

Beim impliziten Mandantendruck versucht der Mandant hingegen, den Prüfer ohne oder nur unter indirektem Zugriff auf die potenziellen Druckmittel von seinen Präferenzen zu überzeugen. So kann der Mandant große Sicherheit und Vertrauen hinsichtlich der Richtigkeit eines bilanziellen Vorgehens signalisieren oder die ökonomischen Vorteile für den Prüfer, z.B. durch die Betonung gleichgerichteter Interessen, herausstreichen.

Die bisherigen Ausführungen zeigen, dass die Auswirkungen von Mandantendruck insgesamt im Wesentlichen davon abhängen, auf was sich die Präferenzen des Mandanten beziehen und wie diese ausgeprägt sind, auf welcher Grundlage und auf welche Art Druck ausgeübt wird (implizit/explizit) und wie diese Situation durch personenbedingte Faktoren auf der Ebene des einzelnen Prüfers wahrgenommen wird.

b) Bewertung von Rückstellungen gem. IAS 37

In der Fallstudie geht es um die Bewertung von Rückstellungen; diese ist in IAS 37 geregelt. Im Grundsatz ist dabei der Betrag anzusetzen, welcher die bestmögliche Schätzung der Verpflichtung darstellt.[910] Die Bewertung zum bestmöglichen Schätzwert wird in IAS 37 durch die Unterscheidung zweier Fallgruppen weitergehend konkretisiert: Es wird zwischen der Bewertung einer Einzelverpflichtung und der Bewertung einer großen Anzahl gleichgelager-

---

906 Vgl. *Trompeter* (1994), S. 57 f., wobei in dieser Studie das Risiko eines Mandatsverlustes keinen Einfluss auf das Urteilsverhalten des Prüfers hatte, vgl. S. 66; ferner *Johnstone/Sutton/Warfield* (2001), S. 3; § 55 WPO.

907 Vgl. *Chang/Hwang* (2003). S. 212.

908 Manche Studien sprechen indes bereits beim Vorliegen manipulierbarer Faktoren und dem Wissen um die Präferenzen des Mandanten von Mandantendruck und klammern den Akt der tatsächlichen Druckausübung durch die bewusste Instrumentalisierung der Faktoren aus, vgl. u.a. die Druck-Manipulation bei *Moreno/Bhattacharjee* (2003), S. 18 f.

909 Vgl. zur Unterscheidung *Koch/Salterio* (2015), S. 1 f. und S. 10 f.

910 Vgl. IAS 37.36; ferner ADS (2002), Abschnitt 18, Rn. 65 ff.; *Senger/Brune* (2008), Rn. 48 ff.; *Pawelzik/Theile* (2012), R. 3460 ff.; *Lüdenbach/Hoffmann/Freiberg* (2016), § 21, Rn. 124 ff.

ter Verpflichtungen differenziert.[911] Die in der vorliegenden experimentellen Studie verwendeten Garantierückstellungen gehören i.d.R. der letzteren Fallgruppe an.[912] Hierfür normiert IAS 37.39 die Verwendung des Erwartungswertes. Dessen mathematische Berechnung entspricht dem mit der Eintrittswahrscheinlichkeit gebildeten Durchschnittswert aller möglichen Verpflichtungsbeiträge.[913] IAS 37.42 stellt fallgruppenübergreifend klar, dass sämtliche Risiken und Unsicherheiten bei der Bestimmung des bestmöglichen Schätzwertes berücksichtigt werden sollen.

---

[911] Vgl. IAS 37.39 f.; ferner *von Keitz et al.* (2014), Rn. 101 f. i.V.m. Rn. 120 f.
[912] Vgl. ADS (2002), Abschnitt 18, Rn. 74 ff.; *Schrimpf-Dörges* (2016), Rn. 55.
[913] Vgl. *Schrimpf-Dörges* (2016), Rn. 55.

3. Hypothesenherleitung

a) Einfluss der KAM-Berichterstattung auf den Prüfungsprozess

aa) Einfluss auf die Informationsverarbeitung

aaa) Verbesserte Risikoorientierung durch Selektion

Neben der primär intendierten Informationsfunktion der KAM-Berichterstattung für die Abschlussadressaten besteht zusätzlich die Erwartung, dass die Berichterstattung auch zu einer Stärkung der kritischen Grundhaltung (professional skepticism) führen wird.[914] Dies impliziert, dass die prüferische Berichterstattung nicht nur die Beurteilungen und Entscheidungen im Rahmen des Prüfungsprozesses mimetisch abbildet, sondern den Entscheidungsprozess selbst auch durch das Berichterstattungserfordernis aktiv beeinflusst.[915] Ein solcher Wirkungsmechanismus, durch Transparenz Verhaltenssteuerung zu bezwecken, ist gleichsam das angestrebte Ziel vieler Publizitätsregelungen in unterschiedlichsten Bereichen. Beispielhaft sind Publizitätsvorschriften als Instrumente im Umwelt-, Arbeits- oder Verbraucherschutz zu nennen.[916] Derartige „real effects“[917] von Publizitätsvorschriften finden jüngst auch innerhalb der Rechnungslegungsforschung verstärkt Beachtung.[918] *Christensen* (2016) konnte z.B. erste Indizien aufzeigen, dass eine CSR-Berichterstattung im Vergleich zu Unternehmen ohne CSR-Berichterstattung dazu führt, dass weniger Vorfälle von Bestechung oder Diskriminierung angeklagt werden.[919]

In Bezug auf die erwartete Erhöhung der kritischen Grundhaltung durch die KAM-Berichterstattung kann eine solche Wirkungsweise im Wesentlichen auf zwei Ebenen begründet werden. Indem zum einen durch die KAM "matters [...] of most significance in the audit"[920] hervorgehoben werden, streicht der Prüfer gerade Sachverhalte heraus, die tendenziell mit höheren Unsicherheiten behaftet sind. Nicht zuletzt durch die Verfahrensvorschriften zur Bestimmung der KAM gem. ISA 701.9 f. gewinnt die Differenzierung zwischen weniger und stärker risikobehafteten Sachverhalten besondere Prominenz und sollte - ganz im Sinne des geschäftsrisikoorientierten Prüfungsansatzes - die Aufmerksamkeit des Prüfers auf jene Sachverhalte leiten, die auch tatsächlich risikoreicher sind.[921] Auf einer Ebene der Selektion begünstigt die zusätzliche Berichterstattung so mittelbar eine stärker und besser fokussierte Risikoorientierung. Diese potenziellen Effekte, welche sich durch die Auswahl der KAM entfalten könnten, werden in der vorliegenden Studie nicht untersucht. Es wird vielmehr von einem Zeitpunkt ausgegangen, zu welchem feststeht, welche Sachverhalte als KAM berichtet werden.

---

[914] Vgl. IFAC (2015), BC.13. Das IAASB selbst erwähnt dieses Ziel auf seiner Website, vgl. Anlage 13.

[915] In der Rechnungslegungsforschung lässt sich die Idee rückwirkender Effekte aus der Pflicht zur Bereitstellung von Informationen auf das Konzept der ‚information inductance' von *Prakash/Rappaport* (1977), S. 29 ff., zurückführen.

[916] Vgl. ferner *Leuz/Wysocki* (2016), S. 578 ff.

[917] Ebenda, S. 530.

[918] Vgl. *Kanodia/Sapra* (2016), S. 614 ff.

[919] Vgl. *Christensen* (2016), S. 378 und 382 ff. *Christensen et al.* (2016), S. 2 f. und 13 ff., konnten ebenso positive Effekte der Veröffentlichung von Informationen zur Arbeitssicherheit bei Minenbetreibern auf das tatsächliche Ausmaß der Sicherheit aufzeigen.

[920] ISA 701.8. IDW EPS 401.8 übersetzt diesen Begriff als „besonders wichtige Prüfungssachverhalte".

[921] Vgl. IFAC (2015), BC.13.

bbb) Accountability-Effekte

Zum anderen kann die KAM-Berichterstattung als ein anreizbasierter accountability-Mechanismus (s.o. Kapitel III.1.b)bb)ccc)) verstanden werden: Der Prüfer muss nach dieser Sichtweise nunmehr namentlich über besonders sensible und risikoreiche Sachverhalte und seinen Umgang hiermit im Wege der externen Berichterstattung öffentlich Rechenschaft ablegen. Rechenschaftsnehmer sind in diesem Fall die Abschlussadressaten, mithin die Öffentlichkeit. Die Sichtbarmachung der Urteilsbegründung des Prüfers, warum ein Sachverhalt als besonders relevant für die Prüfung erachtet wurde (ISA 701.13(a)), und der Prüfungshandlungen, die durchgeführt wurden, um dem Sachverhalt sachgerecht zu begegnen (ISA 701.13(b)), kann die Abschlussadressaten bei der Bewertung des Abschlusses und der Prüfungsqualität unterstützen.[922] Dies kann wiederum auch Anreize für den Prüfer setzen, eine vergleichsweise besonders hohe Prüfungsqualität in Bezug auf KAM-Sachverhalte zu erlangen. Auf der Ebene der Informationsverarbeitung kann man daher erwarten, dass der Prüfer alle zugrundeliegenden prüferischen Nachweise qualitativ besonders sorgfältig, objektiv und unter erhöhter Berücksichtigung der kritischen Grundhaltung beurteilt. Schließlich sollte sich dieser Informationsverarbeitungsprozess auch in die finale Entscheidungsfindung übersetzen. Die Wirkungsvoraussetzungen derartiger Rechenschaftsmechanismen sind bei der KAM-Berichterstattung unzweifelhaft gegeben: der Prüfer nimmt erstens faktischen Einfluss auf die Ausgestaltung und dadurch besteht auch zweitens zumindest die Möglichkeit, sich für die Inhalte persönlich verantwortlich zu fühlen.[923] Bei der Beurteilung der Vertretbarkeit eines Schätzwertes und des Anpassungsbedarfs kann die KAM-Berichterstattung so im Ergebnis disziplinierend wirken.

ccc) Moral licensing-Effekte

Neben den genannten positiven Publizitätszielen können zusätzliche Offenlegungspflichten allerdings auch negative, unintendierte Effekte auf Seiten der Berichterstattungspflichtigen bewirken.[924] Auf der Ebene der Informationsverarbeitung ist der sog. moral licensing-Effekt für die KAM-Berichterstattung relevant.[925] Hiernach können Sekundärhandlungen (z.B. die Veröffentlichung von Informationen) die Wahrnehmung der moralischen Vertretbarkeit einer Primärhandlung (z.B. die Entscheidung, wesentliche Prüfungsdifferenzen nicht anzupassen) steigern, als dies ohne eine solche Sekundärhandlung der Fall gewesen wäre. So kann mittelbar auch die Wahrscheinlichkeit beeinflusst werden, dass die Primärhandlung tatsächlich durchgeführt wird.[926] Moral licensing-Effekte konnten in unterschiedlichen Bereichen, u.a. bei der Berichterstattung über Interessenkonflikte (conflicts of interests)[927] oder aber in einer Prüfer-Investoren-Beziehung[928], nachgewiesen werden.[929]

[922] Vgl. hierzu *Brasel et al.* (2016), S. 1347 f.
[923] Vgl. *Kury* (2014), S. 64 f.
[924] Vgl. u.a. *Jamal* (2012), passim; *Loewenstein/Sunstein/Golmann* (2014), S. 402 ff.
[925] Vgl. *Loewenstein/Sunstein/Golman* (2014), S. 402 ff.
[926] Vgl. *Monin/Miller* (2001), S. 34; *Miller/Effron* (2010), S. 119 ff.; *Cain/Loewenstein/Moore* (2011), S. 839 f.; *Loewenstein/Cain/Sah* (2011), S. 424.
[927] Vgl. *Cain/Loewenstein/Moore* (2005), S. 7 und 12 ff.; *dieselben* (2011), S. 841 f.
[928] Vgl. *Koch/Schmidt* (2010), S. 101.
[929] Vgl. ferner *Monin/Miller* (2001), S. 34 ff.; *Blanken/van de Ven/Zeelenberg* (2015), S. 549 ff.

Im Bereich der Wirtschaftsprüfung hat eine experimentelle Studie von *Griffin* (2014) aufzeigen können, dass ergänzende Informationen im Anhang über die Unsicherheit von geschätzten Werten zu einem derartigen rückwirkenden Effekt (rebound effect) führen können.[930] In der Studie haben die zusätzlichen Anhangangaben nicht wie ein accountability-Mechanismus gewirkt, sondern lieferten den Prüfern unbewusst eine Rechtfertigungsgrundlage für ihre Entscheidung, keine Anpassung eines potenziell wesentlichen Schätzfehlers vorzunehmen.[931] Auf psychologischer Ebene wird dies mit einem mentalen Kompromiss erklärt: Indem Angaben zur Unsicherheit des geschätzten Wertes in den Anhangangaben veröffentlicht und somit den Adressaten kommuniziert wurden, ist eine Anpassung des tatsächlichen Bilanzpostens seitens des Prüfers als weniger notwendig empfunden worden und der Wert quantitativ weniger stark angepasst worden.[932] Die zusätzlichen Anhangangaben fungierten in diesem Fall also wie ein Substitut.

Die zusätzliche Berichterstattung über KAM kann - wenn auch unbewusst - ebenfalls eine solche Verzerrung anleiten: Indem die KAM-Berichterstattung Informationen zur besonderen Risikoträchtigkeit eines Sachverhalts und die diesbezüglichen Prüfungshandlungen offenlegt, können Änderungen im Jahresabschluss hinsichtlich des Sachverhalts als weniger notwendig empfunden und schließlich weniger oft praktiziert werden. Dieser Effekt kann zusätzlich dadurch unterstützt werden, dass der Prüfer durch die Aufzählung und Beschreibung der durchgeführten Prüfungshandlungen den Eindruck der Richtigkeit seines Urteils und sein Vertrauen hierin i.S.e. sog. "confidence bolstering"[933] unbewusst festigt. Im Rahmen der Jahresabschlussprüfung sind derartige Urteils- und Entscheidungsmuster auch deshalb problematisch, weil die im Jahresabschluss veröffentlichten Informationen je nach Offenlegungsort unterschiedlich wahrgenommen werden.[934] So werden Informationen im Anhang i.d.R. als weniger verlässlich beurteilt.[935]

ddd) Strategische Antizipation der Reaktionen Dritter

Auch auf Seiten der Adressaten kann eine zusätzliche Berichterstattung die Informationsverarbeitung beeinflussen. Verschiedene Studien konnten zeigen, dass die Veröffentlichung von Interessenkonflikten dazu führt, dass die Informationsadressaten, denen die konfligierenden Interessen des Urteilsgebers nun bekannt sind, von dessen Urteil erwartungsgemäß Abschläge hinsichtlich der Zuverlässigkeit vornehmen.[936] Eine erste Studie von *Kachelmeier/Schmidt/Valentine* (2017) konnte zeigen, dass auch die KAM-Bericht-erstattung eine ähnliche Wirkung auf die Informationsverarbeitung der Abschlussadressaten hat und die KAM als ein Warnhinweis ("disclaimer"[937]) gedeutet werden: Die Probanden haben in der Position als

---

[930] Vgl. *Griffin* (2014), S. 1168, 1172 f. und 1181 ff.
[931] Vgl. ebenda.
[932] Dass psychologisch hierfür konkret eine stärker empfundene moralische Vertretbarkeit ausschlaggebend ist, kann aus den Ergebnissen von *Griffin* (2014) nicht eindeutig geschlossen werden.
[933] *Boiney/Kennedy/Nye* (1997), S. 7.
[934] Vgl. *Hirst/Hopkins* (1998), S. 49 und 64 ff.; *Maines/McDaniel* (2000), S. 183 ff.; *Hirst/Hopkins/Wahlen* (2004), S. 455 f. und 464 ff.; *Grabs* (2016), S. 184 ff.
[935] Vgl. *Davis-Friday/Liu/Mittelstaedt* (2004), S. 403 und 414 ff.; *Müller/Riedel/Sellhorn* (2015), S. 2412 und 2428 ff.
[936] Vgl. *Cain/Loewenstein/Moore* (2005), S. 5 und 17 ff. In einer Folgestudie zeigen *dieselben* (2011), S. 837 und 842 ff., dass die Abschläge der Höhe nach indes nicht hinreichend sind.
[937] *Kachelmeier/Schmidt/Valentine* (2017), S. 1.

Berichtsadressat den im KAM berichteten Sachverhalt zum einen als weniger zuverlässig eingeschätzt. Zum anderen haben sie die prüferische Verantwortung für eine im Nachhinein bekannt gewordene Falschdarstellung dieses Sachverhalts als weniger groß wahrgenommen.[938] Entgegen der expliziten Bestimmung des ISA 701 bzw. IDW EPS 401 wurden hier die KAM i.S.e. "gesonderten Prüfungsurteils zu einzelnen Sachverhalten"[939] wahrgenommen. Dass die KAM-Berichterstattung als eine solche sog. 'piecemeal opinion' wahrgenommen werden kann, wurde bereits von einigen Stakeholdern im Rahmen der Kommentierung zum Standardentwurf angemerkt.[940] *Brown et al.* (2017) können einen ähnlichen entlastenden Effekt durch den Einsatz von Bewertungsspezialisten zeigen.[941]

Ein zusätzliches Problem ergäbe sich ferner, wenn der Informationsgeber dieses Verhalten der Adressaten wiederum strategisch antizipiert. Im Bewusstsein, dass die Adressaten aufgrund einer zusätzlichen Information Abschläge an der Zuverlässigkeit von kommunizierten Information vornehmen, neigt der Informationsgeber schon im Vorhinein dazu, diesen Wert verzerrt darzustellen.[942] *Cain/Loewenstein/Moore* (2005) sprechen in diesem Zusammenhang von einer strategischen Übertreibung („strategic exaggeration“[943]). Während dieses Verhalten in kontextarmen Situationen dokumentiert werden konnte[944], replizieren *Koch/Schmidt* (2010) dieses Verhalten für eine Prüfer-Investoren-Beziehung nur für den Fall, in dem der Aufbau von Reputation über mehrere Perioden ausgeschlossen ist und die Probanden keine Erfahrung haben.[945] Auch *Jamal/Marshal/Tan* (2016) konnten in einer experimentellen Studie dieses Phänomen einer strategischen Übertreibung bei der Abgabe einer Stellungnahme eines Gutachters (fairness opinion) aufzeigen.[946]

Einen solchen Wirkungsmechanismus potenziell auch bei der KAM-Berichterstattung zu vermuten, ist gleichwohl implausibel, da zuvorderst nicht der Abschlussprüfer direkt Betroffener aus einer verzerrten Wahrnehmung von Jahresabschlussinformationen ist, sondern das bilanzierende Unternehmen. Zudem stellen die Informationen aus den KAM ihrem Gehalt nach keine Anreize für den Prüfer, diese verzerrt darzustellen. Im Prüfungskontext ist insgesamt vielmehr der moral licensing-Effekt mit einer potenziellen unbewussten Legitimationswirkung als problematisch einzustufen.

eee) Hypothese 1

Wie die bisherigen Forschungsergebnisse aufzeigen, können durch die KAM-Berichterstattung im Wesentlichen zwei Wirkungsmechanismen entstehen: Einerseits kann das explizite

[938] Vgl. *Kachelmeier/Schmidt/Valentine* (2017), S. 31 ff.
[939] IDW EPS 401.4d).
[940] Vgl. IFAC (2015), BC.50 und 89.
[941] Vgl. *Brown et al.* (2017), S. 15 ff. In ihrer Studie hatten Richter die Entscheidung von Prüfern, relativ aggressive Schätzwerte der Unternehmensleitung zu akzeptieren, und den Grad ihrer Fahrlässigkeit zu bewerten. Sofern die Prüfer externe Bewertungsspezialisten zur Bestimmung einer vertretbaren Bandbreite an Werten einbezogen hatten, wurden diese weniger oft für schuldig befunden. Sie spekulieren daher, dass die Verwendung von Spezialisten dem Prüfer Ermessensspielraum gibt, gerade weniger Anpassungen aggressiver Schätzwerte vorzunehmen, vgl. ebenda, hier S. 4 und 2.
[942] Vgl. *Loewenstein/Cain/Sah* (2011), S. 424 f.
[943] *Cain/Loewenstein/Moore* (2005), S. 7.
[944] Vgl. *Cain/Loewenstein/Moore* (2005), S. 12 f.; *dieselben* (2011), S. 840 f.
[945] Vgl. *Koch/Schmidt* (2010), S. 96 und 101 ff.
[946] Vgl. *Jamal/Marshal/Tan* (2016), S. 90 f. und 96.

Hervorheben sensibler Sachverhalte und die Rechenschaftspflicht über deren Handhabung gegenüber der Öffentlichkeit den Prüfer dazu anleiten, die Informationsverarbeitung bei den den KAM zugrundeliegenden Sachverhalten besonders akkurat und objektiv durchzuführen. Andererseits kann die zusätzliche Berichterstattung beim Prüfer auch als Instrument zur Kommunikation risikoreicher Sachverhalte wahrgenommen werden und auf unbewusst-kognitiver Ebene die Legitimation von grenzwertigen Ermessensentscheidungen befördern. Da die Wirkungsrichtungen gegensätzlich sind und bisherige Forschungsergebnisse nicht indizieren, welcher Effekt der Stärke nach überwiegt, wird die Hypothese H_1 zum Einfluss der KAM-Berichterstattung auf die kritische Grundhaltung ungerichtet formuliert.[947]

H_1: Die Berichterstattung über einen geschätzten Wert als KAM hat einen Einfluss auf die kritische Grundhaltung bei der Beurteilung dieses Schätzwertes.

bb) Einfluss auf Prüfungsumfang und -dokumentation

aaa) Accountability-Effekte

Sofern bekannt ist, dass ein Sachverhalt als publizierter KAM besondere öffentliche Aufmerksamkeit erfährt, kann man der Argumentation eines accountability-Mechanismus folgend annehmen, dass vorhandene Informationen u.a. mit einer höheren kritischen Grundhaltung bewertet werden. Neben dieser qualitativen Veränderung auf der Ebene der Informationsverarbeitung kann der Prüfer zudem quantitative Änderungen des Prüfungsaufwands auf der Ebene der Informationssuche vornehmen. Da die KAM-Sach-verhalte besonders exponiert werden, könnte ein risikoaverser Prüfer ein höheres Sicherheitsbedürfnis in Form einer gesteigerten Prüfungssicherheit entwickeln und in der Folge den Zeitaufwand für die Erlangung von Prüfungsnachweisen und deren Dokumentation relativ zu Nicht-KAM-Sachverhalten erhöhen.

bbb) Signaling-Effekte

Zudem besteht über die Vorgaben, im KAM diejenigen Prüfungshandlungen zu benennen, welche in Bezug auf den Prüfungssachverhalt durchgeführt wurden, nun die Möglichkeit eines signaling seitens der Prüfer.[948] Dadurch, dass der Prüfer über sein prüferisches Vorgehen berichten muss, kann er motiviert sein, originelle oder besonders umfangreiche Prüfungshandlungen vorzunehmen. Ein solcher Wirkungsmechanismus kann auch dadurch befördert werden, dass die zusätzliche KAM-Berichterstattung eine der wenigen Möglichkeiten darstellt, potenzielle Prüfungsqualitätsunterschiede wahrnehmbar zu machen und sich extern sichtbar von Wettbewerbern zu differenzieren.[949] Insgesamt spricht auch dieser Begründungszusammenhang dafür, dass der Zeitaufwand für die Prüfung eines Sachverhalts, über den als KAM berichtet wird, tendenziell steigt.

---

[947] In der vorliegenden Arbeit werden die aufgestellten Hypothesen als Alternativ-Hypothesen formuliert. Vgl. zum Vorgehen beim Testen von Hypothesen u.a. *Auer/Rottmann* (2015) S. 353 ff.

[948] Damit signaling-Maßnahmen glaubhaft sind, müssen diese mit Kosten verbunden sein, vgl. u.a. *Spence* (1973), S. 358 f.; *Heil/Robertson* (1991), S. 404 f. Diese entstehen bei der Berichterstattung über Prüfungshandlungen automatisch dadurch, dass die Prüfungshandlungen entsprechend durchgeführt werden müssen.

[949] Vgl. *Reisch* (2015), S. 47; *Berndt* (2016), S. 314; *Henselmann/Seebeck* (2017), S. 246.

ccc) Hypothese 2a/b

Empirische Ergebnisse, welche den Einfluss der neuen KAM-Berichterstattung auf den Prüfungsaufwand untersuchen, liegen noch nicht vor. Die dargestellten accountability- und signaling-Effekte stimmen in ihrer potenziellen Wirkungsrichtung diesbezüglich indes überein. Neben diesem Einfluss auf die absolute Höhe des Prüfungsaufwands ist auch ein Einfluss auf die Verteilung des Prüfungsaufwands auf die einzelnen Prüfungshandlungen denkbar. So wurde bei der Prüfung geschätzter Werte stellenweise konstatiert, dass bei der Budgetallokation zwischen Prüfungshandlungen zur Suche und Auswertung von Nachweisen einerseits und einer hinreichenden Dokumentation andererseits Zielkonflikte entstehen können.[950] Im Zuge der Einführung der KAM-Berichterstattung wurden i.d.S. gleichsam Bedenken geäußert, dass die Erstellung der KAM zu einem erhöhten Dokumentationsaufwand führen kann.[951] Für die Hypothese, dass durch eine derartige Gewichtsverschiebung auf die Dokumentation andere Prüfungshandlungen relativ weniger häufig stattfinden, liegen noch keine empirischen Befunde vor. Die Hypothese zum Einfluss der KAM-Berichterstattung auf die Verteilung des Prüfungsaufwands auf die einzelnen Prüfungshandlungen erfolgt im Vergleich zum Einfluss auf die Festsetzung des zusätzlichen Prüfungsumfangs insgesamt daher ungerichtet:

H_{2a}: Bei einem geschätzten Wert, über welchen als KAM berichtet wird, werden Prüfer mehr Zeitstunden für zusätzliche Prüfungshandlungen allokieren, um zu einem abschließenden Prüfungsurteil zu gelangen, als bei einem geschätzten Wert ohne KAM-Berichterstattung.

H_{2b}: Bei einem geschätzten Wert, über welchen als KAM berichtet wird, hat die KAM-Berichterstattung einen Einfluss darauf, wie Prüfer ein festes Zeitbudget auf die Dokumentation im Vergleich zu anderen Prüfungshandlungen allokieren.

b) Einfluss von Mandantendruck auf den Prüfungsprozess

aa) Einfluss auf die Informationsverarbeitung

aaa) Stand der Forschung

i) Minderung der Prüfungsqualität durch Mandantendruck in Form von Honorardruck

Für den Bereich der Prüfungsplanung untersuchen mehrere experimentelle Studien den Einfluss von Honorardruck (fee pressure) als Konkretisierung von Mandantendruck auf das Urteilsverhalten der Prüfer. Zu dieser Art von Mandantendruck zeigt *Gramling* (1999), dass bei starken Präferenzen des Mandanten für eine prüfungskostenminimierende Prüfung im Vergleich zu Präferenzen für eine hohe Rechnungslegungsqualität sich Prüfer stärker auf die Ergebnisse der internen Revision verlassen und daher weniger Zeit auf die Prüfung von als risikoreich bewerteten Forderungen veranschlagen.[952] *Houston* (1999) bestätigt für einen analogen Sachverhalt diese Ergebnisse mit dem alternativen Wirkungsmechanismus, wonach bei hohem Mandantendruck Prüfer weniger sensibel auf erhöhtes Mandantenrisiko (engagement

---

[950] Vgl. u.a. Deloitte (2004), S. 2; *Griffith/Hammersley/Kadous* (2015), S. 849.

[951] Vgl. *Dolensky* (2016), S. 141, welcher einen erhöhten Zeitaufwand für die Prüfung allein aufgrund der Erstellung der KAM-Berichterstattung erwartet. *Henselmann/Seebeck* (2017), S. 242, zeigen entsprechend, dass sich der Umfang des Bestätigungsvermerks in Großbritannien nach Einführung der KAM-Berichterstattung innerhalb des ersten Jahres im Durchschnitt verdreifacht hat.

[952] Vgl. *Gramling* (1999), S. 126.

risk) reagieren und daher der internen Revision größeres Vertrauen entgegenbringen.[953] *Felix/Gramling/Maletta* (2005) zeigen ebenfalls, dass sich Prüfer unter Mandantendruck, sofern wesentliche Nichtprüfungsleistungen für den Mandanten erbracht werden, stärker auf die mandantenseitige interne Revision verlassen.[954] *Moreno/Bhattacharjee* (2003) zeigen schließlich, dass Prüfer bei implizitem Mandantendruck in Form eines Inaussichtstellens zukünftiger Geschäftsmöglichkeiten das Risiko eines Wertminderungsbedarfs von Vorratsbeständen als geringer beurteilen.[955] Ergebnisse von Archivstudien gehen in die gleiche Richtung: So zeigen *Ettredge/Fuerherm/Li* (2014 und 2015), dass auf die Reduzierung des Prüfungshonorars gerichteter Mandantendruck während der Finanzkrise 2008 effektiv ausgeübt wurde und in diesen Fällen erstens mit einer relativ geringeren Prüfungsqualität verbunden war[956] sowie zweitens relativ seltener erstmalige GCOs vergeben wurden[957].

ii) Potenzieller Einfluss auf bilanzielle Anpassungen bei umfassendem Mandantendruck

Neben dem Einfluss von Mandantendruck auf die Reduzierung von Prüfungshonoraren untersuchen mehrere Studien den Einfluss von explizitem oder implizitem Mandantendruck auf die Durchsetzung einer meist aggressiven Bilanzierungsmethode. Im Fokus der bisherigen Forschung steht hierbei die Frage, inwiefern die Beurteilung der Normkonformität der Bilanzierungsmethode, die Beurteilung der Wesentlichkeit einer Prüfungsdifferenz sowie das tatsächliche bzw. angedachte Anpassungsverhalten bei Prüfungsdifferenzen[958] durch den Mandantendruck beeinflusst werden.

Die Ergebnisse experimenteller Studien sind diesbezüglich uneinheitlich. So zeigt *Braun* (2001), dass die Höhe des relativen Honoraranteils keinen Einfluss auf die Entscheidung hat, eine Anpassung einer wesentlichen Prüfungsdifferenz unter expliziter Androhung der Mandatsbeendigung vorzunehmen.[959] *Chang/Hwang* (2003) können zeigen, dass unter zusätzlichem hohen Konkurrenzkampf um den Mandanten und direkter Koppelung der Vergütungsstruktur an die Mandatsbeziehung, mithin noch stärkeren Anreizen für den Prüfer, dieser nur dann weniger Anpassungen vornimmt, wenn das Geschäftsrisiko des Mandanten nur durch-

[953] Vgl. *Houston* (1999), S. 75 f.

[954] Vgl. *Felix/Gramling/Maletta* (2005), S. 35 f. und 44. Mandantendruck wurde hier über eine Umfrage als kombiniertes Maß erhoben, ob der Prüfer erstens seitens des Mandanten ermutigt wurde, auf die interne Revision zu vertrauen und dies zweitens auch bei der Entscheidung berücksichtigt hat, vgl. ebenda, hier S. 41 und 43.

[955] Vgl. *Moreno/Bhattacharjee* (2003), S. 14 und 21 f. Der Effekt ist allerdings nur bei „lower rank auditors" (S. 14) zu beobachten.

[956] Vgl. *Ettredge/Fuerherm/Li* (2014), S. 248 und 254. Die Prüfungsqualität wurde über das Vorliegen aufgedeckter Falschdarstellungen gemessen, vgl. ebenda, hier S. 252.

[957] Vgl. *Ettredge/Fuerherm/Li* (2015), hier S. 3 f. und 16 f.

[958] Für die Entscheidung, eine Prüfungsdifferenz nicht zu korrigieren (sog. waive adjustment), spielen neben qualitativen und quantitativen Wesentlichkeitskriterien zahlreiche andere Faktoren wie der rückwirkende Einfluss auf Bonusvereinbarungen oder Covenant-benchmarks (Anreizstruktur des Mandanten), die bisherige Bilanzierungspraxis, die Dauer der Mandatsbeziehung, die Organisation der Wirtschaftsprüfungsgesellschaft, die Kompetenz von Prüfungsausschüssen, das Prüfungsrisiko oder der Aggregationseffekt mit anderen Prüfungsdifferenzen eine Rolle. Vgl. hierzu die Archivstudien von *Icerman/Hillison* (1991), S. 24 ff.; *Wright/Wright* (1997), S. 24 ff.; *Joe/Wright/Wright* (2011), S. 117 ff.; *Keune/Johnstone* (2012), S. 1655 ff.; *Chen et al.* (2015), S. 6 ff.; die Umfragen von *Nelson/Elliott/Tarpley* (2002), S. 192 ff.; *Ruhnke/Schmidt* (2015), S. 21 ff.; sowie die experimentellen Studien von *Libby/Kinney* (2000), S. 386 ff.; *Nelson/Smith/Palmrose* (2005), S. 911 ff.; *Ng* (2007), S. 78 ff.; *Ng/Tan* (2007), S. 1179 ff.

[959] Vgl. *Braun* (2001), S. 82 und 89.

schnittlich hoch ist.[960] Ein Haupteffekt von hohem Mandantendruck durch starke Kundenbindungsanreize (client retention incentives) konnte hingegen nicht bestätigt werden.[961] *Koch/Salterio* (2015) zeigen schließlich, dass unter hohem wahrgenommenen Mandantendruck die Höhe vorgeschlagener Anpassungen von wesentlichen Prüfungsdifferenzen relativ größer ausfällt und eher zur Wahl einer abwehrenden Verhandlungsstrategie (contending strategy) führt.[962]

Im Gegensatz zu diesen Befunden zeigen mehrere Studien, dass Mandantendruck die Akzeptanz gegenüber aggressiven Bilanzierungsmethoden des zu prüfenden Mandanten erhöht und im Ergebnis weniger Anpassungen vorgenommen werden. So dokumentieren *Brown/Johnstone* (2009), dass Prüfer mit weniger Verhandlungserfahrung unter hohem Mandantenrisiko eher zu einer zugestehenden Verhandlungsstrategie (concessionary negotiation strategy) neigen, zu weniger konservativen Verhandlungsergebnissen bezüglich einer aggressiven ergebniserhöhenden Bilanzierung kommen und weniger Vertrauen in die Angemessenheit dieses Ergebnisses haben.[963] Die Autoren zeigen anschließend, dass die Prüfer mit geringerer Verhandlungserfahrung bei hohem Mandantenrisiko höheren Mandantendruck[964] empfinden und dieser subjektiv wahrgenommene Druck den Effekt des Mandantenrisikos moderiert.[965] Auch *Hatfield/Jackson/Vandervelde* (2011) demonstrieren, dass Prüfer unter hohem, sehr explizitem Mandantendruck wesentliche ermessensbehaftete Prüfungsdifferenzen signifikant weniger oft korrigieren lassen.[966] *Messier/Schmidt* (2015) betrachten zusätzlich den möglichen kompensatorischen Aggregationseffekt (Offsetting) von mehreren wesentlichen Prüfungsdifferenzen.[967] Sie zeigen ebenfalls eine geringere Wahrscheinlichkeit der Anpassung aller Differenzen bei Vorliegen von hohem Mandantendruck - allerdings nur für den Fall, dass diese aus unterschiedlichen Konten stammen.[968] Mehrere Studien zeigen schließlich, dass diese negativen Konsequenzen von Mandantendruck zwar von den Abschlussadressaten[969], weniger aber von den Wirtschaftsprüfern selbst[970], auch als solche wahrgenommen werden.

---

960 Vgl. *Chang/Hwang* (2003), S. 212 f. und 215 f.

961 Vgl. ebenda, hier S. 214.

962 Vgl. *Koch/Salterio* (2015), S. 26 und S. 33. Zwar wurde hier expliziter und impliziter Mandantendruck manipuliert, als unabhängige Variable indes der zusätzlich gemessene subjektiv empfundene Mandantendruck und die Höhe des Verständnisses für die Bedürfnisse des Mandanten ("affinity for client management needs", S. 5) verwendet, vgl. ebenda, hier S. 22 f. *Bergner/Peffer/Ramsay* (2016), S. 18 ff., zeigen indes gegenteilig, dass Prüfer im Rahmen von Mandantenverhandlungen eher wesentliche Prüfungsdifferenzen nicht verbuchen, sofern der Mandant diesen Anpassungen stark widerstrebt.

963 Vgl. *Brown/Johnstone* (2009), S. 79 ff. und S. 86.

964 Hier wird das Konstrukt des Mandantendrucks ebenso wie bei *Koch/Salterio* (2015) anhand der subjektiven Wahrnehmung der Probanden gemessen, unterscheidet sich in der Art der Messung allerdings deutlich, vgl. ebenda, hier S. 22; vgl. ferner *Brown/Johnstone* (2009), S. 81.

965 Vgl. *Brown/Johnstone* (2009), S. 82 und 86.

966 Vgl. *Hatfield/Jackson/Vandervelde* (2011), S. 118 f. und 125.

967 Vgl. *Messier/Schmidt* (2015), S. 2 f.

968 Vgl. ebenda, hier S. 16 f. und 21 f.

969 Für Kreditgeber vgl. *Knapp* (1985), S. 206 ff.; *Gul* (1991), S. 166. Die ältere Studie von *Shockley* (1981) untersucht CPAs, Finanzanalysten sowie Kreditgeber, vgl. S. 789 und 791 ff.

970 Vgl. *Dykxhoorn/Sinning* (1981), S. 103 f.

bbb) Motivated reasoning-Effekte

i) Motivated reasoning als psychologischer Erklärungsansatz zum Einfluss von Mandantendruck

Die verzerrenden Effekte des Mandantendrucks bei der Beurteilung von bilanziellen Sachverhalten werden i.d.R. über zwei Wege begründet: Zum einen wird angeführt, dass ausgeübter Mandantendruck den Prüfer in seinem Urteil direkt beeinflusst und dieser bewusst dem Mandantendruck bei seiner Beurteilung nachkommt. Zum anderen wird argumentiert, dass der Mandantendruck das Urteil indirekt beeinflusst, indem bereits der Informationsverarbeitungsprozess des Prüfers unbewusst verzerrt wird.[971] Auf dieser zweiten, unbewusst-psychologischen Ebene wird vor allem auf die Theorie des sog. motivated reasoning bzw. auf motivational begründete Bestätigungseffekte zurückgegriffen (s.o. Kapitel II.1.d)dd)). Dieser Erklärungsansatz findet sich sowohl bei mehreren Studien zum Einfluss von Mandantendruck auf das Urteilsverhalten des Prüfers[972] als auch in Studien zur Prüfung geschätzter Werte, z.B. als Erklärung für die unzureichende Hinterfragung der Annahmen des Managements[973].

ii) Abgrenzung zu Bestätigungseffekten in Form von framing-Effekten

Bisherige wirtschaftsprüfungsunabhängige, psychologische Studien zeigen sehr deutlich das Vorhandensein eines Bestätigungseffektes i.S. einer gerichteten Hypothesenteststrategie, welche die Suche und Verarbeitung von Informationen auf eine Bestätigung der eingenommenen Hypothese hin anlegt.[974] Im Bereich der Prüfungsforschung liegen indes unterschiedliche Ergebnisse zum Vorhandensein eines Bestätigungseffektes in dieser Form vor.[975] Studien, welche Präferenzen für eine Hypothese ausklammern und einen Bestätigungseffekt allein aufgrund der Richtung der Hypothesenformulierung i.S.e. framing erwarten, zeigen insgesamt ein uneinheitliches Bild, ob der Bestätigungseffekt in seiner vermutet starken Ausprägung, dass sogar Informationen schlicht missachtet werden, vollumfänglich besteht. So gelangen *Smith/Kida* (1991) in einer Zusammenschau empirischer Studien zu dem Ergebnis, dass Prüfer im Prozess der Informationssuche aufgrund der Höhe negativer Konsequenzen eines falschen Prüfungsurteils vielmehr konservativ vorgehen und negative Informationen stärker gewichten.[976] Nachfolgende Studien konnten jedoch gehäuft konfirmatorische Hypothesenteststrategien bei der Urteilsbildung zu verschiedenen Prüfungsaussagen identifizieren;[977] selbst dann, wenn Anreize zu akkuraten Urteilen vorhanden sind.[978] So zeigt *Church* (1991), dass

[971] Vgl. zu dieser Unterscheidung *Kadous/Magro/Spilker* (2008), S. 134, welche allerdings vom Konstrukt der Mandantenpräferenzen ausgehen. *Blay* (2005), S. 763, spricht diesbezüglich von einem „choice bias" einerseits und einem „process bias" andererseits.

[972] Vgl. u.a. *Hatfield/Jackson/Vandervelde* (2011), S. 120; *Koch/Salterio* (2015), S. 3 und 6; *Messier/Schmidt* (2015), S. 4 und 7.

[973] Vgl. *Griffith/Hammersley/Kadous* (2014), S. 835 und 842 ff.

[974] Vgl. u.a. *Mynatt/Doherty/Tweney* (1977), S. 88 ff.; *Waller/Felix* (1987), S. 394 f.; *Klayman* (1995), S. 406 ff.; *Nickerson* (1998), S. 177 ff.

[975] Vgl. hierzu Kapitel II.1.d)dd).

[976] Vgl. *Smith/Kida* (1991), S. 483 ff.

[977] Vgl. *Pei/Reed/Koch* (1992), S. 180 f.; *Libby/Trotman* (1993), S. 565 ff.; *Bamber/Ramsay/Tubbs* (1997), S. 262 ff.; *Peterson/Wong-On-Wing* (2000), S. 274 ff.; *Earley* (2002), S. 607 ff.; *Wheeler/Arunachalam* (2008), S. 132 f. und 139 ff.; *Mock/Fukukawa* (2016), S. 77 ff.

[978] Vgl. *Brown/Peecher/Solomon* (1999), S. 22 f.

das präferenzähnliche Konstrukt des persönlichen Engagements (commitment) für eine Hypothese eine hypothesenkonforme Interpretation von Prüfungsnachweisen befördert.[979]

iii) Auftreten von motivated reasoning durch Mandantendruck und -präferenzen

Unter expliziter Berücksichtigung von Präferenzen zeigen die bisherigen empirischen Ergebnisse schließlich verstärkt, dass mehrere Anreize und Zielvorgaben bei Prüfern, die dem Konstrukt des Mandantendrucks ähnlich sind, zu einer Informationsverarbeitung gem. der Theorie des motivated reasoning bei verschiedenen Prüfungshandlungen führen. So zeigen *Farmer/ Rittenberg/Trompeter* (1987), dass Prüfer bei höherem Risiko des Mandatsverlusts die Bilanzierung eines neuartigen Sachverhalts, bei dem Zweifel an der Konsistenz zwischen wirtschaftlichem Gehalt und der bilanziellen Abbildung bestehen, als signifikant angemessener beurteilen als wenn dieses Risiko gering ist.[980] *Blay* (2005) repliziert die Ergebnisse im Rahmen der Beurteilung einer GCO-Annahme und zeigt explizit, dass diese gem. dem motivated reasoning auf eine verzerrte Informationssuche und -verarbeitung zurückzuführen sind.[981]

Bei weiteren Studien führt das Wissen der Mandantenpräferenzen (client preferences) zu mandantenkonformen Urteilen.[982] *Salterio/Koonce* (1997) zeigen, dass Prüfer bei der Beurteilung eines nicht eindeutig normierten bilanziellen Sachverhaltes den Präferenzen des Mandanten folgen, sofern die als Entscheidungshilfe konsultierten Präzedenzfälle sowohl für wie gegen die vom Mandanten präferierte Bilanzierungsmethode sprechen und aufgrund ihrer Gleichwertigkeit keine eindeutigen Schlussfolgerungen erlauben.[983] *Jenkins/Haynes* (2003) untersuchen den Einfluss des Zeitpunktes der Kenntnisnahme der Präferenzen des Mandanten bei zwei unterschiedlichen Prüfungsaufgaben, der Beurteilung der Offenlegungsnotwendigkeit einer Eventualverbindlichkeit und der Bewertung eines Forderungsbestandes. Sie zeigen, dass bei Kenntnis der Präferenzen des Mandanten Prüfer nach sukzessiver Auswertung von vier Prüfungsnachweisen, welche der präferierten Bilanzierungsmethode des Mandanten eher widersprechen, ihre Beurteilung weniger stark revidieren und somit stärker diesen Präferenzen entgegenkommen.[984] *Kadous/Magro/Spilker* (2008) zeigen schließlich, dass Steuerberater bei der Frage nach der Steuerklassifizierung eines Mandanten im Rahmen der Informationssuche indirekt stärker Nachweise betonen, welche die Präferenzen des Mandanten hinsichtlich der Klassifizierung unterstützen und in diesen Fällen auch eine entsprechend verzerrte Empfehlung abgeben.[985] Dieser Bestätigungseffekt konnte allerdings nur für den Fall gezeigt werden, in welchem die direkten und indirekten Kosten (practice risk) einer verzerrten Empfehlung vergleichsweise niedrig waren.[986]

---

[979] Vgl. *Church* (1991), S. 515 ff.; vgl. *Jermias* (2001), S. 151 f., für den Bereich der internen Rechnungslegung. Gegenteilige Ergebnisse zeigen *McMillan/White* (1993), S. 457 ff.

[980] Vgl. *Farmer/Rittenenberg/Trompeter* (1987), S. 7 f. und 10.

[981] Vgl. *Blay* (2005), S. 764 und 775 ff.

[982] Gegenteilig zu den folgenden Studien *Salterio* (1996), welcher keinen Einfluss der Mandantenpräferenzen auf die Beurteilung eines strittigen neuartigen Bilanzsachverhaltes findet, vgl. S. 477 und 482. Vgl. ferner *Church et al.* (2015), S. 221 f.

[983] Vgl. *Salterio/Koonce* (1997), S. 581 ff.

[984] Allerdings nur für die Offenlegungsaufgabe, vgl. *Jenkins/Haynes* (2003), S. 149 ff.

[985] Vgl. *Kadous/Magro/Spilker* (2008), S. 145 ff.

[986] Vgl. ebenda, hier S. 134 und 148 f. Ein direkter Einfluss der Präferenzen konnte allerdings nicht gezeigt werden.

Mandantenpräferenzen beeinflussen das Urteilsverhalten schließlich auch indirekt, sofern sie z.B. implizit aus Kontextfaktoren erschlossen werden oder persönliche, mandantenfreundliche Prädispositionen i.S.e Kundenorientierung (client advocacy)[987] bestehen.[988] *Haynes/Jenkins/ Nutt* (1998) zeigen für den Fall einer strittigen, für den Mandanten nachteiligen Vorratsabschreibung, dass Prüfer nicht nur explizit artikulierten Mandantenpräferenzen nachkommen, sondern diese bereits auch aus Kontextfaktoren - sofern sichtbar (salient) - erschließen und entsprechend mandantenkonform urteilen.[989] Für den Fall, dass zusätzlich Druck zur Zufriedenstellung der Kundeninteressen (client satisfaction pressure) z.B. aus Mandantenevaluationen besteht, zeigen *Aghazadeh/Hoang* (2015), dass sich ein kritisches Urteil nicht in entsprechend kritische Handlungen übersetzt.[990] Unter hohem Satisfaktionsdruck wird hohe, vom Mandanten artikulierte Zuversicht zwar als Überzeugungsversuch beurteilt, es findet aber keine Anpassung des Suchprozesses[991] nach Prüfungsnachweisen statt.[992]

iv) Personen- und aufgabenunabhängiges Auftreten von motivated reasoning-Effekten

Neben den durch ökonomische Anreize bedingten Präferenzen der Prüfer und den expliziten wie impliziten Mandantenpräferenzen wird zusehends auch der Einfluss sozial-emotionaler Determinanten, z.B. durch soziale Bindungen (sog. "social bond"), untersucht.[993] So konnte gezeigt werden, dass Prüfer die Ratschläge von Kollegen, zu denen enge soziale Kontakte bestehen, einer weniger objektiven Überprüfung unterziehen und unabhängig von ihrer Plausibilität (justifiability) stärker gewichten.[994] Bei der Prüfung geschätzter Werte zeigen *Brink/Tang/Yang* (2016), dass Prüfer unter sozialem Druck seitens des Vorgesetzten gemäß dessen Präferenzen weniger kritisch vorgehen.[995] Hinsichtlich der Prüfer-Mandanten-Beziehung dokumentieren mehrere Studien, dass Prüfer dem Mandantendruck stärker nachgeben, wenn der Prüfer sich stark mit dem Mandanten identifiziert (client identification).[996]

Mehrere Studien indizieren schließlich, dass Ausprägungen des motivated reasoning unabhängig von der Art des Urteils und der betrachteten Personengruppe auftreten. So konnten im Prüfungskontext verzerrte Informationsverarbeitungstendenzen z.B. in Konformität mit den

[987] Vgl. *Haynes/Jenkins/Nutt* (1998), S. 89; *Hurley/Mayhew/Obermire* (2016), S. 2.

[988] *Pennington/Schafer/Pinsker* (2017) zeigen, dass Prüfer in Abwesenheit bestimmter Präferenzaussagen oder Drucksituationen eine eher geringe Kundenorientierung aufweisen und im Fall einer besonders geringen Kundenorientierung zu einer verzerrten, den Mandantenpräferenzen entgegengerichteten Informationssuche neigen, vgl. S. 144 ff.

[989] Vgl. *Haynes/Jenkins/Nutt* (1998), S. 92 ff. Sie sprechen bei diesen aus dem Kontext geschlossenen Präferenzen auch nicht von dem Konstrukt der Mandantenpräferenzen, sondern von "client advocacy" (S. 89).

[990] Vgl. *Aghazadeh/Hoang* (2015), S. 5, 10 f. und 29.

[991] Gemessen anhand des relativen Anteils an Personen je Gruppe, die mind. einen Prüfungsnachweis nennen, der sich auf externe Quellen bezieht, vgl. ebenda, hier S. 25.

[992] Vgl. ebenda, hier S. 23 f. und 26.

[993] *Esplin/Jamal/Sunder* (2015) zeigen in einer Interviewstudie, dass diese persönlichen Beziehungen u.a. auch für die Prüferbestellung maßgeblich sind, vgl. S. 8 und 20 ff. Vgl. ferner *Lord/DeZoort* (2001), S. 217 ff.

[994] Vgl. *Kadous/Leiby/Peecher* (2013), S. 2062 f. und 2079 f.

[995] Vgl. *Brink/Tang/Yang* (2016), S. 30 und 33 ff. Sozialer Druck besteht hier aus dem Ratschlag von Vorgesetzten, einen stärker subjektiv geprägten fair value des Mandanten trotz Vorhandenseins eines objektivierbareren Wertes zu akzeptieren, vgl. ebenda, hier S. 30 und 34. *Bable/Moser* (2015), S. 3 f. und 13 ff., zeigen ein analoges Verhalten für eine Situation, in denen Buchhalter von einem positiv bewerteten Vorgesetzten ermutigt werden, einen Schätzwert geringer auszuweisen, womit höhere Bonuszahlungen des Vorgesetzten einhergehen.

[996] Vgl. *Bamber/Iyer* (2007), S. 2 f. und 14 ff.; *Herda/Lavelle* (2015), S. 578 f. und 590 ff.; *Svanberg/Öhman* (2015), S. 403 ff.

Ansichten des Vorgesetzten bei der GCO-Beurteilung[997] und bei der Beurteilung zur Kapitalisierung von Instandhaltungsaufwendungen [998] festgestellt werden. Motivated reasoning-Effekte gem. der eigenen präferierten Zielrichtung konnten auch gehäuft bei Investoren aufgezeigt werden, bei denen direkte negative finanzielle Konsequenzen noch stärkere Anreize für eine unverzerrte Informationsverarbeitung bieten.[999]

ccc) Hypothese 3

Impliziter Mandantendruck steht in direkter Verbindung zu dem oben genannten psychologischen Erklärungsmodell des motivated reasoning.[1000] Diese Form des Mandantendrucks führt per definitionem dazu, dass die Präferenzen des Mandanten für den Prüfer nicht nur sichtbar werden, sondern einhergehen mit ökonomischen und sozialen Anreizen, diesen auch nachzukommen. Dadurch, dass impliziter Mandantendruck die Präferenzen des Mandanten offenbart und die partielle Gleichgerichtetheit der Interessen von Prüfer und Mandant zusätzlich betont, werden Voraussetzungen für ein Verhalten geschaffen, welches bei der Prüfung unbewusst verifizierend vorgeht und die kritische Grundhaltung einschränkt.[1001] Eine derartige Informationsverarbeitung sollte sich im Ergebnis auch in der finalen Beurteilung des Schätzwertes wiederspiegeln. Positive Rolleneffekte sind bei dieser Form von implizitem Mandantendruck hingegen weniger wahrscheinlich. Da Mandantendruck im Gegensatz zu anderen Drucksituationen je nach Ausprägung eher einem Interessenkonflikt gleichgestellt ist, sind etwaige positive Effekte wie aus einem moderaten Zeitdruck ebenso nicht zu erwarten. Da auch die bisherigen Forschungsergebnisse überwiegend erkennen lassen, dass bei ausgeübtem Mandantendruck das Urteils- und Entscheidungsverhalten auf der Ebene des individuellen Prüfers mitunter erheblich beeinflusst werden kann[1002], wird die folgende Hypothese gerichtet formuliert.

H_3: Bei implizitem Mandantendruck ist die kritische Grundhaltung bei der Beurteilung eines geschätzten Wertes geringer als bei nicht vorhandenem Mandantendruck.

bb) Einfluss auf Prüfungsaufwand und -dokumentation

aaa) Unabhängigkeitsbetonende Rolleneffekte

Mandantendruck kann auch größeren Einfluss auf den Prüfungsaufwand von Prüfern nehmen.[1003] Im Falle explizit geäußerten Mandantendrucks kann dieser als Angriff gegen die prüferische Unabhängigkeit empfunden werden, wodurch der Prüfer zur Demonstration prüferischer Integrität dazu motiviert sein kann, auch quantitativ mehr Prüfungshandlungen i.S.e. erhöhten kritischen Grundhaltung durchzuführen.[1004] Empirische Indizien hierfür zeigen *Zimbelman/Waller* (1999), in deren Studie Prüfer bei höheren Anreizen des Abschlusserstellers zu Falschdarstellungen die Stichprobengröße erhöhten.[1005]

[997] Vgl. *Wilks* (2002), S. 53 ff.
[998] Vgl. *Peytcheva/Gillett* (2011), S. 292 und 294 ff.
[999] Vgl. *Hales* (2007), S. 609 f. und 620 ff.; *Thayer* (2011), S. 3 f. und 11 ff.; *Elliott/Rennekamp/White* (2016), S. 3 f., 7 f. und 18 ff.
[1000] Vgl. u.a. *Hatfield/Jackson/Vandervelde* (2011), S. 120; *Piercey* (2011), S. 225 f.
[1001] Vgl. *Hatfield/Jackson/Vandervelde* (2011), S. 118 und 125.
[1002] Vgl. *DeZoort/Lord* (1997), S. 48.
[1003] Vgl. *Bartunek/Reynolds* (1983), S. 70.
[1004] Vgl. i.d.S. *Koch/Salterio* (2015), S. 9 ff.
[1005] Vgl. *Zimbelman/Waller* (1999), S. 136, 142 f. und 149 ff.

bbb) Motivated reasoning-Effekte

Auch für den Fall, in dem der Mandantendruck dazu führt, dass der Prüfer mandantenkonform i.S. eines motivated reasoning vorgeht, ist zu erwarten, dass Prüfer aus einem erhöhten Rechtfertigungsbedürfnis mehr Prüfungshandlungen durchführen. So zeigen *Jenkins/Haynes* (2003) dass Prüfer, welche über die Mandantenpräferenzen hinsichtlich eines bilanziellen Sachverhalts frühzeitig informiert wurden, signifikant mehr zusätzliche Prüfungsnachweise anforderten und für dessen Auswertung mehr Zeit budgetierten als die Kontrollgruppe ohne Wissen um die Mandantenpräferenzen.[1006] Auch *Piercey* (2011) konnte zeigen, dass Prüfer unter Mandantendruck bei einer qualitativen Risikobeurteilung stärker den Mandantenpräferenzen entsprachen, wenn zusätzliche Dokumentationsanforderungen bestanden als wenn diese Anforderungen nicht bestehen.[1007] Diese Ausweitung von Prüfungshandlungen und deren Dokumentation kann als eine Form des „defensive bolstering"[1008] gesehen werden.

ccc) Hypothese 4a/b

Für den in dieser Studie untersuchten impliziten Mandantendruck sind eher Effekte aus einem erhöhten Rechtfertigungsbedürfnis plausibel. Unabhängig davon deuten indes beide Erklärungsansätze darauf hin, dass erhöhter Mandantendruck einen positiven Einfluss auf die Höhe des Prüfungsaufwands insgesamt hat.[1009] Zudem legen die bisherigen Studien nahe, dass unter hohem Mandantendruck die Dokumentation an Wichtigkeit gewinnt.[1010] Die diesbezüglichen Hypothesen werden daher gerichtet formuliert.

H_{4a}: Bei implizitem Mandantendruck werden Prüfer mehr Zeitstunden für zusätzliche Prüfungshandlungen allokieren, um zu einem abschließenden Prüfungsurteil hinsichtlich der Bewertung eines geschätzten Wertes zu gelangen, als in einer Situation ohne impliziten Mandantendruck.

H_{4b}: Bei implizitem Mandantendruck werden Prüfer ein festes Zeitbudget relativ stärker auf die Dokumentation im Vergleich zu anderen Prüfungshandlungen allokieren, als in einer Situation ohne impliziten Mandantendruck.

c) *Interaktionseffekt von KAM-Berichterstattung und implizitem Mandantendruck bei der Informationsverarbeitung*

Interaktionen treten immer dann auf, wenn verschiedene erklärende Variablen[1011] eine abhängige Variable nicht unabhängig voneinander beeinflussen, sondern der Effekt eines Faktors auf die abhängige Variable durch die Ausprägung eines anderen Faktors bedingt ist.[1012] Eine Interaktion zwischen Mandantendruck und der Pflicht zur KAM-Berichterstattung lässt sich wie folgt begründen: In Bezug auf die Tendenz zum motivated reasoning wird durchgängig betont, dass nur dann eine verzerrte Informationsverarbeitung stattfindet und für die präferierte Entscheidung optiert wird, wenn sie der Randbedingung einer sinnvollen Rechtfertigung

[1006] Vgl. *Jenkins/Haynes* (2003), S. 150 ff.
[1007] Vgl. *Piercey* (2011), S. 224, 229 f. und 237 ff.
[1008] *Lerner/Tetlock* (1999), S. 257.
[1009] Vgl. ebenso *Jenkins/Haynes* (2003), S. 145.
[1010] Vgl. i.d.S. ebenso *Emby/Gibbins* (1988), S. 288 f.
[1011] Die erklärenden Variablen werden in Experimenten oftmals als Faktoren bezeichnet.
[1012] Vgl. u.a. *Jaccard* (1998), S. 2 ff.; *Kuehl* (2000), S. 175 ff.; *Evans III et al.* (2015), S. 1177 f.

bzw. Rationalisierung genügt.[1013] Bei der Beurteilung einer Bilanzierungsmethode tritt der Effekt des motivated reasoning also dann nicht auf, wenn eindeutige Prüfungsnachweise vorliegen, dass die präferierte Bilanzierungsmethode unzweifelhaft nicht normkonform und somit nicht zu rechtfertigen ist.

Insbesondere in Situationen, in welchen Prüfer starken Anreizen oder Interessenkonflikten ausgesetzt sind, zeigen mehrere Studien, dass Prüfer auf Rechtfertigungsgrundlagen zurückgreifen, um ihre Entscheidungen zu legitimieren.[1014] So zeigen *Hackenbrack/Nelson* (1996), dass Prüfer die Unschärfe von Rechnungslegungsstandards bei der Beurteilung über die Angemessenheit der Bewertung von uneinbringlichen Forderungen verwenden, um aggressive Bilanzierungsmethoden des Mandanten zu rechtfertigen.[1015] Einen ähnlichen Gebrauch von Interpretationsspielräumen durch verbale im Vergleich zu numerischen Grenzwerten konnten *Cuccia/Hackenbrack/Nelson* (1995) bei Steuerberatern und *Piercey* (2009) im Prüfungskontext, allerdings mit Studentenprobanden, aufzeigen.[1016] *Kadous/Kennedy/Peecher* (2003) zeigen, dass Prüfer, die sich stärker zu den Zielen des Mandanten bekennen (goal commitment), nur dann eine vom Mandanten präferierte, aggressive Ertragsrealisierung öfter akzeptieren und als signifikant vertretbarer beurteilen, wenn die Prüfer zusätzliche Qualitätsbeurteilungen über die Angemessenheit der aggressiven Bilanzierungsmethoden des Mandanten durchführen müssen.[1017] In diesem Fall hat die Anforderung einer zusätzlichen Qualitätsbeurteilung, welche die Objektivität des Prüfungsurteils ursprünglich erhöhen sollte, die negativen Effekte bei einem höheren Verpflichtungsempfinden gegenüber den bilanziellen Zielen des Mandanten verstärkt bzw. erst hervorgebracht.[1018]

Diese Befunde legen nahe, dass es vornehmlich von der Notwendigkeit einer Rechtfertigung, einer 'moral license' abhängt, ob die KAM-Berichterstattung als accountability-Mechanismus wirkt oder als Rationalisierungsinstrument für das eigene Entscheidungsverhalten. Die Stärke negativer Auswirkungen von implizitem Mandantendruck kann also durch das Vorhandensein der KAM-Berichterstattung im Vergleich zu einem Setting ohne KAM-Berichterstattung erhöht werden. Bezüglich der Interaktion zwischen dem Mandantendruck und der KAM-Berichterstattung ergibt sich daher folgende Hypothese:

H_5: Unter implizitem Mandantendruck sinkt die kritische Grundhaltung bei der Bewertung eines Schätzwertes bei einer KAM-Berichterstattung im Vergleich zu keiner Berichterstattung stärker als bei nicht vorhandenem Mandantendruck.

[1013] Vgl. *Pyszczynski/Greenberg* (1987), S. 302 und 330 ff.; *Kunda* (1990), S. 482 f.; *Boiney/Kennedy/Nye* (1997), S. 19.

[1014] *Pyszczynski/Greenberg* (1987), S. 331, sprechen davon, eine „illusion of objectivity“ zu erzeugen; vgl. ferner *Hsee* (1996), S. 122 ff.; *Kennedy/Kleinmutz/Peecher* (1997), S. 107 ff.

[1015] Auch wenn die Prüfer für die vom Mandanten präferierte, aggressive (anstatt für die konservative) Methode nur dann optiert haben, wenn das Mandantenrisiko moderat war, haben sie in jedem Fall anreizkompatibel mit ihrer eigenen Position entschieden, vgl. *Hackenbrack/Nelson* (1996), S. 53 ff. In Einklang mit der Theorie des motivated reasoning zeigen *Brink/Gooden/Mishra* (2014), S. 2 f. und 16 ff., eine analoge Verwendung von Ermessensspielräumen seitens der originären Abschlussersteller auf.

[1016] Vgl. *Cuccia/Hackenbrack/Nelson* (1995), S. 232 ff.; *Piercey* (2009), S. 332 f. und 336 ff.

[1017] Vgl. *Kadous/Kennedy/Peecher* (2003), S. 771 ff. Bei der Durchführung der Qualitätsbeurteilung mussten die Probanden vor der Erhebung der eigentlichen Beurteilung unter Hinweis auf die GAAP und die Vorgaben des conceptual frameworks bestimmen, welches die angemessenste Bilanzierungsmethode ist, vgl. ebenda, hier S. 765 f.

[1018] Ein Haupteffekt vom Ausmaß des goal commitment auf die Akzeptanz und die Einschätzung der Vertretbarkeit der Bilanzierungsmethode konnte nicht gezeigt werden, vgl. ebenda, S. 771 und 773.

Abb. 3 gibt einen Überblick über die erwartete ordinale Interaktion[1019] der untersuchten Faktoren in Bezug auf die kritische Grundhaltung.

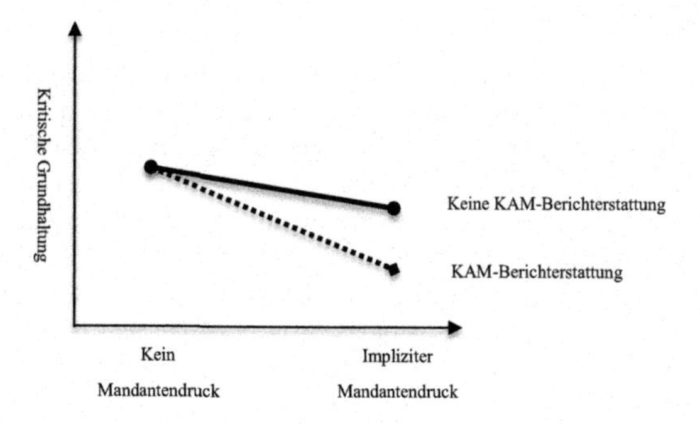

Abb. 3: Interaktionseffekt zwischen KAM-Berichterstattung und implizitem Mandantendruck auf die kritische Grundhaltung.

[1019] Für die verschiedenen Arten von Interaktionen vgl. u.a. *Trotman* (1996), S. 20 ff.; *Kerlinger/Lee* (2000), S. 362 ff.; *Döring/Bortz* (2016), S. 711 ff.

4. Methode und Untersuchungsdesign

a) Experimentelle Methode der empirischen Untersuchung

Für die Überprüfung der Hypothesen wird in dieser Studie die Methode des Experiments verwendet.[1020] Diese Methode wurde aus zwei Gründen gewählt: Zum einen handelt es sich bei KAM-Berichterstattung des IAASB um ein ab 2016 anzuwendendes, neuartiges Berichterstattungselement. Für eine empirisch-archivarische Untersuchung potenzieller Auswirkungen der KAM-Berichterstattung auf die Abschlussprüfung liegen daher noch keine historischen Daten vor.[1021] Zum anderen bietet ein experimentelles Setting durch die Manipulation von Variablen und die Randomisierung der Beobachtungsobjekte den Vorteil, das Zusammenwirken mehrerer Faktoren zu entflechten und (mono)kausale Wirkungszusammenhänge aufzuzeigen.[1022] Das Problem archivarischer Studien, deren Ausgangsdaten oftmals aus veröffentlichten Jahresabschlussinformationen bestehen und daher Effekte der originären Ersteller und der Prüfer vermengt enthalten,[1023] wird so umgangen und eine direktere Beurteilung potenzieller Veränderungen der Prüfungsqualität möglich.

b) Darstellung des Untersuchungsdesigns

aa) Auswahl des Untersuchungsdesigns

Die Manipulation der erklärenden Variablen kann auf zwei Arten erfolgen: Sie kann entweder zwischen Versuchsgruppen (between-subject) oder innerhalb derselben Versuchsgruppe (within-subject) zeitlich hintereinander variiert werden.[1024] Während die between-subject Variation zu einer Erhöhung der Anzahl der Versuchsgruppen führt und somit aufwendiger ist, leitet eine within-subject Manipulationen die Aufmerksamkeit der Probanden auf die Manipulation an sich und kann so vor allem zu Nachfrageeffekten (demand-Effekte[1025]) führen, welche die Ergebnisse verzerren können.[1026] In der vorliegenden Untersuchung wird ein 2x2 between-subject Design verwendet. Die Alternative einer within-subject Manipulation der Variable zum Mandantendruck wurde nicht gewählt, weil hier die Gefahr von demand-Effekten als besonders hoch eingeschätzt wird: Wird der Proband zunächst in eine Situation

[1020] Zum Design experimenteller Studien in der verhaltenswissenschaftlichen Rechnungslegungsforschung vgl. u.a. *Swieringa/Weick* (1982), S. 70 ff.; *Libby/Bloomfield/Nelson* (2002), S. 781 und 793 ff.; speziell für die Prüfungsforschung vgl. *Trotman* (1996); *derselbe* (2001); *Kadous/Zhou* (2016b); vgl. ferner *McDaniel/Hand* (1996), S. 341 ff.

[1021] Eine Ausnahme bilden hier lediglich der ISA 700 UK, welcher gem. ISA 700.5 UK (revised June 2013) für Geschäftsjahre ab dem 1. Oktober 2012 anzuwenden ist (eine überarbeitete Fassung vom Juni 2016 sieht den 17.06.2016 als Anwendungsdatum vor). Gemäß ISA 700.19A (a) UK müssen keine KAM, sondern ‚risks of material misstatement' beschrieben werden. Darüber hinaus muss die Gesamtwesentlichkeit und seine Verwendung erläutert werden, vgl. ISA 700.19A.(b) UK. Im Juni 2016 hat das FRC indes auch einen Standard ISA 701 UK zur Berichterstattung über KAM für börsennotierte Unternehmen erlassen. Zudem müssen in Frankreich seit 2003 sog. ‚Justification of assessments' berichtet werden, die den KAM konzeptionell nahestehen, vgl. *Bédard/Gonthier-Besacier/Schatt* (2016), S. 2.

[1022] Vgl. *Peecher/Solomon* (2001), S. 195; *Libby/Bloomfield/Nelson* (2002), S. 778 und 781; *Bloomfield/Nelson/Soltes* (2016), S. 383.

[1023] Vgl. u.a. *Gaynor et al.* (2016), S. 6 f.

[1024] Vgl. *Pany/Reckers* (1987), S. 40 f.

[1025] Demand-Effekte bezeichnen die Tendenz, dass Probanden z.B. aus der Ausgestaltung des Untersuchungsdesigns heraus Erwartungen hinsichtlich der untersuchten Hypothesen und Konstrukte bilden und - diese antizipierend - verzerrt antworten, vgl. u.a. *Schepanski/Tubbs/Grimlund* (1992), S. 122 ff.; *Trotman* (2001), S. 185.

[1026] Vgl. u.a. *Pany/Reckers* (1987), S. 50; *Trotman* (1996), S. 18 f. und 29 ff.

ohne Mandantendruck gestellt, anschließend in eine Situation mit impliziten Mandantendruck und muss unabhängig von der Existenz der KAM-Berichterstattung seine ursprüngliche Bewertung überdenken, ist die Manipulation sichtbar und für den Probanden antizipierbar. Gleiches gilt bei einer potenziellen within-subject Manipulation der KAM-Variable.

bb) Manipulation der unabhängigen Variablen

aaa) Manipulation der KAM-Berichterstattung

Um zu untersuchen, ob sich die zusätzliche KAM-Berichterstattungspflicht (KAM)[1027] auf den Urteilsprozess eines individuellen Prüfers auswirkt und ggf. zu einer Stärkung der kritischen Grundhaltung beiträgt, wird als erste erklärende Variable die Existenz der KAM-Berichterstattungspflicht manipuliert (KAM berichtspflichtig, i.F. Treatmentgruppe/KAM nicht berichtspflichtig, i.F. Kontrollgruppe). Es werden somit zwei unterschiedliche Normregime verglichen und nicht unterschiedliche Ausprägungen von KAM.

Problematisch bei dieser Manipulation ist vor allem, dass die KAM-Berichterstattung gem. ISA 701 an Voraussetzungen geknüpft ist (s.o. Kapitel II.3. a)aa)). Würden der Kontrollgruppe daher keine Informationen bezüglich der Berichterstattung, der Treatmentgruppe hingegen Informationen gegeben, dass über den zugrundeliegenden Sachverhalt im Rahmen der KAM-Berichterstattung berichtet wird, könnten sich bei der Treatmentgruppe zwei Effekte vermengen: Erstens kann der Vorgang der Veröffentlichung einen Effekt auf den Prüfer haben. Dieser allein steht im Zentrum der Untersuchung und soll isoliert werden. Zweitens impliziert die Information, dass der Sachverhalt als KAM berichtet wird, immer auch zwangsweise die Erfüllung der qualitativen Voraussetzungen seiner Selektion. Aufgrund dieser zusätzlichen Signalwirkung könnte der Proband in der Treatmentgruppe den Sachverhalt im Vergleich zur Kontrollgruppe unabhängig von dessen Veröffentlichung anders beurteilen.

Um diesen zweiten Effekt möglichst gering zu halten, wurden zum einen alle Versuchsgruppen in einer Fußnote über die Inhalte der KAM-Berichterstattung und dessen Einfluss auf das Prüfungsurteil aufgeklärt. Zum anderen wurden auch der Kontrollgruppe die Voraussetzungen mitgeteilt, dass der Sachverhalt aufgrund der starken Abhängigkeit des Schätzwertes vom Ermessen der Unternehmensleitung dem Aufsichtsorgan kommuniziert wurde[1028] und dieser auch als ein KAM in den erweiterten Bestätigungsvermerk aufgenommen worden wäre. Im Gegensatz zur Treatmentgruppe wurde die Kontrollgruppe allerdings anschließend informiert, dass eine solche zusätzliche öffentliche Berichterstattung über den Sachverhalt als KAM in einem erweiterten Bestätigungsvermerk nicht stattfindet, da die entsprechenden Regelungen noch nicht verpflichtend anzuwenden sind und auch keine freiwillige Berichterstattung über KAM im Prüfungsauftrag vereinbart worden ist. Die Treatmentgruppe erhielt wiederum Informationen, dass über KAM berichtet werden muss sowie einen ersten Entwurf für den KAM bezüglich des Sachverhalts. Das IAASB hat bereits einige exemplarische KAM-Formulierungen veröffentlicht.[1029] Basierend auf diesen Beispielen wurde folgender KAM bezüglich des Schätzwertes der Garantierückstellung formuliert:

[1027] I.F. werden hinter den relevanten abhängigen und erklärenden Variablen (in Klammern) die Abkürzungen der jeweiligen Variable angegeben. Eine Übersicht findet sich in Anlage 1.

[1028] Dies stellt eine Voraussetzung dar, um als KAM qualifiziert werden zu können, vgl. ISA 701.9.

[1029] Vgl. IAASB (2015b), S. 3 ff.

„Key Audit Matter zur Bewertung von Garantierückstellungen

Die X-AG bewertet die Garantierückstellungen gem. IAS 37 zum bestmöglichen Schätzwert. Dieser Posten ist von größter Bedeutung, weil die prüferische Beurteilung sich auf einen Bereich bezieht, in dem in hohem Maße subjektive Annahmen und Ermessensentscheidungen der Unternehmensleitung eine Rolle spielen. Diese beziehen sich vor allem auf die Anzahl an Garantiefällen und den durchschnittlichen Aufwand je Garantiefall. Die tatsächlichen Aufwendungen für die Garantieleistungen können sich daher erheblich von dem in der Bilanz ausgewiesenen Betrag unterscheiden.

Die Prüfungshandlungen, welche bezüglich des Risikos wesentlich falscher Angaben durchgeführt wurden, umfassen u.a. die Konsultation unserer Bewertungsspezialisten sowie die kritische Begutachtung von Prüfungsnachweisen hinsichtlich der Annahmen der Unternehmensleitung."

Abb. 4: KAM-Entwurf der Fallstudie.

Der Treatmentgruppe wurde dieser Entwurf zusätzlich zur Information, dass KAM berichtspflichtig sind, aus zweierlei Gründen beigefügt: Da es sich bei der KAM-Berichterstattung zum einen um ein neues und daher unvertrautes Berichterstattungselement handelt, sollen die vermutet abstrakten Vorstellungen über dessen Inhalt durch den Entwurf veranschaulicht werden, um so die Manipulation wirksamer zu gestalten. Auch hierbei bekommt die Treatmentgruppe inhaltlich keine Mehrinformationen gegenüber der Kontrollgruppe, da sämtliche Inhalte zum Grund der Erstellung dieses KAM und zu den durchgeführten Prüfungshandlungen bereits in der Fallstudie vorhanden sind. Zum anderen werden eventuell divergierende Vorstellungen über den Inhalt zwischen den Probanden angeglichen und eine mögliche verzerrende Varianz hieraus gelindert. Um den oben beschriebenen problematischen Effekt zu verringern, hätte man auch der Kontrollgruppe den KAM-Entwurf als Information bereitstellen können. Dies würde angesichts der Tatsache, dass nun gerade keine KAM in dieser Kontrollgruppe berichtet werden, in der Gesamtschau des Sachverhalts einen deplatzierten und implausiblen Eindruck machen. Von einer Einfügung des KAM-Entwurfs in die Kontrollgruppe wurde daher abgesehen.

bbb) Manipulation des Mandantendrucks

Um den Einfluss der KAM-Berichterstattung auf den Urteilsprozess unter der Bedingung von unterschiedlich starkem Mandantendruck (PRES) zu testen, wird als zweite erklärende Variable der Mandantendruck manipuliert (impliziter Mandantendruck, i.F. Treatmentgruppe/kein Mandantendruck, i.F. Kontrollgruppe). Die Manipulation von Mandantendruck im Rahmen eines Laborexperimentes gestaltet sich in der Regel sehr schwierig.[1030] Um diese Variable zu operationalisieren, haben bisherige Studien die Wichtigkeit des Mandanten für den Prüfer, z.B. über Informationen bezüglich des relativen Anteils an Arbeitszeit für den Mandanten[1031] oder abrechenbarer Stunden[1032], sowie explizite Präferenzaussagen und Drohungen des Mandanten, z.B. dass die Unternehmensleitung weiteren Anpassungen stark widerspricht oder ggf. über einen Prüferwechsel nachgedacht wird,[1033] variiert.

Bei dieser mehrdimensionalen Manipulation besteht grundsätzlich das Problem, dass potenzielle Effekte nicht eindeutig auf die veränderten Sub-Konstrukte (Wichtigkeit des Mandanten

[1030] Vgl. *DeZoort/Lord* (1997), S. 47.
[1031] Vgl. *Messier/Schmidt* (2015), S. 10 f.
[1032] Vgl. *Hatfield/Jackson/Vandervelde* (2011), S. 124.
[1033] Vgl. u.a. *Braun* (2001), S. 82; *Messier/Schmidt* (2010), S. 11.

oder Präferenz des Mandanten) zurückzuführen sind.[1034] Zudem wird in der Praxis Mandantendruck nicht explizit über eindeutig artikulierte Drohungen oder Einschüchterungen ausgeübt, sondern realistischerweise eher implizit, z.B. über ein Inaussichtstellen von Geschäftsmöglichkeiten.[1035] Die Manipulation des impliziten Mandantendrucks in der vorliegenden Studie hält daher in allen Versuchsgruppen die ökonomische Wichtigkeit des Mandanten konstant hoch und manipuliert den Mandantendruck in Anlehnung an *Koch/Salterio* (2015) über die Art der Präferenz- und Begründungsaussagen des Managements.[1036] Die Treatmentgruppe erhält daher die Informationen, dass wertmäßige Anpassungen nicht gewünscht sind und sich die Unternehmensleitung bei Ermessensfragen oftmals auf die eigene Erfahrung verlässt. Sie begründet dies mit einer guten Vertrauensbasis, die sich nicht zuletzt in der langjährigen Mandantenbeziehung zeige. Die Kontrollgruppe erhält hingegen die Information, dass sämtliche Unrichtigkeiten seitens der Unternehmensleitung immer korrigiert werden und diese auch in der Vergangenheit stets um eine hochwertige Finanzberichterstattung bemüht war.

cc) Messung der abhängigen Variablen

Zur Operationalisierung des Konstrukts der kritischen Grundhaltung wurden in Anlehnung an *Montague* (2010)[1037] folgende Variablen erhoben: Zur Messung des 'professional judgment' wurde die Vertretbarkeit des Schätzwertes (REL) auf einer Skala von 1–10 abgefragt. Zur Messung der 'professional action' wurde nach der Wahrscheinlichkeit gefragt, mit der man auf einer Anpassung des Rückstellungsbetrags bestehen würde (ADJ_PROB, Skala von 1–10), sowie nach der Höhe der Anpassung (ADJ_SIZE, absoluter Betrag in €). Die numerische und verbale Skalierung der Variablen orientiert sich an einschlägiger Fachliteratur[1038] sowie zwecks Vergleichbarkeit an der bisherigen Forschungsliteratur.[1039]

Zur Messung des zusätzlichen Prüfungsaufwands[1040] haben die Probanden in Anlehnung an *Jenkins/Haynes* (2003) den zusätzlichen Zeitbedarf für die Identifikation und Auswertung von Prüfungsnachweisen in Stunden angegeben, der notwendig ist, um zu einem abschließenden Urteil hinsichtlich des Sachverhalts zu kommen (T_TOT).[1041] Für eine höhere Vergleichbarkeit wurde das bisher verbrauchte Zeitbudget auf 40 Stunden verankert. Anschließend wurden die Probanden gebeten, diese zusätzlichen Zeitstunden auf drei vorgegebene Prüfungshandlungen (analytische Prüfungshandlungen T_ANA, Einzelfallprüfungen T_SIN und Dokumentation T_DOC) aufzuteilen.[1042] Schließlich wurden die Probanden gefragt, wie sicher sie sich bezüglich der Beurteilung des Schätzwertes sind (CONF, Skala von 1–10). Eine Übersicht über alle erhobenen Variablen findet sich in Anlage 1.

[1034] Vgl. ferner *Kadous/Zhou* (2016b), S. 16 ff.
[1035] Vgl. u.a. *Moreno/Bhattacharjee* (2003), S. 18; ferner *Gibbins/Salterio/Webb* (2001), S. 558 f.
[1036] Vgl. *Koch/Salterio* (2015), S. 21 und 57.
[1037] Vgl. *Montague* (2010), S. 51. In der Literatur finden sich gleichwohl verschiedene Messinstrumente, vgl. u.a. *Quadackers/Groot/Wright* (2014), S. 645 f.
[1038] Vgl. *Rohrmann* (1978), S. 230 ff.; *Greving* (2008), passim.
[1039] Vor allem zwecks dieser Vergleichsmöglichkeiten wurde nicht die von *Eutsler/Lang* (2015) vorgeschlagene 7-Punkte Skalierung verwendet, vgl. S. 36 ff.
[1040] Diese Variable kann ebenso als Ausprägung der kritischen Grundhaltung gefasst werden, vgl. *Quadackers/Groot/Wright* (2014), S. 646.
[1041] Vgl. *Jenkins/Haynes* (2003), S. 148 und 150.
[1042] Vgl. ebenso *Maksymov/Nelson/Kinney* (2017), S. 12.

dd) Kontrolle von Störvariablen und Manipulation-Checks

Um die Wirksamkeit der Manipulation des Mandantendrucks zu überprüfen, wurden die Probanden in Anlehnung an *Brown/Johnstone* (2009) nach ihrer Einschätzung gefragt, wie stark sie den Mandanten davon überzeugen müssten, eine höhere Rückstellungsbewertung als die gewünschte vorzunehmen (MC_3).[1043] Um die Wirksamkeit der Manipulation der KAM-Berichterstattung zu überprüfen, haben die Probanden zwei richtig/falsch-Aussagen zu den Auswirkungen der KAM-Berichterstattung auf das Prüfungsurteil und zu der inhaltlichen Ausgestaltung des KAM beantwortet (MC_1 und MC_2). In der Studie wurden zudem diverse Faktoren konstant gehalten. So wurde für den Liquiditäts- und Verschuldungsgrad kontrolliert und das Vorliegen weiterer Beratungsaufträge ausgeschlossen. Zudem wurden als quantitative Wesentlichkeitsgrenzen nicht nur eine Gesamtwesentlichkeitsgrenze i.H.v. 1. Mio. € angegeben, sondern auch eine prüffeldspezifische Toleranzwesentlichkeit i.H.v. 500 T. €.[1044]

ee) Aufbau der Studie

In einem ersten Teil erhalten die Probanden generelle Informationen über die X-AG, welche elektrisch betriebene Automobile entwickelt, herstellt und vertreibt.[1045] Die Informationen beinhalten eine Beschreibung der die Rückstellung begründenden Garantieleistungen der X-AG, grundlegende normative Anforderungen des IAS 37 für deren Bewertung und schließlich die Bewertung der Garantierückstellung für die verkauften Elektroautos seitens der Unternehmensleitung.

Anschließend bekommen die Probanden Informationen über die konkrete Prüfungsaufgabe. In diesem Teil findet die Manipulation der KAM-Berichterstattung und des Mandantendrucks statt (s.o. Kapitel IV.4.b)bb)). Die Probanden erhalten sodann Prüfungsnachweise bezüglich des Sachverhalts. Als erstes erhalten die Probanden eine Bandbreitenangabe hinsichtlich des Schätzwertes, welche von einem internen Bewertungsspezialisten aufgrund historischer Werte berechnet wurde.[1046] Der ungeprüfte Schätzwert des Mandanten, die Bandbreitenangabe sowie die Wesentlichkeitsgrenze wurden modifiziert von *Griffin* (2014) übernommen (s. Abb. 5).[1047] Während eine Anpassung zum äußersten Rand der Bandbreite 200 T. € betragen würde, würde sich eine Anpassung zum Mittelpunkt der Bandbreite auf 700 T. € belaufen und die Toleranzwesentlichkeit um 200 T. € überschreiten.

1043 Vgl. *Brown/Johnstone* (2009), S. 67.
1044 Vgl. *Schindler/Haußer* (2017), Rn. 39 ff.
1045 Das Befragungsinstrument findet sich in den Ausprägungen (KAM-Berichterstattung/impliziter Mandantendruck) und (keine KAM-Berichterstattung/kein Mandantendruck) in Anlage 11 und 12.
1046 Dieses Vorgehen findet sich auch in der Prüfungspraxis, vgl. *Emett/Libby/Nelson* (2016), S. 5.
1047 Vgl. *Griffin* (2014), S. 1176 ff.

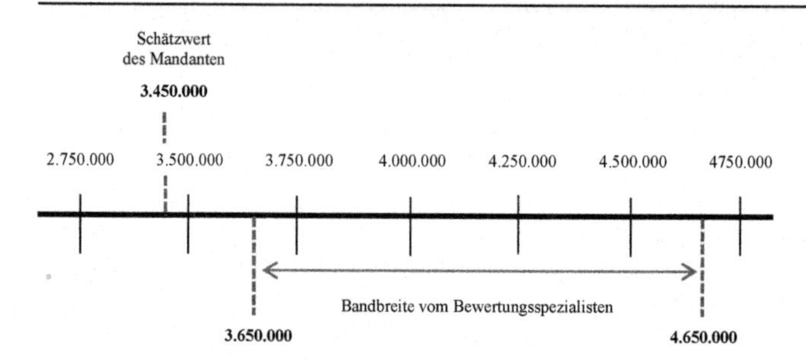

Abb. 5: Schätzwert des Mandanten und Bandbreite des Bewertungsspezialisten in der Fallstudie.

Danach erhalten die Probanden die historischen Informationen sowie die aktuellen Schätzungen des Managements bezüglich der zwei wesentlichen Annahmen, aus welchen sich die Garantierückstellung berechnet (erwartete durchschnittliche Schadenshöhe je Schadensfall und erwartete Anzahl an Schadensfällen). Das Vorgehen an dieser Stelle orientiert sich an demjenigen von *Backof/Thayer/Carpenter* (2014).[1048] Anschließend bekommen die Probanden jeweils zwei Nachweise, die die Annahmen des Managements stützen und zwei Nachweise, welche den Annahmen des Managements entgegenstehen.[1049] Nachdem die Probanden ohne Zeitlimit die verschiedenen Prüfungsnachweise verarbeiten konnten, wurden die oben aufgeführten abhängigen Variablen (s.o. Kapitel IV.4.b)cc)) und allgemeine demographische Daten sowie Informationen hinsichtlich der Berufserfahrung und rechnungslegungs- und prüfungsspezifische Kenntnisse erhoben.

c) *Pretests*

Um die Fallstudie auf inhaltliche Richtigkeit und Plausibilität sowie hinsichtlich der Operationalisierung der abhängigen Variablen und Manipulation der unabhängigen Variablen zu prüfen, wurde die Fallstudie über drei Runden von Wirtschaftswissenschaftlern im Bereich der Prüfungs- und Rechnungslegungsforschung und Mitarbeitern von Wirtschaftsprüfungsgesellschaften bearbeitet.[1050] Basierend auf diesem Feedback wurden vor allem terminologische Änderungen vorgenommen und zusätzliche Informationen zur Kontrolle von Störvariablen in die Fallstudie eingebunden.

[1048] Vgl. *Backof/Thayer/Carpenter* (2014), S. 17 f.

[1049] Bei der Erstellung der Nachweise wurde sich an den Ausführungen in *Krommes* (2015), S. 263, sowie IDW (2012), R 526 ff., orientiert.

[1050] Insgesamt haben sechs Professoren sowie acht Mitarbeiter der Big4-Gesellschaften die Studie bearbeitet.

5. Datenerhebung

a) Probanden- und Stichprobenauswahl

Als Probanden werden in der Rechnungslegungs- und Prüfungsforschung in der Regel entweder Berufsangehörige der betroffenen Berufsgruppe oder ersatzweise Studierende herangezogen.[1051] Bei der vorliegenden Untersuchung wurden nur praktizierende Wirtschaftsprüfer als für die Untersuchung geeignet qualifiziert, da davon ausgegangen werden kann, dass Studierende selbst in höheren Semestern über die wesentliche Untersuchungsvariable der KAM-Berichterstattung größtenteils nur geringe oder keine Kenntnisse haben.[1052]

Von den 13.949 in Deutschland bei der Wirtschaftsprüferkammer (WPK) registrierten Wirtschaftsprüfern[1053] wurden nur solche der Big4-Gesellschaften untersucht. Diese Vorselektion fand statt, da die KAM-Berichterstattung nur bei börsennotierten (gem. den ISA-Normen, s.o. Kapitel II.3.a)aa)) bzw. nur bei Unternehmen von öffentlichem Interesse (gem. Unionsrecht, s.o. Kapitel II.3.a)bb)) verpflichtend anzuwenden ist. Diese Unternehmen werden in der Regel von den Big4-Gesellschaften geprüft, weshalb vor allem für die Prüfer dieser Gesellschaften größere praktische Relevanz, mithin ein größeres Interesse und größere Kenntnisse über die KAM-Berichterstattung zu vermuten sind. Die Grundgesamtheit umfasst daher die 2.877 bei den Big4-Gesellschaften Anfang 2016 bei der WPK registrierten Wirtschaftsprüfer in Deutschland.

Die Datenerhebung fand über zwei Kanäle statt: Zum einen wurde die Studie im Rahmen einer Schulungsreihe in einer Big4-Gesellschaft verteilt. Naturgemäß wurde hier keine zufallsbasierte Stichprobe aus den bei dieser Big4-Gesellschaft beschäftigten Wirtschaftsprüfern gezogen, sondern sämtliche an den Schulungen teilnehmenden Wirtschaftsprüfer um eine Teilnahme gebeten. Zum anderen wurde die Studie postalisch[1054] an Wirtschaftsprüfer der anderen drei Big4-Gesellschaften versandt.[1055] Die Grundgesamtheit für die postalisch durchgeführte Erhebung bilden daher alle 2.315 bei der WPK registrierten Wirtschaftsprüfer der anderen drei Big4-Gesellschaften. Der Stichprobenumfang wurde auf n=1.000 Teilnehmer festgelegt. Die Stichprobenauswahl erfolgte gestuft zuerst nach dem Konzentrationsverfahren, anschließend zufallsbasiert:[1056] In einem ersten Schritt wurden alle im Geschäftsjahr 2015 unterzeichnenden Wirtschaftsprüfer der DAX-, MDAX-, SDAX- und TecDAX-Unternehmen

[1051] Vgl. für die Vor- und Nachteile der Verwendung von Studierenden in der verhaltenswissenschaftlichen Prüfungsforschung u.a. *Schwind* (2011), S. 108 f.

[1052] Vgl. i.d.S. *Bloomfield/Nelson/Soltes* (2016), S. 384 f.

[1053] Die folgenden quantitativen Angaben basieren auf der von der WPK freundlich zur Verfügung gestellten Liste der in Deutschland registrierten Wirtschaftsprüfer mit Stand zum 03.02.2016.

[1054] Von einer internetbasierten Studie mit einer Teilnahmeaufforderung via E-Mail wurde abgesehen, da in der von der WPK zur Verfügung gestellten Liste lediglich 45,39% der bei den Big4-Gesellschaften angestellten Wirtschaftsprüfern eine E-Mail-Adresse angegeben haben und diese Gruppe im Durchschnitt signifikant jünger ist als die Gruppe, welche keine E-Mail-Adresse angegeben hat (42,88 Jahre vs. 47,1 Jahre, $\text{p-Wert}_{\text{2-seitig}}$=0,001). Hieraus hätten sich eine deutliche Verzerrung im Antwortverhalten und Einschränkungen bei der externen Validität der Ergebnisse ergeben können. Für eine Auswertung der Altersstruktur vgl. Anlage 2.1.

[1055] Der Ausschluss der Big4-Gesellschaft, bei welcher die Studie in den Schulungen bearbeitet wurde, fand statt, um mögliche Doppelantworten zu vermeiden.

[1056] Zu den Verfahren der Stichprobenauswahl vgl. *Kaya/Himme* (2009), S. 80 ff. Beim Konzentrationsverfahren werden nichtzufällig solche Merkmalsträger der Grundgesamtheit ausgewählt, deren Antworten als besonders bedeutsam erachtet werden, vgl. ebenda, hier S. 83.

identifiziert. Die Konzentration der Stichprobe auf diese Wirtschaftsprüfer sollte sicherstellen, dass in der Stichprobe Wirtschaftsprüfer enthalten sind, die gegenwärtig kapitalmarktorientierte Unternehmen, mithin zukünftig KAM-berichterstattungspflichtige Unternehmen prüfen. Über diese Maßnahme konnten 172 Wirtschaftsprüfer identifiziert werden. In einem zweiten Schritt wurden die restlichen 828 Wirtschaftsprüfer der Stichprobe im Wege der Zufallsauswahl aus den übrigen 2.143 Wirtschaftsprüfern der Grundgesamtheit ausgewählt. Die Zuweisung zu den vier Untersuchungsgruppen erfolgte innerhalb der Schulungen sowie im Rahmen der postalischen Versendung schließlich komplett zufallsbasiert.

b) Durchführung

Die Datenerhebung im Rahmen der Schulungen fand an drei Terminen im August und September 2016 statt. Alle Teilnehmer haben dabei an den jeweiligen Terminen simultan die Studie bearbeitet, wobei eine kurze Vorstellung des Untersuchungsgegenstandes[1057] die Probanden zur Teilnahme motivieren sollte. Im Rahmen dieser Einführung wurden die Probanden auch darauf hingewiesen, dass es bei der Beurteilung des geschätzten Wertes aufgrund der inhärenten Unsicherheiten kein eindeutig richtiges oder falsches Ergebnis gibt. Zudem wurden die Probanden aufgefordert, die Studie unabhängig voneinander zu bearbeiten. Schließlich wurden die Probanden noch informiert, dass eine Teilnahme freiwillig ist und die Anonymität der Probanden vollständig gewahrt wird. Bei der Durchführung kam es zu keinen Auffälligkeiten oder Unregelmäßigkeiten. Die durchschnittliche Bearbeitungsdauer und die Tageszeit waren in allen Schulungen annähernd gleich. Lediglich an einem Termin hat eine anwesende Person von der Bearbeitung der Studie abgesehen.

Die Erhebung über die postalische Versendung der Fragebögen fand Ende September 2016 statt. Neben der Studie und einem portofreien Rücksendeumschlag lag jedem Brief ein personalisiertes Anschreiben bei. Hierin wurden die Probanden über das Thema der Studie[1058], die geschätzte Bearbeitungsdauer und die Rücksendefrist informiert. Schließlich wurde auch hier die Anonymität der Daten versichert.

[1057] Bei der Vorstellung des Themas wurde darauf geachtet, dass die der Studie zugrundeliegenden Manipulationen nicht direkt angesprochen wurden. Die Durchführung der Studie wurde stets vom Autor selber durchgeführt.

[1058] Auch in dem Anschreiben wurde darauf geachtet, die Manipulationen nicht explizit zu erwähnen, um möglichen demand-Effekten vorzubeugen.

6. Ergebnisse

a) Vorgehen der Ergebnisdarstellung und -diskussion

In einer ersten Voruntersuchung wird zunächst die Zusammensetzung der auswertbaren Antworten anhand der Rücklaufquote der postalischen Versendung und der Schulungsteilnehmer erläutert sowie das Untersuchungssample zusammengestellt, indem u.a. der Erfolg der Manipulationen getestet wird und das Sample auf Ausreißerwerte hin untersucht wird (s.u. Kapitel IV.6.b)). Basierend auf diesem Untersuchungssample werden die erhobenen Daten in Kapitel IV.6.c) deskriptiv dargestellt und, zwecks Überprüfung der Randomisierung, die Gleichverteilung der personenbezogenen Daten getestet. Anschließend werden die Hypothesen anhand uni- und multivariater Analysemethoden getestet (s.u. Kapitel IV.6.d)) sowie Robustheitstests (s.u. Kapitel IV.6.e)) präsentiert. Abschließend werden die Ergebnisse auch anhand anderer Forschungsergebnisse reflektiert und gewürdigt (s.u. Kapitel IV.6.f)).

b) Voruntersuchung und Samplezusammenstellung

aa) Anzahl der Teilnehmer

An dem Experiment haben insgesamt 164 Probanden aktiv teilgenommen. Während über die Schulungen insgesamt 119 Probanden teilgenommen haben, wurden von den 1.000 versandten Fragebögen bis zum Ablauf der Einsendefrist 38 bearbeitete Fragebögen zurückgesendet. Da die Rücklaufquote zu diesem Zeitpunkt mit 3,98%[1059] sehr niedrig war, wurde allen 447 Wirtschaftsprüfern der Stichprobe, bei welchen eine E-Mailadresse vorlag, eine Erinnerung mit der erneuten Bitte zur Teilnahme an der Studie versendet.[1060] In Folge konnten noch zusätzlich sieben Beobachtungen gewonnen werden, woraus sich eine finale Rücklaufquote von 4,71% ergibt.[1061] Tab. 1 gibt einen Überblick über die Grundgesamtheit, die Stichprobe und die erhaltenen, auswertbaren Antworten.

Grundgesamtheit (Big4-Wirtschaftsprüfer)	**2.877**
Teilnehmer Schulung insgesamt	***119***
Termin 1 (9.8.2016, Hamburg)	14
Termin 2 (13.9.2016, Berlin)	56
Termin 3 (22.9.2016, Stuttgart)	49
Stichprobe postalische Umfrage insgesamt	***1.000***
Erhaltene Retouren	45
Erhaltene Antworten bis Einsendefrist	38
Erhaltene Antworten nach Einsendefrist	7
Teilnehmer postalische Umfrage insgesamt	***45***
Teilnehmer insgesamt	**164**

Tab. 1: Teilnehmerübersicht.

[1059] Von den 1.000 versandten Briefen konnten 45 Briefe nachweislich nicht zugestellt werden. Die bereinigte Rücklaufquote errechnet sich daher aus 38/955=3,98%.

[1060] Bei dieser Versendung konnten 51 Mails nicht zugestellt werden.

[1061] Die Rücklaufquote errechnet sich entsprechend aus 45/955=4,71%. Andere aktuelle postalisch versandte Studien erreichten Rücklaufquoten von 8,0% bei CFOs (*Fuller* (2015), S. 18) bzw. 6,9% bei Wirtschaftsprüfern (*Michel* (2016), S. 177 f.). Auch im Vergleich zu aktuelleren internetbasierten Studien mit Wirtschaftsprüfern (23,4% bei *Svanberg/Öhman* (2015), S. 399) ist die erreichte Rücklaufquote der Höhe als niedrig einzustufen.

bb) Manipulation-Checks und Datenbereinigung

Fünf der 45 Fragebögen aus der postalischen Umfrage wurden nicht vollständig zurückgeschickt, wodurch insoweit Informationen zu allen wesentlichen abhängigen Variablen fehlen.[1062] Zudem haben 14 Probanden stellenweise nicht alle Angaben zu den hypothesenrelevanten abhängigen Variablen bzw. fünf hiervon keine Angaben zu den Manipulation-Checks getätigt. Diese insgesamt 19 Beobachtungen werden daher von der weiteren Analyse ausgeschlossen. Zudem wurde ein Proband mit der Position 'Associate' ausgeschlossen, da hier eine größere Gefahr besteht, dass keine hinreichend großen Erfahrungen und Kenntnisse hinsichtlich der zu treffenden Entscheidungen und der prüferischen Berichterstattung bestehen.

Um für den Erfolg der KAM-Manipulation zu kontrollieren, wurden die Probanden zum einen gefragt, ob die KAM-Berichterstattung immer mit einer Einschränkung des Bestätigungsvermerks verbunden ist (falsch) und ob es das Ziel der KAM-Berichterstattung ist, zusätzlich auf Sachverhalte hinzuweisen, die sich im Rahmen der Prüfung als besonders bedeutsam herausgestellt haben (richtig). Informationen, um beide Fragen richtig beantworten zu können, waren in den Erläuterungen zum Inhalt und Umfang der KAM-Berichterstattung in der Studie vorhanden. Ein bzw. zwei der verbleibenden Teilnehmer haben die erste (MC_1) bzw. die zweite Frage (MC_2) falsch beantwortet. Um mögliche Verzerrungen aufgrund von Uninformiertheit über den Untersuchungsgegenstand auszuschließen, wurden auch diese drei Teilnehmer von der weiteren Untersuchung ausgeschlossen.

Um einen Indikator für den Erfolg der Manipulation des Mandantendrucks zu bekommen, sollten die Probanden einschätzen, wie stark sie den Mandanten davon überzeugen müssten, eine höhere als die ursprüngliche Bewertung vorzunehmen.[1063] Bei Probanden, welche eine starke Überzeugungsarbeit erwarten, kann angenommen werden, dass hier der wahrgenommene Mandantendruck höher ist.[1064] Während der durchschnittliche Wert für die erwartete Überzeugungsarbeit in der Manipulationsgruppe bei 7,75 (Standardabweichung (SA)=0,23; n=83) lag, weist die Kontrollgruppe ohne manipulierten impliziten Mandantendruck einen Mittelwert von 6,68 (SA= 0,27; n=77) auf. Ein Vergleich der Mittelwerte zeigt, dass diese sich signifikant voneinander unterscheiden (t=-3,0669; p=0.0025). Eine erfolgreiche Manipulation des Mandantendrucks sollte sich auch in einem positiven Zusammenhang zwischen dem manipulierten Mandantendruck (PRES) und dem wahrgenommenen Mandantendruck (MC_3) zeigen. Der Rangkorrelationskoeffizient[1065] für diese beide Variablen beträgt 0,2363 (t=3,0568; p= 0,0026; n=160) und ist auf dem 1%-Niveau signifikant.

[1062] Dies umfasst Angaben zur Einschätzung der Vertretbarkeit des Schätzwertes, zur Wahrscheinlichkeit und Höhe einer Anpassung sowie zu Art und Umfang von weiteren Prüfungshandlungen, um zu einem abschließenden Urteil zu gelangen.

[1063] Auf einer Skala von 1=überhaupt nicht stark–10=sehr stark.

[1064] Die Verwendung der Terminologie von Mandantendruck wurde auch in dieser Kontrollfrage vermieden, da durch ein derartiges Signalwort ein Bewusstsein für das untersuchte Konstrukt, mithin ein demand-Effekt hätte entstehen können.

[1065] Da in diesem Fall die erste Variable binär (Druck ja/nein) und die zweite Variable ordinalskaliert ist (Einschätzung, wie stark man den Mandanten von einer Änderung überzeugen müsste von 1=überhaupt nicht stark–10=sehr stark), kommen als geeignete Zusammenhangsmaße der Rangkorrelationskoeffizient, *Cramér's* V (φ_c) oder der Kontingenzkoeffizient in Frage, vgl. hierzu u.a. *Bortz/Schuster* (2010), S. 171 ff.; *Cleff* (2015), S. 84 ff. *Cramér's* V, welches Werte zwischen 0 und 1 annehmen kann, beträgt hier 0,3105 und weist auf einen schwachen bis mittleren Zusammenhang hin.

Die Probanden wurden zusätzlich gefragt, für wie realistisch und für wie verständlich sie die Studie bewerten.[1066] Während die Verständlichkeit der Studie im Durchschnitt mit 7,75 (SA=1,73; n=161) bewertet wurde, wurde die Realitätsnähe im Durchschnitt mit 7,51 (SA=1,86; n=162) angegeben.[1067] Zudem deuten die Ergebnisse der Homogenitätstests darauf hin, dass sich die Einschätzungen hinsichtlich der Realitätsnähe und der Verständlichkeit zwischen den Untersuchungsgruppen gleichen.[1068]

Schließlich wurden die Beobachtungen nach Ausreißern untersucht. Hierbei wurde eine Beobachtung identifiziert, deren Angabe zur Höhe und zur Wahrscheinlichkeit einer Anpassung zu einem wahrscheinlichkeitsgewichteten Wert (SIZE_PROB) von 1,5 Mio. € führt und somit um mehr als fünf Standardabweichungen vom Mittelwert dieser Variable (251.015 €) abweicht.[1069] Dieser Extremwert wird zum einen durch *Mahalanobis*-Distanzmaß[1070] bestätigt. Zum anderen führt eine Anpassung in dieser Höhe zu einem Wert, der über dem konservativen Endpunkt der von einem Bewertungsspezialisten im Sachverhalt angegebenen Bandreite liegt (s.o. Kapitel IV.4.b)ee)) und somit auch aus dem Kontext der Fallstudie wenig plausibel erscheint. Dieser Extremwert wird daher ausgeschlossen.

Von den nunmehr verbleibenden 140 Beobachtungen haben schließlich 18 Probanden eine oder mehrere Angaben zu den personenbezogenen Daten nicht getätigt. Im Folgenden wird daher zunächst eine Hauptuntersuchung anhand des reduzierten Samples nach fallweiser Löschung der 18 Probanden durchgeführt. Im Rahmen der Robustheitstests (s.u. Kapitel IV.6.e)) werden die Varianzanalysen erneut mit dem nicht reduzierten Sample durchgeführt.[1071] Tab. 2 fasst die Auswahl des Untersuchungssamples für die weitere Analyse zusammen.

[1066] Jeweils auf einer Skala von 1=gar nicht–10=sehr realistisch/verständlich.

[1067] Eine ähnliche Studie von *Rasso* (2013), S. 48, zur Bewertung geschätzter Werte wurde hinsichtlich der Realitätsnähe durchschnittlich mit 7,59 bewertet. *Messier/Schmidt* (2015), S. 15, finden in ihrer Studie Mittelwerte von 7,3 (verständlich) und 6,2 (realistisch), allerdings gemessen auf einer Skala von 1–9.

[1068] *Wilk's* λ für Verständlichkeit (F=0,87; p=0,5082) und Realitätsnähe (F=0,75; p=0,523) deutet für beide Variablen auf keine signifikanten Unterschiede hin.

[1069] Der berechnete Mittelwert beinhaltet alle verfügbaren Beobachtungen (n=149).

[1070] Dieses Distanzmaß berechnet die Entfernung der Beobachtung einer Variablen zum Zentroiden eines definierten multivariaten Raumes, vgl. *Bortz/Schuster* (2010), S. 457. Das Distanzmaß der Ausreißerbeobachtung ist mehr als vier SA vom nächsthöchsten Wert entfernt und weist den mit Abstand größten Wert auf.

[1071] Das Vorgehen der fallweisen Löschung stellt eine 'traditionell' gebräuchliche und leicht zu praktizierende Methode des Umgangs mit fehlenden Daten dar. Da die 18 Probanden bei der zusätzlichen Varianzanalyse im Rahmen der Robustheitstests komplett eingehen und dergestalt auch berücksichtigt werden, wird dieses Vorgehen anderen Methoden der Datenimputation, bei denen ebenfalls größere Probleme wie verzerrte Standardfehler auftreten können, vorgezogen, vgl. hierzu *Allison* (2002), S. 6 ff.; *Sedlmeier/Renkewitz* (2013), S. 782 ff.; *Kohler/Kreuterr* (2017), S. 235 ff.

Gesamtsample	**164**
Fehlende Angaben zu den wesentlichen abhängigen Variablen und zu den Manipulation-Checks	*- 19*
Kontrolle KAM-Manipulation	*- 3*
Geringe Erfahrung (Position als Associate)	*- 1*
Ausreißerwerte	*- 1*
Nichtred. Untersuchungssample (Robustheitstests)	**140**
Fehlende Angaben zu den demographischen Daten	*- 18*
Red. Untersuchungssample (Hauptuntersuchung)	**122**

Tab. 2: Bestimmung des Untersuchungssamples.

c) *Deskriptive Darstellung der Daten*

aa) Charakteristik der Teilnehmer

Die Probanden hatten ein Durchschnittsalter von 40,35 Jahren und waren durchschnittlich zu 70,49% männlich.[1072] Die durchschnittliche Prüfungserfahrung betrug 13,63 Jahre. Tab. 3 gibt einen Überblick über diese demographischen Daten je Untersuchungsgruppe.

	Impliziter Mandantendruck		**Kein Mandantendruck**		**Gesamt**
	KAM	*Kein KAM*	*KAM*	*Kein KAM*	
Geschlecht	23,33% w. n=30	31,25% w. n=32	33,33% w. n=24	30,56% w. n=36	29,51% w. n=122
Alter	42,43 (8,61)	39,72 (8,24)	40,79 (8,27)	38,89 (8,34)	40,35 (8,38)
Prüfungserfahrung	15,9 (8,54)	12,39 (6,52)	13,75 (6,82)	12,76 (7,91)	13,63 (7,57)

Bei Alter und Prüfungserfahrung (in Jahren) sind der MW, die SA (in Klammern) sowie beim Geschlecht der jeweilige prozentuale Anteil an weiblichen Probanden innerhalb der Untersuchungsgruppe und einmalig die Anzahl an erhobenen Werten (n) angegeben.

Tab. 3: Geschlecht, Alter und Prüfungserfahrung je Untersuchungsgruppe.

Der χ^2-Unabhängigkeitstest weist dabei nicht auf Unterschiede in der Verteilung des Geschlechts zwischen den vier Untersuchungsgruppen hin (χ^2=0,7844; p=0,853). Auch hinsichtlich des Alters und der Prüfungserfahrung kann die Hypothese, dass die Untersuchungsgruppen homogen sind, nicht verworfen werden.[1073] Bezüglich der Position im Unternehmen haben sämtliche Probanden mindestens die Position eines Managers inne (s. Tab. 4). Fast die Hälfte aller Probanden (45,08%) sind als Senior Manager im Unternehmen angestellt.[1074] Von den übrigen Probanden sind 39 Probanden (31,97%) Manager, 20 Probanden (16,30%) Partner und acht Probanden (6,56%) Director.

[1072] Die Mitgliederstatistik der WPK zum 1.1.2017 weist von den insgesamt 14.392 Wirtschaftsprüfern 12.026 (83,56%) als männlich aus, vgl. WPK (2017), S. 3. In der von der WPK zur Verfügung gestellten Liste (s.o. Fn. 1053, S. 175) beträgt das Durchschnittsalter der dort insgesamt 13.949 gelisteten Wirtschaftsprüfer 53,83 Jahre, das Durchschnittsalter der 2.877 bei den Big4-Gesellschaften tätigen Wirtschaftsprüfer hingegen 45,83 Jahre. Vgl. hierzu Anlage 2.

[1073] Hinsichtlich des Alters ergibt *Wilk's* λ ($F_{3,118}$=1,07; p=0,3653), hinsichtlich der Prüfungserfahrung ($F_{3,118}$=1,53, p=0,2102).

[1074] Für die weitere Analyse werden die Partner und Direktoren zu einer Gruppe zusammengefasst.

	Impliziter Mandantendruck		Kein Mandantendruck		Gesamt
	KAM	*Kein KAM*	*KAM*	*Kein KAM*	
Manager	3 (7,69%)	14 (35,9%)	8 (20,51%)	14 (35,9%)	39 (100%)
Senior Manager	19 (34,55%)	9 (16,36%)	11 (20%)	16 (29,09%)	55 (100%)
Partner	6 (30%)	7 (35%)	2 (10%)	5 (25%)	20 (100%)
Director	2 (25%)	2 (25%)	3 (37,5%)	1 (12,5%)	8 (100%)

Je Position ist die Anzahl (abs.) und der proz. Anteil (in Klammern) relativ zur Gesamtanzahl der Probanden in dieser Position angegeben. Die Spalte 'Gesamt' gibt diese Gesamtanzahl (abs.) an sowie den summierten proz. Anteil.

Tab. 4: Position der Teilnehmer im Unternehmen je Untersuchungsgruppe.

Hinsichtlich der Verteilung der Positionen im Unternehmen deutet der χ^2-Homogenitätstest darauf hin, dass es zwischen den vier Untersuchungsgruppen zu Abweichungen kommt (χ^2=14,73; p=0,099). Besonders auffällig ist, dass sich in der Gruppe mit Mandantendruck und KAM-Berichterstattung nur drei Probanden in der untersten Position als Manager finden.

Von den 122 Probanden im Untersuchungssample haben 92 Probanden (knapp 75%) das WP-Examen und zehn Teilnehmer (8,2%) das Steuerberaterexamen absolviert (s. Tab. 5). 20 Probanden (16,39%) haben hingegen keines der genannten Berufsexamina. Zehn Probanden haben zudem zusätzliche Examina wie z.B. den Certified Public Accountant (CPA) absolviert. Die erkennbaren Unterschiede in der Verteilung zwischen den Untersuchungsgruppen sind hier signifikant (χ^2=14,4573; p=0,025).

	Impliziter Mandantendruck		Kein Mandantendruck		Gesamt
	KAM	*Kein KAM*	*KAM*	*Kein KAM*	
Keine Examina	7 (35%)	2 (10%)	7 (35%)	4 (20%)	20 (100%)
StB	0 (0%)	4 (40%)	0 (0%)	6 (60%)	10 (100%)
WP	23 (25%)	26 (28,26%)	17 (18,48%)	26 (28,26%)	92 (100%)

Je Ausprägung ist die Anzahl (abs.) und der proz. Anteil (in Klammern) relativ zur Gesamtanzahl der Probanden in dieser Ausprägung angegeben. Die Spalte 'Gesamt' gibt diese Gesamtanzahl (abs.) an sowie den summierten proz. Anteil.

Tab. 5: Absolvierte Examina je Untersuchungsgruppe.

Um für Unterschiede in den fachlichen Kompetenzen zu kontrollieren, sollten die Probanden ihre Kenntnisse auf den Gebieten der Prüfung von geschätzten Werten (K_EST) und Rückstellungen (K_PROV) sowie der IFRS-Rechnungslegung (K_IFRS) und der Prüfung von IFRS-Abschlüssen (K_AUD) auf einer Skala von 1=keine Kenntnisse–9=sehr große Kenntnisse angeben. Die Variable K_SC stellt einen aggregierten Maßstab dar und gibt an, wieviel Prozent der summierten höchstmöglichen Selbsteinschätzung die Probanden sich durchschnittlich zugeschrieben haben (s. Tab. 6 für einen Überblick).

	Impliziter Mandantendruck		**Kein Mandantendruck**		**Gesamt**
	KAM	*Kein KAM*	*KAM*	*Kein KAM*	
K_EST	6,5 (1,33)	6,56 (1,52)	6,63 (1,24)	6,58 (1,36)	6,56 (1,36)
K_PROV	7,03 (1,47)	7,25 (1,34)	7,38 (1,01)	7,11 (1,17)	7,18 (1,26)
K_IFRS	6,23 (1,59)	6 (1,92)	5,46 (1,93)	6,22 (1,87)	6,02 (1,83)
K_AUD	6 (1,76)	5,66 (1,94)	5,5 (1,91)	6,08 (1,86)	5,84 (1,86)
K_SC	71,57 (13,72)	70,74 (13,84)	69,33 (13,42)	72,22 (14,7)	71,11 (13,86)

Je Zelle sind MW und SA (in Klammern) angegeben.

Tab. 6: Selbsteinschätzung zu Kenntnissen der Prüfung und Rechnungslegung je Untersuchungsgruppe.

Während die Kenntnisse bei der Prüfung von Rückstellungen insgesamt mit durchschnittlich 7,18 am höchsten eingeschätzt werden, werden die Kenntnisse in Bezug auf die Prüfung von IFRS-Abschlüssen mit durchschnittlich 5,84 am geringsten angegeben. Zudem zeigt *Wilk's* λ für alle fünf Kenntnisvariablen, dass die Nullhypothese einer Gleichverteilung zwischen den Untersuchungsgruppen nicht abgelehnt werden kann.[1075]

Die bisherigen Ergebnisse zeigen zwei Tendenzen auf: Zum einen scheinen die Probanden angesichts ihrer Stellung im Unternehmen, der durchschnittlichen Berufserfahrung und der absolvierten Berufsexamina die für die Studie notwendige Erfahrung zu haben. Zum anderen liefern die verschiedenen Homogenitätstests keine Hinweise dafür, dass die Verteilung der Ausprägungen der erhobenen personenbezogenen Variablen zwischen den vier Untersuchungsgruppen - abgesehen von der Position im Unternehmen und von den absolvierten Berufsexamina - voneinander signifikant abweichen. Insoweit kann von einer gelungenen Randomisierung der Probanden ausgegangen werden. Zudem schätzen die Probanden - wie bereits in der Voruntersuchung indiziert - die Fallstudie insgesamt als durchaus realistisch (REAL) und verständlich (UND) ein (s. Tab. 7).

	Impliziter Mandantendruck		**Kein Mandantendruck**		**Gesamt**
	KAM	*Kein KAM*	*KAM*	*Kein KAM*	
REAL	7,76 (1,25)	7,41 (2,12)	7,92 (1,69)	7,33 (2,14)	7,57 (1,86)
UND	8,13 (1,14)	8 (1,44)	8,08 (1,77)	7,75 (1,65)	7,98 (1,49)
MC_3	7,97 (1,87)	8,31 (1,35)	6,75 (1,78)	6,64 (2,53)	7,43 (2,08)

Je Ausprägung sind MW und SA (in Klammern) angegeben.

Tab. 7: Einschätzung der Studie und wahrgenommener Druck je Untersuchungsgruppe.

Außerdem zeigt sich, dass auch in diesem Sample der Hauptuntersuchung die Mittelwerte für den wahrgenommenen Druck (MC_3) bei der Gruppe mit Druckmanipulation (8,15) im Ver-

[1075] Der kleinste p-Wert beträgt 0,3793 hinsichtlich eines Unterschiedes der Mittelwerte bei der Variable K_IFRS, vgl. Anlage 3.

gleich zur Gruppe ohne Manipulation (6,68) signifikant voneinander abweichen (t=-4,137; p=0,0001).

bb) Angaben zur Bewertung des Sachverhalts

Nachdem die Probanden die Fallstudie gelesen hatten, sollten sie angeben, wie vertretbar sie den Schätzwert der Unternehmensleitung einschätzen (REL), wie wahrscheinlich sie auf einer Anpassung bestehen werden (ADJ_PROB), in welcher Höhe sie eine Anpassung vornehmen würden (ADJ_SIZE) und wie sicher sie sich bezüglich der Beurteilung sind (CONF).[1076] Tab. 8 gibt zusätzlich zu diesen Variablen noch den wahrscheinlichkeitsgewichteten Anpassungswert (SIZE_PROB) an.[1077] Eine Übersicht zu weiteren Lage- und Streuungsparametern der erhobenen Variablen findet sich in Anlage 4.4.

	Key Audit Matter		
	KAM	*Kein KAM*	*Gesamt über KAM*
Vertretbarkeit des Schätzwertes (REL)			
Mandantendruck			
Kein	5,25 (2,31) n=24	4,14 (2,23) n=36	4,58 (2,3) n=60
Implizit	4,63 (2,17) n=30	4,65 (1,92) n=32	4,65 (2,03) n=62
Gesamt über Mandantendruck	4,91 (2,23) n=54	4,38 (2,1) n=68	4,61 (2,16) n=122
Anpassungswahrscheinlichkeit (ADJ_PROB)			
Kein	6,04 (2,39)	7,11 (2,16)	6,68 (2,3)
Implizit	6,53 (2,19)	6,84 (1,76)	6,7 (1,97)
Gesamt über Mandantendruck	6,31 (2,27)	6,99 (1,97)	6,69 (2,13)
Anpassungshöhe (ADJ_SIZE)			
Kein	218.750 (187.554)	394.555 (267.085)	324.233 (252.138)
Implizit	311.055 (218.222)	379.687 (272.047)	346.478 (247.884)
Gesamt über Mandantendruck	270.030 (208.483)	387.558 (267.513)	335.538 (249.199)

[1076] Die Variablen REL, ADJ_PROB und CONF wurden auf einer Skala von 1–10 gemessen.

[1077] Diese Variable wird berechnet, indem die angegebene Anpassungshöhe (ADJ_SIZE) mit der Anpassungswahrscheinlichkeit (ADJ_PROB*0.1) multipliziert wird, vgl. analog *Griffin* (2014), S. 1187.

Wahrscheinlichkeitsgewichtete Anpassungshöhe (SIZE_PROB)			
	Key Audit Matter		
	KAM	*Kein KAM*	*Gesamt über KAM*
Kein	146.458 (144.662)	291.972 (216.777)	233.766 (202.984)
Implizit	225.844 (193.562)	278.125 (225.330)	252.827 (210.496)
Gesamt über Mandantendruck	190.561 (176.543)	285.455 (219.292)	243.453 (206.203)
Sicherheit des Urteils (CONF)			
Kein	7,38 (1,1)	7,08 (1,48)	7,2 (1,34)
Implizit	6,63 (1,65)	6,97 (1,58)	6,81 (1,61)
Gesamt über Mandantendruck	6,96 (1,46)	7,03 (1,52)	7 (1,48)

Angegeben sind MW, SA (in Klammern) und Anzahl an Beobachtungen (einmalig bei REL) der wesentlichen abhängigen Variablen je Untersuchungsgruppe.

Tab. 8: Darstellung der Variablen zur kritischen Grundhaltung je Untersuchungsgruppe.

Die geringen Differenzen der Mittelwerte zur Einschätzung der Vertretbarkeit (REL) zwischen der Gruppe mit und ohne KAM-Manipulation sowie zwischen der Gruppe mit und ohne Mandantendruckmanipulation i.H.v. je 0,53 bzw. 0,07 deuten auf einen geringen Einfluss der beiden Untersuchungsvariablen KAM und PRES auf die Variable REL hin. Auch die Sicherheit hinsichtlich der eigenen Einschätzung (CONF) und die Wahrscheinlichkeit einer Anpassung (ADJ_PROB) scheinen weder durch den Mandantendruck, noch durch die KAM-Berichterstattung starker Beeinflussung zu unterliegen. Bei Betrachtung der Anpassungshöhe (ADJ_SIZE) und der wahrscheinlichkeitsgewichteten Anpassungshöhe (SIZE_PROB) fällt indes auf, dass die Probanden in der Gruppe der KAM-Berichterstattung - unabhängig vom Mandantendruck - im Durchschnitt 117.528 € (94.894 € bei SIZE_PROB) weniger angepasst haben als in der Gruppe ohne KAM-Berichterstattung. Die deutlich geringeren Differenzen in Abhängigkeit vom Mandantendruck i.H.v. 22.245 € (19.061 € bei SIZE_PROB) deuten hingegen auch hinsichtlich dieser Variablen auf einen geringeren Einfluss der Mandantendruckmanipulation i.S.e. Haupteffektes hin.

Zudem sollten die Probanden angeben, wieviel Zeit sie insgesamt für die weitere Prüfung veranschlagen würden, um zu einem abschließenden Urteil kommen zu können (T_TOT), und wie sie dieses zusätzliche Zeitbudget auf analytische Prüfungshandlungen (T_ANA), Einzelfallprüfungen (T_SIN) und die Dokumentation (T_DOC) aufteilen würden (s. Tab. 9–11).

T_TOT	**Key Audit Matter**		
	KAM	*Kein KAM*	*Gesamt über KAM*
Mandantendruck			
Kein	19,29 (11,98)	17,75 (9,52)	18,37 (10,49)
Implizit	18,13 (12,71)	21,67 (14,83)	19,96 (13,85)
Gesamt über Mandantendruck	18,64 (12,29)	19,6 (12,37)	19,18 (12,29)

Abgebildet sind MW und SA (in Klammern) der zugewiesenen zusätzlichen Stunden (abs.).

Tab. 9: Darstellung der zusätzlichen Stundenallokation insgesamt.

	Impliziter Mandantendruck		**Kein Mandantendruck**		**Gesamt**
	KAM	*Kein KAM*	*KAM*	*Kein KAM*	
T_ANA	6,23 (4,45)	6,94 (6,59)	5,75 (5,54)	6,04 (6,49)	6,26 (5,84)
T_SIN	6,83 (6,58)	8,22 (8,29)	7,92 (6,98)	7,07 (6,08)	7,45 (6,95)
T_DOC	5,1 (4,31)	6,2 (4,88)	5,58 (3,6)	5,36 (3,69)	5,56 (4,14)

Abgebildet sind MW und SA (in Klammern) der den analytischen Prüfungshandlungen, den Einzelfallprüfungen und der Dokumentation zugewiesenen Stunden (abs.).

Tab. 10: Darstellung der Allokation der zusätzlichen Stunden (abs.) auf die Prüfungshandlungen.

	Impliziter Mandantendruck		**Kein Mandantendruck**		**Gesamt**
	KAM	*Kein KAM*	*KAM*	*Kein KAM*	
TREL_ANA	33,78% (18,15)	32,1% (19,9)	25,12% (20,53)	34,18% (24,91)	31,75% (21,24)
TREL_SIN	35,57% (19,98)	36,15% (19,86)	38,35% (23,95)	39,67% (26,95)	37,49% (22,78)
TREL_DOC	27,19% (13,99)	30,01% (17,41)	27,53% (14,44)	31,28% (17,41)	29,21% (15,96)

Abgebildet sind die MW und SA (in Klammern) der den analytischen Prüfungshandlungen (TREL_ANA), der Einzelfallprüfung (TREL_SIN) und der Dokumentation (TREL_DOC) zugewiesenen Stunden relativ zu der jeweils allokierten zusätzlichen Gesamtstundenanzahl (T_TOT).

Tab. 11: Darstellung der Allokation der zusätzlichen Stunden auf die Prüfungshandlungen relativ zur Gesamtallokation.

Insgesamt sind weder hinsichtlich der gesamten zusätzlich allokierten Stunden, noch hinsichtlich deren Verteilung auf die einzelnen Prüfungshandlungen ausgeprägte Differenzen erkennbar. Allein bei der Gesamtallokation ist eine größere Differenz zwischen den Gruppen mit und ohne Mandantendruck bei Abwesenheit der KAM-Berichterstattung i.H.v. 3,92 Stunden auffällig.

d) Hypothesentests

aa) Auswahl der Auswertungsmethode

Bei Experimenten mit manipulierten kategorialen Variablen und metrischen abhängigen Variablen werden regelmäßig Varianzanalysen durchgeführt.[1078] Eine Varianzanalyse[1079] basiert ebenso wie die lineare Regressionsanalyse auf dem allgemeinen linearen Modell.[1080] Aufgrund des experimentellen Designs der Studie werden zur Überprüfung der Hypothesen (s.o. Kapitel IV.3.) solche Varianzanalysen durchgeführt.[1081] Um für die personenbezogenen Daten - insbesondere hinsichtlich der Position im Unternehmen und der absolvierten Examina (s.o. Kapitel IV.6.c)aa)) - zu kontrollieren, werden anschließend im Rahmen der Robustheitstests (s.u. Kapitel IV.6.e)) verschiedene multiple Regressionsanalysen durchgeführt.

In der vorliegenden Untersuchung wurden mehrere abhängige Variablen für das Konstrukt der kritischen Grundhaltung (s.o. Kapitel IV.2.a) und 4.b)cc)) erhoben, um den Einfluss der KAM-Berichterstattung und des impliziten Mandantendrucks hierauf zu untersuchen. Ob für die Analyse der abhängigen Variablen mehrere univariate ANOVAs oder eine multivariate MANOVA durchgeführt werden sollten, hängt von den potenziellen Korrelationen zwischen den abhängigen Variablen ab.[1082] Während bei negativen oder moderat positiven Korrelationen eine MANOVA durchgeführt werden sollte, werden bei stark positiven Korrelationen eine Zusammenfassung der Variablen und die Durchführung von ANOVAs empfohlen.[1083] Die Korrelationsanalyse in Tab. 12 zeigt, dass vor allem die abhängigen Variablen der Anpassungswahrscheinlichkeit (ADJ_PROB), der Anpassungshöhe (ADJ_ SIZE) und der wahrscheinlichkeitsgewichteten Anpassungshöhe (SIZE_ PROB) sowie die Variablen zur Zeitallokation signifikant miteinander korrelieren.[1084]

[1078] Vgl. *Iversen/Norpoth* (1987), S. 8 f.; *Backhaus et al.* (2016), S. 17 f. und 174; *Döring/Bortz* (2016), S. 711; ferner *Brown/Melamed* (1990), S. 3 ff.

[1079] Hierbei wird je nach Anzahl der unabhängigen Variablen zwischen ein- oder mehrfaktoriellen Varianzanalysen, je nach Anzahl der abhängigen Variablen zwischen einer ANOVA oder MANOVA, und schließlich unter Einbezug von Kovariaten zwischen einer ANCOVA und MANCOVA unterschieden, vgl. u.a. *Hermann/ Landwehr* (2006), S. 581 f.

[1080] Vgl. hierzu *Iversen/Norpoth* (1987), S. 8 und 86 ff.; *Abdi et al.* (2009), S. 172 ff.; *Sedlmeier/Renkewitz* (2013), S. 610 ff.; *Mitchell* (2015), S. 259 ff.

[1081] Vgl. zu den Vorzügen der Varianzanalyse u.a. *Mitchell* (2015), S. 259 f.

[1082] Vgl. *Hermann/Landwehr* (2006), S. 602 f.; *Hair et al.* (2014), S. 677; ferner *Bray/Maxwell* (1985), S. 29 ff.

[1083] Vgl. *Hermann/Landwehr* (2006), S. 602.

[1084] Die Korrelationskoeffizienten können Werte zwischen -1 und 1 annehmen und geben die Stärke des linearen Zusammenhangs an, vgl. u.a. *Auer/Rottmann* (2015), S. 94 f. Eine Übersicht über die Variablen findet sich in Anlage 1.

	REL	ADJ_PROB	ADJ_SIZE	SIZE_PROB	CONF	T_TOT	TREL_ ANA	TREL_ SIN	TREL_ DOC
REL	-	-0,687 ***	-0,381 ***	-0,536 ***	0,146	-0,191 *	-0,258 **	0,05	0,06
ADJ_PROB	-0,646 ***	-	0,408 ***	0,689 ***	-0,041	0,191 *	0,179 *	-0,024	-0,078
ADJ_SIZE	-0,335 ***	0,362 ***	-	0,924 ***	-0,174	0,058	0,171	0,147	-0,068
SIZE_PROB	-0,501 ***	0,627 ***	0,907 ***	-	-0,118	0,135	0,175	0,022	-0,106
CONF	0,152	-0,034	-0,149	-0,111	-	-0,02	-0,147	0,048	-0,036
T_TOT	-0,200 *	0,17	0,098	0,163	-0,359	-	0,108	0,098	0,023
TREL_ANA	-0,256 **	0,169	0,229 *	0,207 *	-0,096	0,069	-	-0,551 ***	-0,107
TREL_SIN	0,0739	-0,004	0,178	0,025	0,056	0,105	-0,409 ***	-	-0,256 **
TREL_DOC	0,0645	-0,003	-0,0183	-0,003	-0,072	-0,02	-0,095 ***	-0,262 **	-

* $p<0,1$; ** $p<0,05$; *** $p<0,01$

Unterhalb der Diagonale werden die Produkt-Moment-Korrelationen nach *Pearson* und oberhalb die Rangkorrelationen nach *Spearman* angegeben.

Tab. 12: Korrelationsmatrix der abhängigen Untersuchungsvariablen.

Aufgrund dieser Ergebnisse wird, auch um die sog. 'experimentwise error rate' (EWER)[1085] zu kontrollieren, zunächst eine MANOVA durchgeführt. Anschließend werden die Ergebnisse mittels univariater Varianzanalysen untersucht.[1086] Da zwischen den abhängigen Untersuchungsvariablen und den erhobenen personenbezogenen Daten nur zwischen der insgesamt zusätzlich allokierten Zeit (T_TOT) und der Position im Unternehmen (POS) eine moderat bis stark signifikante positive Korrelation besteht (s. Anlage 4), wird von dem Einbezug weiterer Kovariate in die Varianzanalyse abgesehen. Der Einfluss der personenbezogenen Daten wird vielmehr im Rahmen der Robustheitstests kontrolliert.

bb) Varianzanalysen

aaa) Überprüfung der Modellprämissen

Damit die ANOVA-Modelle zu validen Ergebnissen kommen, müssen folgende Anwendungsvoraussetzungen erfüllt sein:[1087] Zum einen muss die abhängige Variable intervallskaliert sein und auf unabhängigen, sich nicht gegenseitig beeinflussenden Beobachtungen beruhen. Diese Voraussetzungen ergeben sich in der vorliegenden Studie aus dem Untersuchungsdesign und können aufgrund der einzeln stattfindenden Bearbeitung der Studie als erfüllt angesehen werden. Zudem sollten in allen Untersuchungsgruppen die Varianz der Resi-

[1085] Die EWER bezeichnet die Wahrscheinlichkeit, dass es bei einem oder mehreren Signifikanztests zu einem 'Typ 1'-Fehler (auch α-Fehler genannt) kommt. Die Problematik bei mehreren univariaten Tests zur Überprüfung einer Hypothese, bei der es zur sog. α-Fehler-Kumulation, also eines Anstiegs der EWER kommt, wird bei einer multivariaten ANOVA umgangen, vgl. hierzu *Hummel/Sligo* (1971), S. 50; *Hair et al.* (2014), S. 667 und 677; *Bortz/Döring* (2016), S. 723 f.; ferner *Tamhane* (1996), S. 588 f.

[1086] Vgl. zu einem solchen Vorgehen *Hummel/Sligo* (1971), S. 56 f.; *Bray/Maxwell* (1985), S. 39 ff.; *Hair et al.* (2014), S. 677 f.; vgl. in der Prüfungsforschung u.a. *Kim/Trotman* (2015), S. 1030 und *Brink/Tang/Yang* (2016), S. 34, die ebenso verfahren.

[1087] Vgl. hierzu u.a. *Abdi et al.* (2009), S. 211; *Kirk* (2013), S. 96 ff.; *Hair et al.* (2014), S. 684 ff.; *Sedlmeier/Renkewitz* (2013), S. 466 i.V.m. *Fahrmeier et al.* (2016), S. 485 f.

duen gleich groß (Varianzhomogenität) und die Residuen[1088] normalverteilt sein. Die Varianzhomogenität kann graphisch mittels verschiedener Residuenplots und mittels verschiedener Tests, u.a. dem *Levene*-Test, überprüft werden.[1089] Die Normalverteilungsannahme kann graphisch mit einem Quantil-Quantil-Plot (Q-Q-Plot) oder Histogrammen und mittels des *Shapiro-Wilk*-Tests überprüft werden.[1090] Während der für die Varianzanalyse maßgebliche F-Test nicht besonders sensitiv gegenüber einer Verletzung der Normalverteilungsannahme ist, führt die Verletzung der Varianzhomogenität zu verzerrten Standardfehlern und somit zu invaliden Teststatistiken.[1091] Die Ergebnisse der statistischen Tests zur Normalverteilungs- und Varianzhomogenitätsannahme finden sich in Anlage 5. Der *Levene*-Test weist nur für die Variablen ADJ_PROB (p=0,0774) und SIZE_PROB (p=0,0375) signifikante Ergebnisse auf. Eine visuelle Inspektion der Q-Q-Plots der Residuen und der Histogramme der hypothesenrelevanten, abhängigen Variablen zeigt, dass die Variablen ADJ_SIZE und SIZE_PROB eine stärker, und die Variablen T_TOT und TREL_DOC eine leicht rechtsschiefe Verteilung aufweisen. Die Variable REL ist hingegen in der Tendenz gleichverteilt.

Bei den vorliegenden Daten ist zudem problematisch, dass es größere Unterschiede in der Anzahl an Beobachtungen je Untersuchungsgruppe gibt (nicht-orthogonales bzw. unbalanciertes Design)[1092], da hierdurch etwaige Verletzungen der Anwendungsvoraussetzungen - vor allem eine fehlende Varianzhomogenität - schwerer wiegen und die Standardfehler verstärkt verzerrt werden können.[1093] Daher wurden die Ergebnisse der Varianzanalysen in Anlehnung and *Mitchell* (2015) über Regressionsmodelle mit Standardfehlern repliziert, die robust gegenüber Verletzungen der Varianzhomogenitätsannahme sind.[1094] Da es zu keinen Abweichungen hinsichtlich der Signifikanz der Ergebnisse kam, werden im Folgenden nur die Ergebnisse der Varianzanalysen dargestellt.

Neben den bereits genannten Kriterien erfordert die MANOVA zudem eine homogene Varianz-Kovarianz-Matrix.[1095] Diese kann mit *Box*'s-M-Test überprüft werden.[1096] Der p-Wert für die durchgeführte MANOVA beträgt 0,0694 (F=1,41) und liegt über dem allgemeinen Grenzwert von 0,01, sodass die Voraussetzung als erfüllt angesehen werden kann.[1097] Unabhängig davon ist auch die MANOVA relativ robust gegenüber leichten Verletzungen der Annahmevoraussetzungen.[1098]

[1088] Bzw. die abhängige Variable, vgl. *Kirk* (2013), S. 99. Diese Voraussetzungen müssen von allen Gruppen, die sich aus der Kombination der Faktoren ergeben, erfüllt sein; in einem 2x2 Design entsprechend von allen vier Gruppen, vgl. *Sedlmeier/Renkewitz* (2013), S. 466.

[1089] Da andere Tests besonders sensitiv sind, wird hierfür der *Levene*-Test verwendet, vgl. *Oehlert* (2010), S. 119; vgl. für weitere Verfahren *Kirk* (2013), S. 100 ff.

[1090] Vgl. *Kirk* (2013), S. 99; *Backhaus et al.* (2016), S. 184 f.

[1091] Vgl. *Oehlert* (2010), S. 111 f. und 134 ff.; *Sedlmeier/Renkewitz* (2013), S. 466; *Kirk* (2013), S. 99 ff.; *Backhaus et al.* (2016), S. 184 f.

[1092] Vgl. hierzu u.a. *Maxwell/Delaney* (2003), S. 320 ff. Während die Differenz zwischen der kleinsten (n=26) und größten (n=38) Gruppe 12 beträgt, mindert sich die Differenz leicht im nicht reduzierten Sample auf 9 zwischen der kleinsten (n=29) und der größten (n=38) Gruppe.

[1093] Vgl. *Milligan/Wong/Thompson* (1987), S. 468 f.; *Backhaus et al.* (2016), S. 184 f.

[1094] Vgl. *Mitchell* (2015), S. 269 ff.; ferner *Wilcox* (1987), S. 32 ff.; *Baum* (2006), S. 136.

[1095] Vgl. hierzu u.a. *Barker/Barker* (1984), S. 25 ff.; *Bray/Maxwell* (1985), S. 32.

[1096] Vgl. *Barker/Barker* (1984), S. 56 und 91; *Hair et al.* (2014), S. 666 und 685 f.

[1097] Vgl. u.a. *Barker/Barker* (1984), S. 56; *Hair et al.* (2014), S. 666.

[1098] Vgl. *Barker/Barker* (1984), S. 91; *Bray/Maxwell* (1985), S. 33 f.; *Hair et al.* (2014), S. 684 und 687.

bbb) Ergebnisse der MANOVA

Zur Durchführung der MANOVA werden die für die Hypothesen relevanten abhängigen Variablen der Vertretbarkeit des Schätzwertes (REL), der wahrscheinlichkeitsgewichteten Anpassungshöhe SIZE_PROB (als Zusammenfassung der Variablen ADJ_ PROB und ADJ_SIZE) sowie der zusätzlichen Zeitallokation insgesamt (T_TOT) und der - relativ hierzu - prozentualen Verteilung auf die Prüfungshandlung der Dokumentation (TREL_DOC) einbezogen. Als erklärende Variablen werden die KAM-Berichterstattung (KAM), der Mandantendruck (PRES) sowie ein Interaktionsterm (KAM× PRES) in das Modell aufgenommen.

Tab.13 stellt die Ergebnisse der MANOVA dar. Ein Interaktionseffekt ist ebenso wenig wie ein Haupteffekt des Mandantendrucks erkennbar. Es zeigt sich allerdings ein signifikanter Haupteffekt der KAM-Variable[1099], sodass die Hypothese, dass sich die Vektoren der Mittelwerte der einbezogenen Variablen zwischen den beiden KAM-Gruppen gleichen, verworfen werden kann.[1100] Zur genaueren Lokalisierung der Differenzen werden im Folgenden univariate ANOVAs durchgeführt.

Quelle	Df 1	Df 2	F-Wert (*Wilk's λ*)	p-Wert	η^2
KAM	4	115	2,11	0,0845	0,0684
PRES	4	115	0,31	0,8728	0,0107
KAM×PRES	4	115	1,18	0,3216	0,0394

η^2 kann Werte zwischen 0 und 1 annehmen und indiziert denjenigen Anteil der Varianz der abhängigen Variablen, der durch die unabhängigen Variablen erklärt wird.

Tab. 13: MANOVA der Hauptuntersuchung.

ccc) Ergebnisse der ANOVA

i) Identifizierbarer Einfluss auf die Informationsverarbeitung

Das Vorgehen bei der univariaten Varianzanalyse orientiert sich an *Maxwell/Delaney* (2003):[1101] Sofern ein Gesamteffekt vorhanden ist, werden zunächst ein potenzieller Interaktionseffekt und - sofern keiner vorhanden ist - die Haupteffekte der KAM- und der Mandantendruckmanipulation untersucht. Tab. 14 und 15 stellen die Ergebnisse der ANOVAs für die Variablen Vertretbarkeit des Schätzwertes (REL) - als Proxy für das kritische Denken - und für die Variable der wahrscheinlichkeitsgewichteten Anpassungshöhe (SIZE_PROB) - als Proxy für das kritische Handeln - sowie jeweils den Plot der Faktorstufenmittelwerte für beide Variablen dar.[1102]

[1099] Auch unter Einbezug der beiden einzelnen Variablen ADJ_PROB und ADJ_SIZE anstatt der zusammengesetzten Variable ist der Effekt der KAM-Berichterstattung leicht signifikant ($F_{5,114}$=1,92; $p_{zweiseitig}$=0,0962).

[1100] Vgl. zu der bei einer MANOVA getesteten Hypothese *Bortz/Schuster* (2010), S. 478 f.; *Hair et al.* (2014), S. 670.

[1101] Vgl. *Maxwell/Delaney* (2003), S. 308; ähnlich *Toutenburg/Heuman* (2008), S. 256 ff. und *Hermann/Landwehr* (2006), S. 597 ff.

[1102] η^2 kann Werte zwischen 0 und 1 annehmen und indiziert denjenigen Anteil der Varianz der abhängigen Variablen, der durch die unabhängigen Variablen erklärt wird, vgl. u.a. *Iversen/Norpoth* (1987), S. 32 f. Die Faktorstufenmittelwerte stellen die - aufgrund des unbalancierten Designs - anhand der Zellenbesetzung gewichteten Werte ('as observed') dar, vgl. *Mitchell* (2015), S. 193 ff.

Quelle	SS	df	MS	F-Wert	p-Wert	η^2
Modell	17,90	3	5,97	1,29	0,2820	0,0317
KAM	8,83	1	8,83	1,91	0,1700	0,0159
PRES	0,07	1	0,07	0,02	0,9000	0,0001
KAM×PRES	9,56	1	9,59	2,07	0,1529	0,0172
Residuen	546,99	118	4,63			

R^2=0,0317; Adj. R^2=0,0071

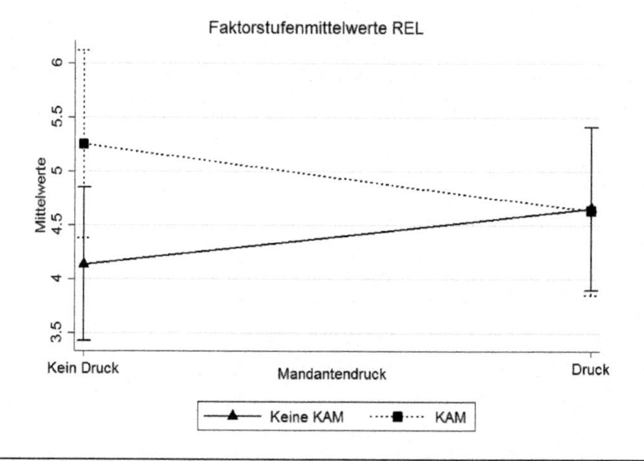

Abgebildet sind die Faktorstufenmittelwertplots mit 95%-Konfidenzintervallen.

Tab. 14: ANOVA und Plot der Faktorstufenmittelwerte der Vertretbarkeit des Schätzwertes (REL).

Quelle	SS	df	MS	F-Wert	p-Wert	η^2
Modell	358,30	3	119,40	2,94	0,0358	0,0696
KAM	291,90	1	291,90	7,20	0,0084	0,0575
PRES	32,05	1	32,05	0,79	0,3759	0,0067
KAM×PRES	64,86	1	64,86	1,60	0,2086	0,0133
Residuen	4.787,00	118	40,56			

R^2=0,0696; Adj. R^2=0,0460
MS und SS sind angegeben in '000.000.000.

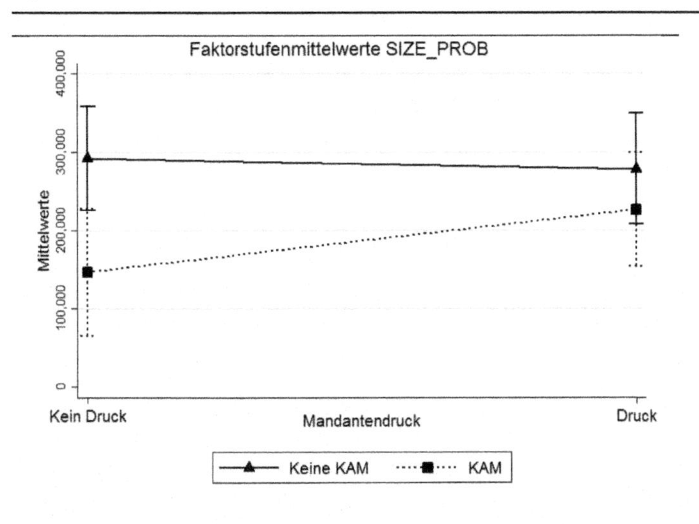

Abgebildet sind die Faktorstufenmittelwertplots mit 95%-Konfidenzintervallen.

Tab. 15: ANOVA und Plot der Faktorstufenmittelwerte der wahrscheinlichkeitsgewichteten Anpassungshöhe (SIZE_ PROB).

Der Mandantendruck hat weder als Haupteffekt, noch als Interaktion mit der KAM-Berichterstattung einen signifikanten Einfluss auf die Einschätzung der Vertretbarkeit des Schätzwertes (REL) oder auf die wahrscheinlichkeits-gewichtete Anpassungshöhe (SIZE_PROB). Hypothese 3 (s.o. Kapitel IV.3. b)aa)), die besagt, dass der implizite Mandantendruck die kritische Grundhaltung schmälert, kann angesichts dieser Befunde verworfen werden.

Auch wenn der Interaktionseffekt in den ANOVA-Modellen hinsichtlich der beiden Variablen REL und SIZE_PROB nicht signifikant ausfällt[1103], ist anhand beider Mittelwertplots erkennbar, dass die Wirkung der KAM in Abhängigkeit vom Vorliegen des Mandantendrucks in den Tendenz entgegen der vorhergesagten Richtung der Hypothese 5 (s.o. Kapitel IV.3.c)) verläuft: Bei der Bewertung der Vertretbarkeit sowie etwas weniger augenscheinlich bei der wahrscheinlichkeitsgewichteten Anpassungshöhe gleichen sich die Werte zwischen der Gruppe mit und ohne KAM-Berichterstattung innerhalb der Gruppe mit Mandantendruck vergleichsweise stärker an als in der Gruppe ohne Mandantendruck. Dies wird auch durch einen Vergleich der einzelnen Gruppenmittelwerte (Simple-Effects[1104], s. Anlage 7) deutlich: Während sich unter Mandantendruck die Mittelwerte zwischen der Gruppe mit KAM und der Gruppe ohne KAM nicht signifikant unterscheiden, sind bei nicht vorhandenem Mandanten-

[1103] Die Teststärke der ANOVA zur Identifikation ordinaler Interaktionen, die von den vorliegenden Faktorstufenmittelwertplots zu den Variablen REL und SIZE_PROB angedeutet werden, ist vergleichsweise gering, vgl. *Buckless/Ravenscroft* (1990), S. 935 ff.

[1104] Als Simple-Effects werden Unterschiede aus dem Vergleich einzelner Untersuchungsgruppen bezeichnet. Aus dem 2x2 Design der vorliegenden Studie ergeben sich entsprechend vier Untersuchungsgruppen mit sechs möglichen Vergleichskombinationen, vgl. *Maxwell/Delaney* (2003), S. 302; ferner *Mitchell* (2012), S. 215.

druck die Unterschiede bei der Variable REL auf dem 10%-Niveau, bei der Variable SIZE_PROB auf dem 1%-Niveau signifikant. Im Ergebnis kann Hypothese 5, welche besagt, dass unter impliziten Mandantendruck die kritische Grundhaltung bei der Bewertung eines Schätzwertes bei einer KAM-Berichterstattung im Vergleich zu keiner Berichterstattung stärker als bei nicht vorhandenem Mandantendruck sinkt, verworfen werden.

Hinsichtlich der Haupteffekte der KAM-Berichterstattung fallen die Ergebnisse der ANOVAs für die beiden Variablen REL und SIZE_PROB unterschiedlich aus. Während hinsichtlich der Vertretbarkeit des Schätzwertes (REL) kein Haupteffekt identifizierbar ist, führt die KAM-Berichterstattung hingegen zu einer signifikanten Minderung der wahrscheinlichkeitsgewichteten Anpassungshöhe (SIZE_PROB). Auch bei den ANOVAs der einzelnen Variablen des kritischen Handelns ist der Haupteffekt der KAM-Berichterstattung auf die Wahrscheinlichkeit einer Anpassung (ADJ_ PROB) einerseits (F=3,16; p=0,078) und auf die Anpassungshöhe (ADJ_ SIZE) andererseits (F=7,54; p=0,007) signifikant (s. Anlage 6). Die Richtung der Veränderung in Abhängigkeit von der KAM-Berichterstattung deutet dabei auf einen moral licensing-Effekt hin. Hypothese 1 (s.o. Kapitel IV.3.b)aa)), welche besagt, dass die KAM-Berichterstattung einen Einfluss auf die kritische Grundhaltung hat, kann daher angenommen werden.

Da die Vertretbarkeit des Schätzwertes (REL) zumindest gem. den Ergebnissen der ANOVA von den beiden manipulierten Untersuchungsvariablen (KAM-Berichterstattung und impliziter Mandantendruck) nicht signifikant beeinflusst wird, aber stark negativ ($\rho_{Pearson}$=-0,501) mit der wahrscheinlichkeitsgewichteten Anpassungshöhe (SIZE_PROB) korreliert (s.o. Kapitel IV. 6.d)aa)),[1105] wurde die ANOVA zur Variable SIZE_PROB - unter Einbezug der Variable der Vertretbarkeit des Schätzwertes als Kovariate - zu einer ANCOVA erweitert (vgl. Anlage 6.3)[1106]. In dem Modell ist die Variable REL im Ergebnis erwartungsgemäß hochsignifikant. Insgesamt weist dieses ANCOVA-Modell eine deutlich höhere Erklärungskraft im Vergleich zum ANOVA-Modell auf (Adj. R^2 von 0,2628 vs. 0,0460). Der KAM-Haupteffekt auf die Vertretbarkeit des Schätzwertes ist gleichwohl nur noch auf dem 5%-Niveau signifikant.[1107]

ii) Kein identifizierbarer Einfluss auf Prüfungsaufwand und -dokumentation

Tab. 16 und 17 stellen die ANOVA zur Höhe der insgesamt zusätzlich allokierten Zeit (T_TOT) und zu der Verteilung auf die Prüfungshandlung der Dokumentation relativ zur Gesamtallokation (TREL_DOC) dar. Beide ANOVAs weisen keinen signifikanten Einfluss der KAM- und der PRES-Untersuchungsvariablen weder auf die insgesamt allokierte Zeit (T_TOT), noch auf deren prozentuale Verteilung auf die Prüfungshandlung der Dokumentati-

[1105] Vgl. hierzu *Hair et al.* (2014), S. 682 f.

[1106] Da zumindest die Simple-Effects darauf hindeuten, dass REL von der KAM-Manipulation bedingt beeinflusst wird, wurde zudem eine Mediationsanalyse mit der Variable REL als Mediator mittels des *Sobel-Goodman*-Tests durchgeführt, vgl. hierzu *Baron/Kenney* (1986), S. 1176 f. Die Ergebnisse zeigen, dass ca. 25% des Gesamteffektes der KAM-Berichterstattung auf die SIZE_PROB zwar durch die Variable REL mediiert wird; dieser indirekte Effekt (p=0,1913; $p_{bootstrapped}$=0,206) ist im Vergleich zum direkten Effekt (p=0,0288; $p_{bootstrapped}$=0,027) gleichwohl nicht signifikant.

[1107] Dies kann u.a. daran liegen, dass die Variable REL gerade nicht vollkommen unabhängig von der KAM-Manipulation ist und daher einen Teil der Varianz erklärt, der andernfalls durch eben diese KAM-Variable erklärt werden könnte, vgl. hierzu *Hair et al.* (2014), S. 682; *Kirk* (2015), S. 197.

on (TREL_DOC) auf.[1108] Die Hypothesen $2_{a/b}$ und $4_{a/b}$, die jeweils einen erhöhenden Einfluss von implizitem Mandantendruck und KAM-Berichterstattung auf den Umfang der weiteren Prüfungshandlungen und die Dokumentation im Vergleich zu den übrigen Prüfungshandlungen annehmen (s.o. Kapitel IV.3.a)bb) und b)bb)), können daher verworfen werden.

Quelle	SS	df	MS	F-Wert	p-Wert	η^2
Modell	305,48	3	101,82	0,67	0,5730	0,0167
KAM	29,75	1	29,75	0,20	0,6593	0,0017
PRES	56,98	1	56,98	0,37	0,5419	0,0031
KAM×PRES	192,56	1	192,56	1,26	0,2631	0,0106
Residuen	17.970,98	118	152,29			
R^2=0,0167; Adj. R^2=-0,0083						

Tab. 16: ANOVA der zusätzlich allokierten Zeit insgesamt (T_TOT).

Quelle	SS	df	MS	F-Wert	p-Wert	η^2
Modell	0,3645	3	0,1215	0,47	0,7033	0,0118
KAM	0,0322	1	0,0322	1,25	0,2666	0,0104
PRES	0,0019	1	0,0019	0,08	0,7847	0,0006
KAM×PRES	0,0006	1	0,0006	0,03	0,8746	0,0002
Residuen	3,0467	118	0,2582			
R^2=0,0118; Adj. R^2=-0,0133						

Tab. 17: ANOVA der auf die Dokumentation zugewiesenen Stunden relativ zur Gesamtallokation (TREL_DOC).

e) *Robustheitstests*

aa) Regressionsanalysen zum Einfluss personenbezogener Faktoren

aaa) Überprüfung der Modellprämissen

Das lineare Regressionsmodell unterliegt ebenso wie die Varianzanalysen bestimmten Modellprämissen.[1109] Zunächst erfordert das Modell einen linearen Zusammenhang zwischen den Parametern und der abhängigen Variable. Zudem muss der Fehlerterm einen Erwartungswert von Null haben, eine konstante Varianz (Homoskedastizität) aufweisen und normalverteilt sein. Schließlich sollte keine perfekte lineare Abhängigkeit zwischen den erklärenden Variablen bestehen (keine perfekte Multikollinearität) und diese ebenso nicht systematisch mit den Residuen korrelieren (keine Endogenität). Während die Normalverteilungs-, Linearitäts-, Erwartungswert- und Homoskedastizitätsannahme mittels Scatter- und verschiedener Residuenplots graphisch inspiziert wurde,[1110] wurde zur Überprüfung der Multikollinearität eine Korrelationsanalyse durchgeführt (s. Anlage 4) und die VIFs für die spezifizierten Modelle be-

[1108] Auch bei einer MANOVA, welche die beide Variablen T_TOT und TREL_DOC als abhängige Variablen einbezieht, ergeben sich keine signifikanten Unterschiede. Selbiges gilt für eine ANCOVA der Variable T_TOT, sofern hierbei die Position im Unternehmen (POS) als Kovariate einbezogen wird.

[1109] Vgl. u.a. *Auer/Rottmann* (2015), S. 447; *Backhaus et al.* (2016), S. 98 ff.; *Kohler/Kreuterr* (2017), S. 270 ff.

[1110] Vgl. u.a. *Mitchell* (2012), S. 37 ff.; *Kohler/Kreuterr* (2017), S. 290 ff.

rechnet (s. Anlage 8).[1111] Zudem wurden mehrere Teststatistiken berechnet.[1112] Der *Breusch-Pagan*-Test sowie die Verteilung der Residuen im RVF-Plot zeigen, dass insbesondere die Annahme der Homoskedastizität problematisch ist. Die Modelle werden daher mit robusten Standardfehlern berechnet. Zudem weist die abhängige Variable der wahrscheinlichkeitsgewichteten Anpassungshöhe (SIZE_PROB) eine stark rechtsschiefe Verteilung auf.[1113] Da eine Transformation der Variable (Logarithmierung) zu keiner Verbesserung der Verteilung führte, wurde die abhängige Variable SIZE_PROB anhand eines Mediansplits in eine binäre Variable transformiert[1114] und zur weiteren Überprüfung eine logistische Regression mit dieser Variable durchgeführt.[1115] Hinsichtlich der Signifikanz der Koeffizienten treten dabei keine Abweichungen zu den Ergebnissen der linearen Regression auf. Zudem wurde eine logistische Regression mit der ebenso dichotomisierten Variable der Anpassungshöhe ADJ_SIZE (s. Kapitel IV.6.e)aa)ccc)) durchgeführt.

bbb) Ergebnisse der linearen Regressionsanalyse

Für die Analyse wurde zuerst ein saturiertes Modell mit allen erhobenen Variablen spezifiziert[1116].

Modell 1: SIZE_PROB = $\beta_0 + \beta_1$ KAM + β_2 PRES + β_3 REL+ β_4 CONF + β_5 GEN + β_6 AGE + β_7 POS + β_8 EXA + β_9 EXP + β_{10} K_EST + β_{11} K_PROV + β_{12} K_IFRS + β_{13} K_AUD + ε

Das lineare Modell untersucht den Zusammenhang zwischen den Untersuchungsvariablen der KAM-Berichterstattung (KAM) und dem Mandantendruck (PRES) auf die wahrscheinlichkeitsgewichtete Anpassungshöhe (SIZE_PROB). Es kontrolliert zudem für personenbezogene Charakteristika wie Geschlecht (GEN), Alter (AGE), Position im Unternehmen (POS), absolvierte Berufsexamina sowie für sachverhaltsrelevante Kenntnisse (K_EST; K_PROV; K_IFRS; K_AUD). Zudem erfasst es die Beurteilung der Sicherheit des eigenen Urteils (CONF). Zusätzlich wurde das folgende reduzierte Modell[1117] spezifiziert:

Modell 2: SIZE_PROB = $\beta_0 + \beta_1$ KAM + β_2 PRES + β_3 REL + β_4 GEN + β_5 EXA + β_6 EXP + ε

[1111] Vgl. u.a. *Backhaus et al.* (2016), S. 107 ff. Die VIFs liegen alle unter dem allgemeinen Wert von 10, vgl. hierzu u.a. ebenda, hier S. 108; *Auer/Rottmann* (2015), S. 515 f.

[1112] Zur Prüfung der NV-Annahme wurde eine *Shapiro-Wilk*-Test, zur Prüfung der Homoskedastizitätsannahme ein *Breusch-Pagan*-Test und zur Prüfung der Linearitätsannahme ein RESET durchgeführt (s. Anlage 8).

[1113] Dies ist u.a. bedingt durch die geringe Varianz in der Variable ADJ_SIZE, wobei ein Großteil der 122 Probanden den Wert 0 € (n=16), 200.000 € (n=45), 500.000 € (n=15) oder 700.000 € (n=12) angegeben hat.

[1114] Gruppe 1 beinhaltete alle Werte ≤160.000 €, Gruppe 2 alle Werte >160.000 €.

[1115] Vgl. hierzu u.a. *Greene* (2007), S. 106 ff.; *Kirk* (2015), S. 103 ff.

[1116] Eine Übersicht der Variablen mit den in dieser Analyse verwendeten Kodierungen findet sich in Anlage 1.

[1117] Die Auswahl der unabhängigen Variablen erfolgte hierbei in Anlehnung an eine sog. best-subset-selection, bei der aus allen möglichen Kombinationen anfänglich bestimmter unabhängiger Variablen die finale Zusammenstellung anhand eines Modellkriteriums, hier dem Informationskriterium nach *Akaike*, ausgewählt wird, vgl. *Fahrmeier/Kneib/Lang* (2009), S. 159 ff.; ferner *Bortz/Schuster* (2010), S. 358. Unabhängig hiervon wurden beide Untersuchungsvariablen aufgenommen.

Tab. 18 stellt die Ergebnisse tabellarisch dar. Zunächst ist ersichtlich, dass in beiden Modellspezifikationen die KAM-Berichterstattung einen signifikant negativen Einfluss auf die wahrscheinlichkeitsgewichtete Anpassungshöhe hat.[1118] In Einklang mit den Ergebnissen der ANCOVA hat die Einschätzung der Vertretbarkeit des Schätzwertes (REL) ebenfalls in beiden Modellen einen signifikant negativen Einfluss.[1119] Zudem ist der Koeffizient der Mandantendruckmanipulation (PRES) - entgegen Hypothese 3 - positiv. Allerdings ist dieser Koeffizient nicht signifikant.

	Modellspezifikation 1			**Modellspezifikation 2**		
Variable	*Koeffizient*	*t-Statistik*	*p-Wert*	*Koeffizient*	*t-Statistik*	*p-Wert*
KAM	-122.672	-3,54	0,001***	-121.469	-3,84	0,000***
PRES	27.683	0,92	0,358	31.254	1,05	0,297
REL	-48.200	-6,37	0,000***	-49.362	-7,14	0,000***
CONF	-2.574	-0,23	0,819			
GEN	50.700	1,37	0,175	56.069	1,72	0,088*
AGE	1.627	0,43	0,667			
POS						
Senior	6.619	0,20	0,844			
Partner	-4.062	-0,06	0,950			
EXA						
StB.	-260.640	-4,91	0,000***	-254.380	-5,36	0,000***
WP	-188.108	-4,62	0,000***	-175.436	-4,48	0,000***
EXP	1.398	0,25	0,801	2.751	1,11	0,271
K_EST	11.133	0,71	0,480			
K_PROV	-3.258	-0,18	0,858			
K_IFRS	15.400	0,85	0,398			
K_AUD	-14.344	-0,88	0,383			
Konstante	506.175	2,82	0,006	585.247	10,25	0,000
	n=122 $F_{16,105}$=8.71 (p=0,0000) R^2=0,4073 Adj. R^2=0,3234			n=122 $F_{7,114}$=15.94 (p=0,0000) R^2=0,3989 Adj. R^2=0,3619		

* p<0,1; ** p<0,05; *** p<0,01
Beide Modelle wurden mit robusten Standardfehlern berechnet.

Tab. 18: Ergebnisse der linearen Regressionsanalyse.

Wie in Kapitel IV.6.c)aa) gezeigt, kann nicht von einer Gleichverteilung der personenbezogenen Daten der Position im Unternehmen (POS) sowie der absolvierten Berufsexamina (EXA) i.S. einer gelungenen Randomisierung zwischen der vier Untersuchungsgruppen der Probanden ausgegangen werden. Während im Vollmodell die Position im Unternehmen keinen signifikanten Einfluss aufweist, hat weiter allein die Art des absolvierten Berufsexamens einen signifikanten Einfluss auf die SIZE_PROB: Im Vergleich zu Probanden ohne Examen passen

[1118] Sofern in dem saturierten Modell ein Interaktionsterm *KAM×PRES* aufgenommen wird, zeigt sich ein bedingt signifikanter Effekt der KAM-Variable (p=0,001), wohingegen die PRES-Variable (p=0,76) sowie der Interaktionsterm (p=0,659) insignifikant sind. Selbiges gilt für die zweite, reduzierte Modellspezifikation.

[1119] Auch wenn die Variable REL aus dem Modell aufgrund von Endogenitätsbedenken exkludiert wird, ändern sich die weiteren Koeffizienten in Wirkrichtung und Signifikanz nicht. Allerdings mindert sich das R^2 (Adj. R^2) im saturierten Modell deutlich auf 0,1874 (0,0896), im reduzierten Modell auf 0,1581 (0,1064).

sowohl Probanden mit StB-Examen als auch solche mit WP-Examen den Wert signifikant weniger stark an. Der KAM-Effekt bleibt hiervon allerdings unberührt. Das Geschlecht der Probanden weist schließlich nur im reduzierten Modell einen signifikanten Einfluss auf, wobei männliche Probanden den Schätzwert im Vergleich zu weiblichen Probanden stärker anpassen. Insgesamt bestätigen daher beide Modelle das Ergebnis aus der vorherigen Varianzanalyse zum Einfluss der KAM-Berichterstattung auf die Variable SIZE_PROB und zeigen, dass dessen Effekt auch unter Kontrolle der personenbezogenen Daten fortbesteht.

ccc) Ergebnisse der logistischen Regressionsanalyse

Um die Validität der bisherigen Ergebnisse hinsichtlich des Einflusses der KAM-Berichterstattung auf die Anpassungsentscheidung zu überprüfen, wurde zudem ein logistisches Modell spezifiziert. Hierzu wurde die Variable ADJ_SIZE, deren Spannweite von 0 € bis 1.380.000 € reicht, in eine binäre Variable binADJ_SIZE transformiert. Während Gruppe 1 alle Beobachtungen ≤200.000 € beinhaltet, umfasst Gruppe 2 alle Beobachtungen >200.000 €. Diese Grenzziehung folgt inhaltlich der Überlegung, dass eine Anpassung in Höhe von 200.000 € den von der Unternehmensleitung angedachten Wert soweit anpassen würde, dass er direkt dem Wert am unterem Ende der Bandbreite des Bewertungsspezialisten aus der Fallstudie (s.o. Kapitel IV.4.b)ee)) entspricht. Während im Fall einer KAM-Berichterstattung nur 33% eine Anpassung >200.000 € angaben, verdoppelt sich dieser Anteil in der Untersuchungsgruppe ohne KAM-Berichterstattung merklich auf fast 60% (s. Abb. 6).

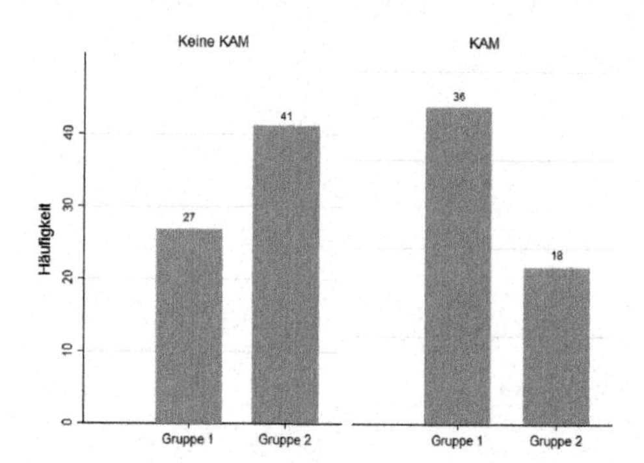

Abb. 6: Anpassungshäufigkeiten (absolut) in Gruppe 1 und 2.

Analog zur linearen Regressionsanalyse werden zwei Modelle geschätzt:

Modell 1: $\ln\left(\frac{P(\text{binADJ\_SIZE}=1)}{1-P(\text{binADJ\_SIZE}=1)}\right) = (\beta_0 + \beta_1\,\text{KAM} + \beta_2\,\text{PRES} + \beta_3\,\text{REL} + \beta_4\,\text{CONF} + \beta_5\,\text{GEN} + \beta_6\,\text{AGE} + \beta_7\,\text{POS} + \beta_8\,\text{EXA} + \beta_9\,\text{EXP} + \beta_{10}\,\text{K\_EST} + \beta_{11}\,\text{K\_PROV} + \beta_{12}\,\text{K\_IFRS} + \beta_{13}\,\text{K\_AUD} + \varepsilon)$

Modell 2: $\ln\left(\frac{P(\text{binADJ\_SIZE}=1)}{1-P(\text{binADJ\_SIZE}=1)}\right) = (\beta_0 + \beta_1\,\text{KAM} + \beta_2\,\text{PRES} + \beta_3\,\text{REL} + \beta_4\,\text{GEN} + \beta_5\,\text{EXA} + \beta_6\,\text{EXP} + \varepsilon)$

Tab. 19 stellt die Ergebnisse der beiden Modelle dar. Die Koeffizienten geben die Veränderung der logarithmierten Odds wieder.[1120] Es ist ersichtlich, dass die Koeffizienten der Untersuchungsvariablen KAM und PRES in Richtung und Signifikanz denen der korrespondierenden linearen Regressionsmodelle entsprechen und insbesondere ein signifikant negativer Effekt der KAM-Berichterstattung auftritt.[1121] Abweichend zum linearen Regressionsmodell ist allein bereits im Vollmodell die Geschlechterzugehörigkeit signifikant.

	Modellspezifikation 1			**Modellspezifikation 2**		
Variable	*Koeffizient*	*z-Statistik*	*p-Wert*	*Koeffizient*	*z-Statistik*	*p-Wert*
KAM	-1,9139	-3,61	0,000***	-1,8998	-3,59	0,000***
PRES	0,2552	0,58	0,565	0,3368	0,79	0,430
REL	-0,3584	-2,81	0,005***	-0,3674	-3,30	0,001***
CONF	-0,1397	-0,78	0,438			
GEN	1,4813	2,81	0,005***	1,4260	2,97	0,003***
AGE	0,0739	1,03	0,301			
POS						
Senior	-0,4243	-0,85	0,396			
Partner	-1,0482	-1,06	0,288			
EXA						
StB.	-3,9272	-3,54	0,000***	-3,4939	-3,38	0,001***
WP	-2,5586	-3,08	0,002***	-2,2254	-3,04	0,002***
EXP	-0,0158	-0,19	0,847	0,0214	0,55	0,586
K_EST	0,0725	0,30	0,765			
K_PROV	-0,1352	-0,54	0,589			
K_IFRS	0,3515	1,34	0,180			
K_AUD	-0,2234	-0,97	0,334			
Konstante	1,8548	0,68	0,496	2,9407	2,97	0,003
	n=122 *Wald*-χ^2=33,213 (p=0,0045) Pseudo R^2 (McFadden)=0,2553			n=122 *Wald*-χ^2=27,93 (p=0,0002) Pseudo R^2 (McFadden)=0,2294		

* p<0,1; ** p<0,05; *** p<0,01
Beide Modelle wurden mit robusten Standardfehlern berechnet.

Tab. 19: Ergebnisse der logistischen Regressionsanalyse.

[1120] D.h. z.B. für die Variable REL, dass mit jeder zusätzlichen Einheit die log. Odds, der Gruppe 2 anzugehören, sich um -0,3584 mindert. Vgl. zur Interpretation der Koeffizienten im Logit-Modell u.a. *Pampel* (2000), S. 18 ff.; *Kohler/Kreuterr* (2017), S. 366 ff. Eine alternative Interpretation stellen die Odds-Ratios dar. Die Odds-Ratio der KAM-Variable beträgt im Vollmodell (red. Modell) 0,1475 (0,1495). Sofern die KAM-Berichterstattung vorliegt, mindert sich die vorhergesagte Chance (Odds), der Gruppe 2 anzugehören und mehr als 200.000 € anzupassen, um das 0.1475 (0,1495)-fache, bzw. erhöht sich die Chance, 200.000 € oder weniger anzupassen, um das 6,78 (6,88)-fache. Der durchschnittliche Marginaleffekt der KAM-Variable beträgt schließlich -34%.

[1121] Sofern in dem Vollmodell (red. Modell) ein Interaktionsterm *KAM×PRES* aufgenommen wird, zeigt sich ein bedingt signifikanter Effekt der KAM-Variable mit p=0,002 (p=0,001), wohingegen die PRES-Variable mit p=0,924 (p=0,844) sowie der Interaktionsterm mit p=0,613 (p=0,549) insignifikant sind. Auch unter Ausschluss der REL-Variable bleibt die KAM-Variable in beiden Modellspezifikationen hochsignifikant, dass Pseudo R^2 mindert sich allerdings im Vollmodell (red. Modell) auf 0,1976 (0,1596).

bb) Varianzanalysen zum Einfluss des subjektiv wahrgenommenen Drucks

Im Rahmen der Manipulation-Checks wurde eine Variable erhoben, welche den subjektiv wahrgenommenen Druck abbildet (s. Kapitel IV.4.b)aa)).[1122] Während die Probanden mit Druckmanipulation diesen Druck im nicht reduzierten Sample (n=140) im Durchschnitt mit 8,15 angaben, wurde er in der Vergleichsgruppe mit 6,68 angegeben. Da diese Variable den tatsächlichen Mandantendruck annahmegemäß besser widerspiegelt, wurden zwecks Kontrolle der bisherigen Ergebnisse die Varianzanalysen anstatt mit der manipulierten Druckvariable (PRES) mit der Variable des wahrgenommenen Mandantendrucks (PRES_SUBJ) durchgeführt.[1123] Aufgrund der relativ balancierteren Zellenbesetzung im Vergleich zum reduzierten Sample wurde hierfür das nicht-reduzierte Sample verwendet.[1124] Abweichungen zu den Varianzanalysen der Hauptuntersuchung ergeben sich dabei allein bezüglich der Variable der Vertretbarkeit des Schätzwertes (REL): Unter dem wahrgenommenen Mandantendruck ist nun ein schwach signifikanter Haupteffekt der KAM-Berichterstattung ersichtlich (s. Anlage 10). Bei der wahrscheinlichkeitsgewichteten Anpassungshöhe (SIZE_PROB) ist erneut ein eindeutiger Haupteffekt der KAM-Berichterstattung ersichtlich.

cc) Varianzanalysen zum Einfluss der Samplezusammenstellung und der Erhebungsmodalitäten

Außerdem wurden die Varianzanalysen mit dem nicht-reduzierten Sample (s.o. Kapitel IV.6.b)bb)) durchgeführt (vgl. Anlage 9). Die Ergebnisse mit diesem Sample bestätigen die Ergebnisse aus der Hauptuntersuchung in allen Punkten. Selbiges gilt für eine Samplezusammenstellung, welche zusätzlich die drei Probanden einbezieht, die eine der Manipulation-Checks nicht korrekt beantwortet haben (nicht tabelliert).

Hinsichtlich der internen Validität der Ergebnisse wurde untersucht, ob die Erhebungsform (Schulung vs. schriftliche Umfrage) bzw. der Schulungsort einen Einfluss auf die hypothesenrelevanten abhängigen Variablen nimmt. Hierzu wurden mehrere ANOVAs hinsichtlich dieser Variablen[1125] mit der Zugehörigkeit zum Erhebungsdatum bzw. der Erhebungsform als erklärende Variable durchgeführt. Diese Varianzanalysen zeigen allesamt keinen Einfluss der Erhebungsform auf die diversen Beurteilungen der Prüfer hin.[1126]

Die Unabhängigkeit der Beobachtungen wurde schließlich darüber untersucht, ob Datenreihen direkt hintereinander bei den hypothesenrelevanten abhängigen Variablen die gleichen Werte aufweisen. Innerhalb der Datenmatrix konnte dabei ein Cluster von drei Personen identifiziert

[1122] Vgl. zu diesem Vorgehen u.a. *Robinson/Curtis/Robertson* (2013), S. 17 f. und *Koch/Salterio* (2015), S. 22 f., welche die unabhängige Variable des Zeit- bzw. Mandantendrucks ebenfalls durch mehrere Fragen messen.

[1123] Zur Generierung der Variable PRES_SUBJ wurde die Variable MC_3, bei welcher auf einer Skala von 1='überhaupt nicht stark'-10='sehr stark' angegeben werden musste, wie stark man den Mandanten von einer Anpassung des Schätzwertes überzeugen müsste, anhand eines Median-Splits binär in zwei Untersuchungsgruppen aufgeteilt. Während die Gruppe mit subektivem Mandantendruck alle Beobachtungen von MC_3 ≥8 beinhaltet, beinhaltet die Gruppe ohne subjektivem Mandantendruck alle Beobachtungen <8.

[1124] Während in dem reduzierten Sample der Abstand zwischen der kleinsten (n=24) und der größten Gruppe (n=36) 12 beträgt, mindert sich dieser Abstand zwischen der kleinsten (n=29) und der größten Gruppe (n=38) im reduzierten Sample auf 9.

[1125] Den Variablen REL, ADJ_PROB, ADJ_SIZE, SIZE_PROB, T_TOT und TREL_DOC.

[1126] Der Faktor der Zugehörigkeit zum Erhebungsdatum beinhaltet drei Stufen: Teilnahme an Termin 2, Teilnahme an Termin 3 oder Teilnahme an der postalisch durchgeführten Untersuchung. Termin 1 wurde aufgrund der geringen Teilnehmerzahl nicht berücksichtigt, s.o. Kapitel IV.6.b)aa).

werden, deren abhängige Variablen sich überdurchschnittlich stark gleichen. Die Ergebnisse der Varianzanalysen bleiben auch ohne Einbezug dieser drei Probanden robust bestehen. Wie bei der Verwendung des subjektiven Mandantendrucks trat abweichend zur Hauptuntersuchung allein ein Haupteffekt der KAM-Berichterstattung auf die Variable REL zutage (F-Wert=3,10; p=0,0804).

f) Diskussion der Ergebnisse

aa) Nicht identifizierbarer accountability-Effekt der KAM-Berichterstattung

Die Ergebnisse hinsichtlich des Einflusses der KAM-Berichterstattung auf das prüferische Urteilsverhalten zeigen, dass die KAM-Berichterstattung nicht i.S.e. accountability-Mechanismus gewirkt hat. Eine mögliche Erklärung für dieses Ergebnis ist, dass die Probanden der KAM-Berichterstattung fälschlicherweise bewusst eine kompensatorische, entlastende Funktion zuschreiben. Diese Position wird aufgrund der korrekt beantworteten MC-Fragen sowie aufgrund der expliziten Hinweise innerhalb der Studie allerdings als eher unwahrscheinlich erachtet.

Ein weiterer Grund könnte darin gesehen werden, dass der bei der KAM-Manipulation verwendete KAM-Entwurf sachverhaltsbezogene Informationen enthält, welche die Beurteilung der Vertretbarkeit und des Anpassungsbedarfs des Schätzwertes objektiv ändern und so auch von den Probanden berücksichtigt wurden. Bei der Erstellung des KAM-Entwurfs wurde gleichwohl besonders darauf geachtet, dass dieser keine zusätzlichen Informationen hinsichtlich der Risikoträchtigkeit der Rückstellung im Vergleich zur Kontrollgruppe aufweist (s. Kapitel IV.4.b)bb)aaa)). Dies gilt auch hinsichtlich des KAM-Bestandteils der Beschreibung der durchgeführten Prüfungshandlungen, die sich unabhängig von der KAM-Manipulation in allen Gruppen aus den bereitgestellten Informationen ergeben. Allein die Aussage, dass eine "kritische Begutachtung von Prüfungsnachweisen"[1127] im Rahmen der Prüfung stattgefunden hat, findet sich nicht explizit im Kontrollsachverhalt ohne KAM-Berichterstattung. Ein solches Vorgehen sollte gem. ISA 540.13(b)(ii) und 540.15(b) gleichwohl standardmäßig und unabhängig von einer etwaigen KAM-Berichterstattung stattfinden. Zudem sollte die Beschreibung - so die ursprüngliche Erwartung - eher zu einer erhöhten kritischen Begutachtung der Informationen bei den Probanden führen. Insoweit sind die genau gegenteiligen Ergebnisse besonders überraschend. Das Nichtauftreten eines accountability-Effektes könnte auch damit zu begründen sein, dass die Öffentlichkeit als Rechenschaftsnehmer - vor allem in einem experimentellen Setting - zu distanziert und unkonkret ist, als dass durch die manipulierte KAM-Berichterstattung ein Verantwortungsbewusstsein hätte entstehen können.[1128]

bb) Potenzieller moral licensing-Effekt der KAM-Berichterstattung

Das Ergebnis, wonach bei einer KAM-Berichterstattung über einen verzerrten Schätzwert im Vergleich zu keiner KAM-Berichterstattung dieser Wert zumindest in der Tendenz als vertretbarer eingeschätzt wird und die vorgeschlagene Anpassungshöhe signifikant geringer ausfällt, steht in seiner Wirkungsrichtung vielmehr in Einklang mit einem moral licensing-Effekt. Ein solcher moral licensing-Effekt (s.o. Kapitel IV.3.a)aa)ccc)) würde sich auch darin zeigen,

---

[1127] Vgl. Anlage 11.

[1128] I.d.S. kann auch von einem „identifiable victim effect" gesprochen werden, *Jenni/Loewenstein* (1997), S. 236; vgl. ferner *Hoeppner/Kirchner* (2016), S. 238.

dass bei den Probanden, die den Schätzwert hinsichtlich seiner Vertretbarkeit gleich einschätzen, Unterschiede in der Anpassungshöhe in Abhängigkeit von der KAM-Berichterstattung auftreten. Wie in Anlage 9.12 ersichtlich, sind die Differenzen zwischen den Gruppen ohne KAM-Berichterstattung im Vergleich zur Gruppe mit KAM-Berichterstattung bezüglich der durchschnittlichen Anpassungshöhe (ADJ_SIZE) bei fixer Vertretbarkeit des Schätzwertes (REL) durchweg positiv.[1129]

Die Ergebnisse der Studie stehen tendenziell in Einklang mit denen von *Griffin* (2014), bei dem Prüfer bei zusätzlichen Angaben im Anhang (footnote disclosure) die Wahrscheinlichkeit der Anpassung eines geschätzten fair values geringer beurteilten und geringere Anpassungshöhen angaben.[1130] Während in der vorliegenden Studie die Wahrscheinlichkeit einer Anpassung (ADJ_PROB) bei der Gruppe mit Berichterstattung (im Vergleich zur Gruppe ohne Berichterstattung) durchschnittlich mit 6,31 (6,99) und die Anpassungshöhe (ADJ_SIZE) im Durchschnitt mit 207.030 € (387.558 €) angegeben wurde, wurde die Wahrscheinlichkeit einer Anpassung bei *Griffin* - unter den gleichen Randbedingungen (s. Kapitel IV.4.b) ee)) - mit 4,72 (5,38) und die Anpassungshöhe mit 309.523 $ (345.032 $) angegeben.[1131] Der Unterschied in der Differenz zwischen der Gruppe mit und der Gruppe ohne zusätzlicher Berichterstattung fällt hinsichtlich der Variable ADJ_PROB mit 0,68 im Vergleich zu 0,66 bei *Griffin* marginal aus. Der Unterschied in der Differenz hinsichtlich der ADJ_SIZE fällt mit 180.528 € in der vorliegenden Studie deutlich größer aus als in der Studie von *Griffin* mit 35.509 $. Der Mittelwert der Vertretbarkeit des Schätzwertes i.H.v. 4,61 und der Anpassung i.H.v. 335.538 € unter Einbezug aller Probanden ist hingegen mit denen bei *Griffin* (5,05 und 326.471 $) vergleichbar.

Die Ergebnisse der vorliegenden Studie deuten mit dem moral licensing-Effekt insgesamt auf einen durchaus bekannten[1132], im Rahmen der KAM-Berichterstattung allerdings bislang noch nicht beachteten Nebeneffekt hin. Neben dem Einfluss auf den Berichterstattungspflichtigen zeigen die Ergebnisse weiterer Studien zur KAM-Berichterstattung (s. Kapitel II.3.b)cc)) verstärkt unintendierte Effekte wie einen möglichen Haftungsschutz und einen disclaimer-Effekt bei den Abschlussadressaten auf. In Zusammenschau mit den Studien, die darüber hinaus der KAM-Berichterstattung einen tendenziell geringen Informationsgehalt attestieren, ist die KAM-Berichterstattung hinsichtlich der Erreichung der angestrebten Ziele kritisch zu sehen. Da neben der Studie von *Griffin* schließlich mehrere Studien darauf hinweisen, dass diverse Berichterstattungspflichten mit dem primären Ziel einer Verhaltenssteuerung keine oder aber negative unintendierte Effekte aufzeigen[1133], erscheint das Instrument hinsichtlich dieser Funktionsbestimmung problematisch.

[1129] Die Aussage bezieht sich auf das reduzierte Sample. Selbiges gilt, von zwei Ausnahmen abgesehen, für das nicht-reduzierte Sample, vgl. Anlage 9.12. Bei dem Vergleich muss allerdings beachtet werden, dass die Anzahl an Beobachtungen je Gruppe stellenweise äußerst gering und der Aussagewert entsprechend ebenfalls beschränkt ist.

[1130] Vgl. *Griffin* (2014), S. 1168 und 1183 f.

[1131] Vgl. ebenda, hier S. 1182 und 1185 sowie Kapitel IV.6.c)bb).

[1132] Vgl. u.a. *Jamal* (2012), S. 382.

[1133] So zeigt *Salzsieder* (2016), S. 61 f., u.a., dass Berichterstattungspflichten der Unternehmensleitung gegenüber dem Aufsichtsorgan oder dem Prüfer über eingeholte fair value-Bewertungen von Dritten diese nicht von einem sog. ‚fair value opinion shopping' abhalten. Vgl. zudem die in Kapitel IV.3.a)aa)bbb) dargestellten Studien.

cc) Nicht identifizierbarer motivated reasoning-Effekt des impliziten Mandantendrucks

Der erwartete negative Einfluss des Mandantendrucks i.S.e. motivated reasoning-Effektes auf das Urteilsverhalten (s.o. Kapitel IV.3.b)aa)) hat sich nicht bestätigt; die Druckmanipulation wirkte in der Tendenz vielmehr disziplinierend: Zum einen gleicht sich die Beurteilung der Vertretbarkeit des Schätzwertes unter implizitem Mandantendruck zwischen der Gruppe mit und der Gruppe ohne KAM-Berichterstattung fast komplett an (4,63 vs. 4,65). Zum anderen mindert sich hinsichtlich der Variable der ADJ_SIZE die Differenz zwischen der Gruppe mit und der Gruppe ohne Berichterstattung bei abwesender Druckmanipulation i.H.v. 175.805 € um fast 60% auf 68.632 € unter der Kondition mit Druck. Diese Interaktionseffekte sind gleichwohl insignifikant (s.o. Kapitel IV.6.d)bb)ccc)) und bleiben dann nicht bestehen, wenn anstatt des manipulierten Drucks der subjektiv wahrgenommene Druck als erklärende Variable herangezogen wird.[1134] Unter Verwendung dieses subjektiven Drucks weisen die ANOVAs zur Messung der kritischen Grundhaltung auch keinen Haupteffekt dieser Form des wahrgenommenen Drucks auf (s. Anlage 10). Insoweit stehen die Ergebnisse im Widerspruch zu denjenigen von *Koch/Salterio* (2015), die unter einer ähnlichen Druckmanipulation und einem ebenfalls gemessenen Druck als erklärende Variable zeigen, dass Probanden, die einen höheren subjektiven Druck empfinden, signifikant höhere Anpassungen vorschlagen.[1135]

Dass der manipulierte Mandantendruck keinen Einfluss auf das Urteilsverhalten i.S. eines motivated reasoning-Effektes genommen hat, kann mehrere Gründe haben. Zum einen ist die durchgeführte Manipulation im Vergleich zu vorherigen Mandantendruckmanipulationen als eher schwach einzustufen (s. Kapitel IV.4.b)bb)bbb)). Im Besonderen wurden potenzielle Auswirkungen einer Anpassung auf den Mandanten, z.B. das Verfehlen einer Benchmark, in der Fallstudie weniger stark herausgestrichen. Dies kann zumindest ansatzweise die Unterschiede zu aktuellen Studien erklären, die unter stärkeren Manipulationen einen negativen Einfluss auf das Anpassungsverhalten zeigen.[1136] Zum anderen kann nicht ausgeschlossen werden, dass die Probanden den Aussagenkomplex zu den Präferenzen des Mandanten als eine Art Gefahrensignal interpretiert haben und so urteilten, wie sie es als 'sozial erwünscht' erachten und Entsprechendes signalisieren wollten. Insoweit sich ausgeübter Mandantendruck - unbeschadet der genannten Punkte - nicht in ein motivational verzerrtes, mandantenpräferenzkonformes Informationsverarbeitungs- und Urteilsverhalten niederschlägt, stimmen die Ergebnisse mit bisherigen Einschätzungen überein, dass das zentrale Problem bei der Prüfung geschätzter Werte „may not be a lack o professional skepticism“[1137].

dd) Keine identifizierbaren Effekte auf Art und Umfang des Prüfungsaufwands

Bemerkenswert ist zudem, dass weder die Mandantendruckmanipulation, noch die KAM-Berichterstattung Einfluss nimmt auf den Umfang und den Fokus bzw. die Ausrichtung der weiteren Prüfungshandlungen. Die geäußerten Bedenken, dass die KAM-Berichterstattung zu einer Verlagerung der Aufmerksamkeit des Prüfers auf dokumentationsbezogene Prüfungs-

[1134] Hier ist die Differenz i.H.v. 86.414 € im Fall ohne Mandantendruck derjenigen bei Mandantendruck i.H.v. 86.135 € annähernd gleich, vgl. Anlage 10.

[1135] Vgl. *Koch/Salterio* (2015), S. 26 und 33. Die Unterschiede können u.a. darin begründet sein, dass der subjektive Druck - anders als in der vorliegenden Studie - durch mehrere Indikatoren erhoben wurde, vgl. ebenda, hier S. 22 f.

[1136] Vgl. *Hatfield/Jackson/Vandervelde* (2011), S. 118 f. und 125 ff.; *Messier/Schmidt* (2015), S. 17 und 21 f.

[1137] *Cannon/Bédard* (2016), S. 35; vgl. ebenso *Griffith/Hammersley/Kadous* (2016), S. 35.

handlungen führt, werden durch die Ergebnisse nicht substantiiert (s.o. Kapitel IV.6.d) bb)ccc)ii)).

Der nicht identifizierbare Einfluss kann u.a. damit begründet werden, dass sich die Mandantendruckmanipulation - entgegen z.B. dem Effizienzdruck bei *Maksymov/Nelson/Kinney* (2017)[1138] - naturgemäß stärker auf die Bewertung des Sachverhalts richtet und nur mittelbar den Prüfungsumfang tangiert. Zudem ist zu bedenken, dass die Prüfung laut Sachverhalt schon weiter fortgeschritten und folglich auch die zusätzliche Planung weiterer Prüfungshandlungen entsprechend eingeschränkt ist. Die nicht identifizierbaren Unterschiede in der Verteilung können auch durch das Design der Antwortmodalitäten bedingt sein, welches nur sehr schematisch zwischen den drei Prüfungshandlungen der Einzelfallprüfung, der analytischen Prüfungshandlungen und der Dokumentation differenziert. Schließlich können innerhalb der Big4-Gesellschaften standardisierte Richtlinien existieren, welche zu der Gleichverteilung beitragen.

[1138] Vgl. *Maksymov/Nelson/Kinney* (2017), S. 10 sowie Kapitel III.2.b)bb)aaa)i).

7. Limitationen

Die Studie unterliegt diversen Limitationen. Erstens müssen KAM gem. den ISA nur für börsennotierte Unternehmen bzw. gem. den ähnlichen Anforderungen des Unionsrechts nur bei Unternehmen von öffentlichem Interesse berichtet werden. Somit gelten die aufgezeigten Ergebnisse unmittelbar nur für einen eingeschränkten Kreis publizitätspflichtiger Unternehmen. Zweitens müssen bilanzielle Sachverhalte, um überhaupt als KAM in Frage zu kommen, mit dem Prüfungsausschuss bzw. Aufsichtsrat diskutiert werden. Aus diesem Pool kommunizierter Sachverhalte wählt der Prüfer schließlich die besonders wichtigen Sachverhalte als KAM aus. Die vorliegende Studie blendet diesen Selektionsprozess aus und erlaubt daher keine Aussagen darüber, welche Faktoren auf welche Weise mitbestimmen, ob ein Sachverhalt als KAM aufgenommen wird. In dieser Studie wird vielmehr vorausgesetzt, dass Sachverhalte wie der vorliegende mit hoher Schätzunsicherheit als KAM diskutiert werden.

Während potenzielle Verzerrungen aus einer Nicht-Partizipation von Probanden aus den Schulungen als wenig wahrscheinlich eingeschätzt werden, da es hierbei zu keinen Teilnahmeabbrüchen (drop-outs) kam, könnte bei den Probanden aus der postalischen Versendung ein non-response bias vorliegen.[1139] Auf einen non-response bias deuten Unterschiede des Untersuchungssamples im Vergleich zur Grundgesamtheit der Big4-Prüfer hinsichtlich des durchschnittlichen Alters und der Geschlechterverteilung hin (s. Anlage 2.2):[1140] Während hinsichtlich der Geschlechterverteilung die Anteilsvergleiche nicht auf signifikante Unterschiede zwischen der jeweiligen Untersuchungsgruppe und der Grundgesamtheit hindeuten, weisen die Mittelwerttests auf signifikante Unterschiede zwischen den Untersuchungsgruppen und der Grundgesamtheit hinsichtlich des durchschnittlichen Alters hin. Da in keiner der berechneten Modelle das Alter einen signifikanten Einfluss hatte, werden die Effekte aus einem möglichen non-response bias als weniger schädlich eingeschätzt.

Daneben können sich externe Validitätsprobleme zum einen aus der Art und Weise der Manipulation der unabhängigen Untersuchungsvariablen ergeben. Hierbei ist fraglich, inwiefern die bloße Beschreibung eines KAM und insbesondere einer Drucksituation den realen Prüfprozess situationsgerecht imitieren kann. Zum anderen behandelt die empirische Untersuchung konkret den Schätzwert für eine Garantierückstellung. Es bleibt daher fraglich, inwieweit die Ergebnisse auf andere Sachverhalte komplexer Schätzwerte übertragbar sind. Gravierendere Einschränkungen können sich darüber hinaus aus der Stichprobenzusammenstellung ergeben. Auch wenn die Probanden den einzelnen experimentellen Settings komplett randomisiert zugeteilt wurden, konnten diese - bedingt durch die Erhebungsmodalitäten (s.o. Kapitel IV.5.a)) - nicht komplett randomisiert aus der Grundgesamtheit der Big4-Prüfer gezogen werden.

Zudem stellt die Aussagekraft der abhängigen Variablen vor allem hinsichtlich möglicher Rückschlüsse auf eine fehlerhafte Informationsverarbeitung eine wesentliche Einschränkung dar. Empirische Studien zum JDM-Verhalten ziehen für ihre Aussagen oftmals die Resultate des Informationsverarbeitungsprozesses heran. Eher wenige Studien untersuchen im Prü-

[1139] Ein non-response bias bezeichnet eine systematische Verzerrung im Antwortverhalten aufgrund einer systematischen Nichtteilnahme bestimmter Probandengruppen, vgl. hierzu u.a. *Kaya* (2009), S. 55.

[1140] Die Probanden im Untersuchungssample sind im Durchschnitt 5,4 Jahre jünger als in der Grundgesamtheit der Big4-Prüfer, vgl. Kapitel IV.6.c)aa).

fungskontext hingegen die genaue, schrittweise Verarbeitung von Informationen. Dies liegt vor allem auch an der schwierigen direkten Mess- und Beobachtbarkeit kognitiver Informationsverarbeitungsprozesse an sich. Aus Praktikabilitätsgründen und aufgrund des jungen Standes der Forschung zum Einfluss der KAM-Berichterstattung auf das Urteilsverhalten (s.o. Kapitel I.3.b) bb)aaa)) wurde in der vorliegenden Studie auch auf die finalen Resultate des Urteilsprozesses zurückgegriffen.

Die Interpretation der abhängigen Variablen muss darüber hinaus im Kontext der Begrenzungen des experimentellen Designs erfolgen. So werden Faktoren der Kommunikation und Interaktion zwischen Prüfungsausschuss, Unternehmensleitung und Prüfern, welche wesentlich mitbestimmen, ob eine Prüfungsdifferenz diskutiert wird und im Ergebnis auch angepasst wird, in dieser Studie ausgeblendet. Außerdem untersucht die Studie ausschließlich das JDM-Verhalten einzelner Prüfer. Es kann durchaus der Fall sein, dass etwaige Fehlurteile eines Prüfers z.B. im Reviewprozess behoben oder modifiziert werden und somit nur eingeschränkt abschließende Aussagen über den Einfluss auf die Prüfungsqualität insgesamt getätigt werden können.[1141] Zudem kann nicht ausgeschlossen werden, dass bei dem Einfluss der KAM-Variable gewisse Neuigkeitseffekte i.S.v. Unsicherheiten bei der Beurteilung einfließen, die sich über den Zeitablauf legen könnten.

[1141] I.d.S. haben *Church et al.* (2015) konstatiert, dass die positiven Befunde zu Verzerrungen in experimentellen Studien oftmals nicht durch Archivstudien repliziert werden können, vgl. S. 218 f. und 228.

8. Forschungsausblick

Aus den Ergebnissen der Arbeit und den Limitationen der empirischen Untersuchung können verschiedene Fragestellungen identifiziert werden, die weiterer Forschung bedürfen: Auch wenn in der allgemeinen JDM-Forschung seit geraumer Zeit der Einfluss von Emotionen erkannt wurde und größere Aufmerksamkeit erfahren hat[1142], wird im Bereich der Prüfungsforschung diesbezüglich weiterhin größerer Forschungsbedarf konstatiert.[1143] Vor allem Entzerrungsstrategien für auf Emotionen basierende Verzerrungen wurden bislang wenig erforscht.[1144] Die in der allgemeinen JDM-Forschung untersuchten Möglichkeiten, welche z.B. auf der Idee einer kognitiven Regulierung affektiver Handlung und Wahrnehmungen durch Formen eines „self-distancing"[1145] oder auf dem Konzept der „mindfulness"[1146] beruhen, könnten auch im Rahmen der Prüfungsforschung fruchtbar gemacht werden.

Während hinsichtlich der übrigen kognitiven, modalen und motivationalen Verzerrungen die Effektivität mehrerer Mechanismen erforscht wurde, hat die Frage nach der praktischen Implementierung wenig Aufmerksamkeit erlangt.[1147] Die Implementierung kann nur mit Blick auf den Prüfprozess und das prüferische Umfeld gelingen.[1148] Bisherige Studien weisen dabei als besonders problematisch aus, dass der Einfluss von Verzerrungen auf das Urteil oft nicht bemerkt wird oder aber i.S.d. blind spot-Phänomens bei der eigenen Person für unwahrscheinlich gehalten wird. Damit es zu dauerhaften Urteilsverbesserungen kommt, ist es erforderlich, auch die Effektivität verschiedener Umsetzungsformen zu untersuchen. Grundlegend können die Entzerrungsstrategien strukturell in Prüfprogrammen, Normen oder judgment frameworks verankert werden. Alternativ könnten im Rahmen der Aus- und Fortbildung Lernstrategien entwickelt werden, die nicht allein deklaratives Wissen über Verzerrungen und mögliche Gegenmaßnahmen vermitteln, sondern auch prozedurales Wissen bereitstellen, wodurch entsprechende Situationen auch erkannt werden können. Für diesen Bereich sind daher insbesondere Theorien des Lernens anschlussfähig.[1149]

In diesem Rahmen ist außerdem weithin offen, wie sich Entzerrungsstrategien, die auf institutionellen Änderungen beruhen, in der jeweiligen konkreten Prüfsituation aktualisieren und sich auf das individuelle, kognitive Informationsverarbeitungsverhalten des Prüfers übersetzen. Vor allem hinsichtlich der diversen accountability-Mechanismen im weiten Sinne (z.B. Haftungs- und Enforcement-Mechanismen, s.o. Kapitel III.1.b)bb)ccc)) wird argumentiert, dass diese zeitlich und mental zu weit 'entfernt' und deren Konsequenzen zu unsicher sind, als

[1142] Vgl. u.a. *Kahneman* (1991), S. 145; *Schneider/Shanteau* (2003), S. 1 und 5 ff.; *Weber/Johnson* (2009), S. 65 ff.; *van Boven et al.* (2013), S. 389 ff.

[1143] Vgl. u.a. *Nelson/Tan* (2005), S. 54 und 60; vgl. ferner bereits *Swieringa/Weick* (1982), S. 68 f. und *Nolder* (2012), S. 16 ff., welche die Bedeutung von Emotionen für den Prüfungskontext unterstreichen.

[1144] Vgl. *Larrick* (2009), S. 334. Eine Ausnahme bildet eine Studie von *Kadous* (2002), S. 432 ff., die den Einbezug von Gefühlen oder Affekten als „heuristically relevant information" (S. 428) in die Urteilsbildung durch den Mechanismus einer „attribution manipulation" (S. 429), also einer Neuverknüpfung des Affektes mit einem anderen Sachverhalt, mindern will.

[1145] Vgl. *Kross/Ayduk* (2017), S. 83 ff.

[1146] Vgl. *Creswell* (2017), S. 493 ff.

[1147] Vgl. *Larrick* (2009), S. 331.

[1148] In diesem Sinne auch *Phillips/Klein/Sieck* (2009), S. 298.

[1149] Zu Lernstrategien in der Fortbildung von Wirtschaftsprüfern vgl. *Füssel* (2010), S. 69 ff.

dass sich hieraus in situ effektive Präventionen ergeben könnten.[1150] Selbiges gilt für die motivationsbezogenen Entzerrungsstrategien, die auf dem Mechanismus der Inzentivierung beruhen (s.o. Kapitel III.2.c)). Um deren Wirkungsweisen weiter zu erhellen, scheinen konzeptionelle Differenzierungen, wie diejenige zwischen extrinsischer und intrinsischer Motivation[1151] oder - wie im Bezugsrahmen - zwischen den verschiedenen psychologischen Ebenen und deren Elementen, fruchtbar. Schließlich fokussiert ein Großteil der Studien zu Entzerrungsstrategien bislang auf Haupteffekte. Personenbezogene Randbedingungen und Interaktionen aus dem Zusammenwirken mit weiteren psychologischen Ebenen sind weniger erforscht.

Auch hinsichtlich der KAM-Berichterstattung ergeben sich mehrere Forschungsperspektiven: Eine sekundäre Zielsetzung der KAM-Berichterstattung wird darin gesehen, dem Prüfer ein zusätzliches Instrument bereitzustellen, um seine Durchsetzungsfähigkeit ggü. der Unternehmensleitung zu stärken.[1152] Bislang existieren keinerlei Studien, welche diesen Einfluss der KAM-Berichterstattung auf den Verhandlungsprozess zwischen Prüfern und der Unternehmensleitung untersuchen. Auch der Einfluss der KAM-Berichterstattung auf die weiteren Akteure innerhalb der corporate governance-Strukturen ist bislang nicht weiter erforscht. So kann man annehmen, dass angesichts potenzieller rückwirkender Effekte bzw. des von *Kachelmeier et al.* (2017) bezeichneten disclaimer-Effektes[1153] die KAM-Berichterstattung zu einer Verlagerung von Handlungszwang und Verantwortung auf den Prüfungsausschuss führen könnte. Eine Beurteilung des Nettoeffektes der KAM-Berichterstattung erfordert daher den Einbezug aller weiteren betroffenen Akteure.

Ebenso wenig untersucht sind bislang potenzielle Auswirkungen auf die unternehmerischen Entscheidungen hinsichtlich Art und Umfang der korrespondierenden Anhangangaben.[1154] So könnte man erwarten, dass die Anhangangaben für KAM-Sachverhalte i.d.R. detaillierter ausfallen als risikoäquivalente Sachverhalte ohne KAM-Berichterstattung. Die vorliegende Studie untersucht ebenfalls nicht, ob die KAM-Berichterstattung durch den KAM-Selektionsprozess zu einer stärker risikoorientierten Prüfung beiträgt. Während für viele dieser Fragen experimentelle Designs zielführend sind, sollten mit der Zeit auch hinreichend viele Archivdaten aus unterschiedlichen nationalen Normregimen vorhanden sein, die die bisherigen Ergebnisse der größtenteils auf dem britischen Prüfermarkt basierenden Studien erweitern können.

Aus den Limitationen der vorliegenden Untersuchung ergeben sich schließlich folgende Ansatzpunkte: Zum einen kann detaillierter untersucht werden, inwieweit das Urteilsverhalten der Prüfer durch die KAM-Berichterstattung auf eine unterschiedliche Informationsverarbeitung zurückzuführen ist. Anstatt auf die finalen Urteile der Probanden abzustellen, müssten hierfür anderweitige 'process tracing techniques' verwendet werden, welche bessere Rückschlüsse auf den tatsächlichen Informationsverarbeitungsprozess erlauben. Diese Techniken reichen von Selbstauskünften über den Denkprozess bis hin zur indirekten Messung verschie-

[1150] Vgl. hierzu u.a. *Moore et al.* (2006), S. 17 ff.; ferner *Hoeppner/Kirchner* (2016), S. 240 ff.; *Westermann/Cohen/Trompeter* (2014), S. 5 und 35.

[1151] Vgl. hierzu *Kadous/Zhou* (2016b), S. 8 ff.; ferner *Hoeppner/Kirchner* (2016), S. 242 f. und 247 f.; *Peecher/Solomon/Trotman* (2010), S. 601.

[1152] Vgl. i.d.S. *Reid et al.* (2015b), S. 11.

[1153] *Kachelmeier/Schmidt/Valentine* (2017), S. 4.

[1154] Vgl. i.d.S. auch ISA 701.A3.

dener Variablen wie der Dauer einer Aufgabenbearbeitung oder der Augenbewegungen (eye-tracking).[1155] Zum anderen kann weiter erforscht werden, ob und ggf. welche Randbedingungen existieren, welche den aufgezeigten moral licensing-Effekt im Rahmen der KAM-Berichterstattung beheben und zu einer Wirkweise i.S. eines Accountability-Mechanismus beitragen.

[1155] *Kühberger/Schulte-Mecklenbeck/Ranyard* (2015), S. 3 ff., geben einen Überblick über verschiedene Methoden, den Informationsverarbeitungsprozess zu messen. Vgl. ferner *Griffith/Kadous/Young* (2016), S. 15 f.; *Koch/Wüstemann* (2014), S. 136 f.

V. Thesenförmige Zusammenfassung

1. Die Prüfung geschätzter Werte stellt ein zentrales Problemfeld der Jahresabschlussprüfung dar. Ursächlich hierfür ist zum einen die Natur der Schätzwerte, die mit einer irreduziblen Schätzungenauigkeit und einer meist schwierigen Objektivierbarkeit der dem Schätzwert zugrundeliegenden Annahmen einhergeht. Darüber hinaus können zum einen unzureichende normative Vorgaben und potenziell konfligierende Anreizsysteme sowie zum anderen systematische Fehler bei der Informationsverarbeitung des einzelnen Prüfers zu einer ineffektiven Prüfung beitragen.
2. Auf der psychologischen Ebene der Informationsverarbeitung haben verschiedene Formen kognitiver Verzerrungen als theoretische Erklärungsansätze erhöhte Aufmerksamkeit erfahren. Diese zunächst in der verhaltenswissenschaftlichen Urteils- und Entscheidungsforschung untersuchten Verzerrungen können auf die unbewusste Verwendung von Heuristiken zurückgeführt werden. Im Zuge der Übertragung und Ausdifferenzierung des 'heuristics and biases'-Ansatzes wurden weitere Formen von Verzerrungen bei der Informationsverarbeitung bestimmt, die über die anfänglich untersuchten Verzerrungen bei Wahrscheinlichkeitsschlüssen deutlich hinausgehen. Für die Prüfung geschätzter Werte kommt den motivational bedingten Verzerrungen größeres Gewicht bei.
3. Um die verschiedenen Ausprägungen kognitiver Verzerrungen zu beheben, wurden seit ihrer Erforschung diverse Entzerrungsstrategien untersucht. Diese zielen konsequenterweise allesamt auf eine Veränderung des kognitiven Umgangs mit Informationen auf Einzelsubjektebene ab. Ausgehend vom Ursprung der Verzerrungen beziehen sich die Strategien auf der psychologischen Ebene primär auf die Elemente des Wissens, des Denkens, der Motivation oder der Emotionen. Die Entzerrungsstrategien können weiter anhand ihrer Funktionsweisen sowie der verschiedenen materiellen Implementierungsformen, die im Rahmen der Jahresabschlussprüfung entsprechend stärker spezifische Kontextfaktoren instrumentalisieren, differenziert werden.
4. Die wissensbezogenen Entzerrungsstrategien verfolgen das Ziel, durch die Herstellung von Kenntnissen über die verschiedenen Formen von Verzerrungen deren Auftreten zu verhindern oder ihren Einfluss zumindest zu verringern. Auch wenn die bisherigen Studien unter Einsatz unterschiedlicher Arten der Wissensvermittlung nur geringfügige Erfolge zeigen konnten, adressiert diese Methode dennoch die verschiedenen Verzerrungen am präzisesten.
5. Ein Großteil der aktuellen Studien untersucht zudem Möglichkeiten, die Art des Denkens der Prüfer zu beeinflussen. Diese denkbezogenen Entzerrungsstrategien können im Rahmen der Prüfung geschätzter Werte im Wesentlichen über Normvorgaben implementiert werden und unterscheiden sich untereinander stärker in ihren Funktionslogiken. Als generische, die einzelnen Ausprägungsformen der Verzerrungen übergreifenden Maßnahmen erweisen sich solche denkbezogenen Strategien als besonders effektiv, die wie die Formen des metakognitiven Denkens oder die Suche nach Gegenerklärungen zu einer Öffnung und Infragestellung des eigenen Denkprozesses beitragen. Zudem kann die Normierung spezieller Prüfungshandlungen wie die Erstellung eines eigenen Schätzwertes die kritische Grundhaltung bei der Informationsverarbeitung effektiv steigern.

K. Asbahr, *Entzerrungsstrategien bei der Prüfung geschätzter Werte*, Auditing and Accounting Studies, https://doi.org/10.1007/978-3-658-21603-0_5

6. Die motivationsbezogenen Entzerrungsstrategien basieren schließlich auf der Funktion der Inzentivierung. Die in der Prüfungsforschung untersuchten Entzerrungsstrategien beziehen sich dabei zum einen auf die Möglichkeiten, durch die Hervorhebung der berufsstandmäßigen Verantwortung die kritische Grundhaltung zu steigern. Zum anderen wird insbesondere durch verschiedene Formen von Rechenschafts- bzw. accountability-Mechanismen versucht, primär die kognitive Anstrengung der Prüfer zu erhöhen. Auch wenn die als accountability-Mechanismen gefassten internen Berichterstattungserfordernisse diverse kognitive Verzerrungen effektiv beheben können, erweisen sich ihre Wirkungsweisen als äußerst kontextsensitiv. Die externe prüferische Berichterstattung kann unabhängig von ihrer primären Informationsfunktion ebenfalls als ein solcher accountability-Mechanismus konzeptionalisiert werden.
7. Auf normativer Ebene wurde die externe prüferische Berichterstattung unlängst vom IAASB in Art und Umfang deutlich erweitert: Im Zentrum der Neuerungen steht die Kommunikation über Key Audit Matter gem. ISA 701, welche die im Rahmen der Prüfung aufgetretenen besonders wichtigen Sachverhalte benennt und zudem erläutert, wie der Prüfer hierauf reagiert hat. Äquivalente Berichterstattungserfordernisse wurden auch im Nachgang der EU-Grünbuchdiskussion im Unionsrecht einerseits sowie durch den nationalen und berufsständischen Normgeber im Zuge des AReG und der Veröffentlichung des IDW EPS 401 andererseits eingeführt.
8. Die bisherige Forschung zur neuen prüferischen Berichterstattung über Key Audit Matter bzw. zu den analogen Regelungen anderer Normgeber fokussiert deren Informationsfunktion sowie die potenziellen Auswirkungen auf die Prüferhaftung. In der Tendenz zeigen die bisherigen Studien dabei zum einen, dass der Informationsgehalt der Angaben für die Abschlussadressaten als eher gering zu qualifizieren ist. Hinsichtlich des Einflusses auf die Prüfungsqualität und die Prüfungskosten sind - auch aufgrund der bislang nur sehr wenigen Studien - keine eindeutigen Tendenzen erkennbar. Zum anderen können die Key Audit Matter von diversen Adressatengruppen als Warnsignal (disclaimer) gedeutet werden.
9. Darüber hinaus kann die Berichterstattung über Key Audit Matter gem. dem Prinzip von Verhaltensänderungen aufgrund von Transparenz auf den prüferischen Informationsverarbeitungs- und Urteilsprozess rückwirken. I.d.S. kann die KAM-Berichterstattung als ein accountability-Mechanismus gefasst werden: Dadurch, dass der Prüfer öffentlich über die besonders wichtigen prüfungsbezogenen Sachverhalte und seinen Umgang hiermit Rechenschaft ablegen muss, können Anreize für eine besonders objektive und umfassende Informationsverarbeitung bestehen. Insoweit wird der KAM-Berichterstattung auch die Möglichkeit zugeschrieben, die kritische Grundhaltung des Prüfers zu stärken. Bisherige Studien haben diese potenziellen rückwirkenden Effekte nur vereinzelt untersucht.
10. Um den Einfluss der KAM-Berichterstattung auf den prüferischen Urteilsprozess, insbesondere auf die bei der Prüfung geschätzter Werte angemahnte kritische Grundhaltung, empirisch zu untersuchen, wurde ein 2x2 between-subject Experiment mit 164 erfahrenen Wirtschaftsprüfern der vier größten Wirtschaftsprüfungsgesellschaften durchgeführt. Neben der KAM-Berichterstattungspflicht wurde das Vorhandensein von implizitem Mandantendruck hinsichtlich der bilanziellen Bewertung des der Studie zugrundeliegenden Rückstellungssachverhalts variiert. Die Probanden mussten nach Erhalt des Schätzwertes

des Mandanten sowie von diversen Informationen, die balanciert den Schätzwert entweder eher in Frage stellen oder aber bestätigen, die Vertretbarkeit des Schätzwertes sowie die Wahrscheinlichkeit und Höhe einer potenziellen Anpassung angeben. Zudem musste sie Umfang und Art der zusätzlichen Prüfungshandlungen angeben, um zu einem abschließenden Urteil gelangen zu können.

11. Im Ergebnis weisen die Probanden, bei denen eine prüferische KAM-Berichterstattung über die Rückstellungsbewertung stattfindet, keine signifikanten Unterschiede in der Beurteilung der Vertretbarkeit des Schätzwertes auf. Sie haben den Schätzwert der Höhe nach allerdings signifikant weniger stark in Richtung der von einem Bewertungsspezialisten vorgeschlagenen Bandbreite angepasst. Dieser Effekt zeigt sich unabhängig vom Vorhandensein des manipulierten sowie des gemessenen, subjektiv wahrgenommenen Mandantendrucks. Dessen angenommener, negativer Einfluss auf das Urteilsverhalten konnte nicht bestätigt werden. Schließlich zeigen die Probanden weder in Abhängigkeit von der KAM-Berichterstattung, noch in Abhängigkeit vom impliziten Mandantendruck Unterschiede bei der Festlegung von Art und Umfang der weiteren Prüfungshandlungen auf.
12. Die Ergebnisse der vorliegenden Studie indizieren zunächst, dass die Ausübung von implizitem Mandantendruck und die Kenntnis der Mandantenpräferenzen hinsichtlich eines unsicherheitsbehafteten bilanziellen Sachverhalts keinen wesentlichen Einfluss auf das prüferische Urteilsverhalten nehmen. Zudem legen die Ergebnisse den vorläufigen Schluss nahe, dass die KAM-Berichterstattung zumindest im Rahmen der finalen Beurteilung eines Sachverhalts, für den eine KAM-Berichterstattung vorgesehen ist, nicht zu einer Erhöhung der kritischen Grundhaltung der Prüfer führt.
13. Die geringere Anpassungshöhe des mandantenseitig verzerrten Schätzwertes im Fall einer KAM-Berichterstattung deutet vielmehr darauf hin, dass die KAM-Berichterstattung im Einklang mit der moral licensing-Theorie als Substitut zur Kommunikation von Risikoinformationen im Jahresabschluss wahrgenommen werden kann. Die erwarteten Wirkweisen aus einem potenziellen accountability-Effekt zeigen sich hingegen weder in der Beurteilung des Schätzwertes, noch in dem indizierten zusätzlichen Prüfungsaufwand.
14. Übereinstimmend mit den Ergebnissen der im Bezugsrahmen betrachteten Studien untermauern die Ergebnisse der vorliegenden empirischen Studie somit die Einschätzung, dass die Wirkweisen von Berichterstattungspflichten sehr vielschichtig sein können. Als Entzerrungsstrategien i.S. eines accountability-Mechanismus erweisen sie sich als äußerst voraussetzungsvoll und erscheinen aufgrund potenzieller unintendierter Effekte hinsichtlich dieser Funktionsbestimmung weniger geeignet. Eine abschließende Gesamtwürdigung der Zweckmäßigkeit von einzelnen Berichterstattungspflichten muss gleichwohl - über diese eingeschränkte Perspektive hinaus - sämtliche Auswirkungen, insbesondere die Erfüllung der meist primären Informationsfunktion, betrachten.

Anhang

K. Asbahr, *Entzerrungsstrategien bei der Prüfung geschätzter Werte*, Auditing and Accounting Studies, https://doi.org/10.1007/978-3-658-21603-0

Anlage 1: Übersicht über die untersuchten Variablen (sortiert nach Abkürzungsinitial).

Abkürzung	Variable	Skala, Skalenniveau und ggf. Kodierung
ADJ_SIZE	Höhe der Anpassung	Offen (Betrag in €); intervallskaliert
ADJ_PROB	Wahrscheinlichkeit, eine Anpassung durchzuführen	1–10; ordinalskaliert
AGE	Alter	Offen (Betrag in Jahren); intervallskaliert
binADJ_SIZE	Wahrscheinlichkeit, eine Anpassung >200.000 € vorzunehmen	Binär kodiert; Kodierung: 0, wenn ADJ_SIZE $\leq$ 200.000 € 1, wenn ADJ_SIZE > 200.000 €
CONF	Sicherheit bez. Beurteilung	1–10; ordinalskaliert
GEN	Geschlecht	m/w; nominalskaliert; Kodierung: 0, wenn w. 1, wenn m.
EXA	Absolvierte Berufsexamina	Keine, StB, WP, CPA, Sonstiges; nominalskaliert; Kodierung: 0, wenn kein Examen (Referenzkategorie) 1, wenn StB-Examen 2, wenn WP-Examen und/oder StB-Examen
EXP	Allgemeine Prüfungserfahrung	offen (Betrag in Jahren); intervallskaliert
KAM	KAM-Berichterstattung	Binär kodiert; Kodierung: 0, wenn keine KAM-Berichterstattung 1, wenn KAM-Berichterstattung
K_EST	Kenntnisse bez. Prüfung geschätzter Werte	1–9; ordinalskaliert
K_PRO	Kenntnisse bez. Prüfung von Rückstellungen	1–9; ordinalskaliert
K_IFRS	Kenntnisse bez. IFRS-Rechnungslegung	1–9; ordinalskaliert
K_AUD	Kenntnisse bez. Prüfung von IFRS-Abschlüssen	1–9; ordinalskaliert
MC_1	Manipulation-Check KAM 1: "Key Audit Matter führen immer zu einer Einschränkung des Bestätigungsvermerks" (falsch)	ja/nein; nominalskaliert; Kodierung: 0, wenn richtige Antwort 1, wenn falsche Antwort
MC_2	Manipulation-Check KAM 2: "Key Audit Matters sollen zusätzlich auf Sachverhalte hinweisen, welche sich im Rahmen der Prüfung als besonders wichtig herausgestellt haben." (richtig)	ja/nein; nominalskaliert; Kodierung: 0, wenn richtige Antwort 1, wenn falsche Antwort
MC_3	Manipulation-Check Mandantendruck: Beurteilung, wie stark man den Mandanten überzeugen müsste, eine höhere als die mandantenseitig vorgeschlagene Rückstellungsbewertung vorzunehmen	1–10; ordinalskaliert
PRES_SUBJ	Subjektiv wahrgenommener Druck	Binär kodiert; Kodierung: 0, wenn MC_3 $\leq$ 7 1, wenn MC_3 > 7

Fortsetzung Anlage 1

REAL	Einschätzung der Realitätsnähe der Fallstudie	1–10; ordinalskaliert
POS	Position im Unternehmen	Offen; nominalskaliert; Kodierung: Manager (Referenzkategorie 0), Senior Manager (1), Partner/Director (2)
PRES	Mandantendruck	Binär kodiert; Kodierung: 0, wenn kein Mandantendruck gegeben 1, wenn Mandantendruck gegeben
REL	Vertretbarkeit des Schätzwertes	1–10; ordinalskaliert
T_TOT	Gesamter zusätzlich allokierter Zeitbedarf zur Erlangung weiterer Prüfungsnachweise, um zu einem abschließenden Urteil zu gelangen	Offen (Betrag in Stunden); intervallskaliert
T_ANA	Zeitbedarf für analytische Prüfungshandlungen	Offen (Betrag in Stunden); intervallskaliert
TREL_ANA	Allokierter Anteil auf analytische Prüfungshandlungen relativ zur Gesamtallokation T_TOT	Betrag in %; intervallskaliert
T_DOC	Zeitbedarf für Dokumentation	Offen (Betrag in Stunden); intervallskaliert
TREL_DOC	Allokierter Anteil auf Dokumentation relativ zur Gesamtallokation T_TOT	Betrag in %; intervallskaliert
T_SIN	Zeitbedarf für Einzelfallprüfungen	Offen (Betrag in Stunden); intervallskaliert
TREL_SIN	Allokierter Anteil auf Einzelfallprüfungen relativ zur Gesamtallokation T_TOT	Betrag in %; intervallskaliert
UND	Einschätzung der Verständlichkeit der Fallstudie	1–10; ordinalskaliert

Anlage 2: Vergleichsdaten zur Grundgesamtheit.

	Gesamtliste	*PwC*	*KPMG*	*Deloitte*	*E&Y*	*Big4*	*Non-Big4*
Anzahl Prüfer	13.949	962	936	417	562	2.877	11.072
Durchschnittsalter (in Jahren)	53,18	45,61	45,06	45,66	44,31	45,18	55,26
E-Mail angegeben (abs.)	6.358	390	455	191	270	1.306	5.052
E-Mail angegeben (in %)	45,58	40,54	48,61	45,80	48,04	45,39	45,63
Durchschnittsalter mit E-Mail	51,52	43,22	41,41	44,13	42,3	42,88	53,76
Durchschnittsalter ohne E-Mail	54,57	47,25	47,57	46,95	46,16	47,1	56,52
Mittelwertvergleich p-Wert (t-Test$_{2\text{-seitig}}$)	0,000	0,000	0,000	0,000	0,000	0,000	0,000

Anlage 2.1: Altersunterschiede in Abhängigkeit von der E-Mail-Verfügbarkeit.

	Gesamtliste	*PwC*	*KPMG*	*Deloitte*	*E&Y*	*Big4*	*Non-Big4*
Anzahl Frauen	2.278	254	231	87	164	736	1.542
Frauenanteil	16,33%	26,40%	24,68%	20,86%	29,18%	25,58%	13,93%
Durchschnittsalter	53,18	45,61	45,06	45,66	44,31	45,18	55,26

Untersuchungssample	*Gesamtsample*	*KAM/ Druck*	*Kein KAM/ Druck*	*KAM/ Kein Druck*	*Kein KAM/ Kein Druck*
Anzahl Frauen	36	7	10	8	11
Frauenanteil (Anzahl an Probanden)	29,51% (n=122)	23,33% (n=30)	31,25% (n=32)	33,33% (n=24)	30,56% (n=36)
Abweichung zum Anteil der Big4-Grundgesamtheit	+3,93%	-2,25%	+5,67%	+7,75%	+4,98%
Anteilsvergleich p-Wert (Einstichprobentest$_{2\text{-seitig}}$)	0,3200	0,7779	0,4623	0,3840	0,4938
Durchschnittalter	40,35	42,43	39,72	40,79	38,89
Abweichung zur Grundgesamtheit (Big4)	-4,83	-2,75	-5,46	-4,39	-6,29
Mittelwertvergleich p-Wert (t-Test$_{2\text{-seitig}}$)	0,0000***	0,0913*	0,0007***	0,0161**	0,0001***

* $p<0{,}1$; ** $p<0{,}05$; *** $p<0{,}01$

Der Einstichprobentest für den Anteilswert prüft die Hypothese, ob der Frauenanteil in der jeweiligen Gruppe vom Frauenanteil der Grundgesamtheit signifikant abweicht.

Der Mittelwertvergleich zum Durchschnittsalter prüft die Hypothese, ob das Durchschnittsalter in der jeweiligen Gruppe vom Durchschnittsalter der Grundgesamtheit signifikant abweicht.

Anlage 2.2: Geschlechter- und Altersverteilung der Grundgesamtheit im Vergleich zum Untersuchungssample.

Anlage 3: Teststatistik zur Bestimmung potenzieller Unterschiede zwischen den Untersuchungsgruppen hinsichtlich der Kenntnisse.

	Wilk's λ	
	F-Wert	*p-Wert*
K_EST	0,04	0,9894
K_PROV	0,39	0,7604
K_IFRS	1,04	0,3793
K_AUD	0,64	0,5878
K_SC	0,22	0,8798

* p<0,1; ** p<0,05; *** p<0,01

Anlage 4: Korrelationsanalyse sowie Lageparameter der Hauptuntersuchung.

	GEN	*AGE*	*EXP*	*POS*	*EXA*	*K_EST*	*K_PROV*	*K_IFRS*	*K_AUD*
REL	0,134	-0,180 *	-0,195 *	-0,084	-0,107	-0,021	0,0379	-0,084	-0,0158
ADJ_SIZE	0,118	0,045	0,055	0,102	-0,166	-0,03	-0,113	-0,058	-0,118
ADJ_PROB	-0,103	0,019	0,011	0,029	0,007	0,044	0,012	0,086	0,006
SIZE_PROB	0,056	0,093	0,088	0,068	-0,11	-0,006	-0,08	0,006	-0,072
CONF	0,012	-0,0537	-0,058	0,03	0,073	0,171	0,295 ***	0,118	0,119
T_TOT	0,027	0,216 *	0,223 *	0,315 ***	0,159	-0,044	0,04	0,013	0,095
TREL_ANA	-0,098	-0,09	-0,088	-0,028	-0,222 *	-0,228 *	-0,139	-0,152	-0,123
TREL_SIN	0,056	0,154	0,107	0,014	0,083	-0,007	0,039	0,214 *	0,19 *
TREL_DOC	0,075	-0,087	-0,085	-0,073	0,106	-0,077	-0,093	-0,025	-0,016

* p<0,1; ** p<0,05; *** p<0,01
Es werden die (bei dichotomen Variablen punkt-biserialen) Produkt-Moment-Korrelationen angegeben.

Anlage 4.1: Korrelationsmatrix (*Pearson*) der abhängigen Variablen und personenbezogenen Variablen im reduzierten Sample.[1156]

	GEN	*AGE*	*EXP*	*POS*	*EXA*	*K_EST*	*K_PROV*	*K_IFRS*	*K_AUD*
REL	0,134	-0,174	-0,157	-0,068	-0,086	-0,056	0,005	-0,094	-0,034
ADJ_SIZE	0,137	0,056	0,04	0,084	-0,103	0,003	-0,075	0,003	-0,066
ADJ_PROB	-0,12	0,037	0,027	0,034	0,012	0,0725	0,034	0,07	0,003
SIZE_PROB	0,068	0,041	0,028	0,077	-0,108	0,025	-0,054	-0,006	-0,08
CONF	-0,013	-0,019	0,003	0,036	0,078	0,15	0,251 **	0,134	0,137
T_TOT	0,039	0,235 **	0,215 *	0,259 **	0,136	-0,068	0,048	-0,007	0,093
TREL_ANA	-0,17	-0,132	-0,134	0,001	-0,233 **	-0,235 **	-0,174	-0,196 *	-0,159
TREL_SIN	0,149	0,208 *	0,154	0,027	0,067	0,015	0,052	0,223 *	0,221 *
TREL_DOC	0,114	-0,099	-0,074	-0,026	0,115	-0,116	-0,102	-0,034	-0,004

* p<0,1; ** p<0,05; *** p<0,01
Es werden die Rangkorrelationen nach *Spearman* angegeben.

Anlage 4.2: Rangkorrelationsmatrix (*Spearman*) der abhängigen Variablen und personenbezogenen Variablen im reduzierten Sample.

[1156] Während für die Berechnung der (biserialen) Produkt-Moment-Korrelation die Variablen normalverteilt und intervallskaliert bzw. binärkodiert sein müssen, können bei der Berechnung von Rangkorrelationen auch ordinalskalierte Variablen eingehen, vgl. *Bortz/Schuster* (2010), S. 171 ff. Da die Variablen sowohl binär als auch ordinal- oder intervallskaliert sind, werden in dieser Anlage 4 jeweils die (bei dichotomen Variablen punkbiserialen) Produkt-Moment-Korrelationen nach *Pearson* (Anlage 4.1) und die Rangkorrelation nach *Spearman* (Anlage 4.2) angegeben.

	GEN	*AGE*	*EXP*	*POS*	*EXA*	*K_EST*	*K_PROV*	*K_IFRS*	*K_AUD*
GEN	-	0,1132	0,0977	0,2358 **	0,1200	0,0818	-0,0777	0,1545	0,1401
AGE	0,132	-	0,9078 ***	0,5082 ***	0,5353 ***	0,2297 *	0,2454 **	0,068	0,084
EXP	0,105	0,904 ***	-	0,5373 ***	0,6097 ***	0,3583 ***	0,3543 ***	0,0981	0,1495
POS	0,237 **	0,54 ***	0,589 ***	-	0,2753 **	0,2388 **	0,1375	0,1799 *	0,1616
EXA	0,1	0,456 ***	0,487 ***	0,258 **	-	0,4303 ***	0,3313 ***	0,2856 **	0,3033 ***
K_EST	0,084	0,196 *	0,342 ***	0,224 *	0,411 ***	-	0,699 ***	0,3754 ***	0,3889 ***
K_PROV	-0,064	0,205 *	0,310 ***	0,169	0,329 ***	0,702 ***	-	0,2687 **	0,293 **
K_IFRS	0,163 *	0,005	0,059	0,172 **	0,314 ***	0,364 ***	0,253 **	-	0,856 ***
K_AUD	0,136	0,023	0,107	0,14	0,315 ***	0,406 ***	0,302 ***	0,847 ***	-

* p<0,1; ** p<0,05; *** p<0,01
Oberhalb der Diagonale werden die Rangkorrelationen nach *Spearman* angegeben.
Unterhalb der Diagonale werden die Produkt-Moment-Korrelationen nach *Pearson angegeben.*

Anlage 4.3: Korrelationsmatrix der personenbezogenen Variablen im reduzierten Sample.

					Quantile				
Variable	***MW***	***SA***	***Min.***	***Max.***	***5%***	***25%***	***50%***	***75%***	***95%***
REL	4,61	2,16	1	10	1	3	4	7	9
ADJ_PROB	6,69	2,13	1	10	3	5	7	8	10
ADJ_SIZE	335.538	249.199	0	1.380.000	0	200.000	200.000	500.000	700.000
SIZE_PROB	243.453	206.203	0	900.000	0	100.000	160.000	385.000	675.000
CONF	7	1,49	2	10	5	6	7	7	9
T_TOT	19,39	12,42	0	80	4	10	19	24	40
TREL_ANA	03114	0,1988	0	0,8333	0	0,2	0,3	0,4167	0,7
TREL_SIN	0,3688	0,2168	0	1	0	0,25	0,3661	0,5	0,75
TREL_DOC	0,2890	0,1578	0	0,9	0,1	0,2	0,25	0,375	,05
AGE	40,35	8,38	28	59	30	33	39	47	56
EXP	13,63	7,57	4	33	5	7	12	19	27
K_EST	6,57	1,36	3	9	4	6	7	7	9
K_PROV	7,18	1,26	3	9	5	7	7	8	9
K_IRFS	6,01	1,83	1	9	3	5	6	7	9
K_AUD	5,84	1,86	1	9	2	5	6	7	8
REAL	7,57	1,86	1	10	4	7	8	9	10
UND	7,98	1,49	2	10	5	7	8	9	10
MC_3	7,42	2,08	1	10	3	7	8	9	10

Anlage 4.4: Parameter der abhängigenVariablen im reduzierten Sample (n=122).

Anlage 5: Teststatistiken zu den Varianzanalysen der Hauptuntersuchung.

***Shapiro-Wilk*-Test**			
Variable	*Statistik*	*df*	*p-Wert*
REL	0,9632	122	0,00206***
ADJ_PROB	0,9618	122	0,00159***
ADJ_SIZE	0,9292	122	0,00001***
SIZE_PROB	0,9071	122	0,00000***
T_TOT	0,8942	122	0,00000***
T_DOC	0,9464	122	0,00010***
* p<0,1; ** p<0,05; *** p<0,01			

Anlage 5.1: *Shapiro-Wilk*-Test zur Normalverteilung.

***Levene*- Test**			
Variable	*Statistik*	*df*	*p-Wert*
REL	0,3671	3, 118	0,7768
ADJ_PROB	1,8135	3, 118	0,1484
ADJ_SIZE	2,9073	3, 118	0,0375**
SIZE_PROB	2,3346	3, 118	0,0774*
CONF	1,4361	3, 118	0,2358
T_TOT	0,9055	3, 118	0,4407
T_DOC	0,7139	3, 118	0,5456
* p<0,1; ** p<0,05; *** p<0,01			

Anlage 5.2: *Levene*-Test zur Varianzhomogenität.

Anlage 6: Weitere Varianzanalysen der Hauptuntersuchung.

Quelle	SS	df	MS	F-Wert	p-Wert	η^2
Modell	17,96	3	5,99	1,33	0,2671	0,0327
KAM	14,21	1	14,21	3,16	0,078	0,0261
PRES	0,38	1	0,38	0,08	0,7731	0,0007
KAM×PRES	4,29	1	4,29	0,96	0,3300	0,0080
Residuen	530,19	118	4,49			

R^2=0,0328; Adj. R^2=0,0082

η^2 kann Werte zwischen 0 und 1 annehmen und indiziert den Anteil der Varianz der abhängigen Variable, der durch die unabhängigen Variablen erklärt wird.

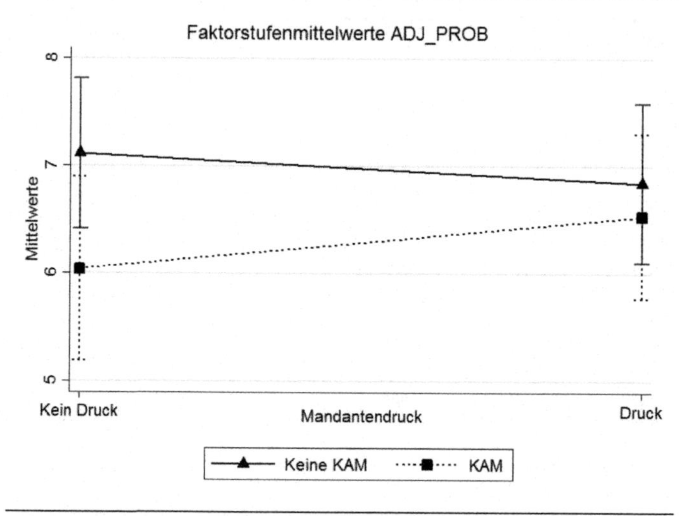

Abgebildet sind die Faktorstufenmittelwertplots mit 95%-Konfidenzintervallen.

Anlage 6.1: ANOVA und Plot der Faktorstufenmittelwerte der Wahrscheinlichkeit einer Anpassung (ADJ_PROB).

Quelle	SS	df	MS	F-Wert	p-Wert	η^2
Modell	533,10	3	177,70	3,00	0,0333	0,0709
KAM	445,80	1	445,80	7,54	0,007	0,0600
PRES	44,74	1	44,74	0,76	0,3863	0,0064
KAM×PRES	85,70	1	85,70	1,45	0,2312	0,0121
Residuen	6.981,00	118	59,16			

R^2=0,0709; Adj. R^2=0,0473
MS und SS sind angegeben in '000.000.000.

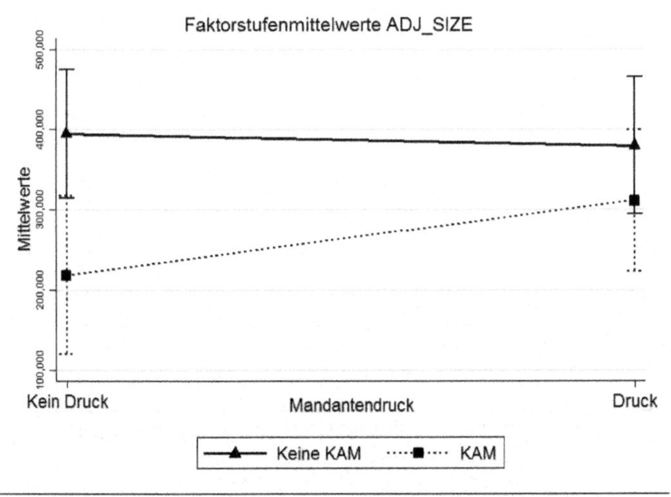

Abgebildet sind die Faktorstufenmittelwertplots mit 95%-Konfidenzintervallen.

Anlage 6.2: ANOVA und Plot der Faktorstufenmittelwerte der Anpassungshöhe (ADJ_SIZE).

Quelle	SS	df	MS	F-Wert	p-Wert	η^2
Modell	1.477,00	4	369,30	11,78	0,0000	0,2871
KAM	162,10	1	162,10	5,17	0,0248	0,0423
PRES	27,80	1	27,80	0,89	0,3483	0,0075
KAM×PRES	12,90	1	12,90	0,41	0,5225	0,0035
REL	1.119,00	9	1.119,00	35,70	0,0000	0,2338
Residuen	3.668,00	117	31,35			

R^2=0,2871; Adj. R^2=0,2628
MS und SS sind angegeben in '000.000.000.

Anlage 6.3: ANCOVA der wahrscheinlichkeitsgewichteten Anpassungshöhe (SIZE_PROB).

Anlage 7: Simple-Effects der Hauptuntersuchung.

	Simple-Effects von KAM vs. keine KAM-Berichterstattung			
Konstante Faktorstufe	*Variable*	*Differenz*	*t-Wert*	*p-Wert*
Mandantendruck	*REL*	-0,0229	-0,04	0,967
	ADJ_PROB	-0,3104	-0,58	0,566
	ADJ_SIZE	-68.632	-1,11	0,269
	SIZE_PROB	-52.281	-1,02	0,309
	CONF	-0,3354	-0,89	0,376
	T_TOT	-3,5385	-1,13	0,261
	T_DOC	-0,0282	-0,69	0,492
Kein Mandantendruck	*REL*	1,1111	1,96	0,053*
	ADJ_PROB	-1,0694	-1,91	0,058*
	ADJ_SIZE	-175.805	-2,74	0,007***
	SIZE_PROB	-145.513	-2,74	0,007***
	CONF	0,2917	0,75	0,458
	T_TOT	1,5417	0,47	0,636
	T_DOC	-0,0375	-0,89	0,378

* p<0,1; ** p<0,05; *** p<0,01

Anlage 7.1: Simple-Effects der KAM-Berichterstattung unter konstanter Mandantendruckmanipulation.

	Simple-Effects von Mandantendruck vs. kein Mandantendruck			
Konstante Faktorstufe	*Variable*	*Differenz*	*t-Wert*	*p-Wert*
KAM	*REL*	-0,6167	-1,05	0,298
	ADJ_PROB	0,4917	0,85	0,399
	ADJ_SIZE	92.305	1,39	0,168
	SIZE_PROB	79.385	1,44	0,153
	CONF	-0,7417	-1,82	0,071*
	T_TOT	-1,1583	3,3797	0,732
	T_DOC	-0,0034	-0,08	0,938
Kein KAM	*REL*	0,5175	0,99	0,325
	ADJ_PROB	-0,2676	0,52	0,605
	ADJ_SIZE	-14.868	-0,25	0,802
	SIZE_PROB	-13.847	-0,28	0,778
	CONF	-0,1146	-0,32	0,751
	T_TOT	3,9219	1,31	0,193
	T_DOC	-0,1271	-0,33	0,745

* p<0,1; ** p<0,05; *** p<0,01

Anlage 7.2: Simple-Effects des Mandantendrucks unter konstanter KAM-Manipulation.

Anlage 8: Teststatistiken zur linearen Regressionsanalyse der Hauptuntersuchung.

	Modellspezifikation 1	Modellspezifikation 2
Variable	*VIF*	*VIF*
KAM	1,25	1,19
PRES	1,07	1,02
REL	1,19	1,11
CONF	1,19	
GEN	1,19	1,05
AGE	6,34	
POS		
Senior Manager	1,49	
Partner/Director	2,52	
EXA		
StB.	1,69	1,57
WP	2,27	1,87
EXP	7,60	1,52
K_EST	2,53	
K_PROV	2,30	
K_IFRS	4,09	
K_AUD	3,87	
Ø-VIF	2,70	1,33
Breusch-Pagan-Test	Chi^2=7,36; p=0,0067	Chi^2=6,11; p=0,0135
RESET	F-Wert=0,43; p=0,7317	F-Wert=0,70; p=0,5513
Shapiro-Wilk-Test	z-Wert=2,932; p= 0,0017	z-Wert=6,085; p=0,0000

Anlage 9: Ergebnisse des nicht-reduzierten Samples.

Mandantendruck	***Key Audit Matter***		
	KAM	*Kein KAM*	*Gesamt über KAM*
REL			
Kein	5,21 (2,21) n=29	4,05 (2,22) n=38	4,55 (2,27) n=67
Implizit	4,8 (2,27) n=35	4,74 (1,95) n=38	4,77 (2,1) n=73
Gesamt über Mandantendruck	4,98 (2,24) n=54	4,39 (2,1) n=76	4,66 (2,18) n=140
ADJ_PROB			
Kein	6,03 (2,35)	7,21 (2,16)	6,7 (2,3)
Implizit	6,4 (2,35)	6,79 (1,8)	6,6 (2,08)
Gesamt über Mandantendruck	6,23 (2,34)	7 (1,99)	6,65 (2,18)
ADJ_SIZE			
Kein	260.334 (208.472)	386.947 (262.076)	332.149 (246.853)
Implizit	286.618 (215.461)	364.476 (256.248)	327.145 (239.164)
Gesamt über Mandantendruck	274.713 (211.053)	375.710 (257.693)	329.540 (242.010)
SIZE_PROB			
Kein	167.413 (149.473)	288.184 (211.516)	235.910 (195.433)
Implizit	206.723 (188.475)	262.894 (212.239)	235.963 (201.795)
Gesamt über Mandantendruck	188.911 (171.726)	275.539 (210.845)	235.938 (198.062)
T_TOT			
Kein	20,65 (13,63)	17,87 (9,55)	19,07 (11,49)
Implizit	17,36 (12,47)	20,93 (14,62)	19,21 (13,65)
Gesamt über Mandantendruck	18,85 (13,01)	19,40 (12,36)	19,15 (12,62)

Anlage 9.1 (Fortsetzung nächste Seite).

TREL_DOC			
Kein	0,3019 (0,1626)	0,3104 (0,1703)	0,3067 (0,1658)
Implizit	0,3202 (0,2155)	0,3361 (0,2285)	0,3285 (0,2209)
Gesamt über Mandantendruck	0,3119 (0,1291)	0,3232 (0,2006)	0,3181 (0,1961)

Angegeben sind MW, SA (in Klammern) und Anzahl an Beobachtungen (einmalig bei REL) der wesentlichen abhängigen Variablen je Untersuchungsgruppe.

Anlage 9.1: Deskriptive Darstellung der abhängigen Variablen.

Quelle	Df 1	Df 2	F-Wert (*Wilk's* λ)	p-Wert
KAM	4	133	1,94	0,1076
PRES	4	133	0,18	0,9508
KAM×PRES	4	133	1,50	0,2070

Das Modell umfasst die abhängigen Variablen REL, SIZE_PROB, T_TOT und T_REL.

Anlage 9.2 MANOVA der wesentlichen abhängigen Variablen.

Quelle	SS	df	MS	F-Wert	p-Wert	η^2
Modell	23,59	3	7,86	1,68	0,1736	0,0346
KAM	12,81	1	12,81	2,74	0,1001	0,0234
PRES	0,66	1	0,66	0,14	0,7067	0,0045
KAM×PRES	10,29	1	10,29	2,20	0,1402	0,0132
Residuen	635,62	136	4,67			

R^2=0,0358; Adj. R^2=0,0145

Anlage 9.3: ANOVA der Vertretbarkeit des Schätzwertes (REL).

Quelle	SS	df	MS	F-Wert	p-Wert	η^2
Modell	25,85	3	8,62	1,84	0,1424	0,0396
KAM	21,18	1	21,18	4,53	0,0351	0,0356
PRES	0,03	1	0,03	0,01	0,9399	0,0009
KAM×PRES	5,34	1	5,34	1,14	0,2868	0,0086
Residuen	635,99	136	4,68			

R^2=0,0391; Adj. R^2=0,0179

Anlage 9.4: ANOVA der Wahrscheinlichkeit einer Anpassung (ADJ_PROB).

Quelle	SS	df	MS	F-Wert	p-Wert	η^2
Modell	374,90	3	125,00	2,19	0,0922	0,049
KAM	361,30	1	361,30	6,33	0,0130	0,0376
PRES	0,12	1	0,12	0,00	0,9628	0,0012
KAM×PRES	20,54	1	20,54	0,36	0,5497	0,0041
Residuen	7.766,00	136	57,10			
R^2=0,0461; Adj. R^2=0,025						
MS und SS sind angegeben in '000.000.000.						

Anlage 9.5: ANOVA der Anpassungshöhe (ADJ_SIZE).

Quelle	SS	df	MS	F-Wert	p-Wert	η^2
Modell	297,40	3	99,13	2,62	0,0537	0,049
KAM	270,60	1	270,60	7,14	0,0085	0,0459
PRES	1,69	1	1,69	0,04	0,8326	0,0013
KAM×PRES	36,07	1	36,07	0,95	0,3310	0,0001
Residuen	5.155,00	136	37,91			
R^2=0,0545; Adj. R^2=0,0337						
MS und SS sind angegeben in '000.000.000.						

Anlage 9.6: ANOVA der wahrscheinlichkeitsgewichteten Anpassungshöhe (SIZE_PROB).

Quelle	SS	df	MS	F-Wert	p-Wert	η^2
Modell	361,59	3	120,53	0,75	0,5225	0,0029
KAM	5,39	1	5,39	0,03	0,8546	0,0006
PRES	0,47	1	0,47	0,00	0,9570	0,0021
KAM×PRES	350,07	1	350,07	2,19	0,1415	0,0006
Residuen	21.773,77	136	160,10			
R^2=0,0163; Adj. R^2=-0,0054						

Anlage 9.7: ANOVA der zusätzlich allokierten Zeit insgesamt (T_TOT).

Quelle	SS	df	MS	F-Wert	p-Wert	η^2
Modell	0,0223	3	0,0074	0,19	0,9031	0,0077
KAM	0,0051	1	0,0051	0,13	0,7179	0,0016
PRES	0,0167	1	0,0167	0,43	0,5140	0,0037
KAM×PRES	0,0004	1	0,0004	0,01	0,9138	0,0026
Residuen	5,3254	136	0,0392			
R^2=0,0042; Adj. R^2=-0,0178						

Anlage 9.8: ANOVA der relativ auf die Dokumentation allokierten Zeit (TREL_DOC).

Quelle	SS	df	MS	F-Wert	p-Wert	η^2
Modell	1.364,00	4	344,10	11,26	0,0000	0,2502
KAM	136,80	1	136,80	4,52	0,0354	0,0324
PRES	4,56	1	4,56	0,18	0,6689	0,0013
KAM×PRES	3,37	1	3,37	0,11	0,7393	0,008
REL	1.067,00	1	1.067,00	35,23	0,0000	0,2069
Residuen	3.918,00	135	30,29			

R^2=0,2502; Adj. R^2=0,2280
MS und SS sind angegeben in '000.000.000.

Anlage 9.9: ANCOVA der Variable SIZE_PROB mit der Variable REL als Kovariate.

		Simple-Effects von KAM vs. keine KAM-Berichterstattung		
Konstante Faktorstufen	*Variable*	*Differenz*	*t-Wert*	*p-Wert*
Mandantendruck	*REL*	0,0632	0,12	0,901
	ADJ_PROB	-0,3895	-0,77	0,443
	ADJ_SIZE	-77.855	-1,39	0,167
	SIZE_PROB	-56.171	-1,23	0,220
	CONF	-0,0975	-0,27	0,786
	T_TOT	-3,5771	-1,21	0,230
	T_DOC	-0,0158	-0,34	0,733
Kein Mandantendruck	*REL*	1,1542	2,17	0,032**
	ADJ_PROB	-1,1760	-2,21	0,029**
	ADJ_SIZE	-126.602	-2,15	0,033**
	SIZE_PROB	-120.770	-5,52	0,013**
	CONF	0,2143	0,57	0,572
	T_TOT	2,7868	0,89	0,373
	T_DOC	-0,0085	-0,17	0,861

* p<0,1; ** p<0,05; *** p<0,01

Anlage 9.10: Simple-Effects der KAM-Berichterstattung unter konstanter Mandantendruckmanipulation.

Konstante Faktorstufen	Variable	Differenz	t-Wert	p-Wert
	Simple-Effects von Mandantendruck vs. kein Mandantendruck			
KAM	*REL*	-0,4069	-0,75	0,455
	ADJ_PROB	0,3655	0,67	0,502
	ADJ_SIZE	26.273	0,44	0,662
	SIZE_PROB	39.309	0,80	0,423
	CONF	-0,3908	-1,01	0,315
	T_TOT	-3,2980	-1,04	0,301
	T_DOC	0,0184	0,37	0,712
Kein KAM	*REL*	0,6842	1,38	0,170
	ADJ_PROB	-0,4211	-0,85	0,398
	ADJ_SIZE	-22.476	-0,41	0,682
	SIZE_PROB	-25.289	-0,57	0,572
	CONF	-0,0789	-0,23	0,821
	T_TOT	3,0658	1,06	0,293
	T_DOC	0,0257	0,57	0,573

* p<0,1; ** p<0,05; *** p<0,01

Anlage 9.11: Simple-Effects des Mandantendrucks unter konstanter KAM-Manipulation.

	Mittelwerte ADJ_SIZE (reduziertes Sample)			**Mittelwerte ADJ_SIZE (nicht-reduziertes Sample)**		
REL	*KAM*	*Keine KAM*	*Differenz*	*KAM*	*Keine KAM*	*Differenz*
1	200.000 (n=1)	612.333 (n=6)	412.333	100.000 (n=2)	553.428 (n=7)	453.428
2	333.333 (n=9)	360.000 (n=5)	26.667	350.000 (n=10)	366.666 (n=6)	16.666
3	388.888 (n=9)	438.888 (n=18)	50.000	388.888 (n=9)	438.888 (n=18)	50.000
4	383.333 (n=6)	405.000 (n=10)	21.667	383.333 (n=6)	365.384 (n=13)	-17.949
5	200.000 (n=5)	258.333 (n=6)	58.333	321.428 (n=7)	258.333 (n=6)	-63.095
6	264.285 (n=7)	387.500 (n=8)	123.215	255.000 (n=10)	366.666 (n=9)	111.666
7	208.165 (n=10)	289.090 (n=11)	80.925	221.059 (n=11)	281.666 (n=12)	60.607
8	108.333 (n=6)	133.333 (n=3)	25.000	106.250 (n=8)	225.000 (n=4)	118.750
9	-	700.000 (n=1)	-	-	700.000 (n=1)	-
10	0 (n=1)		-	0 (n=1)		-

Anlage 9.12: Mittelwerte der Variable ADJ_SIZE je Ausprägung der Variable REL.

Anlage 10: Ergebnisse mit wahrgenommenem Druck (PRES_SUBJ) im nicht-reduzierten Sample.

REL	**Key Audit Matter**		
	KAM	*Kein KAM*	*Gesamt über KAM*
Subj. Mandantendruck			
Kein	5,44 (2,26) n=27	4,27 (2,46) n=30	4,82 (2,42) n=57
Implizit	4,65 (2,19) n=37	4,48 (1,89) n=46	4,55 (2,00) n=83
Gesamt über Mandantendruck	4,98 (2,24) n=64	4,39 (2,10) n=76	4,66 (2,18) n=140
ADJ_PROB			
Kein	5,93 (2,15)	7,17 (2,12)	6,58 (2,20)
Implizit	6,46 (2,48)	6,89 (1,91)	6,69 (2,18)
Gesamt über Mandantendruck	6,23 (2,34)	7 (1,99)	6,65 (2,18)
ADJ_SIZE			
Kein	282.654 (233.415)	346.667 (208.001)	316.345 (220.772)
Implizit	268.919 (196.267)	394.652 (286.122)	338.602 (256.498)
Gesamt über Mandantendruck	274.713 (211.053)	375.711 (257.693)	329.540 (242.010)
SIZE_PROB			
Kein	180.753 (168.709)	267.167 (208.209)	226.234 (193.803)
Implizit	194.865 (175.968)	281.000 (214.659)	242.602 (201.833)
Gesamt über Mandantendruck	188.911 (171.727)	275.539 (210.845)	235.938 (198.062)
T_TOT			
Kein	17,81 (12,99)	19,07 (14,52)	18,47 (13,71)
Implizit	19,61 (13,15)	19,62 (10,89)	19,61 (11,87)
Gesamt über Mandantendruck	18,85 (13,01)	19,40 (12,36)	19,15 (12,62)

Anlage 10.1 (Fortsetzung nächste Seite).

TREL_DOC			
Kein	0,3142 (0,1999)	0,3503 (0,2073)	0,3331 (0,2029)
Implizit	0,3102 (0,1889)	0,3056 (0,1964)	0,3076 (0,1919)
Gesamt über Mandantendruck	0,3119 (0,1921)	0,3232 (0,2006)	0,3181 (0,1961)

Angegeben sind MW, SA (in Klammern) und Anzahl an Beobachtungen (einmalig bei REL) der wesentlichen abhängigen Variablen je Untersuchungsgruppe.

Anlage 10.1: Deskriptive Darstellung der wesentlichen abhängigen Variablen.

Quelle	SS	df	MS	F-Wert	p-Wert	η^2
Modell	22,78	3	7,59	1,62	0,1871	0,0346
KAM	15,25	1	15,25	3,26	0,0732	0,0234
PRES_SUBJ	2,86	1	2,86	0,61	0,4353	0,0045
KAM×PRES_SUBJ	8,52	1	8,51	1,82	0,1795	0,0132
Residuen	636,44	136	4,68			

R^2=0.0346; Adj. R^2=0.0133

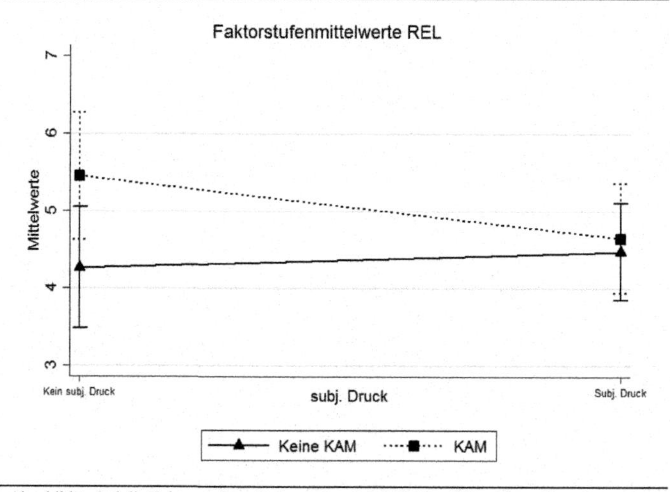

Abgebildet sind die Faktorstufenmittelwertplots mit 95%-Konfidenzintervallen.

Anlage 10.2: ANOVA und Faktorstufenmittelwertplot der Vertretbarkeit des Schätzwertes (REL).

Quelle	SS	df	MS	F-Wert	p-Wert	η²
Modell	26,19	3	8,73	1,97	0,1380	0,0396
KAM	23,48	1	23,48	5,02	0,0266	0,0356
PRES	0,56	1	0,56	0,12	0,7299	0,0009
KAM×PRES_SUBJ	5,49	1	5,49	1,18	0,2803	0,0086
Residuen	635,66	136	4,67			

R^2=0,0396; Adj. R^2=0,0184

Anlage 10.3: ANOVA der Anpassungswahrscheinlichkeit (ADJ_PROB).

Quelle	SS	df	MS	F-Wert	p-Wert	η²
Modell	399,10	3	133,3	2,34	0,0764	0,0490
KAM	302,20	1	302,20	5,31	0,0227	0,0376
PRES	9,85	1	9,85	0,17	0,6781	0,0013
KAM×PRES_SUBJ	31,98	1	31,98	0,56	0,4549	0,0041
Residuen	7.742,00	136	56,93			

R^2=0,0490; Adj. R^2=0,0281

Anlage 10.4: ANOVA der Anpassungshöhe (ADJ_SIZE).

Quelle	SS	df	MS	F-Wert	p-Wert	η²
Modell	267,30	3	89,10	2,34	0,0765	0,0490
KAM	249,90	1	249,90	6,55	0,0116	0,0459
PRES_SUBJ	6,55	1	6,55	0,17	0,6791	0,012
KAM×PRES_SUBJ	0,00	1	0,00	0,00	0,9967	0,0000
Residuen	5.185,00	136	38,13			

R^2=0.049; Adj. R^2=0.028
MS und SS sind angegeben in '000.000.000.

Anlage 10.5 (Fortsetzung nächste Seite)

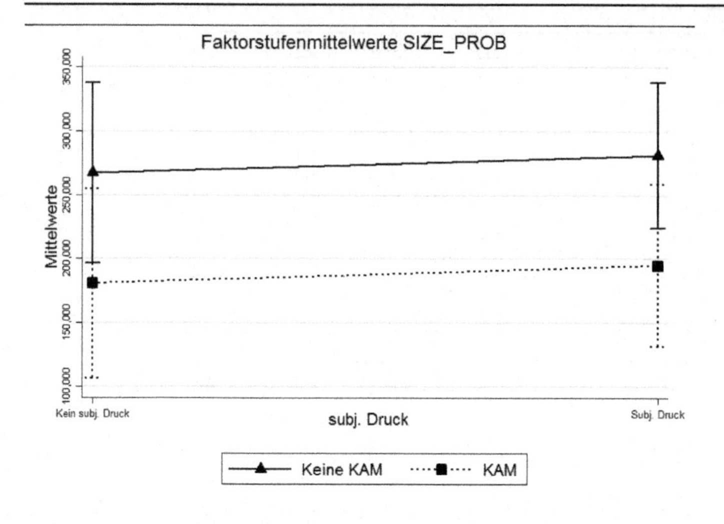

Abgebildet sind die Faktorstufenmittelwertplots mit 95%-Konfidenzintervallen.

Anlage 10.5: ANOVA und Faktorstufenmittelwertplot der wahrscheinlichkeitsgewichteten Anpassungshöhe (SIZE_PROB).

Quelle	SS	df	MS	F-Wert	p-Wert	η^2
Modell	100,53	3	33,51	0,20	0,8941	0,0045
KAM	28,06	1	28,06	0,17	0,6807	0,0012
PRES	71,14	1	71,14	0,43	0,5125	0,0031
KAM×PRES_SUBJ	3,83	1	3,83	0,02	0,8792	0,0002
Residuen	22.438,18	136	164,99			

R^2=0,0045; Adj. R^2=-0,0175

Anlage 10.6: ANOVA der zusätzlich allokierten Zeit insgesamt (T_TOT).

Quelle	SS	df	MS	F-Wert	p-Wert	η^2
Modell	0,0522	3	0,1741	0,45	0,7167	0,0099
KAM	0,0046	1	0,0046	0,12	0,7309	0,0009
PRES	0,0269	1	0,0269	0,70	0,4043	0,0051
KAM×PRES_SUBJ	0,0199	1	0,0199	0,52	0,4727	0,0038
Residuen	5,2443	136	0,3856			

R^2=0,0099; Adj. R^2=-0-0120

Anlage 10.7: ANOVA der relativ auf die Dokumentation allokierten Zeit (TREL_DOC).

Anlage 11: Fragebogen in der Ausprägung KAM/impliziter Mandantendruck.

Teil 1 – Fallstudie zur Prüfung von Garantierückstellungen

Gegenstand der Fallstudie ist die Bewertung von Garantierückstellungen gem. IAS 37 der X-AG für das Geschäftsjahr 2015 (1. Januar – 31. Dezember 2015).

Allgemeine Informationen:

Sie sind als auftragsverantwortlicher Wirtschaftsprüfer für die Jahresabschlussprüfung der X-AG bestellt. Die X-AG wird seit mehreren Jahren von Ihrer WP-Gesellschaft geprüft und gewinnt durch steigende Prüfungshonorare, welche mit dem Wachstum des Unternehmens verbunden sind, für Ihr Mandantenportfolio zunehmend an Bedeutung. Bereits heute beträgt der Honoraranteil dieses Mandats ca. 15% an den Gesamtumsätzen Ihrer Gesellschaft. Beratungsleistungen bestehen bei diesem Mandanten hingegen nicht.

Die X-AG ist ein börsennotiertes Unternehmen, das stadttaugliche **Elektroautos** entwickelt, produziert und vertreibt. Liquiditäts- und Verschuldungsgrad des Unternehmens liegen im Industriedurchschnitt. Um den Verkauf der Elektroautos zu fördern, werden seit mehreren Jahren vertragliche Garantieleistungen gewährt, wonach ein Auto **nach einem Jahr einmalig** einer Vollinspektion unterzogen wird. Hierbei werden Verschleißteile und vor allem Batterien, welche eine garantierte Leistungskapazität unterschreiten, durch neue Modelle kostenfrei ersetzt.

Rückstellungen für diese Garantiefälle sind gem. IAS 37 mit dem bestmöglichen Schätzwert zu bewerten. Die Rückstellungen stellen zum Bilanzstichtag wertmäßig den wahrscheinlichen zukünftigen Nutzenabfluss durch potenzielle zukünftige Garantiefälle dar. Für die Bilanz zum 31. Dezember 2015 hat die X-AG Rückstellungen i.H.v. **3.450.000 €** für diese Garantieleistungen angesetzt.

Die quantitative Wesentlichkeitsgrenze, auf Basis des Ergebnisses vor Steuern, für den Abschluss als Ganzes beträgt **1.000.000 €**. Aufgrund der Erfahrungen der Vorjahre wurde eine Toleranzwesentlichkeit von **500.000 €** festgelegt. Für die Prüfung gelten die einschlägigen berufsständischen Prüfungsstandards.

Prüfungsgegenstand:

Im Rahmen der Abschlussprüfung beschäftigen Sie sich erneut mit der Bewertung der Garantierückstellungen, über die Sie sich noch kein abschließendes Urteil gebildet haben. Wertmäßige Anpassungen der Garantierückstellungen in Folge der Abschlussprüfung sind seitens der X-AG **nicht gewünscht**. Aus den bisherigen Gesprächen mit der Unternehmensleitung wurde Ihnen gleichwohl zugesichert, dass eindeutige Falschdarstellungen korrigiert werden. Die Unternehmensleitung gibt allerdings auch zu verstehen, dass man sich bei Beurteilungen von Schätzungen, die wie die Garantierückstellungen mit einem hohen Ermessen einhergehen, in hohem Maße auf die eigene langjährige Erfahrung verlässt. Dass für diese Vorgehensweise eine **sehr gute Vertrauensbasis** besteht, spiegele sich laut Unternehmensleitung nicht zuletzt in der längeren Mandantenbeziehung wider.

Die auf Bewertungsfragen spezialisierte Abteilung Ihrer Prüfungsgesellschaft hat bezüglich der Bewertung der Garantierückstellung ein Gutachten erstellt. Nach diesen Berechnungen (basierend auf historischen Daten, siehe untenstehend) wird ein Wert zwischen **3.650.000 €** und **4.650.000 €** für vertretbar gehalten.

Historische Daten:

Rückstellungsbewertung der Unternehmensleitung zum Bilanzstichtag am	31.12.2010	31.12.2011	31.12.2012	31.12.2013	31.12.2014	31.12.2015
Anzahl verkaufter Autos	2.154	2.956	6.051	8.522	12.363	19.200
Erw. Garantiefälle für Folgejahr (in % der verkauften Autos / abs.)	9,3% / 200	8,1% / 240	4,5% /270	4,9% / 420	4,0% / 500	3,5% / 670
Erw. Ø Aufwand je Garantiefall	5.500 €	6.300 €	5.800 €	5.600 €	5.600 €	5.150 €
Rückstellungsbewertung (Bilanzwert)	1.100.000 €	1.512.000 €	1.566.000 €	2.352.000 €	2.800.000 €	3.450.000 €

Tatsächliche Werte in	2011	2012	2013	2014	2015	2016
Anzahl Garantiefälle	12,5% / 269	7,0% / 207	5,0% / 303	4,8% / 409	4,5% / 556	-
Ø Aufwand je Garantiefall	6.365 €	6.005 €	5.802 €	5.660 €	5.495 €	-
Gesamtaufwand für Garantiefälle	1.712.185 €	1.243.035 €	1.758.006 €	2.314.940 €	3.055.220 €	-

Für das Geschäftsjahr 2016 geht das Management insgesamt von 670 Schadensfällen und durchschnittlichen Kosten von 5.151 € aus, woraus sich die Rückstellungen i.H.v. 3.450.000 € errechnen.

Da die Bewertung der Garantierückstellung signifikant von Beurteilungen der Unternehmensleitung abhängt, haben Sie den Sachverhalt dem Aufsichtsorgan der X-AG kommuniziert und planen, diesen als ein Key Audit Matter in den Bestätigungsvermerk[1157] aufzunehmen. Key Audit Matters beschreiben gem. dem neuen Standard ISA 701 diejenigen Prüfungssachverhalte, die nach pflichtgemäßen Ermessen des Abschlussprüfers am bedeutsamsten waren. Bezüglich der Garantierückstellungen soll der folgende Key Audit Matter in den diesjährigen Bestätigungsvermerk aufgenommen werden:

„Key Audit Matter zur Bewertung von Garantierückstellungen

Die X-AG bewertet die Garantierückstellungen gem. IAS 37 zum bestmöglichen Schätzwert. Dieser Posten ist von größter Bedeutung, weil die prüferische Beurteilung sich auf einen Bereich bezieht, in dem in hohem Maße subjektive Annahmen und Ermessensentscheidungen der Unternehmensleitung eine Rolle spielen. Diese beziehen sich vor allem auf die Anzahl an Garantiefällen und den durchschnittlichen Aufwand je Garantiefall. Die tatsächlichen Aufwendungen für die Garantieleistungen können sich daher erheblich von dem in der Bilanz ausgewiesenen Betrag unterscheiden.

Die Prüfungshandlungen, welche bezüglich des Risikos wesentlich falscher Angaben durchgeführt wurden, umfassen u.a. die Konsultation unserer Bewertungsspezialisten sowie die kritische Begutachtung von Prüfungsnachweisen hinsichtlich der Annahmen der Unternehmensleitung."

1157 Schon seit mehreren Jahren wird in Fachkreisen diskutiert, ob und wie der Bestätigungsvermerk erweitert werden soll, um den Abschlussadressaten mehr Informationen zu Rahmenbedingungen, der Durchführung und der Ergebnisse der Jahresabschlussprüfung bereitzustellen. Eine Neuregelung sieht vor, dass der Prüfer über sog. Key Audit Matters berichten soll. Sofern über einen Sachverhalt als Key Audit Matter berichtet wird, muss der Prüfer angeben, warum der Sachverhalt aus seiner Sicht von größter Bedeutung ist und wie dem Sachverhalt im Rahmen der Prüfungsdurchführung begegnet wurde. Das Prüfungsurteil bleibt hiervon unberührt.

Im Rahmen der Prüfung haben Sie zudem noch folgende Informationen und Nachweise erlangt:

- Stichprobenhafte Abstimmungen bestätigen, dass die unterjährige Verbuchung der Zuführungen, Auflösungen und Inanspruchnahmen der Garantierückstellung in GuV und Bilanz keine Unregelmäßigkeiten aufweist. Auch die Anhangangaben stimmen mit den Annahmen und Berechnungen des Managements überein.

- Aus einem Gespräch mit dem Abteilungsleiter für Technik und Entwicklung der X-AG haben Sie erfahren, dass ab dem Geschäftsjahr 2015 die Anzahl von Garantiefällen aufgrund des zunehmenden Reifegrades der Batterietechnik deutlich sinken werde. Die X-AG hatte hierfür Ende 2014 ein auf Batterietechnik spezialisiertes Unternehmen erworben.

- Von einem Prüferkollegen haben Sie erfahren, dass es bei einem anderen Unternehmen, das auch auf eine ähnliche, innovative Akkutechnologie setzt wie die des erworbenen Unternehmens, vor allem durch Überhitzung zu einer deutlich verkürzten Lebensdauer der Akkus kommen konnte.

- Die Unternehmensleitung hat im 3. Quartal 2015 eine Standardisierung des unternehmensinternen Reparaturprozesses durchgeführt, sodass zukünftig von deutlich weniger Aufwendungen je Garantiefall ausgegangen wird.

- Als berücksichtigungspflichtige Informationen erhalten Sie für die ersten beiden Monate des Jahres 2016 die bereits vorliegenden durchschnittlichen Aufwendungen der bereits angefallenen Garantiefälle, welche die Prognose von 5.151 € nicht unwesentlich überschreiten. Der Leiter Rechnungswesen erklärt dies durch kurzfristig gestiegene Rohstoffpreise.

Fragestellung:

Bitte beantworten Sie nun folgende Fragen und entscheiden Sie dabei so, wie Sie **anhand der gegebenen Informationen** und Prüfungsnachweise bei einem **tatsächlichen Mandat** als auftragsverantwortlicher Wirtschaftsprüfer vorgehen würden.

a) Für wie **vertretbar** beurteilen Sie die Bewertung der Garantierückstellung i.H.v. 3.450.000 € der Unternehmensleitung der X-AG?

1 = gar nicht vertretbar 10 = absolut vertretbar

o o o o o o o o o o

b) Wie **wahrscheinlich** würden Sie auf eine Anpassung des Rückstellungsbetrages bestehen?

1 = keinesfalls 10 = ganz sicher

o o o o o o o o o o

c) In welcher **Höhe** würden Sie eine Anpassung vornehmen?
(Bitte 0 / - / + für keine Anpassung/Verringerung/Erhöhung mit angeben).

Ich würde eine Anpassung der Rückstellung i.H.v. .... € vornehmen.

d) Nehmen Sie an, dass für die Erlangung der Prüfungsnachweise bisher 40 Zeitstunden eingesetzt wurden. Wie hoch schätzen Sie den **Zeitbedarf** für die Erlangung **weiterer Prüfungsnachweise** ein, um zu einem abschließenden Prüfungsurteil zu gelangen?

40 Stunden (bisheriger Einsatz) + ... Stunden

e) Für die weitere Prüfung des Sachverhalts steht Ihnen annahmegemäß ein zusätzliches Zeitbudget in Höhe der von Ihnen unter d) angegebenen Stunden zur Verfügung.
Wie würden Sie diese Stundenzahl auf die folgenden Prüfungshandlungen verteilen?

- Analytische Prüfungshandlung .... Stunden
- Einzelfallprüfung .... Stunden
- Dokumentation .... Stunden

f) Wie **sicher** sind Sie sich bezüglich Ihrer Beurteilung der Garantierückstellung?

1 = gar nicht sicher 10 = absolut sicher

o o o o o o o o o o

g) Bitte geben Sie an, ob Sie die folgenden Aussagen für **richtig oder falsch** erachten:

- Key Audit Matters führen immer zu einer Einschränkung des Bestätigungsvermerks.

  o Richtig o Falsch

- Key Audit Matters sollen zusätzlich auf Sachverhalte hinweisen, welche sich im Rahmen der Prüfung als besonders wichtig herausgestellt haben.

  o Richtig o Falsch

h) Bitte schätzen Sie ein, **wie stark** Sie die X-AG **überzeugen müssten**, eine höhere Rückstellungsbewertung als diejenige i.H.v. 3.450.000 € vorzunehmen.

1 = überhaupt nicht stark 10 = sehr stark

o o o o o o o o o o

i) Für wie **realistisch** schätzen Sie die vorliegende Fallstudie ein?

1 = gar nicht realistisch 10 = sehr realistisch

o o o o o o o o o o

j) Für wie **verständlich** schätzen Sie die vorliegende Fallstudie ein?

1 = gar nicht verständlich 10 = sehr verständlich

o o o o o o o o o o

Teil 2 – Allgemeine Angaben

a) Wie alt sind Sie? .... Jahre

b) Sie sind o weiblich o männlich

c) In welcher **Position** sind Sie zurzeit beschäftigt? ....
(z.B. Manager, Senior Manager, Partner)

d) Verfügen Sie über folgende **Berufsexamina**?

o StB o WP o CPA o Sonstige ....

e) Haben Sie in den vergangenen drei Jahren **kapitalmarktorientierte** Unternehmen geprüft?

o Ja o Nein

f) Über wie viele Jahre **allgemeiner Prüfungserfahrung** verfügen Sie? .... Jahre.

g) Wie würden Sie Ihre **Kenntnisse** einschätzen auf dem Gebiet der

	1 = gar keine								9 = sehr große
a) Prüfung von **geschätzten Werten**	o	o	o	o	o	o	o	o	o
b) Prüfung von **Rückstellungen**	o	o	o	o	o	o	o	o	o
c) **IFRS Rechnungslegung**	o	o	o	o	o	o	o	o	o
d) Prüfung von **IFRS Abschlüssen**	o	o	o	o	o	o	o	o	o

Vielen Dank!

Anlage 12: Fragebogen in der Ausprägung Kein KAM/kein Mandantendruck.

Teil 1 – Fallstudie zur Prüfung von Garantierückstellungen

Gegenstand der Fallstudie ist die Bewertung von Garantierückstellungen gem. IAS 37 der X-AG für das Geschäftsjahr 2015 (1. Januar – 31. Dezember 2015).

Allgemeine Informationen:

Sie sind als auftragsverantwortlicher Wirtschaftsprüfer für die Jahresabschlussprüfung der X-AG bestellt. Die X-AG wird seit mehreren Jahren von Ihrer WP-Gesellschaft geprüft und gewinnt durch steigende Prüfungshonorare, welche mit dem Wachstum des Unternehmens verbunden sind, für Ihr Mandantenportfolio zunehmend an Bedeutung. Bereits heute beträgt der Honoraranteil dieses Mandats ca. 15% an den Gesamtumsätzen Ihrer Gesellschaft. Beratungsleistungen bestehen bei diesem Mandanten hingegen nicht.

Die X-AG ist ein börsennotiertes Unternehmen, das stadttaugliche **Elektroautos** entwickelt, produziert und vertreibt. Liquiditäts- und Verschuldungsgrad des Unternehmens liegen im Industriedurchschnitt. Um den Verkauf der Elektroautos zu fördern, werden seit mehreren Jahren vertragliche Garantieleistungen gewährt, wonach ein Auto **nach einem Jahr einmalig** einer Vollinspektion unterzogen wird. Hierbei werden Verschleißteile und vor allem Batterien, welche eine garantierte Leistungskapazität unterschreiten, durch neue Modelle kostenfrei ersetzt.

Rückstellungen für diese Garantiefälle sind gem. IAS 37 mit dem bestmöglichen Schätzwert zu bewerten. Die Rückstellungen stellen zum Bilanzstichtag wertmäßig den wahrscheinlichen zukünftigen Nutzenabfluss durch potenzielle zukünftige Garantiefälle dar. Für die Bilanz zum 31. Dezember 2015 hat die X-AG Rückstellungen i.H.v. **3.450.000 €** für diese Garantieleistungen angesetzt.

Die quantitative Wesentlichkeitsgrenze, auf Basis des Ergebnisses vor Steuern, für den Abschluss als Ganzes beträgt **1.000.000 €**. Aufgrund der Erfahrungen der Vorjahre wurde eine Toleranzwesentlichkeit von **500.000 €** festgelegt. Für die Prüfung gelten die einschlägigen berufsständischen Prüfungsstandards.

Prüfungsgegenstand:

Im Rahmen der Abschlussprüfung beschäftigen Sie sich erneut mit der Bewertung der Garantierückstellungen, über die Sie sich noch kein abschließendes Urteil gebildet haben. Aus den bisherigen Gesprächen mit der Unternehmensleitung wurde Ihnen zugesichert, dass Unrichtigkeiten **stets korrigiert** werden. Auch in der Vergangenheit war die X-AG stets um eine **hochwertige Finanzberichterstattung** bemüht.

Die auf Bewertungsfragen spezialisierte Abteilung Ihrer Prüfungsgesellschaft hat bezüglich der Bewertung der Garantierückstellung ein Gutachten erstellt. Nach diesen Berechnungen (basierend auf historischen Daten, siehe untenstehend) wird ein Wert zwischen **3.650.000 €** und **4.650.000 €** für vertretbar gehalten.

Historische Daten:

Rückstellungsbewertung der Unternehmensleitung zum Bilanzstichtag am	31.12.2010	31.12.2011	31.12.2012	31.12.2013	31.12.2014	31.12.2015
Anzahl verkaufter Autos	2.154	2.956	6.051	8.522	12.363	19.200
Erw. Garantiefälle für Folgejahr (in % der verkauften Autos / abs.)	9,3% / 200	8,1% / 240	4,5% /270	4,9% / 420	4,0% / 500	3,5% / 670
Erw. Ø Aufwand je Garantiefall	5.500 €	6.300 €	5.800 €	5.600 €	5.600 €	5.150 €
Rückstellungsbewertung (Bilanzwert)	1.100.000 €	1.512.000 €	1.566.000 €	2.352.000 €	2.800.000 €	3.450.000 €

Tatsächliche Werte in	2011	2012	2013	2014	2015	2016
Anzahl Garantiefälle	12,5% / 269	7,0% / 207	5,0% / 303	4,8% / 409	4,5% / 556	-
Ø Aufwand je Garantiefall	6.365 €	6.005 €	5.802 €	5.660 €	5.495 €	-
Gesamtaufwand für Garantiefälle	1.712.185 €	1.243.035 €	1.758.006 €	2.314.940 €	3.055.220 €	-

Für das Geschäftsjahr 2016 geht das Management insgesamt von 670 Schadensfällen und durchschnittlichen Kosten von 5.151 € aus, woraus sich die Rückstellungen i.H.v. 3.450.000 € errechnen.

Da die Bewertung der Garantierückstellung signifikant von Beurteilungen der Unternehmensleitung abhängt, haben Sie den Sachverhalt dem Aufsichtsorgan der X-AG kommuniziert und würden diesen auch als ein Key Audit Matter[1158] in den erweiterten Bestätigungsvermerk aufnehmen. Key Audit Matters beschreiben gem. dem neuen Standard ISA 701 diejenigen Prüfungssachverhalte, die nach pflichtgemäßen Ermessen des Abschlussprüfers am bedeutsamsten waren.

Eine solche zusätzliche öffentliche Berichterstattung über den Sachverhalt als Key Audit Matter in dem Bestätigungsvermerk findet allerdings **nicht** statt, da die entsprechenden Regelungen noch nicht verpflichtend anzuwenden sind und auch keine freiwillige Berichterstattung über Key Audit Matters im Prüfungsauftrag vereinbart worden ist.

[1158] Schon seit mehreren Jahren wird in Fachkreisen diskutiert, ob und wie der Bestätigungsvermerk erweitert werden soll, um den Abschlussadressaten mehr Informationen zu Rahmenbedingungen, der Durchführung und der Ergebnisse der Jahresabschlussprüfung bereitzustellen. Eine Neuregelung sieht vor, dass der Prüfer über sog. Key Audit Matters berichten soll. Sofern über einen Sachverhalt als Key Audit Matter berichtet wird, muss der Prüfer angeben, warum der Sachverhalt aus seiner Sicht von größter Bedeutung ist und wie dem Sachverhalt im Rahmen der Prüfungsdurchführung begegnet wurde. Das Prüfungsurteil bleibt hiervon unberührt.

Im Rahmen der Prüfung haben Sie zudem noch folgende Informationen und Nachweise erlangt:

- Stichprobenhafte Abstimmungen bestätigen, dass die unterjährige Verbuchung der Zuführungen, Auflösungen und Inanspruchnahmen der Garantierückstellung in GuV und Bilanz keine Unregelmäßigkeiten aufweist. Auch die Anhangangaben stimmen mit den Annahmen und Berechnungen des Managements überein.

- Aus einem Gespräch mit dem Abteilungsleiter für Technik und Entwicklung der X-AG haben Sie erfahren, dass ab dem Geschäftsjahr 2015 die Anzahl von Garantiefällen aufgrund des zunehmenden Reifegrades der Batterietechnik deutlich sinken werde. Die X-AG hatte hierfür Ende 2014 ein auf Batterietechnik spezialisiertes Unternehmen erworben.

- Von einem Prüferkollegen haben Sie erfahren, dass es bei einem anderen Unternehmen, das auch auf eine ähnliche, innovative Akkutechnologie setzt wie die des erworbenen Unternehmens, vor allem durch Überhitzung zu einer deutlich verkürzten Lebensdauer der Akkus kommen konnte.

- Die Unternehmensleitung hat im 3. Quartal 2015 eine Standardisierung des unternehmensinternen Reparaturprozesses durchgeführt, sodass zukünftig von deutlich weniger Aufwendungen je Garantiefall ausgegangen wird.

- Als berücksichtigungspflichtige Informationen erhalten Sie für die ersten beiden Monate des Jahres 2016 die bereits vorliegenden durchschnittlichen Aufwendungen der bereits angefallenen Garantiefälle, welche die Prognose von 5.151 € nicht unwesentlich überschreiten. Der Leiter Rechnungswesen erklärt dies durch kurzfristig gestiegene Rohstoffpreise.

Fragestellung:
Bitte beantworten Sie nun folgende Fragen und entscheiden Sie dabei so, wie Sie **anhand der gegebenen Informationen** und Prüfungsnachweise bei einem **tatsächlichen Mandat** als auftragsverantwortlicher Wirtschaftsprüfer vorgehen würden.

a) Für wie **vertretbar** beurteilen Sie die Bewertung der Garantierückstellung i.H.v. 3.450.000 € der Unternehmensleitung der X-AG?

1 = gar nicht vertretbar 10 = absolut vertretbar

o o o o o o o o o o

b) Wie **wahrscheinlich** würden Sie auf eine Anpassung des Rückstellungsbetrages bestehen?

1 = keinesfalls 10 = ganz sicher

o o o o o o o o o o

c) In welcher **Höhe** würden Sie eine Anpassung vornehmen?
(Bitte 0 / - / + für keine Anpassung/Verringerung/Erhöhung mit angeben).

Ich würde eine Anpassung der Rückstellung i.H.v. € vornehmen.

d) Nehmen Sie an, dass für die Erlangung der Prüfungsnachweise bisher 40 Zeitstunden eingesetzt wurden. Wie hoch schätzen Sie den **Zeitbedarf** für die Erlangung **weiterer Prüfungsnachweise** ein, um zu einem abschließenden Prüfungsurteil zu gelangen?

40 Stunden (bisheriger Einsatz) + ... Stunden

e) Für die weitere Prüfung des Sachverhalts steht Ihnen annahmegemäß ein zusätzliches Zeitbudget in Höhe der von Ihnen unter d) angegebenen Stunden zur Verfügung.
Wie würden Sie diese Stundenzahl auf die folgenden Prüfungshandlungen verteilen?

- Analytische Prüfungshandlung .... Stunden
- Einzelfallprüfung .... Stunden
- Dokumentation .... Stunden

f) Wie **sicher** sind Sie sich bezüglich Ihrer Beurteilung der Garantierückstellung?

1 = gar nicht sicher 10 = absolut sicher

o o o o o o o o o o

g) Bitte geben Sie an, ob Sie die folgenden Aussagen für **richtig oder falsch** erachten:

- Key Audit Matters führen immer zu einer Einschränkung des Bestätigungsvermerks.

  o Richtig o Falsch

- Key Audit Matters sollen zusätzlich auf Sachverhalte hinweisen, welche sich im Rahmen der Prüfung als besonders wichtig herausgestellt haben.

  o Richtig o Falsch

h) Bitte schätzen Sie ein, **wie stark** Sie die X-AG **überzeugen müssten**, eine höhere Rückstellungsbewertung als diejenige i.H.v. 3.450.000 € vorzunehmen.

1 = überhaupt nicht stark 10 = sehr stark

o o o o o o o o o o

i) Für wie **realistisch** schätzen Sie die vorliegende Fallstudie ein?

1 = gar nicht realistisch 10 = sehr realistisch

o o o o o o o o o o

j) Für wie **verständlich** schätzen Sie die vorliegende Fallstudie ein?

1 = gar nicht verständlich 10 = sehr verständlich

o o o o o o o o o o

Teil 2 – Allgemeine Angaben

h) Wie alt sind Sie? .... Jahre

i) Sie sind o weiblich o männlich

j) In welcher **Position** sind Sie zurzeit beschäftigt? ....
(z.B. Manager, Senior Manager, Partner)

k) Verfügen Sie über folgende **Berufsexamina**?

o StB o WP o CPA o Sonstige ....

l) Haben Sie in den vergangenen drei Jahren **kapitalmarktorientierte** Unternehmen geprüft?

o Ja o Nein

m) Über wie viele Jahre **allgemeiner Prüfungserfahrung** verfügen Sie? .... Jahre.

n) Wie würden Sie Ihre **Kenntnisse** einschätzen auf dem Gebiet der

	1 = gar keine								9 = sehr große
e) Prüfung von **geschätzten Werten**	o	o	o	o	o	o	o	o	o
f) Prüfung von **Rückstellungen**	o	o	o	o	o	o	o	o	o
g) **IFRS Rechnungslegung**	o	o	o	o	o	o	o	o	o
h) Prüfung von **IFRS Abschlüssen**	o	o	o	o	o	o	o	o	o

Vielen Dank!

Anlage 13: Internetseite des IAASB.

What are the Intended Benefits?

- Enhanced communication between auditors and investors, as well as those charged with corporate governance
- Increased user confidence in audit reports and financial statements
- Increased transparency, audit quality, and enhanced information value
- Increased attention by management and financial statement preparers to disclosures referencing the auditor's report
- Renewed auditor focus on matters to be reported that could result in an increase in professional skepticism
- Enhanced financial reporting in the public interest

Effective Implementation is Key

Effective implementation is critical to the success of the new and revised Auditor Reporting standards. You--investors, regulators, audit oversight bodies, audit committees and others--have an important role in effecting the change you want to see in auditor reporting.

http://www.iaasb.org/new-auditors-report (Stand: 28.06.2017, relevante Passage durch Autor hervorgehoben.)

Literaturverzeichnis

Abdi, H./Edelman, B./Valentin, D./Dowling, W. J. (2009): Experimental Design and Analysis for Psychology, Oxford 2009.

Abdolmohammadi, M. J. (1987): Decision Support and Expert Systems in Auditing: A Review and Research Directions, in: Accounting and Business Research 1987, Vol. 17 (Nr. 66), S. 173–185. https://doi.org/10.1080/00014788.1987.9729795

Abdolmohammadi, M. J. (1999): A Comprehensive Taxonomy of Audit Task Structure, Professional Rank and Decision Aids for Behavioral Research, in: Behavioral Research in Accounting 1999, Vol. 11, S. 51–92.

Aczelaz, B./Bago, B./Szollosi, A./Foldes, A./Lukacs, B. (2015): Is it time for studying real-life debiasing? Evaluation of the effectiveness of an analogical intervention technique, in: Frontiers in Psychology 2015, Vol. 6, Artikel 1120 vom 04.08.2015, S. 1–13. https://doi.org/10.3389/fpsyg.2015.01120

ADS International (2002): Rechnungslegung nach Internationalen Standards, bearb. von Gelhausen, H.-F./Pape, J./Schruff, W. unter Mitwirkung von Fey, G./Schurbohm-Ebneth, A., Stand nach der 7. Teillieferung 2011, Stuttgart 2002.

Aghazadeh, S./Hoang, K. (2015): Does Audit Firm-Imposed Pressure to Satisfy Clients Influence How Auditors Perceive and Respond to Potential Persuasion from Clients?, Working Paper 2015, Louisiana State University et al., S. 1–43. http://dx.doi.org/10.2139/ssrn.2549726

Aghazadeh, S./Joe, J. R. (2015): How Management's Expressions of Confidence Influence Auditors' Skeptical Response to Management's Explanations, Working Paper 2015, Lehigh University et al., S. 1–47. http://dx.doi.org/10.2139/ssrn.2623537

Agoglia, C. P./Kida, T./Hanno D. M. (2003): The Effects of Alternative Justification Memos on the Judgments of Audit Reviewees and Reviewers, in: JAR 2003, Vol. 41 (Nr. 1), S. 33–46. http://dx.doi.org/10.1111/1475-679X.00094

Allison, P. D. (2002): Missing Data, in: Lewis-Beck, M. S. (Hrsg.): Quantitative Applications in the Social Sciences Series, Nr. 136, Thousand Oaks 2002.

Anderson, C. A. (1982): Inoculation and Counterexplanation: Debiasing Techniques in the Perseverance of Social Theories, in: Social Cognition 1982, Vol. 1 (Nr. 2), S. 126–139. https://doi.org/10.1521/soco.1982.1.2.126

Anderson, J. C./Jennings, M. M./Lowe, D. J./Reckers, P. M. J. (1997): The Mitigation of Hindsight Bias in Judges' Evaluation of Auditor Decisions, in: AJPT 1997, Vol. 16 (Nr. 2), S. 20–39.

Anderson, J. R. (1990): The Adaptive Character of Thought, Hilsdale 1990.

Anderson, U./Koonce, L. (1995): Explanation as a Method for Evaluating Client-Suggested Causes in Analytical Procedures, in: AJPT 1995, Vol. 14 (Nr. 2), S. 124–132.

Anderson, U./Koonce, L./Marchant, G. (1991): A Model of Audit Judgment: Cognition in a Professional Context, in: Ponemon, L. A./Gabhart, D. R. L. (Hrsg.): Auditing. Advances in Behavioral Research, New York 1991, S. 43–74. https://doi.org/10.1007/978-1-4612-3190-5_3

K. Asbahr, *Entzerrungsstrategien bei der Prüfung geschätzter Werte*, Auditing and Accounting Studies, https://doi.org/10.1007/978-3-658-21603-0

Anderson, U./Koonce, L./Marchant, G. (1995): The Audit Review Process and Its Effect on Auditors' Assessments of Evidence From Management, in: Advances in Accounting 1995, Vol. 13, S. 21–37.

Anderson, J. C./Reckers, P. M. J. (1992): An Empirical Investigation of the Effects of Presentation Format and Personality on Auditor's Judgment in Applying Analytical Procedures, in: Advances in Accounting 1992, Vol. 10, S. 19–43.

Andiola, L. M. (2014): Performance feedback in the audit environment: A review and synthesis of research on the behavioral effects, in: JAL 2014, Vol. 33, S. 1–36. https://doi.org/10.1016/j.acclit.2014.07.001

APAK (2013) (Hrsg.): Tätigkeitsbericht 2012, Berlin 2013, S. 1–34.

APAK (2014) (Hrsg.): Tätigkeitsbericht 2013, Berlin 2014, S. 1–38.

APAK (2015) (Hrsg.): Tätigkeitsbericht 2014, Berlin 2015, S. 1–39.

APAK (2016) (Hrsg.): Tätigkeitsbericht 2015/16, Berlin 2016, S. 1–39.

Arkes, H. R. (1991): Costs and Benefits of Judgment Errors: Implications for Debiasing, in: PB 1991, Vol. 110 (Nr. 3), S. 486–498. https://doi.org/10.1037/0033-2909.110.3.486

Asare, S. K./Messier, W. F. (1991): A Review of Audit Research Using the Belief-Adjustment Model, in: Ponemon, L. A./Gabhart, D. R. L. (Hrsg.): Auditing. Advances in Behavioral Research, New York 1991, S. 75–92. https://doi.org/10.1007/978-1-4612-3190-5_4

Asare, S. K./Trompeter, G. M./Wright, A. M. (2000): The Effect of Accountability and Time Budgets on Auditors' Testing Strategy, in: CAR 2000, Vol. 17 (Nr. 4), S. 539–560. http://dx.doi.org/10.1506/F1EG-9EJG-DJ0B-JD32

Ashton, R. H. (1982): Human Information Processing in Accounting, Sarasota 1982.

Ashton, R. H. (1990): Pressure and Performance in Accounting Decision Settings: Paradoxical Effects of Incentives, Feedback, and Justification, in: JAR 1990, Vol. 28 (Supplement), S. 148–180. http://dx.doi.org/10.2307/2491253

Ashton, R. H. (1992): Effects of Justification and a Mechanical Aid on Judgment Performance, in: Organizational Behavior and Human Decision Processes 1992, Vol. 52 (Nr. 2), S. 292–306. https://doi.org/10.1016/0749-5978(92)90040-E

Ashton, R. H./Ashton, A. H. (1988): Sequential Belief Revision in Auditing, in: TAR 1988, Vol. 63 (Nr. 4), S. 623–641.

Ashton, R. H./Ashton, A. H. (1995): Perspectives on judgment and decision-making research in accounting and auditing, in: Ashton, R. H./Ashton, A. H. (Hrsg.): Judgment and decision-making research in accounting and auditing, Cambridge 1995, S. 3–25. https://doi.org/10.1017/CBO9780511720420.003

Ashton, R. H./Kennedy, J. (2002): Eliminating Recency with Self-review: The Case of Auditors' 'Going Concern' Judgments, in: Journal of Behavioral Decision Making 2002, Vol. 15 (Nr. 3), S. 221–231. http://dx.doi.org/10.1002/bdm.412

Audsabumrungrat, J./Pornupatham, S./Tan, H.-T. (2016): Joint Impact of Materiality Guidance and Justification Requirement on Auditor's Planning Materiality, in: Behavioral Research in Accounting, Vol. 28 (Nr. 2), S. 17–27. https://doi.org/10.2308/bria-51339

Auer, B./Rottmann, H. (2015): Statistik und Ökonometrie für Wirtschaftswissenschaftler. Eine anwendungsorientierte Einführung, 3. Aufl., Wiesbaden 2015.

Austin, A. A./Hammersley, J. S./Ricci, M. A. (2016): Improving Auditors' Consideration of Evidence Contradicting Management's Assumptions, Working Paper 2016, University of Richmond et al., S. 1–36. http://dx.doi.org/10.2139/ssrn.2808178

Ayres, D. R./Neal, T. L./Reid, L. C./Shipman, J. E. (2016): Auditing Goodwill in the Post-Amortization Era: Challenges for Auditors, Working Paper 2016, Ball State University et al., S. 1–52.

Babcock, L./Loewenstein, G. (1997): Explaining Bargaining Impasse: The Role of Self-Serving Biases, in: Journal of Economic Perspectives 1997, Vol. 11 (Nr. 1), S. 109–126. https://dx.doi.org/10.1257/jep.11.1.109

Babcock, L./Loewenstein, G./Issacharoff, S. (1998): Creating Convergence: Debiasing Biased Litigants, in: Law and Social Inquiry 1998, Vol. 22 (Nr. 4), S. 913–925. http://dx.doi.org/10.1111/j.1747-4469.1997.tb01092.x

Bable, J. M./Moser, D. V. (2015): Sources of Employee Appreciation Messages and Bias in Accounting Estimates, Working Paper 2015, University of Pittsburgh, S. 1–43.

Backhaus, K./Erichson, B./Plinke, W./Weiber, R. (2016): Multivariate Analysemethoden. Eine anwendungsorientierte Einführung, 14. Aufl., Berlin 2016. http://dx.doi.org/10.1007/978-3-662-46076-4

Backof, A./Bowlin, K./Goodson, B. (2016): The Impact of Proposed Changes to the Content of the Audit Report on Jurors' Assessments of Auditor Negligence, Working Paper 2016, University of Virginia et al., S. 1–46.

Backof, A. G./Bamber, E. M./Carpenter, T. D. (2016): Do auditor judgment frameworks help in constraining aggressive reporting? Evidence under more precise and less precise accounting standards, in: AOS 2016, Vol. 51, S. 1–11. https://doi.org/10.1016/j.aos.2016.03.004

Backof, A. G./Carpenter, T. D./Thayer, J. (2016): Auditing Complex Estimates: How Do Construal Level and Evidence Formatting Impact Auditors' Consideration of Inconsistent Evidence, Working Paper 2016, University of Virginia et al., S. 1–33. http://dx.doi.org/10.2139/ssrn.2279138

Backof, A. G./Thayer, J./Carpenter, T. D. (2014): Auditing Complex Estimates: Management-Provided Evidence and Auditors' Consideration of Inconsistent Evidence, Working Paper 2014, University of Virginia et al., S. 1–39.

BaFin (Hrsg.) (2016): Aufstellung der dem Enforcement unterliegenden Unternehmen, Stand zum 1.07.2016, o.A., S. 1–11.

Bagley, P. L. (2010): Negative Affect: A Consequence of Multiple Accountabilities in Auditing, in: AJPT 2010, Vol. 29 (Nr. 2), S. 141–157. https://doi.org/10.2308/aud.2010.29.2.141

Bamber, E. M. (1993): Opportunities in Behavioral Accounting Research, in: Behavioral Research in Accounting 1993, Vol. 5, S. 1–29.

Bamber, E. M./Iyer, V. M. (2007): Auditors' Identification with Their Clients and Its Effect on Auditors' Objectivity, in: AJPT 2007, Vol. 26 (Nr. 2), S. 1–24. https://doi.org/10.2308/aud.2007.26.2.1

Bamber, E. M./Ramsay, R. J./Tubbs, R. M. (1997): An Examination of the Descriptive Validity of the Belief-Adjustment Model and Alternative Attitudes to Evidence in Auditing, in: AOS 1997, Vol. 22 (Nr. 3/4), S. 249–268. https://doi.org/10.1016/S0361-3682(96)00029-3

Barber, P. (1988): Applied Cognitive Psychology. An information-processing framework, London 1988.

Barker, H. R./Barker, B. M. (1984): Multivariate Analysis of Variance (MANOVA). A Practical Guide to Its Use in Scientific Decision Making, Tuscaloosa 1984.

Baron, J. (2012): The point of normative models in judgment and decision making, in: Frontiers in Psychology 2012, Vol. 3, Artikel 577 vom 24.12.2012, S. 1–3. https://doi.org/10.3389/fpsyg.2012.00577

Baron, J./Hershey, J. C. (1988): Outcome Bias in Decision Evaluation, in: Journal of Personality and Social Psychology 1988, Vol. 54 (Nr. 4), S. 569–579. http://dx.doi.org/10.1037/0022-3514.54.4.569

Baron, R. M./Kenny, D. A. (1986): The Moderator-Mediator Variable Distinction in Social Psychological Research: Conceptual, Strategic, and Statistical Considerations, in: Journal of Personality and Social Psychology 1986, Vol. 51 (Nr. 6), S. 1173–1182. http://dx.doi.org/10.1037/0022-3514.51.6.1173

Barth, M. (2006): Including Estimates of the Future in Today's Financial Statements, in: AH 2006, Vol. 20 (Nr. 3), S. 271–285. https://doi.org/10.2308/acch.2006.20.3.271

Bartunek, J. M./Reynolds, C. (1983): Boundary Spanning and Public Accountant Role Stress, in: The Journal of Social Psychology 1983, Vol. 121 (Nr. 1), S. 65–72. https://doi.org/10.1080/00224545.1983.9924468

Bauer, T. D. (2015): The Effects of Client Identity Strength and Professional Identity Salience on Auditor Judgments, in: TAR 2015, Vol. 90 (Nr. 1), S. 95–114. https://doi.org/10.2308/accr-50863

Bauer, T. D./Estep, C. R./Griffith, E. E. (2017): The Effects of Psychological Ownership on Specialists' Judgments and Communication in Audit Teams, Working Paper 2017, University of Illinois et al., S. 1–46. http://dx.doi.org/10.2139/ssrn.2798346

Baum, C. F. (2006): An Introduction to Modern Econometrics Using Stata, College Station 2006.

Baumann, H. (2014): Praktische Anwendung der ISA in Deutschland – Die Prüfung geschätzter Werte (ISA 540), in: WPg 2014, Vol. 67 (Nr. 23), S. 1179–1183.

Bazerman, M. H./Loewenstein, G. (2001): Taking the Bias Out of Bean Accounting, in: Harvard Business Review 2001, Vol. 79 (Nr. 1), S. 28.

Bazerman, M. H./Loewenstein, G./Moore, D. A. (2002): Why Good Accountants Do Bad Audits, in: Harvard Business Review 2002, Vol. 80 (Nr. 11), S. 97–102.

Bazerman, M. H./Moore, D. A. (2009): Judgment in Managerial Decision Making, 7. Aufl., Hoboken 2009.

Bazerman, M. H./Moore, D. A. (2011): Is it time for auditor independence yet?, in: AOS 2011, Vol. 36 (Nr. 4), S. 310–312. https://doi.org/10.1016/j.aos.2011.07.004

Bazerman, M. H./Morgan, K. P./Loewenstein, G. F. (1997): The Impossibility of Auditor Independence, in: Sloan Management Review 1997, Vol. 38 (Nr. 4), S. 89–94.

Beach, L. R./Mitchell, T. R. (1978): A Contingency Model for the Selection of Decision Strategies, in: Academy of Management Review 1978, Vol. 3 (Nr. 3), S. 439–449. https://doi.org/10.5465/AMR.1978.4305717

Beaulac, G./Kenyon, T. (2016): The Scope of Debiasing in the Classroom, in: Topoi 2016, S. 1–10. https://doi.org/10.1007/s11245-016-9398-8

Beaver, T. (1991): Commentary on Problems and Paradoxes in the Financial Reporting of Future Events, in: AH 1991, Vol. 5 (Nr. 4), S. 122–134.

Becker-Carus, C./Wendt, M. (2017): Allgemeine Psychologie, 2. Aufl., Berlin 2017. http://dx.doi.org/10.1007/978-3-662-53006-1

Becker, F. G. (1993): Explorative Forschung mittels Bezugsrahmen – ein Beitrag zur Methodologie des Entdeckungszusammenhangs, in: Zeitschrift für Personalforschung 1993, Vol. 7 (Nr. 1), S. 111–127.

Bédard, J. (1989): Expertise in Auditing: Myth or Reality?, in: AOS 1989, Vol. 14 (Nr. 1/2), S. 113–131. https://doi.org/10.1016/0361-3682(89)90037-8

Bédard, J./Chi, T. H. (1993): Expertise in Auditing, in: AJPT 1993, Vol. 12 (Supplement), S. 21–45.

Bédard, J./Coram, P./Espahbodi, R./Mock, T. J. (2016): Does Recent Academic Research Support Changes to Audit Reporting Standards?, in: AH 2016, Vol. 30 (Nr. 2), S. 255–275. https://doi.org/10.2308/acch-51397

Bédard, J./Gonthier-Besacier, N./Schatt, A. (2016): Analysis of the Consequences of the Disclosure of Key Audit Matters in the Audit Report, Working Paper 2016, Université Laval et. al., S. 1–45.

Bell, T. B./Griffin, J. B. (2012): Commentary on Auditing High-Uncertainty Fair Value Estimates, in: AJPT 2012, Vol. 31 (Nr. 1), S. 147–155. https://doi.org/10.2308/ajpt-10172

Berg, J./Coursey, D./Dickhaut, J. (1990): Experimental methods in accounting: A discussion of recurring issues, in: CAR 1990, Vol. 6 (Nr. 2), S. 825–849. http://dx.doi.org/10.1111/j.1911-3846.1990.tb00789.x

Bergner, J. M./Peffer, S. A./Ramsay, R. J. (2016): Concession, Contention and Accountability in Auditor-Client Negotiations, in: Behavioral Research in Accounting, Vol. 28 (Nr. 1), S. 15–25. https://doi.org/10.2308/bria-51146

Berndt, T. (2016): Mehr Licht in der Blackbox. Die neue Berichterstattung des Abschlussprüfers, in: PiR 2016, Nr. 11, S. 311–314.

Betsch, T./Funke, J./Plessner, H. (2011): Denken - Urteilen, Entscheiden, Problemlösen, Berlin 2011. http://dx.doi.org/10.1007/978-3-642-12474-7

Bettinghaus, B./Goldberg, S./Lindquist, S. (2014): Avoiding Auditor Bias and Making Better Decisions, in: The Journal of Corporate Accounting and Finance 2014, Vol. 25 (Nr. 4), S. 39–44. http://dx.doi.org/10.1002/jcaf.21953

Bettman, J. R./Weitz, B. A. (1983): Attributions in the Board Room: Causal Reasoning in Corporate Annual Reports, in: Administrative Science Quarterly 1983, Vol. 28 (Nr. 2), S. 165–183. http://dx.doi.org/10.2307/2392616

Bhandari, G./Hassanein, K. (2012): An agent-based debiasing framework for investment decision-support systems, in: Behaviour & Information Technology 2012, Vol. 31 (Nr. 5), S. 495–507. https://doi.org/10.1080/0144929X.2010.499477

Bhattacharjee, S./Moreno, K. K. (2002): The Impact of Affective Information on the Professional Judgments of More Experienced and Less Experienced Auditors, in: Journal of Behavioral Decision Making 2002, Vol. 15 (Nr. 4), S. 361–377. http://dx.doi.org/10.1002/bdm.420

Bhattacharjee, S./Moreno, K. K. (2013): The Role of Auditors' Emotions and Moods on Audit Judgment: A Research Summary with Suggested Practice Implications, in: Current Issues in Auditing 2013, Vol. 7 (Nr. 2), S. P1–P8. https://doi.org/10.2308/ciia-50565

Bhattacharjee, S./Maletta, M./Moreno, K. K. (2013): Auditors' Judgment Errors When Working on Multiple Tasks and in Multiple Client Environments: A Research Summary and Practice Implications, in: Current Issues in Auditing 2013, Vol. 7 (Nr. 1), S. P1–P8. https://doi.org/10.2308/ciia-50337

Bierstaker, J./Houston, R./Wright, A. (2006): The Impact of Competition on Audit Planning, Review, and Performance, in: JAL 2006, Vol. 25, S. 1–58.

Birnberg, J. (2011): A proposed framework for behavioral accounting research, in: Behavioral Research in Accounting 2011, Vol. 23 (Nr.1), S. 1–43. https://doi.org/10.2308/bria.2011.23.1.1

Birnberg, J./Luft, J./Shields, M. D. (2007): Psychology Theory in Management Accounting Reseach, in: Chapman, C./Hopwood, A./Shields, M. D (Hrsg.): Handbook of Management Accounting Research, Band 1, Oxford 2007, S. 113–135. https://doi.org/10.1016/S1751-3243(06)01004-2

Birnberg, J. G./Shields, J. F. (1989): Three Decades of Behavioral Accounting Research: A Search for Order, in: Behavioral Research in Accounting 1989, Vol. 1, S. 23–74.

Blanken, I./van den Ven, N./Zeelenberg, M. (2015): A Meta-Analytival Review of Moral Licensing, in: Personality and Social Psychology Bulletin 2015, Vol. 41 (Nr. 4), S. 540–558. https://doi.org/10.1177/0146167215572134

Blay, A. D. (2005): Independence Threats, Litigation Risk, and the Auditor's Decision Process, in: CAR 2005, Vol. 22 (Nr. 4), S. 759–789. http://dx.doi.org/10.1506/5FQ9-ANEA-T8J0-U6GY

Blay, A. D./Notbohm, M./Schelleman, C./Valencia, A. (2014): Audit Quality Effects of an Individual Audit Engagement Partner Signature Mandate, in: International Journal of Auditing 2014. Vol. 18 (Nr. 3), S. 172–192. http://dx.doi.org/10.1111/ijau.12022

Blocher, E./Cooper, J. C. (1988): A Study of Auditors' Analytical Review Performance, in: AJPT 1988, Vol. 7 (Nr. 2), S. 1–28.

Blöink, T./Wolter, C. (2016): AReG-RegE – Überblick über die Änderungen gegenüber dem Referentenentwurf, in: BB 2016, Vol. 71 (Nr. 2), S. 107–109.

Blöink, T./Woodtli, R. M. (2016): Reform der Abschlussprüfung: Die Umsetzung der prüfungsbezogenen Vorgaben im RegE eines Abschlussprüferreformgesetzes (AReG), in: DK 2016, Vol. 14 (Nr. 2), S. 75–87.

Bloomfield, R./Nelson, M. W./Soltes, E. (2016): Gathering Data for Archival, Field, Survey, and Experimental Accounting Research, in: JAR 2016, Vol. 54 (Nr. 2), S. 341–395. http://dx.doi.org/10.1111/1475-679X.12104

Boiney, L.G./Kennedy, J./Nye, P. (1997): Instrumental Bias in Motivated Reasoning: More When More Is Needed, in: Organizational Behavior and Human Decision Processes 1997, Vol. 72 (Nr.1), S. 1–24. https://doi.org/10.1006/obhd.1997.2729

Bonner, S. E. (1999): Judgment and Decision-Making Research in Accounting, in: AH 1999, Vol. 13 (Nr. 4), S. 385–398. https://doi.org/10.2308/acch.1999.13.4.385

Bonner, S. E. (2008): Judgment and Decision Making in Accounting, Upper Saddle River 2008.

Bonner, S. E./Lewis, B. L. (1990): Determinants of Auditor Expertise, in: JAR 1990, Vol. 28 (Supplement), S. 1–20. http://dx.doi.org/10.2307/2491243

Bonner, S. E./Libby, R./Nelson, M. W. (1996): Using Decision Aids to Improve Auditors' Conditional Probability Judgments, in: TAR 1996, Vol. 71 (Nr. 2), S. 221–240.

Bonner, S. E./Pennington, N. (1991): Cognitive Processes and Knowledge as Determinants of Auditor Expertise, in: JAL 1991, Vol. 10, S. 1–50.

Boolaky, P. K./Quick, R. (2016): Bank Directors' Perceptions of Expanded Auditor's Reports, in: International Journal of Auditing 2016, Vol. 20 (Nr. 2), S. 158–174. http://dx.doi.org/10.1111/ijau.12063

Boritz, J. E./Kochetova-Kozloski, N./Robinson, L. A./Wong, C. (2017): Auditors' and Specialists' Views About the Use of Specialists During an Audit, Working Paper 2017, University of Waterloo et al., S. 1–101. http://dx.doi.org/10.2139/ssrn.2534506

Bortz, J./Schuster, C. (2010): Statistik für Human- und Sozialwissenschaftler, 7. Aufl., Berlin 2010. http://dx.doi.org/10.1007/978-3-642-12770-0

Bovens, M. (2007): Analysing and Assessing Accountability: A Conceptual Framework, in: European Law Review 2007, Vol. 13 (Nr. 4), S. 447–468. http://dx.doi.org/10.4135/9781473915619

Bradley, G. W. (1978): Self-Serving Biases in the Attribution Process: A Reexamination of the Fact or Fiction Question, in: Journal of Personality and Social Psychology 1978, Vol. 36 (Nr. 1), S. 56–71. http://dx.doi.org/10.1037/0022-3514.36.1.56

Brander, S./Kompa, S./Peltzer, U. (1989): Denken und Problemlösen. Einführung in die kognitive Psychologie, 2. Aufl., Opladen 1989. http://dx.doi.org/10.1007/978-3-322-89847-0

Brasel, K./Doxey, M. M./Grenier, J. H./Reffett, A. (2016): Risk Disclosure Preceding Negative Outcomes: The Effects of Reporting Critical Audit Matters on Judgments of Auditor Liability, in: TAR 2016, Vol. 91 (Nr. 5), S. 1345–1362. https://doi.org/10.2308/accr-51380

Bratten, B./Gaynor, L. M./McDaniel, L./Montague, N. R./Sierra, G. E. (2013): The Audit of Fair Values and Other Estimates: The Effects of Underlying Environmental, Task and Auditor-Specific Factors, in: AJPT 2013, Vol. 32 (Supplement 1), S. 7–44. https://doi.org/10.2308/ajpt-50316

Braun, K. W. (2001): The Disposition of Audit-Detected Misstatements: An Examination of Risk and Reward Factors and Aggregation Effects, in: CAR 2001, Vol. 18 (Nr. 1), S. 71–99. http://dx.doi.org/10.1506/U818-CAAD-MXBE-FXMA

Bray, J. H./Maxwell, S. E. (1985): Multivariate Analysis of Variance: Lewis-Beck, M. S. (Hrsg.): Quantitative Applications in the Social Sciences Series, Nr. 54, Newbury Park 1985.

Brazel, J. F./Jackson, S. B./Schaefer, T. J./Stewart, B. W. (2016): The Outcome Effect and Professional Skepticism, in: TAR 2016, Vol. 91 (Nr. 6), S. 1577–1599. https://doi.org/10.2308/accr-51448

Brennan, N. M./Solomon, J. (2008): Corporate governance, accountability and mechanisms of accountability: an overview, in: Journal of Accounting, Auditing & Accountability 2008, Vol. 21 (Nr. 7), S. 885–906. https://doi.org/10.1108/09513570810907401

Brewster, B. E. (2011): How a Systems Perspective Improves Knowledge Acquisition and Performance in Analytical Procedures, in: TAR 2011, Vol. 86 (Nr. 3), S. 915–943. https://doi.org/10.2308/accr.00000040

Brink, A. G./Gooden, E./Mishra, M. K. (2014): The Impact of Rule Precision, Information Ambiguity, and Conflicting Incentives on Aggressive Reporting, in: Advances in Accounting Behavioral Research 2014, Vol. 17, S. 1–29. http://dx.doi.org/10.1108/S1475-1488_2014_0000017001

Brink, A. G./Tang, F./Yang, L. (2016): The Impact of Estimate Source and Social Pressure on Auditors' Fair Value Estimate Choices, in: Behavioral Research in Accounting 2016, Vol. 28 (Nr. 2), S. 29–40. https://doi.org/10.2308/bria-51457

Bröder, A./Hilbig, B. E. (2017): Urteilen und Entscheiden, in: Müsseler, J./Rieger, M. (Hrsg.): Allgemeine Psychologie, 3. Aufl., Berlin 2017. https://doi.org/10.1007/978-3-642-53898-8_17

Brown, C. E./Peecher, M. E./Solomon, I. (1999): Auditors' Hypothesis Testing in Diagnostic Inference Tasks, in: JAR 1999, Vol. 37 (Nr. 1), S. 1–26. http://dx.doi.org/10.2307/2491394

Brownell, P./Trotman, K. (1988): Research Methods in Behavioral Accounting, in: Ferris, K. R. (Hrsg.): Behavioral Accounting Research: A Critical Analysis, Columbus 1988, S. 331–362.

Brown, H. L./Johnstone, K. M. (2009): Resolving Disputed Financial Reporting Issues: Effects of Auditor Negotiation Experience and Engagement Risk on Negotiation Process and Outcome, in: AJPT 2009, Vol. 28 (Nr. 2), S. 65–92. https://doi.org/10.2308/aud.2009.28.2.65

Brown, H. L./Wright, A. M. (2008): Negotiation Research in Auditing, in: AH 2008, Vol. 22 (Nr. 1), S. 91–109. https://doi.org/10.2308/acch.2008.22.1.91

Brown, J. O./Grenier, J. H./Pyzoha, J. S./Reffett, A. (2017): The Effects of Specialist Type and Estimate Aggressiveness on Juror Judgments of Auditor Negligence, Working Paper 2017, Baylor University et al., S. 1–39.

Brown, J. O./Popova, V. K. (2016): The Interplay of Management Incentives and Audit Committee Communication on Auditor Judgment, in: Behavioral Research in Accounting 2016, Vol. 28 (Nr. 1), S. 27–40. https://doi.org/10.2308/bria-51259

Brown-Liburd, H. L./Mason, S. A./Shelton, S. W. (2014): The Effect of Reliance on Third-Party Specialists under Varying Levels of Internal Control Effectiveness on the Audit of Fair Value Measurements, Working Paper 2014, Rutgers University et al., S. 1–43.

Brown, S. R./Melamed, L. E. (1990): Experimental Design and Analysis, in: Lewis-Beck, M. S. (Hrsg.): Quantitative Applications in the Social Sciences Series, Nr. 74, Newbury Park 1990.

Brownstein, A. L. (2003): Biased Predecision Processing, in: PB 2003, Vol. 129 (Nr. 4), S. 545–568. http://dx.doi.org/10.1037/0033-2909.129.4.545

Brown, T./Majors, T. M./Peecher, M. E. (2016): The Impact of a Higher Intent Standard on Auditors' Legal Exposure and the Moderating Role of Jurors' Legal Knowledge, Working Paper 2016, University of Illinois at Urbana-Champaign, S. 1–60.

Brown, V. L./Gissel, J. L./Vitalis, A. (2016): Mandatory Disclosure of Audit Engagement Partners: Effects on Audit Quality, Working Paper 2016, University of Wisconsin-Milwaukee, S. 1–50. http://dx.doi.org/10.2139/ssrn.2831730

Bryant, S./Murthy, U./Wheeler, P. (2009): The Effects of Cognitive Style and Feedback Type on Performance in an Internal Control Task, in: Behavioral Research in Accounting 2009, Vol. 21 (Nr. 1), S. 37–58. https://doi.org/10.2308/bria.2009.21.1.37

Bucaro, A. C. (2015): Applying Systems-Thinking to Reduce Check-The-Box Decisions in the Audit of Complex Estimates, Dissertation 2015, University of Illinois, S. 1–146.

Buchman, T. A./Tetlock, P. E./Reed, R. O. (1996): Accountability and Auditors' Judgments about Contingent Events, in: Journal of Business, Accounting and Finance 1996, Vol. 23 (Nr. 3), S. 379–398. http://dx.doi.org/10.1111/j.1468-5957.1996.tb01128.x

Buckless, F. A./Ravenscroft, S. P. (1990): Contrast Coding: A Refinment of ANOVA in Behavioral Analysis, in: TAR 1990, Vol. 65 (Nr. 4), S. 933–945.

Butler, S. A. (1985): Application of a Decision Aid in the Judgmental Evaluation of Substantive Test of Details Samples, in: Journal of Accounting Research 1985, Vol. 23 (Nr. 2), S. 513–526. http://dx.doi.org/10.2307/2490824

Cacioppo, J. T./Petty, R. E. (1984): The Elaboration Likelihood Model of Persuasion, in: Advances in Consumer Research 1984, Vol. 11 (Nr. 1), S. 673–675. https://doi.org/10.1016/S0065-2601(08)60214-2

Cade, N./Hodge, F. (2014): The effect of expanding the audit report on managers' communication openness, Working Paper 2014, University of Washington, S. 1–38. http://dx.doi.org/10.2139/ssrn.2433641

Cain, D. M./Loewenstein, G./Moore, D. A. (2005): The Dirt on Coming Clean: Perverse Effects of Disclosing Conflicts of Interest, in: Journal of Legal Studies 2005, Vol. 34 (Nr. 1), S. 1–25. https://doi.org/10.1086/426699

Cain, D. M./Loewenstein, G./Moore, D. A. (2011): When Sunlight Fails to Disinfect: Understanding the Perverse Effects of Disclosing Conflicts of Interest, in: Journal of Consumer Research 2011, Vol. 37 (Nr. 5), S. 836–857. https://doi.org/10.1086/656252

Callahan, C. M./Gabriel, E. A./Sainty, B. J. (2006): A Review and Classification of Experimental Economics Research in Accounting, in: JAL 2006, Vol. 25, S. 59–126.

Camerer, C. F./Hogarth, R. M. (1999): The Effects of Financial Incentives in Experiments: A Review and Capital-Labor-Production Framework, in: Journal of Risk and Uncertainty 1999, Vol. 19 (Nr. 1–3), S. 7–42. https://doi.org/10.1023/A:1007850605129

Camerer, C./Loewenstein, G./Weber, M. (1989): The Curse of Knowledge in Economic Settings: An Experimental Analysis, in: Journal of Political Economy 1989, Vol. 97 (Nr. 5), S. 1232–1254. http://dx.doi.org/10.1086/261651

Cannon, N./Bédard, J. C. (2016): Auditing Challenging Fair Value Measurements: Evidence from the Field, Working Paper 2016, Texas State University et al., S. 1–57. https://doi.org/10.2308/accr-51569

Carcello, J. V. (2012): What Do Investors Want from the Standard Audit Report? Results of a Survey of Investors Conducted by the PCAOB's Investor Advisory Group, in: The CPA-Journal 2012, Vol. 82 (Nr. 1), S. 22–28.

Carcello, J. V./Li, C. (2013): Costs and Benefits of Requiring an Engagement Partner Signature: Recent Experience in the United Kingdom, in: TAR 2013, Vol. 88 (Nr. 5), S. 1511–1546. https://doi.org/10.2308/accr-50450

Carpentier, C./Labelle, R./Laurent, B./Suret, J.-M. (2008): Does Fair Value Measurement Provide Satisfactory Evidence for Audit? The Case of High Tech Valuation, Working Paper 2008, Laval University et al., S. 1–24. http://dx.doi.org/10.2139/ssrn.1269743

Carter, C. R./Kaufmann, L./Michel, A. (2007): Behavioral supply management: a taxonomy of judgment and decision-making biases, in: International Journal of Physical Distribution & Logistics Management, Vol. 37 (Nr. 8), S. 631–669. https://doi.org/10.1108/09600030710825694

Carver, B. T./Trinkle, B. S. (2016): Investor's reactions to the PCAOB's Proposed Changes to the Standard Audit Report, Working Paper 2016, Clemson University et al., S. 1–57.

Caverni, J.-P./Fabre, J.-M./Gonzalez, M. (1990): Cognitive Biases: Their Contribution for Understanding Human Cognitive Processes, in: Caverni, J.-P./Fabre, J.-M./Gonzalez, M. (Hrsg.): Advances in Psychology, Cognitive Biases (Vol. 68), North-Holland 1990, S. 523–552. https://doi.org/10.1016/S0166-4115(08)61311-4

Chaiken, S. (1980): Heuristic Versus Systematic Information Processing and the Use of Source Versus Message Cue in Persuasion, in: Journal of Personality and Social Psychology 1980, Vol. 39 (Nr. 5), S. 752–766. http://dx.doi.org/10.1037/0022-3514.39.5.752

Chang, C. J./Ho, J. L. Y./Liao, W. M. (1997): The Effects of Justification, Task Complexity and Experience / Training on Problem-Solving Performance, in: Behavioral Research in Accounting 1997, Vol. 9 (Supplement), S. 98–116.

Chang, C. J./Hwang, N. R. (2003): The Impact of Retention Incentives and Client Business Risks on Auditors' Decisions Involving Aggressive Reporting Practices, in: AJPT 2003, Vol. 22 (Nr. 2), S. 207–218. https://doi.org/10.2308/aud.2003.22.2.207

Chang, C. J./Yen, S.-H./Duh, R.-R. (2002): An Empirical Examination of Competing Theories to Explain the Framing Effect in Accounting-Related Decisions, in: Behavioral Research in Accounting 2002, Vol. 14, S. 35–64. https://doi.org/10.2308/bria.2002.14.1.35

Cheng, F. F./Wu, C. (2010): Debiasing the framing effect: The effect of warning and involvement, in: Decision Support Systems 2010, Vol. 49 (Nr. 3), S. 328–334. https://doi.org/10.1016/j.dss.2010.04.002

Cheng, P. Y. K. (2011): Improving Audit Judgment and Decision Making With Dual Systems Cognitive Model, in: Journal of Modern Accounting and Auditing 2011, Vol. 7 (Nr. 10), S. 1060–1069.

Chen, S./Shechter, D./Chaiken, S. (1996): Getting at the Truth or Getting Along: Accuracy-Versus Impression-Motivated Heuristic and Systematic Processing, in: Journal of Personality and Social Psychology 1996, Vol. 71 (Nr. 2), S. 262–275. http://dx.doi.org/10.1037/0022-3514.71.2.262

Chen, S./Krishnan, G. V./Li, W./Zhang, Y. (2015): What Client and Auditor Attributes are Associated with Auditors' Decision to require Adjustments to Pre-Audit Financial Statements?, Working Paper 2015, Beijing Institute of Technology et al., S. 1–49.

Chiang, C. (2016): Conceptualising the linkage between professional scepticism and auditor independence, in: Pacific Accounting Review 2016, Vol. 28 (Nr. 2), S. 180–200. https://doi.org/10.1108/PAR-08-2015-0034

Choo, F. (1989): Expert-Novice Differences in Judgment/Decision Making Research, in: JAL 1989, Vol. 8, S. 106–136.

Christensen, B. E./Glover, S. M./Wolfe, C. J. (2014): Do Critical Audit Matter Paragraphs in the Audit Report Change Nonprofessional Investors' Decision to Invest?, in: AJPT 2014, Vol. 33 (Nr. 4), S. 71–93. https://doi.org/10.2308/ajpt-50793

Christensen, B. E./Glover, S. M./Wood, D. A. (2012): Extreme Estimation Uncertainty in Fair Value Estimates: Implications for Audit Assurance, in: AJPT 2012, Vol. 31 (Nr. 1), S. 127–146. https://doi.org/10.2308/ajpt-10191

Christensen, D. M. (2016): Corporate Accountability Reporting and High-Profile Misconduct, in: TAR 2016, Vol. 91 (Nr. 2), S. 377–399. https://doi.org/10.2308/accr-51200

Christensen, H. B./Floyd, E./Liu, L. Y./Maffett, M. (2016): The Real Effects of Mandated Non-Financial Information in Financial Reports: Evidence from Mine-Safety Records, Working Paper 2016, University of Chicago et al., S. 1–56.

Chung, J./Monroe, G. S. (1999): The effects of counterexplanation and source of hypothesis on developing audit judgment, in: Accounting Education 1999, Vol. 8 (Nr. 2), S. 111–126. https://doi.org/10.1080/096392899330964

Chung, J. O. Y. (1998): An Examination of Methods of Improving Audit Judgment, Dissertation 1998, Edith Cowan University, S. 1–240.

Chung, J. O. Y./Cullinan, C. P./Frank, M./Long, J. H./Mueller-Phillips, J./O'Reilly, D. M. (2013): The Auditor's Approach to Subsequent Events: Insights from the Academic Literature, in: AJPT 2013, Vol. 32 (Supplement 1), S. 167–207. https://doi.org/10.2308/ajpt-50328

Church, B. K. (1990): Auditors' Use of Confirmatory Processes, in: JAL 1990, Vol. 9, S. 81–112.

Church, B. K. (1991): An examination of the effect that commitment to a hypothesis has on auditors' evaluations of confirming and disconfirming evidence, in: CAR 1991, Vol. 7 (Nr. 2), S. 513–534. http://dx.doi.org/10.1111/j.1911-3846.1991.tb00827.x

Church, B. K./Davis, S. M./McCracken, S. A. (2008): The Auditor's Reporting Model: A Literature Overview and Research Synthesis, in: AH 2008, Vol. 22 (Nr. 1), S. 69–90. https://doi.org/10.2308/acch.2008.22.1.69

Church, B. K./Jenkins, J. G./McCracken, S. A./Roush, P. B./Stanley, J. D. (2015): Auditor Independence in Fact: Research, Regulatory, and Practice Implications Drawn from Experimental and Archival Research, in: AH 2015, Vol. 29 (Nr. 1), S. 217–238. https://doi.org/10.2308/acch-50966

Church, B. K./Shefchik, L. B. (2012): PCAOB Inspections and Large Accounting Firms, in: AH 2012, Vol. 26 (Nr. 1), S. 43–63. https://doi.org/10.2308/acch-50077

Cianci, A. M./Bierstaker J. L. (2009): The Impact of Positive and Negative Mood on the Hypothesis Generation and Ethical Judgments of Auditors, in: AJPT 2009, Vol. 28 (Nr. 2), S. 119–144. https://doi.org/10.2308/aud.2009.28.2.119

Clarkson, P. M./Emby, C./Watt, V. W-S. (2002): Debiasing the Outcome Effect: The Role of Instructions in an Audit Litigation Setting, in: AJPT 2002, Vol. 21 (Nr. 2), S. 7–20. https://doi.org/10.2308/aud.2002.21.2.7

Clayton, B. M./van Staden, C. J. (2015): The Impact of Social Influence Pressure on the Ethical Decision Making of Professional Accountants: Australian and New Zealand Evidence, in: AAR 2015, Vol. 25 (Nr. 4), S. 372–388. http://dx.doi.org/10.1111/auar.12077

Cleff, T. (2015): Deskriptive Statistik und Explorative Datenanalyse. Eine computergestützte Einführung mit Excel, SPSS und STATA, 3. Aufl., Wiesbaden 2015. http://dx.doi.org/10.1007/978-3-8349-4748-2

Cohen, J./Gaynor, L. M./Montague, N. R./Wayne, J. H. (2016): The Effect of Framing on Information Search and Information Evaluation in Auditor's Fair Value Judgments, Working Paper 2016, Boston College et al., S. 1–47. http://dx.doi.org/10.2139/ssrn.2602783

Colbert, J. L. (1989): The Effects of Experience on Auditor's Judgments, in: JAL 1989, Vol. 8, S. 137–149.

Cole, C. J. (2014): Audit Partner Accountability and Audit Transparency: Partner Signature or Disclosure Requirement, in: Journal of Accounting and Finance 2014, Vol. 14 (Nr. 2), S. 84–101.

Commerford, B. P./Hatfield, R. C./Houston, R./Mullis, C. (2014): Debiasing Auditor Judgments from the Influence of Information Foraging Behavior, Working Paper 2014, University of Alabama et al., S. 1–29.

Commerford, B. P./Hermanson, D. R./Houston, R. W./Peters, M. F. (2016): Real Earnings Management: A Threat to Auditor Comfort, in: AJPT 2016, Vol. 35 (Nr. 4), S. 39–56. https://doi.org/10.2308/ajpt-51405

Cone, J. D. (2012): Implicit and Explicit Determinants of Judgment and Behavior, Dissertation 2012, Cornell University, S. 1–149.

Coram, P. J. (2014): Audit Reports, in: Hay, D./Knechel, W. R./Willekens, M. (Hrsg.): The Routledge Companion to Auditing, London 2014, S. 289–299.

Coram, P. J./Mock, T. J./Turner, J. L./Gray, G. L. (2011): The Communicative Value of the Auditor's Report, in: AAR 2011, Vol. 21 (Nr. 3), S. 235–252. http://dx.doi.org/ 10.1111/j.1835-2561.2011.00140.x

Coram, P. J./Robinson, M. J. (2017): Professionalism and Performance Incentives in Accounting Firms, in: AH 2017, Vol. 31 (Nr. 1), S. 103–123. https://doi.org/10.2308/acch-51636

Cordoş, G./Fülöp, M. (2015): Understanding audit reporting changes: introduction of Key Audit Matters, in: Accounting and Management Information Systems 2015, Vol. 14 (Nr. 1), S. 128–152.

Correia, V. (2016): Contextual Debiasing and Critical Thinking: Reasons for Optimism, in: Topoi 2016, S. 1–9. https://doi.org/10.1007/s11245-016-9388-x

Creswell, J. D. (2017): Mindfulness Interventions, in: Annual Review of Psychology 2017, Vol. 68, S. 491–516. https://doi.org/10.1146/annurev-psych-042716-051139

Croskerry, P./Singhal, G./Mamede, S. (2013): Cognitive debiasing 2: impediments to and strategies for change, in: BMJ Quality and Safety 2013, S. 1–8. http://dx.doi.org/10.1136/bmjqs-2012-001713

Cuccia, A. D./Hackenbrack, K./Nelson, M. (1995): The Ability of Professional Standards to Mitigate Aggressive Reporting, in: TAR 1995, Vol. 70 (Nr. 2), S. 227–248.

Cushing, B. E./Ahlawat, S. S. (1996): Mitigation of Recency Bias in Audit Judgment: The Effect of Documentation, in: AJPT 1996, Vol. 15 (Nr. 2), S. 110–122.

Davidson, R. A. (1993): Behavioral Research in Auditing, in: Golembiewski, R. T. (Hrsg.): Handbook of Organizational Behavior, New York 1993, S. 375–404.

Davis-Friday, P. Y./Liu, C./Mittelstaedt, H. F. (2004): Recognition and Disclosure Reliability: Evidence from SFAS No. 106, in: CAR 2004, Vol. 21 (Nr. 2), S. 399–429. http://dx.doi.org/10.1506/T0VC-Q15Y-W5QV-4UKQ

Davis, J. S./Solomon, I. (1989): Experience, Expertise, and Expert-Performance Research in Public Accounting, in: JAL 1989, Vol. 8, S. 150–164.

Davis, L. R. (1989): Report Format and the Decision Maker's Task: An Experimental Investigation, in: AOS 1989, Vol. 14 (Nr. 5/6), S. 495–508. https://doi.org/10.1016/0361-3682(89)90014-7

Dawes, R. M. (1988): Rational Choice in an Uncertain World, Orlando 1988.

De Corte, E./Verschaffel, L./Van Dooren, W. (2012): Heuristics and Problem Solving, in: Seel, N. M. (Hrsg.): Encyclopedia of the Sciences of Learning, New York 2012, S. 1421–1424. https://doi.org/10.1007/978-1-4419-1428-6_420

DeFond, M./Zhang, J. (2014): A review of archival auditing research, in: Journal of Accounting and Economics 2014, Vol. 58 (Nr. 2), S. 275–326. https://doi.org/10.1016/j.jacceco.2014.09.002

Deloitte (Hrsg.) (2004): Response to PCAOB (Hrsg.) (2004): Report on 2003 Limited Inspection of Deloitte & Touche LLP, PCAOB Release No. 104-2004-002, S. 1–3.

Dennis, S. A./Griffin, J. B./Johnstone, K. M. (2016): The Value Relevance of Managers' and Auditors' Disclosures about Material Measurement Uncertainty, Working Paper 2016, University of Kentucky et al., S. 1–51.

Desanctis, G./Jarvenpaa, S. L. (1989): Graphical Presentation of Accounting Data for Financial Forecasting: An Experimental Investigation, in: AOS 1989, Vol. 14 (Nr. 5/6), S. 509–525. https://doi.org/10.1016/0361-3682(89)90015-9

DeZoort, F. T./Harrison, P./Taylor, M. (2006): Accountability and auditors' materiality judgments: The effects of differential pressure strength on conservatism, variability, and effort, in: AOS 2006, Vol. 31 (Nr. 4), S. 373–390. https://doi.org/10.1016/j.aos.2005.09.001

DeZoort, F. T./Hermanson, D. R./Houston, R. W. (2003): Audit committee support for auditors: The effects of materiality justification and accounting precision, in: Journal of Accounting and Public Policy 2003, Vol. 22 (Nr. 2), S. 175–199. https://doi.org/10.1016/S0278-4254(03)00007-3

DeZoort, F. T./Lord, A. T. (1997): A Review and Synthesis of Pressure Effects Research in Accounting, in: JAL 1997, Vol. 16, S. 28–85.

Dhami, M. K./Thomson, M. E. (2012): On the relevance of Cognitive Continuum Theory and quasirationality for understanding management judgment and decision making, in: EMJ 2012, Vol. 30 (Nr. 4), S. 316–326. https://doi.org/10.1016/j.emj.2012.02.002

Dhami, S. (2016): The Foundations of Behavioral Economic Analysis, Oxford 2016.

Dillard, J. F. (1984): Cognitive Science and Decision Making Research in Accounting, in: AOS 1984, Vol. 9 (Nr. 3/4), S. 343–354. https://doi.org/10.1016/0361-3682(84)90018-7

Dillard, J. F./Ferris, K. R. (1989): Individual Behavior in Professional Accounting Firms: A Review and Synthesis, in: JAL 1989, Vol. 8, S. 208–234.

Dillard, J. F./Yuthas, K. (2002): Ethical Audit Decisions: A Structuration Perspective, in: Journal of Business Ethics 2002, Vol. 36 (Nr. 1), S. 49–64. https://doi.org/10.1023/A:1014244109742

Ditto, P. H./Lopez, D. F. (1992): Motivated Skepticism: Use of Differential Decision Criteria for Preferred and Nonpreferred Conclusions, in: Journal of Personality and Social Psychology 1992, Vol. 63 (Nr. 4), S. 568–584. http://dx.doi.org/10.1037/0022-3514.63.4.568

Ditto, P. H./Munro, G. D./Scepansky, J. A./Apanovitch, A. M./Lockhart, L. K. (1998): Motivated Sensitivity to Preference-Inconsistent Information, in: Journal of Personality and Social Psychology 1998, Vol. 75 (Nr. 1), S. 53–69. http://dx.doi.org/10.1037/0022-3514.75.1.53

Döring, N./Bortz, J. (2016): Forschungsmethoden und Evaluation in den Sozial- und Humanwissenschaften, 5. Aufl., Berlin 2016. http://dx.doi.org/10.1007/978-3-642-41089-5

Dörner, D. (1987): Problemlösen als Informationsverarbeitung, 3. Aufl., Stuttgart 1987.

Dolensky, C. (2016): Der neue Bestätigungsvermerk nach ISA 700 (revised) und ISA 701, in: IRZ, Vol. 11 (Nr. 3), S. 137–142.

Doliyah, P./Singh, J. P. (2015): Auditing Fair Value Measurements: A Systematic Review and Meta-synthesis, Working Paper 2015, Indian Institute of Technology Roorkee, S. 1–29.

Donovan, S. J./Güss, C. D./Naslund, D. (2015): Improving dynamic decision making through training and self-reflection, in: Judgment and Decision Making 2015, Vol. 10 (Nr. 4), S. 284–295.

Doxey, M. M. (2014): The Effects of Auditor Disclosures Regarding Managements Estimates on Financial Statement Users' Perceptions and Investments, Working Paper 2014, University of Alabama, S. 1–54. http://dx.doi.org/10.2139/ssrn.2181624

Driver, M. J./Mock, T. J. (1975): Human Information Processing, Decision Style Theory, and Accounting Information Systems, in: TAR 1975, Vol. 50 (Nr. 3), S. 490–508.

Duh, R.-R./Chang, C. J./Chen, E. (2006): Accountability, Task Characteristics and Audit Judgments, in: The International Journal of Accounting Studies 2006, Special Issue, S. 51–75.

Duncker, K. (1935): Zur Psychologie des Produktiven Denkens, Berlin 1935.

Dyckman, T. R. (1998): The Ascendancy of the Behavioral Paradigm in Accounting: The Last 20 Years, in: Behavioral Research in Accounting 1998, Vol. 10 (Supplement), S. 1–10.

Dykxhoorn, H. J./Sinning, K. E. (1981): Wirtschaftsprüfer Perception of Auditor Independence, in: TAR 1981, Vol. 56 (Nr. 1), S. 97–107.

Eagly, A. H./Chaiken, S. (1993): The Psychology of Attitudes, Fort Worth 1993.

Earley, C. E. (2002): The Differential Use of Information by Experienced and Novice Auditors in the Performance of Ill-Structured Audit Tasks, in: CAR 2002, Vol. 19 (Nr. 4), S. 595–614. http://dx.doi.org/10.1506/XWDP-PHRH-Q3J9-XLXL

Earley, C. E./Hoffman, V. B./Joe, J. R. (2008): Reducing Management's Influence on Auditors' Judgments: An Experimental Investigation of SOX 404 Assessments, in: TAR 2008, Vol. 83 (Nr. 6), S. 1461–1485. https://doi.org/10.2308/accr.2008.83.6.1461

Earley, C. E./Hoffman, V. B./Joe, J. R. (2014): Auditors' Role in Level 2 versus Level 3 Fair-Value Classification Judgments, Working Paper 2014, Providence College et al., S. 1–40. http://dx.doi.org/10.2139/ssrn.2119720

Einhorn, H. J. (1976): A Synthesis: Accounting and Behavioral Science, in: JAR 1976, Vol. 14 (Nr. 3), S. 196–206. http://dx.doi.org/10.2307/2490452

Einhorn, H. J./Hogarth, R. M. (1978): Confidence in Judgment: Persistence of the Illusion of Validity, in: Psychological Review 1978, Vol. 85 (Nr. 5), S. 395–416. http://dx.doi.org/10.1037/0033-295X.85.5.395

Einhorn, H. J./Hogarth, R. M. (1981): Behavioral Decision Theory: Processes of Judgment and Choice, in: JAR 1981, Vol. 19 (Nr.1), S. 1–31 (Reprint aus: Annual Review of Psychology 1981, Vol. 32, S. 53–88). https://doi.org/10.1146/annurev.ps.32.020181.000413

Elliott, W. B./Fanning, K./Peecher, M. E. (2016): Do Investors Value Financial Reporting Quality Beyond Estimated Fundamental Value? And, Can Better Audit Reports Unlock This Value?, Working Paper 2016, University of Illinois at Urbana-Champaign, S. 1–50.

Elliott, W. B./Rennekamp, K. M./White, B. J. (2016): The Paradoxical Behavioral Effects of a Directional Goal on Risk Perceptions and Valuation Judgments, Working Paper 2016, University of Illinois at Urbana-Champaign et al., S. 1–43. http://dx.doi.org/10.2139/ssrn.2441221

Emby, C./Finley, D. (1997): Debiasing Framing Effects in Auditors' Internal Control Judgments and Testing Decisions, in: CAR 1997, Vol. 14 (Nr. 2), S. 55–77. http://dx.doi.org/10.1111/j.1911-3846.1997.tb00527.x

Emby, C./Gibbins, M. (1988): Good judgment in public accounting: Quality and justification, in: CAR 1988, Vol. 4 (Nr. 2), S. 287–313. http://dx.doi.org/10.1111/j.1911-3846.1987.tb00668.x

Emett, S. A./Libby, R./Nelson, M. W. (2016): PCAOB Guidance and Audits of Fair Values for Level 2 Investments, Working Paper 2016, Arizona State University et al., S. 1–40. http://dx.doi.org/10.2139/ssrn.2700292

Ernst & Young Foundation (Hrsg.) (2014): The professional judgment framework, o.A. 2014.

Esplin, A./Jamal, K./Sunder, S. (2015): How do Market Agents Assess Audit Quality?, Working Paper 2015, University of Alberta et al., S. 1–56.

Ettredge, M./Fuerherm, E. E./Li, C. (2014): Fee pressure and audit quality, in: AOS 2014, Vol. 39 (Nr. 4), S. 247–263. https://doi.org/10.1016/j.aos.2014.04.002

Ettredge M./Fuerherm, E. E./Li, C. (2015): Client Pressure and Auditor Independence, Working Paper 2015, University of Kansas et al., S. 1–50. https://doi.org/10.1016/j.jaccpubpol.2017.05.004

Europäische Kommission (Hrsg.) (2010): Grünbuch. Weiteres Vorgehen im Bereich der Abschlussprüfung: Lehre aus der Krise, KOM (2010) 561, Brüssel 2010, S. 1–24.

Eutsler, J./Lang, B. (2015): Rating Scales in Accounting Research: The Impact of Scale Points and Lables, in: Behavioral Research in Accounting 2015, Vol. 27 (Nr. 2), S. 35–51. https://doi.org/10.2308/bria-51219

Evans, J. St. B. T. (1989): Bias in Human Reasoning. Causes and Consequences, Hove 1989.

Evans, J. St. B. T./Stanovich, K. E. (2013): Dual-Process Theories on Higher Cognition: Advancing the Debate, in: Perspectives on Psychological Sciene 2013, Vol. 8 (Nr. 3), S. 223–241. https://doi.org/10.1177/1745691612460685

Evans III, J. H./Feng, M/Hoffman, V. B./Moser, D. V./Van der Stede, W. (2015): Points to Consider when Self-Assessing your Empirical Accounting Research, in: CAR 2015, Vol. 32 (Nr. 3), S. 1162–1192. http://dx.doi.org/10.1111/1911-3846.12133

Fahrmeier, L./Heumann, C./Künstler, R./Pigeot, I./Tutz, G. (2016): Statistik. Der Weg zur Datenanalyse, 8. Aufl., Berlin 2016. http://dx.doi.org/10.1007/978-3-662-50372-0

Fahrmeier, L./Kneib, T./Lang, S. (2009): Regression. Modelle, Methoden und Anwendungen, in: Dette, H./Härdle, W. (Hrsg.): Statistik und ihre Anwendungen, 2. Aufl., Berlin 2009. http://dx.doi.org/10.1007/978-3-642-01837-4

Farmer, T. A./Rittenberg, L. E./Trompeter, G. M. (1987): An Investigation of the Impact of Economic and Organizational Factors on Auditor Independence, in: AJPT 1987, Vol. 7 (Nr. 1), S. 1–14.

Fatemi, D./Hasseldine, J./Hite, P. (2014): The impact of professional standards on accounting judgements: The role of availability and comparative information, in: Research in Accounting Regulation 2014, Vol. 26 (Nr. 1), S. 26–39. https://doi.org/10.1016/j.racreg.2014.02.003

Favere-Marchesi, M./Pincus, K. V. (2006): The Impact of Accountability on the Processing of Nondiagnostic Evidence, in: Advances in Accounting Behavioral Research 2006, Vol. 9, S. 1–25. http://dx.doi.org/10.1016/S1475-1488(06)09001-6

Felix, W. L./Gramling, A. A./Maletta, M. J. (2005): The Influence of Nonaudit Service Revenues and Client Pressure on External Auditors' Decisions to Rely on Internal Audit, in: CAR 2005, Vol. 22 (Nr. 1), S. 31–53. http://dx.doi.org/10.1506/JN7X-B51L-V45W-4U7R

Felix, W. L./Kinney, W. R. (1982): Research in the Auditor's Opinion Formulation Process: State of the Art, in: TAR 1982, Vol. 57 (Nr. 2), S. 245–271.

Ferris, K. R./Dillard, J. F. (1988): Individual Behavior: Evidence from the Accounting Environment, in: Ferris, K. R. (Hrsg.): Behavioral Accounting Research: A Critical Analysis, Columbus 1988, S. 281–303.

Fischer-Winkelman, W. F. (1975): Entscheidungsorientierte Prüfungslehre, Berlin 1975.

Fischoff, B. (1975): Hindsight ≠ Foresight: The Effect of Outcome Knowledge on Judgment under Uncertainty, in: Journal of Experimental Psychology: Human, Perception and Performance 1975, Vol. 1 (Nr. 3), S. 288–299. http://dx.doi.org/10.1037/0096-1523.1.3.288

Fischoff, B. (1977): Perceived Informativeness of Facts, in: Journal of Experimental Psychology: Human, Perception and Performance 1977, Vol. 3 (Nr. 2), S. 349–358.

Fischoff, B. (1982): Debiasing, in: Kahneman, D./Slovic, P./Tversky, A. (Hrsg.): Judgment under Uncertainty: Heuristics and Biases, Cambridge 1982, S. 422–444. http://dx.doi.org/10.1037/0096-1523.3.2.349

Fitzgerald, B. C./Wolfe, C. J./Smith, K. W. (2015): Management's Preference: Can Auditors Stop it from Biasing Accounting Estimates?, Working Paper 2015, Northeastern University et al., S. 1–40.

FRC (Hrsg.) (2015): Audit Quality Inspections. Annual Report 2014/2015, London 2015, S. 1–39.

FRC (Hrsg.) (2016): Extended auditor's reports: A further review of experience, Januar 2016, S. 1–61.

Füssel, J. (2010): Lernstrategien des Wirtschaftsprüfers für die Fortbildung in IFRS, Wiesbaden 2010. http://dx.doi.org/10.1007/978-3-8349-8911-6

Fujita, K./Trope, Y./Liberman, N. (2015): On the Psychology of Near and Far: A Construal Level Theoretic Approach, in: Keren, G./Wu, G. (Hrsg.): The Wiley Blackwell Handbook of Judgment and Decision Making, Vol. I, Chichester 2015, S. 404–430. http://dx.doi.org/10.1002/9781118468333.ch14

Fuller, S. (2015): The Effect of Auditor Reporting Choice and Audit Committee Oversight Strength on Management Financial Disclosure Decisions, Dissertation 2015, Georgia State University, S. 1–56.

Galinsky, A. D./Moskowitz, G. B. (2000): Counterfactuals as Behavioral Primes: Priming the Simulation Heuristic and Consideration of Alternatives, in: Journal of Experimental Social Psychology 2000, Vol. 36 (Nr. 4), S. 384–409. https://doi.org/10.1006/jesp.1999.1409

Gans, C. (1986): Betriebswirtschaftliche Prüfungen als heuristische Suchprozesse. Der Entwurf einer pragmatisch orientierten Prüfungstheorie auf der Grundlage der angelsächsischen empirischen Forschung, Bergisch Gladbach 1986.

Gaynor, L. M./Kelton, A. S./Mercer, M./Yohn, T. L. (2016): Understanding the Relation between Financial Reporting Quality and Audit Quality, in: AJPT 2016, Vol. 35 (Nr. 4), S. 1–22. https://doi.org/10.2308/ajpt-51453

Gibbins, M. (1984): Propositions about the Psychology of Professional Judgment in Public Accounting, in: JAR 1984, Vol. 22 (Nr. 1), S. 103–125. http://dx.doi.org/10.2307/2490703

Gibbins, M. (2001): Incorporating Context into the Study of Judgement and Expertise in Public Accounting, in: International Journal of Auditing 2001, Vol. 5 (Nr. 3), S. 225–236. http://dx.doi.org/10.1111/1099-1123.00338

Gibbins, M./Jamal, K. (1993): Problem-centred Research and Knowledge-based Theory in the Professional Accounting Setting, in: AOS 1993, Vol. 18 (Nr. 5), S. 451–466. https://doi.org/10.1016/0361-3682(93)90041-4

Gibbins, M./Newton, J. D. (1994): An Empirical Exploration of Complex Accountability in Public Accounting, in: JAR 1994, Vol. 32 (Nr. 2), S. 165–186. http://dx.doi.org/10.2307/2491280

Gibbins, M./Salterio, S./Webb, A. (2001): Evidence About Auditor-Client Management Negotiation Concerning Client's Financial Reporting, in: JAR 2001, Vol. 39 (Nr. 3), S. 535–563. http://dx.doi.org/10.1111/1475-679X.00027

Gibbins, M./Swieringa, R. J. (1995): Twenty years of judgment and decision-making in accounting and auditing, in: Ashton, R. H./Ashton, A. H. (Hrsg.): Judgment and decision-making research in accounting and auditing, Cambridge 1995, S. 231–249. https://doi.org/10.1017/CBO9780511720420.011

Gibbins, M./Wolf, F. M. (1982): Auditors' Subjective Decision Environment – The Case of a Normal External Audit, in: TAR 1982, Vol. 57 (Nr. 1), S. 105–124.

Gigerenzer, G. (1996): On Narrow Norms and Vague Heuristics: A reply to Kahneman and Tversky (1996), in: Psychological Review 1996, Vol. 103 (Nr. 3), S. 592–596. http://dx.doi.org/10.1037/0033-295X.103.3.592

Gigerenzer, G./Gaissmaier, W. (2011): Heuristic Decision Making, in: Annual Review of Psychology 2011, Vol. 62, S. 451–482. https://doi.org/10.1146/annurev-psych-120709-145346

Gigerenzer, G./Goldstein, D. G. (1996): Reasoning the Fast and Frugal Way: Models of Bounded Rationality, in: PR 1996, Vol. 103 (Nr. 4), S. 650–669. http://dx.doi.org/10.1093/acprof:oso/9780199744282.003.0002

Gilbert, D. T. (1993): The Assent of Man: Mental Representation and the Control of Belief, in: Wegner, D. M./Pennebaker, J. W. (Hrsg.): Handbook of Mental Control, Prentice Hall 1993, S. 57–87.

Gilovich, T./Griffin, D. (2002): Introduction – Heuristics and Biases: Then and Now, in: Gilovich, T./Griffin, D./Kahneman, D. (Hrsg.): Heuristics and Biases. The Psychology of Intuitive Judgment, Cambridge 2002, S. 1–18.

Gilovich, T./Griffin, D./Kahneman, D. (Hrsg.) (2002): Heuristics and Biases. The Psychology of Intuitive Judgment, Cambridge 2002.

Gimbar, C./Hansen, B./Ozlanski, M. E. (2016a): Early Evidence on the Effects of Critical Audit Matters on Auditor Liability, in: Current Issues in Auditing 2016, Vol. 10 (Nr. 1), S. A24–A33. https://doi.org/10.2308/ciia-51369

Gimbar, C./Hansen, B./Ozlanski, M. E. (2016b): The Effects of Critical Audit Matter Paragraphs and Accounting Standard Precision on Auditor Liability, in: TAR 2016, Vol. 91 (Nr. 6), S. 1629–1646. https://doi.org/10.2308/accr-51382

Glöckner, A./Betsch, T. (2011): The empirical content of theories in judgment and decision making: Shortcomings and remedies, in: Judgment and Decision Making 2011, Vol. 6 (Nr. 8), S. 711–721.

Glover, J. C./Ijiri, Y./Levine, C. B./Liang, P. J. (2005): Seperating Facts from Forecasts in Financial Statements, in: AH 2005, Vol. 19 (Nr. 4), S. 267–282. https://doi.org/10.2308/acch.2005.19.4.267

Glover, S. M. (1997): The Influence of Time Pressure and Accountability on Auditors' Processing of Nondiagnostic Information, in: JAR 1997, Vol. 35 (Nr. 2), S. 213–226. http://dx.doi.org/10.2307/2491361

Glover, S. M./Prawitt, D. F. (2014): Enhancing Auditor Professional Skepticism: The Professional Skepticism Continuum, in: Current Issues in Auditing 2014, Vol. 8 (Nr. 2), S. P1–P10. https://doi.org/10.2308/ciia-50895

Glover, S. M./Prawitt, D. F./Taylor, M. H. (2009): Audit Standard Setting and Inspection for U.S. Public Companies: A Critical Assessment and Recommendations for Fundamental Change, in: AH 2009, Vol. 23 (Nr. 2), S. 221–237. https://doi.org/10.2308/acch.2009.23.2.221

Glover, S. M./Taylor, M. H./Wu, Y.-J. (2015): Mind the Gap: Why do Experts Disagree on the Sufficiency of Audit Evidence Supporting Complex Fair Value Measurements, Working Paper 2015, Brigham Young University et al., S. 1–55. http://dx.doi.org/10.2139/ssrn.2504521

Glover, S. M./Taylor, M. H./Wu, Y.-J. (2017): Current Practices and Challenges in Auditing Fair Value Measurements and Complex Estimates: Implications for Auditing Standards and the Academy, in: AJPT 2017, Vol. 36 (Nr. 1), S. 63–84. https://doi.org/10.2308/ajpt-51514

Goldman, A./Barlev, B. (1974): The Auditor-Firm Conflict of Interests: Its Implications for Independence, in: TAR 1974, Vol. 49 (Nr. 4), S. 707–718.

Goldstein, W. M./Hogarth, R. M. (1997): Judgment and decision research: Some historical context, in: Goldstein, W. M./Hogarth, R. M. (Hrsg.): Research on Judgment and Decision Making. Currents, Connections, and Controversies, Cambridge 1997, S. 3–65.

Gong, Y. F./Kim, S./Harding, N. (2014): Elevating professional scepticism: An exploratory study into the impact of accountability pressure and knowledge of the superior's preferences, in: Managerial Auditing Journal 2014, Vol. 29 (Nr. 8), S. 674–694. https://doi.org/10.1108/MAJ-08-2013-0914

Grabs, S. (2016): Die Verlässlichkeit von Anhangangaben im IFRS-Abschluss. Eine theoretische und empirische Analyse, Wiesebaden 2016. http://dx.doi.org/10.1007/978-3-658-12128-0

Gramling, A. A. (1999): External Auditor's Reliance on Work Performed by Internal Auditors: The Influence of Fee Pressure on This Reliance Decision, in: AJPT 1999, Vol. 18 (Supplement), S. 117–135.

Gramling, A. A./Johnstone, K. M./Mayhew, B. W. (2001): Behavioral Research in Auditing: Past, Present and Future Research, in: Advances in Accounting Behavioral Research 2001, Vol. 4, S. 47–75. http://dx.doi.org/ 10.1016/S1474-7979(01)04068-6

Gray, G. L./Turner, J. L./Coram, P. J./Mock, T. J. (2011): Perceptions and Misperceptions Regarding the Unqualified Auditor's Report by Financial Statement Preparers, Users, and Auditors, in: AH 2011, Vol. 25 (Nr. 4), S. 659–684. https://doi.org/10.2308/acch-50060

Greene, W. H. (2007): Econometric Analysis, 6. Aufl., Upper Saddle River 2007.

Grenier, J. H. (2017): Encouraging Professional Skepticism in the Industry Specialization Era, in: Journal of Business Ethics 2017, Vol. 142 (Nr. 2), S. 241–256. https://doi.org/10.1007/s10551-016-3155-1

Grenier, J. H./Peecher, M. E./Piercey, M. D. (2007): Judging Auditor Negligence: De-biasing Interventions, Outcome Bias, and Reverse Outcome Bias, Working Paper 2007, University of Illinois at Urbana-Champaign et al., S. 1–49. http://dx.doi.org/10.2139/ssrn.1015523

Grenier, J. H./Pomeroy, B./Stern, M. T. (2015): The Effects of Accounting Standard Precision, Auditor Task Expertise, and Judgment Frameworks on Audit Firm Litigation Exposure, in: CAR 2015, Vol. 31. (Nr. 1), S. 336–357. http://dx.doi.org/10.1111/1911-3846.12092

Greving, B. (2009): Messen und Skalieren von Sachverhalten, in: Albers, S./Klapper, D./Konradt, U./Walter, A./Wolf, J. (Hrsg.): Methodik der empirischen Forschung, 3. Aufl., Wiesbaden 2009, S. 65–78. https://doi.org/10.1007/978-3-322-96406-9_5

Griffin, J. B. (2014): The Effects of Uncertainty and Disclosure on Auditors' Fair Value Materiality Decisions, in: JAR 2014, Vol. 52 (Nr. 5), S. 1165–1193. http://dx.doi.org/10.1111/1475-679X.12059

Griffith, E. E. (2016a): Auditors, Specialists, and Professional Jurisdiction in Audits of Fair Values, Working Paper 2016, University of Wisconsin-Madison, S. 1–68. http://dx.doi.org/10.2139/ssrn.2808581

Griffith, E. E. (2016b): When Do Auditors Use Specialists' Work to Develop Richer Problem Representations of Complex Estimates?, Working Paper 2016, University of Wisconsin-Madison, S. 1–49. http://dx.doi.org/10.2139/ssrn.2837962

Griffith, E. E./Hammersley, J. S./Kadous, K. (2015): Audits of Complex Estimates as Verification of Management Numbers: How Institutional Pressures Shape Practice, in: CAR 2015, Vol. 32 (Nr. 3), S. 833–863. http://dx.doi.org/10.1111/1911-3846.12104

Griffith, E. E./Hammersley, J S./Kadous, K./Young, D. (2015): Auditor Mindset and Audits of Complex Estimates, in: JAR 2015, Vol. 53 (Nr. 1), S. 49–77. http://dx.doi.org/10.1111/1475-679X.12066

Griffith, E. E./Kadous, K./Young, D. (2016): How Insights from the "New" JDM Research Can Improve Auditor Judgment: Fundamental Research Questions and Methodological Advice, in: AJPT 2016, Vol. 35 (Nr. 2), S. 1–22. https://doi.org/10.2308/ajpt-51347

Griffith, E. E./Nolder, C. J./Petty, R. E. (2017): The Elaboration Likelihood Model: A Meta-Theory for Synthesizing Auditor Judgment and Decision Making Research, Working Paper 2017, University of Wisconsin-Madison et al., S. 1–42. http://dx.doi.org/10.2139/ssrn.2914387

Guiral, A./Rodgers, W./Ruiz, E./Gonzalo-Angulo, J. A. (2015): Can expertise mitigate auditors' unintentional bias?, in: Journal of International Accounting, Auditing and Taxation 2015, Vol. 24, S. 105–117. https://doi.org/10.1016/j.intaccaudtax.2014.11.002

Gul, F. A. (1991): Size of Audit Fees and Perceptions of Auditors' Ability to Resist Management Pressure in Audit Conflict Situations, in: Abacus 1991, Vol. 27 (Nr. 2), S. 162–172. http://dx.doi.org/10.1111/j.1467-6281.1991.tb00264.x

Guttierez, E./Minutti-Meza, M./Tatum, K. W./Vulcheva, M. (2016): Consequences of changing the auditor's report: Evidence from the U.K., Working Paper 2016, Universidad de Chile et al., S. 1–58.

Hackenbrack, K./Nelson, M. W. (1996): Auditor's Incentives and Their Application of Financial Accounting Standards, in: TAR 1996, Vol. 71 (Nr. 1), S. 43–59.

Hair, J. F./Black, W. C./Babin, B. J./Anderson, R. E. (2014): Multivariate Data Analysis, 7. Aufl., Harlow 2014.

Hales, J. (2007): Directional Preferences, Information Processing, and Investors' Forecasts of Earnings, in: JAR 2007, Vol. 45 (Nr. 3), S. 607–628. http://dx.doi.org/10.1111/j.1475-679X.2007.00247.x

Hammond, K. R. (1980): Human Judgment and Social Policy, Oxford 1996.

Harding, N./Trotman, K. T. (2017): The Effect of Partner Communications of Fraud Likelihood and Skeptical Orientation on Auditors' Professional Skepticism, in: AJPT 2017, Vol. 36 (Nr. 2), S. 111–131. https://doi.org/10.2308/ajpt-51576

Hasselhorn, M. (2010): Metakognition, in: Rost, D. H. (Hrsg.): Handwörterbuch Pädagogische Psychologie, 4. Aufl., Weinheim 2010, S. 541–547.

Hastie, R. (1984): Causes and Effects of Causal Attribution, in: Journal of Personality and Social Psychology 1984, Vol. 46 (Nr. 1), S. 44–56. http://dx.doi.org/10.1037/0022-3514.46.1.44

Hastie, R. (2001): Problems for Judgment and Decision Making, in: Annual Review of Psychology 2001, Vol. 52, S. 653–683. https://doi.org/10.1146/annurev.psych.52.1.653

Hatfield, R. C./Jackson, S. B./Vandervelde, S. D. (2011): The Effects of Prior Auditor Involvement and Client Pressure on Proposed Audit Adjustments, in: Behavioral Research in Accounting 2011, Vol. 23 (Nr. 2), S. 117–130. https://doi.org/10.2308/bria-10064

Hawkins, S. A./Hastie, R. (1990): Hindsight: Biased Judgments of Past Events After the Outcomes Are Known, in: PB 1990, Vol. 107 (Nr. 3), S. 311–327. http://dx.doi.org/10.1037/0033-2909.107.3.311

Hay, D./Knechel, W. R./Willekens, M. (2014): The future of auditing research, in: Hay, D./Knechel, W. R./Willekens, M. (Hrsg.): The Routledge Companion to Auditing, London 2014, S. 351–357.

Haynes, C. M./Jenkins, J. G./Nutt, S. R. (1998): The Relationship Between Client Advocacy and Audit Experience: An Exploratory Analysis, in: AJPT 1998, Vol. 17 (Nr. 2), S. 88–104.

Haynes, C. M./Kachelmeier, S. J. (1998): The Effects of Accounting Contexts on Accounting Decisions: A Synthesis of Cognitive and Economic Perspectives in Accounting Experimentation, in: JAL 1998, Vol. 17, S. 97–136.

Heeb, G./Schlums, J. (2016): Die neue Zweiteilung des Bestätigungsvermerks, in: WP Praxis 2016, Nr. 5, S. 113–118.

Heil, O./Robertson, T. S. (1991): Toward a Theory of Competitive Market-Signaling: A Research Agenda, in: Strategic Management Journal 1991, Vol. 12 (Nr. 6), S. 403–418. http://dx.doi.org/10.1002/smj.4250120602

Heiman, V. B. (1990): Auditor's Assessments of the Likelihood of Error Explanations in Analytical Review, in: TAR 1990, Vol. 65 (Nr. 4), S. 875–890.

Henselmann, K./Seebeck, A. (2017): Was deutsche Abschlussadressaten vom neuen Bestätigungsvermerk erwarten können, in: WPg 2017, Vol. 70 (Nr. 5), S. 237–246.

Herda, D. N./Lavelle, J. J. (2015): Client Identification and Client Commitment in a Privately Held Client Setting: Unique Constructs with Opposite Effects on Auditor Objectivity, in: AH 2015, Vol. 29 (Nr. 3), S. 577–601. https://doi.org/10.2308/acch-51091

Hermann, A./Landwehr, J. R. (2006): Varianzanalyse, in: Hermann, A./Homburg, C./Klarmann, C. (Hrsg.): Handbuch Marktforschung. Methoden – Anwendungen – Praxisbeispiele, 3. Aufl., Wiesbaden 2006, S. 579–606.

Hermanson, S. D./Kerler III, W. A./Rojas, J. D. (2017): An Analysis of Auditors‘ Perceptions Related to Fair Value Estimates, in: The Journal of Corporate Accounting and Finance 2017, Vol. 28 (Nr. 3), S. 18–37. http://dx.doi.org/10.1002/jcaf.22263

Hirst, D. E./Hopkins, P. E. (1998): Comprehensive Income Reporting and Analysts' Valuation Judgments, in: JAR 1998, Vol. 36 (Supplement), S. 47–75. http://dx.doi.org/10.2307/2491306

Hirst, D. E./Hopkins, P. E./Wahlen, J. M. (2004): Fair Values, Income Measurement, and Bank Analysts' Risk and Valuation Judgments, in: TAR 2004, Vol. 79 (Nr. 2), S. 453–472. https://doi.org/10.2308/accr.2004.79.2.453

Hirt, E. R./Markman, K. D. (1995): Multiple Explanation: A Consider-an-Alternative Strategy for Debiasing Judgments, in: Journal of Personality and Social Psychology 1995, Vol. 69 (Nr. 6), S. 1069–1086. http://dx.doi.org/10.1037/0022-3514.69.6.1069

Hoeppner, S./Kirchner, C. (2016): Ex ante versus Ex post Governance: A Behavioral Perspective, in: Review of Law & Economics 2016, Vol. 12 (Nr. 2), S. 227–259. https://doi.org/10.1515/rle-2015-0003

Hoffmann, W.-D. (2016): Die Berichterstattung des Abschlussprüfers von "PIEs", in: StuB 2016, Nr. 4, S. 125–126.

Hoffman, V. B./Patton, J. M. (1997): Accountability, the Dilution Effect, and Conservatism in Auditors‘ Fraud Judgment, in: JAR 1997, Vol. 35 (Nr. 2), S. 227–237. http://dx.doi.org/10.2307/2491362

Hogarth, R. M. (1981): Beyond Discrete Biases: Functional and Dysfunctional Aspects of Judgmental Heuristics, in: PB 1981, Vol. 90 (Nr. 2), S. 197–217. http://dx.doi.org/10.1037/0033-2909.90.2.197

Hogarth, R. M. (1987): Judgment and Choice. The Psychology of Decision, 2. Aufl., Chichester 1987.

Hogarth, R. M. (1991): A Perspective on Cognitive Research in Accounting, in: TAR 1991, Vol. 66 (Nr. 2), S. 277–290.

Hogarth, R. M. (1993): Accounting for Decisions and Decisions for Accounting, in: AOS 1993, Vol. 15 (Nr. 5), S. 407–424. https://doi.org/10.1016/0361-3682(93)90039-9

Hogarth, R. M. (2015): What's a "Good" Decision? Issues in Assessing Procedural and Ecological Quality, in: Keren, G./Wu, G. (Hrsg.): The Wiley Blackwell Handbook of Judgment and Decision Making, Vol. II, Chichester 2015, S. 952–972. http://dx.doi.org/10.1002/9781118468333.ch34

Hogarth, R. M./Einhorn, H. J. (1992): Order Effects in Belief Updating: The Belief-Adjustment Model, in: Cognitive Psychology 1992, Vol. 24 (Nr. 1), S. 1–55. https://doi.org/10.1016/0010-0285(92)90002-J

Houston, R. W. (1999): The Effects of Fee Pressure and Client Risk on Audit Seniors' Time Budget Decisions, in: AJPT 1999, Vol. 18 (Nr. 2), S. 70–86. https://doi.org/10.2308/aud.1999.18.2.70

Hsee, C. K. (1996): Elastic Justification: How Unjustifiable Factors Influence Judgments, in: Organizational Behavior and Human Decision Processes 1996, Vol. 66 (Nr. 1), S. 122–129. https://doi.org/10.1006/obhd.1996.0043

Hummel, T. J./Sligo, J. R. (1971): Empirical Comparison of Univariate and Multivariate Analysis of Variance Procedures, in: PB 1971, Vol. 76 (Nr. 1), S. 49–57. http://dx.doi.org/10.1037/h0031323

Humphrey, C./Loft, A./Woods, M. (2009): The global audit profession and the international financial architecture: Understanding regulatory relationships at a time of financial crisis, in: AOS 2009, Vol. 34 (Nr. 6), S. 810–825. https://doi.org/10.1016/j.aos.2009.06.003

Humphrey, C./Samsonova, A./Siddiqui, J. (2014): Auditing, Regulating and the Expectation Gap, in: Hay, D./Knechel, W. R./Willekens, M. (Hrsg.): The Routledge Companion to Auditing, London 2014, S. 163–183.

Hurley, P. J./Mayhew, B. W./Obermire, K. M. (2016): Realigning Auditor's Accountability: Experimental Evidence, Working Paper 2016, Northeastern University et al., S. 1–30. http://dx.doi.org/10.2139/ssrn.2688417

Hurtt, R. K. (2010): Developement of a Scale to Measure Professional Skepticism, in: AJPT 2010, Vol. 29 (Nr. 1), S. 149–171. https://doi.org/10.2308/aud.2010.29.1.149

Hurtt, R. K./Brown-Liburd, H./Earley, C. E./Krishnamoorthy, G. (2013): Research on Auditor Professional Skepticism: Literature Synthesis and Opportunities for Future Research, in: AJPT 2013, Vol. 32 (Supplement 1), S. 45–97. https://doi.org/10.2308/ajpt-50361

IAASB (Hrsg.) (2015a): Auditor Reporting at a Glance, New York 2015, S. 1–12.

IAASB (Hrsg.) (2015b): Auditor Reporting – Illustrative Key Audit Matters, New York 2015, S. 1–8.

IAASB (Hrsg.) (2016): The IAASB's Project to Revise ISA 540. An Update on the Project and Initial Thinking on the Auditing Challenges Arising From the Adoption of Expected Credit Loss Models, New York 2016, S. 1–34.

IAASB (Hrsg.) (2017): Exposure Draft ISA 540 (Revised). Auditing Accounting Estimates and Related Disclosures, New York 2017, S. 1–91.

Icerman, R. C./Hillison, W. A. (1991): Disposition of Audit-Detected Errors: Some Evidence on Evaluative Materiality, in: AJPT 1991, Vol. 10 (Nr. 1), S. 22–34.

IDW (Hrsg.) (2012): WP Handbuch 2012 – Wirtschaftsprüfung, Rechnungslegung, Prüfung, Band I, 14. Aufl., Düsseldorf 2012.

IDW (Hrsg.) (2016a): Ausstehende Annahme der ISA durch die EU-Kommission, IDW Aktuell vom 24.06.2016, abrufbar unter: https://www.idw.de/idw/idw-aktuell/ausstehende-annahme-der-isa-durch-die-eu-kommission/88132 (zuletzt abgerufen am 22.06.2016).

IDW (Hrsg.) (2016b): EU-Regulierung der Abschlussprüfung. IDW Positionspapier zu Inhalten und Zweifelsfragen der EU-Verordnung und der Abschlussprüferrichtlinie, erstmalig überarbeitete Fassung vom 11.04.2016, S. 1–92.

IDW (Hrsg.) (2016c): Neue IDW PS-Reihe zum Bestätigungsvermerk vom 29.12.2016, abrufbar unter: https://www.idw.de/idw/idw-aktuell/neue-idw-ps-reihe-zum-bestaetigungsvermerk/98036 (zuletzt abgerufen am 22.06.2017).

IFAC (Hrsg.) (2012): Statements of Membership Obligations (SMOs) 1-7 (Revised), New York 2012, S. 1–49.

IFAC (Hrsg.) (2015): Basis for Conclusions. Reporting on Audited Financial Statements – New and revised Auditor Reporting Standards and Related Conforming Amendments, New York 2015, S. 1–41.

IFIAR (Hrsg.) (2015): 2014 Annual Report & Accounts, Bern 2015, S. 1–79.

Ijiri, Y./Jaedicke, R. K. (1966): Reliability and Objectivity of Accounting Measurements, in: TAR 1966, Vol. 43 (Nr. 1), S. 474–483.

Iversen, G. R./Norpoth, H. (1987): Analysis of Variance, in: Lewis-Beck, M. S. (Hrsg.): Quantitative Applications in the Social Sciences Series, Nr. 1, 2. Aufl., Newbury Park 1990.

Jaccard, J. (1998): Interaction Effects in Factorial Analysis of Variance, in: Lewis-Beck, M. S. (Hrsg.): Quantitative Applications in the Social Sciences Series, Nr. 118, Thousand Oaks 1998.

Jamal, K. (2008): Building a Better Audit Profession: Align Incentives and Reduce Regulation, in: AP 2008, Vol. 7 (Nr. 2), S. 123–126. http://dx.doi.org/10.1506/ap.7.2.4

Jamal, K. (2012): Dysfunctional Consequences of Disclosure, in: AH 2012, Vol. 26 (Nr. 2), S. 381–383. https://doi.org/10.2308/acch-10262

Jamal, K./Marshall, E./Tan, H. (2016): Does Disclosure of Conflict of Interest Increase or Decrease Bias?, in: AJPT 2016, Vol. 35 (Nr. 1), S. 89–99. https://doi.org/10.2308/ajpt-51018

Jenkins, J. G./Deis, D. R./Bédard, J. C./Curtis, M. B. (2008): Accounting Firm Culture and Governance: A Research Synthesis, in: Behavioral Research in Accounting 2008, Vol. 20 (Nr. 1), S. 45–74. https://doi.org/10.2308/bria.2008.20.1.45

Jenkins, J. G./Haynes, C. M. (2003): The Persuasiveness of Client Preferences: An Investigation of the Impact of Preference Timing and Client Credibility, in: AJPT 2003, Vol. 22 (Nr. 1), S. 143–154. https://doi.org/10.2308/aud.2003.22.1.143

Jenni, K. E./Loewenstein, G. (1997): Explaining the „Identifiable Victim Effect“, in: Journal of Risk and Uncertainty 1997, Vol. 14 (Nr. 3), S. 235–257. https://doi.org/10.1023/A:1007740225484

Jermias, J. (2001): Cognitive dissonance and resistance to change: the influence of commitment confirmation and feedback on judgment usefulness of accounting systems, in: AOS 2001, Vol. 26 (Nr. 2), S. 141–160. https://doi.org/10.1016/S0361-3682(00)00008-8

Joe, J. R. (2003): Why Press Coverage of a Client Influences the Audit Opinion, in: JAR 2003, Vol. 41 (Nr. 1), S. 109–133. http://dx.doi.org/10.1111/1475-679X.00098

Joe, J. R./Vandervelde, S. D./Wu, Y.-J. (2015): Use of Third Party Specialists' Reports When Auditing Fair value Measurements: Do Auditors Stay in their Comfort Zone?, Working Paper 2015, Texas Tech University, S. 1–56. http://dx.doi.org/10.2139/ssrn.2461858

Joe, J./Wright, A./Wright, S. (2011): The Impact of Client and Misstatement Characteristics on the Disposition of Proposed Audit Adjustments, in: AJPT 2011, Vol. 30 (Nr. 2), S. 103–124. https://doi.org/10.2308/ajpt-50007

Johnson, P. E./Jamal, K./Berryman, G. (1989): Audit Judgment Research, in: AOS 1989, Vol. 14 (Nr. 1/2), S. 83–99. https://doi.org/10.1016/0361-3682(89)90035-4

Johnson, V. E./Kaplan, S. E. (1991): Experimental Evidence on the Effects of Accountability on Auditor Judgments, in: AJPT 1991, Vol. 10 (Supplement), S. 96–107.

Johnstone, K M./Sutton, M. H./Warfield, T. D. (2001): Antecedents and Consequences of Independence Risk: Framework for Analysis, in: AH 2001, Vol. 15 (Nr. 1), S. 1–18. https://doi.org/10.2308/acch.2001.15.1.1

Jolls, C./Sunstein, C. R. (2006): Debiasing through Law, in: The Journal of Legal Studies, Vol. 35 (Nr. 1), S. 199–242. https://doi.org/10.1086/500096

Jolls, C./Sunstein, C. R./Thaler, R. (1998): A Behavioral Approach to Law and Economics, in: Stanford Law Review 1998, Vol. 50 (Nr. 5), S. 1471–1550.

Jonassen, D. H./Hung, W. (2012), Problem Solving, in: Seel, N. M. (Hrsg.): Encyclopedia of the Sciences of Learning, New York 2012, S. 2680–2683. https://doi.org/10.1007/978-1-4419-1428-6_208*Jones, D. R./Brown, D./Wheeler, P.* (2001): The Effect of Justification Type on Agreement with a Decision Aid and Judgment Performance, in: Advances in Accounting Behavioral Research 2001, Vol. 4, S. 187–206. http://dx.doi.org/10.1016/S1474-7979(01)04073-X

Joyce, E. J./Biddle, G. C. (1981a): Anchoring and Adjustment in Probabilistic Inference in Auditing, in: JAR 1981, Vol. 19 (Nr. 1), S. 120–145. http://dx.doi.org/10.2307/2490965

Joyce, E. J./Biddle, G. C. (1981b): Are Auditors' Judgments Sufficiently Regressive?, in: JAR 1981, Vol. 19 (Nr. 2), S. 323–349. http://dx.doi.org/10.2307/2490868

Joyce, E. J./Libby, R. (1982): Behavioral Studies of Audit Decision Making, in: 1982, Vol. 1, S. 103–123.

Kachelmeier, S. J./Van Landuyt, B. W. (2016): Prompting the Benefit of the Doubt: The Joint Effect of Auditor-Client Social Bonds and Measurement Uncertainty on Audit Adjustments, Working Paper 2016, University of Texas, S. 1–44.
http://dx.doi.org/10.1111/1475-679X.12171

Kachelmeier, S. J./Schmidt, J. J./Valentine,K. (2017): The Disclaimer Effect of Disclosing Critical Audit Matters in the Auditor's Report, Working Paper 2017, University of Texas at Austin, S. 1–46.

Kadous, K. (2002): Improving Jurors' Evaluations of Auditors in Negligence Cases, in: CAR 2002, Vol. 18 (Nr. 3), S. 425–444. http://dx.doi.org/10.1506/GM8A-HNPH-LL3L-98FY

Kadous, K./Kennedy, J./Peecher, M. E. (2003): The Effect of Quality Assessment and Directional Goal Commitment on Auditors' Accpetance of Client-Preferred Accounting Methods, in: TAR 2003, Vol. 78 (Nr. 3), S. 759–778. https://doi.org/10.2308/accr.2003.78.3.759

Kadous, K./Leiby, J./Peecher, M. E. (2013): How Do Auditors Weight Informal Contrary Advice? The Joint Influence of Advisor Social Bond and Advice Justifiability, in: TAR 2013, Vol. 88 (Nr. 6), S. 2061–2087. https://doi.org/10.2308/accr-50529

Kadous, K./Magro, A. M./Spilker, B. C. (2008): Do Effects of Client Preference on Accounting Professionals' Information Search and Subsequent Judgments Persist with High Practice Risk?, in: TAR 2008, Vol. 83 (Nr. 1), S. 133–156. https://doi.org/10.2308/accr.2008.83.1.133

Kadous, K./Zhou, Y. D. (2016a): How Does Intrinsic Motivation Improve Auditor Skepticism in Complex Audit Tasks?, Working Paper 2016, Emory University, S. 1–45.

Kadous, K./Zhou, Y. D. (2016b): Maximizing the Contribution of JDM-Style Experiments in Accounting, Working Paper 2016, Emory University, S. 1–37. http://dx.doi.org/10.2139/ssrn.2887033

Kahle, J./Pinsker, R./Pennington, R. (2005): Belief Revision in Accounting: A Literature Review of the Belief-Adjustment Model, in: Advances in Accounting Behavioral Research 2005, Vol. 8, S. 1–40. http://dx.doi.org/10.1016/S1475-1488(04)08001-9

Kahn, B. E./Luce, M. F./Nowlis, S. M. (2006): Debiasing Insights from Process Tests, in: Journal of Consumer Research 2006, Vol. 33 (Nr. 1), S. 131–138. https://doi.org/10.1086/500492

Kahneman, D. (1991): Judgment and Decision Making: A Personal View, in: Psychological Science 1991, Vol. 2 (Nr. 3), S. 142–145. https://doi.org/10.1111/j.1467-9280.1991.tb00121.x

Kahneman, D. (2003): Maps of Bounded Rationality: Psychology for Behavioral Economics, in: The American Economic Review 2003, Vol. 93 (Nr. 5), S. 1449–1475.

Kahneman, D./Fredrick, S. (2002): Representativeness Revisited: Attribute Substitution in Intuitive Judgment, in: Gilovich, T./Griffin, D./Kahneman, D. (Hrsg.): Heuristics and Biases. The Psychology of Intuitive Judgment, Cambridge 2002, S. 49–81.

Kahneman, D./Slovic, P./Tversky, A. (Hrsg.) (1982): Judgment under Uncertainty: Heuristics and Biases, Cambridge 1982.

Kahneman, D./Tversky, A. (1972): Subjective Probability: A Judgment of Representativeness, in: Cognitive Psychology 1972, Vol. 3 (Nr. 3), S. 430–454. https://doi.org/10.1016/0010-0285(72)90016-3

Kahneman, D./Tversky, A. (1977): Intuitive Prediction: Biases and Corrective Procedures, Eugene 1977.

Kahneman, D./Tversky, A. (1979): Prospect Theory: An Analysis of Decision under Risk, in: Econometrica 1979, Vol. 47 (Nr. 2), S. 263–291. https://doi.org/10.1142/9789814417358_0006

Kahneman, D./Tversky, A. (1984): Choices, Values and Frames, in: American Psychologist 1984, Vol. 39 (Nr. 4), S. 341–350. https://doi.org/10.1142/9789814417358_0016

Kahneman, D./Tversky, A. (1996): On the Reality of Cognitive Illusions, in: Psychological Review 1996, Vol. 3 (Nr. 3), S. 582–591. http://dx.doi.org/10.1037/0033-295X.103.3.582

Kang, Y. J./Trotman, A. J./Trotman, K. T. (2015): The effect of an Audit Judgment Rule on audit committee members' professional skepticism: the case of accounting estimates, in: AOS 2015, Vol. 46, S. 59–76. https://doi.org/10.1016/j.aos.2015.03.001

Kanodia, C./Sapra, H. (2016): A Real Effects Perspective to Accounting Measurement and Disclosure: Implications and Insights For Future Research, in: JAR 2016, Vol. 54 (Nr. 2), S. 623–676. http://dx.doi.org/10.1111/1475-679X.12109

Kaplan, S. E. (1988): An Examination of the Effect of Presentation Format on Auditors' Expected Value Judgment, in: AH 1988, Vol. 2 (Nr. 3), S. 90–95.

Kaufmann, L./Carter, C. R./Buhrmann, C. (2010): Debiasing the supplier selection decision: a taxonomy and conceptualization, in: IJPDLM 2010, Vol. 40 (Nr. 10), S. 792–821. https://doi.org/10.1108/09600031011093214

Kaya, M. (2009): Verfahren der Datenerhebung, in: Albers, S./Klapper, D./Konradt, U./Walter, A./Wolf, J. (Hrsg.): Methodik der empirischen Forschung, 3. Aufl., Wiesbaden 2009, S. 49–64. https://doi.org/10.1007/978-3-322-96406-9_4

Kaya, M./Himme, A. (2009): Möglichkeiten der Stichprobenbildung, in: Albers, S./Klapper, D./Konradt, U./Walter, A./Wolf, J. (Hrsg.): Methodik der empirischen Forschung, 3. Aufl., Wiesbaden 2009, S. 79–88. https://doi.org/10.1007/978-3-322-96406-9_6

von Keitz, I./Wollmert, P./Oser, P./Wader, D. (2014): Rückstellungen, Eventualverbindlichkeiten und Eventualforderungen (Provisions, Contingent Liabilities and Contingent Assets), in: Baetge et al. (Hrsg.): Rechnungslegung nach IFRS. Kommentar auf Grundlage des deutschen Bilanzrechts, Band 3 Teil B, Stand nach der 30. Ergänzungslieferung 2016, Stuttgart 2014.

Kelley, H. H. (1973): The Processes of Causal Attribution, in: The American Psychologist 1973, Vol. 28 (Nr. 2), S. 107–128. http://dx.doi.org/10.1037/h0034225

Kelton, A. S./Pennington, R. R./Tuttle, B. M. (2010): The Effects of Information Presentation Format on Judgment and Decision Making: A Review of the Information Systems Research, in: Journal of Information Systems 2010, Vol. 24 (Nr. 2), S. 79–105. https://doi.org/10.2308/jis.2010.24.2.79

Kennedy, J. (1993): Debiasing Audit Judgment with Accountability: A Framework and Experimental Results, in: JAR 1993, Vol. 31 (Nr. 2), S. 231–245. http://dx.doi.org/10.2307/2491272

Kennedy, J. (1995): Debiasing the Curse of Knowledge in Audit Judgment, in: TAR 1995, Vol. 70 (Nr. 2), S. 259–273.

Kennedy, J./Kleinmutz, D. N./Peecher, M. E. (1997): Determinants of the Justifiability of Performance in Ill-Structured Audit Tasks, in: JAR 1997, Vol. 35 (Supplement), S. 105–123. http://dx.doi.org/10.2307/2491456

Kenyon, T./Beaulac, G. (2014): Critical Thinking Education and Debiasing, in: Informal Logic 2014, Vol. 34 (Nr. 4), S. 341–363. http://dx.doi.org/10.22329/il.v34i4.4203

Keren, G. (1990): Cognitive Aids and Debiasing Methods: Can Cognitive Pills Cure Cognitive Ills?, in: Caverni, J.-P./Fabre, J.-M./Gonzalez, M. (Hrsg.): Advances in Psychology, Cognitive Biases (Vol. 68), North-Holland 1990, S. 523–552. https://doi.org/10.1016/S0166-4115(08)61341-2

Keren, G. (2011): On the Definition and Possible Underpinning of Framing Effects: A Brief Review and Critical Evaluation, in: Keren, G (Hrsg.): Perspectives on Framing, New York 2011, S. 3–33.

Keren, G./Teigen, K. H. (2009): Yet Another Look at the Heuristics and Bias Approach, in: Koehler, D.J./Harvey, N. (Hrsg.): Blackwell Handbook of Judgment & Decision Making, 3. Aufl., Malden 2009, S. 89–109.

Keren, G./Wu, G. (2015): A Bird's-Eye View of the History of Judgment and Decision Making, in: Keren, G./Wu, G. (Hrsg.): The Wiley Blackwell Handbook of Judgment and Decision Making, Vol. I, Chichester 2015, S. 1–39. http://dx.doi.org/10.1002/9781118468333.ch1

Kerlinger, F. N./Lee, H. B. (2000): Foundations of Behavioral Research, 4. Aufl., Toronto 2000.

Keune, M. B./Johnstone, K. M. (2012): Materiality Judgments and the Resolution of Detected Misstatements: The Role of Managers, Auditors, and Audit Committees, in: TAR 2012, Vol. 87 (Nr. 5), S. 1641–1677. https://doi.org/10.2308/accr-50185

Kim, S./Harding, N. (2017): The Effect of a Superior's Perceived Expertise on the Predecisional Distortion of Evidence by Auditors, in: AJPT 2017, Vol. 36 (Nr. 1), S. 109–127. https://doi.org/10.2308/ajpt-51508

Kim, S./Trotman, K. T. (2015): The comparative effect of process and outcome accountability in enhancing professional scepticism, in: Accounting and Finance 2015, Vol. 55 (Nr. 4), S. 1015–1040. http://dx.doi.org/10.1111/acfi.12084

King, R. (1991): Using Experimental Economics in Auditing Research, in: Ponemon, L. A./Gabhart, D. R. L. (Hrsg.): Auditing. Advances in Behavioral Research, New York 1991, S. 93–112. https://doi.org/10.1007/978-1-4612-3190-5_5

Kinney, W. R./Uecker, W. C. (1982): Mitigating the Consequences of Anchoring in Auditor Judgments, in: TAR 1982, Vol. 57 (Nr. 1), S. 55–69.

Kirchner, C. (2006): Probleme von Ermessensspielräumen in der *fair value*-Bewertung nach Internationalen Rechnungslegungsstandards, in: ZfbF 2006, Vol. 55 (Sonderausgabe), S. 61–78. https://doi.org/10.1007/BF03372951

Kirk. R. E. (2013): Experimental Design. Procedures for the Behavioral Sciences, Thousand Oaks 2013.

Kirsch, H.-J./Dettenrieder, D./Ewelt-Knauer, C./Köhling, K. (2015): Ausmaß der Fair Value-Bewertung – eine deskriptive Analyse der Unternehmen des DAX 30, in: BFuP 2015, Vol. 67 (Nr. 1), S. 1–20.

Klayman, J. (1995): Varieties of Confirmation Bias, in: The Psychology of Learning and Motivation 1995, Vol. 32, S. 385–418. https://doi.org/10.1016/S0079-7421(08)60315-1

Klayman, J./Brown, K. (1993): Debias the environment instead of the judge: an alternative approach to reducing error in diagnostic (and other) judgment, in: Cognition 1993, Vol. 49 (Nr. 1), S. 97–122. https://doi.org/10.1016/0010-0277(93)90037-V

Klayman, J./Ha, Y.-W. (1987): Confirmation, Disconfirmation, and Information in Hypothesis Testing, in: Psychological Review 1987, Vol. 94 (Nr. 2), S. 211–228. http://dx.doi.org/10.1037/0033-295X.94.2.211

Kleinman, G./Anandarajan, A./Medinets, A./Palmon, D. (2010): A theoretical model of cognitive factors that affect auditors' performance and perceived independence, in: International Journal of Behavioural Accounting and Finance 2010, Vol. 1 (Nr. 3), S. 239–267. https://doi.org/10.1504/IJBAF.2010.031318

Knapp, M. C. (1985): Audit Conflict: An Empirical Study of the Perceived Ability of Auditors to Resist Management Pressure, in: TAR 1985, Vol. 60 (Nr. 2), S. 202–211.

Knapp, M./Knapp, C. (2012): Cognitive Biases in Audit Engagements, in: The CPA Journal, June (2012), S. 40–45.

Knechel, W. R./Leiby, J. (2016): If You Want My Advice: Status Motives and Audit Consultations About Accounting Estimates, in: JAR 2016, Vol. 54 (Nr. 5), S. 1331–1364. http://dx.doi.org/10.1111/1475-679X.12150

Knechel, W. R./Messier, W. F. (1990): Sequential auditor decision making: Information search and evidence evaluation, in: CAR 1990, Vol. 6 (Nr. 2), S. 386–406. http://dx.doi.org/10.1111/j.1911-3846.1990.tb00765.x

Koch, C. (2008): Essays on Behavioral Economics and Auditing, Dissertation 2008, Universität Mannheim.

Koch, C./Salterio, S. E. (2015): Effects of Client Pressure and Audit Firm Management Control Systems on Auditor Judgments, Working Paper 2015, Johannes Gutenberg University Mainz et al., S. 1–61. http://dx.doi.org/10.2139/ssrn.2572486

Koch, C./Schmidt, C. (2010): Disclosing conflicts of interest – Do experience and reputation matter?, in: AOS 2010, Vol. 35 (Nr. 1), S. 95–107. https://doi.org/10.1016/j.aos.2009.05.001

Koch, C./Weber, M./Wüstemann, J. (2012): Can Auditors be Independent? Experimental Evidence on the Effects of Client Type, in: EAR 2012, Vol. 21 (Nr. 4), S. 797–823. https://doi.org/10.1080/09638180.2011.629416

Koch, C./Wüstemann, J. (2009): A Review of Bias Research in Auditing: Opportunities for Integrating Experimental Psychology and Experimental Economics, Working Paper 2009, University of Mannheim, S. 1–68. http://dx.doi.org/10.2139/ssrn.1032961

Koch, C./Wüstemann, J. (2014): Experimental Analysis, in: Bovens, M./Goodin, R. E./Schillemans, T. (Hrsg.): The Oxford Handbook of Public Accountability, Oxford 2014, S. 127–142. http://dx.doi.org/10.1093/oxfordhb/9780199641253.013.0003

Koch, S./Worret, S. (2013): Die kritische Grundhaltung des Abschlussprüfers – Zur Notwendigkeit konkretisierender Anforderungen, in: DK 2013, Vol. 11 (Nr. 9), S. 475–485.

Köhler, A. G. (2015): Künftige Anforderungen an den Bestätigungsvermerk des Abschlussprüfers aus europäischer und internationaler Sicht, in: WPg 2015, Vol 68 (Nr. 3), S. 109–113.

Köhler, A. G. (2017): Professional Skepticism – ein Konzept auf dem Prüfstand, in: WPK Magazin 2017, Nr. 1, S. 31–35.

Köhler, A. G./Quick, R./Willekens, M. (2016): The New European Audit Regulation Arena: Discussion of New Rules and Ideas for Future Research, in: International Journal of Auditing 2016, Vol. 20 (Nr. 3), S. 211–214. http://dx.doi.org/10.1111/ijau.12078

Köhler, A./Ratzinger-Sakel, N. V. S./Theis, J. C. (2016): The Effects of Key Audit Matters on the Auditor's Report's Communicative Value: Experimental Evidence from Investment Professionals and Non-professional Investors, Working Paper 2016, University of Duisburg-Essen et al., S. 1–62. http://dx.doi.org/10.2139/ssrn.2838162

Koehler, D. J. (1991): Explanation, Imagination, and Confidence in Judgment, in: PB 1991, Vol. 110 (Nr. 3), S. 499–519. http://dx.doi.org/10.1037/0033-2909.110.3.499

Kohler, U./Kreuterr, F. (2017): Datenanalyse mit Stata. Allgemeine Konzepte der Datenanalyse und ihre praktische Anwendung, 5. Aufl., Berlin 2017.

Koonce, L. (1992): Explanation and Counterexplanation During Audit Analytical Review, in: TAR 1992, Vol. 67 (Nr. 1), S. 59–76.

Koonce, L. (1993): A Cognitive Characterization of Audit Analytical Review, in: AJPT 1993, Vol. 12 (Supplement), S. 57–76.

Koonce, L./Anderson, U./Marchant, G. (1995): Justification of Decisions in Auditing, in: JAR 1995, Vol. 33 (Nr. 2), S. 369–384. http://dx.doi.org/10.2307/2491493

Koonce, L./Mercer, M. (1995): Using Psychology Theory in Archival Financial Accounting Research, in: JAL 1995, Vol. 24, S. 175–214. http://dx.doi.org/10.2139/ssrn.311105

Koonce, L./Seybert, N./Smith, J. (2011): Causal reasoning in financial reporting and voluntary disclosure, in: AOS 2011, Vol. 36 (Nr. 4), S. 209–225. https://doi.org/10.1016/j.aos.2011.03.006

Koriat, A. (2015): Metacognition: Decision making Processes in Self-monitoring and Self-regulation, in: Keren, G./Wu, G. (Hrsg.): The Wiley Blackwell Handbook of Judgment and Decision Making, Vol. I, Chichester 2015, S. 356–379. http://dx.doi.org/10.1002/9781118468333.ch12

Koriat, A./Lichtenstein, S./Fischoff, B. (1980): Reasons for Confidence, in: Journal of Experimental Psychology: Human Learning and Memory 1980, Vol. 6 (Nr. 2), S. 107–118. http://dx.doi.org/10.1037/0278-7393.6.2.107

Kotchetova, N./Salterio, S. (2009): Judgment and Decision-making Accounting Research: A Quest to Improve the Production, Certification, and Use of Accounting Information, in: Koehler, D.J./Harvey, N. (Hrsg.): Blackwell Handbook of Judgment & Decision Making, 3. Aufl., Malden 2009, S. 547–566.

Kowalczyk, T. K./Wolfe, C. J. (1998): Anchoring Effects Associated With Recommendations From Expert Decision Aids: An Experimental Analysis, in: Behavioral Research in Accounting 1998, Vol. 10 (Supplement), S. 147–169.

Kray, L. J./Galinsky, A. D. (2003): The debiasing effect of counterfactual mind-sets: Increasing the search for disconfirmatory information in group decisions, in: Organizational Behavior and Human Decision Processes 2003, Vol. 91 (Nr. 1), S. 69–81. https://doi.org/10.1016/S0749-5978(02)00534-4

Krommes, W. (2015): Handbuch Jahresabschlussprüfung, 4. Aufl., Wiesbaden 2015. http://dx.doi.org/10.1007/978-3-658-07104-2

Kross, E./Ayduk, O. (2017): Self-Distancing: Theory, Research, and Current Dircetions, in: Advances in Experimental Social Psychology 2017, Vol. 55, S. 81–136. https://doi.org/10.1177/0963721411408883

Kubicek, H. (1977): Heuristische Bezugsrahmen und heuristisch angelegte Forschungsdesigns als Element einer Konstruktionsstrategie empirischer Forschung, in: Köhler, R. (Hrsg.): Empirische und handlungstheoretische Forschungskonzeptionen in der Betriebswirtschaftslehre, Stuttgart 1977, S. 3–36.

Kühberger, A./Schulte-Mecklenbeck, M./Ranyard, R. (2015): Introduction: Windows for Understanding the Mind, in: Schulte-Mecklenbeck, M./Kühberger, A./Ranyard, R. (Hrsg.): A Handbook of Process Tracing Methods for Decision Research. A Critical Review and User's Guide, New York 2015, S. 1–17.

Kuehl, R. O. (2000): Design of Experiments: Statistical Principles of Research Design and Analysis, 2. Aufl., Pacific Grove 2000.

Kunda, Z. (1990): The Case for Motivated Reasoning, in: PB 1990, Vol. 108 (Nr. 3), S. 480–498. http://dx.doi.org/10.1037/0033-2909.108.3.480

Kunda, Z./Sinclair, L. (1999): Motivated Reasoning With Stereotypes: Activation, Application, and Inhibition, in: Psychological Inquiry 1999, Vol. 10 (Nr. 1), S. 12–22. https://doi.org/10.1207/s15327965pli1001_2

Kury, Max (2014): Abgabe von Rechenschaft zum Wiederaufbau von Vertrauen – Eine empirische Untersuchung der Berichterstattung von Banken, Köln 2014.

Lachman, R./Lachman, J./Butterfield, E. C. (1979): Cognitive Psychology and Information Processing: An Introduction, Hillsdale 1979.

Larrick, R. P. (2009): Debiasing, in: Koehler, D.J./Harvey, N. (Hrsg.): Blackwell Handbook of Judgment & Decision Making, 3. Aufl., Malden 2009, S. 316–337.

Laux, C./Leuz, C. (2009): The crisis of fair value accounting: Making sense of the recent debate, in: AOS 2009, Vol. 34 (Nr. 6), S. 826–834. https://doi.org/10.1016/j.aos.2009.04.003

Lennox, C. S./Schmidt, J. J./Thompson, A. M. (2016): Is the expanded model of audit reporting informative to investors? Evidence from the UK, Working Paper 2016, University of Southern California et al., S. 1–43. http://dx.doi.org/10.2139/ssrn.2619785

Lenz, H. (1988): Urteil und Urteilsbildung bei betriebswirtschaftlichen Prüfungen. Logische und empirische Analysen zur individuellen Urteilsbildung und eine Kritik der angloamerikanischen Forschung über menschliche Informationsverarbeitung bei betriebswirtschaftlichen Prüfungen, Spardorf 1988.

Lenz, H. (2002): Prüfungstheorie, verhaltensorientierter Ansatz, in: Ballwieser, W./Coenenberg, A. G./v. Wysocki, K. (Hrsg.): HWRP, 3. Aufl., Stuttgart 2002, S. 1924–1938.

Lerner, J. S./Tetlock, P. E. (1999): Accounting for the Effects of Accountability, in: PB 1999, Vol. 125 (Nr. 2), S. 255–275. http://dx.doi.org/10.1037/0033-2909.125.2.255

Lerner, J. S./Tetlock, P. E. (2003): Bridging Individual, Interpersonal, and Institutional Approaches to Judgment and Decision Making: The Impact of Accountability on Cognitive Bias, in: Schneider, S. L./Shanteau, J. (Hrsg.): Emerging Perspectives on Judgment and Decision Research, Cambridge 2003, S. 431–457.

Leuz, C./Wysocki, P.D. (2016): The Economics of Disclosure and Financial Reporting Regulation: Evidence and Suggestions for Future Research, in: JAR 2016, Vol. 54 (Nr. 2), S. 535–622. http://dx.doi.org/10.1111/1475-679X.12115

Levin, I. P./Schneider, S. L./Gaeth, G. J. (1998): All Frames Are Not Created Equal: A Typology and Critical Analysis of Framing Effects, in: Organizational Behavior and Human Decision Processes 1998, Vol. 76 (Nr. 2), S. 149–188. https://doi.org/10.1006/obhd.1998.2804

Lewis, B./Shields, M. D./Young, S. M. (1983): Evaluating Human Judgments and Decision Aids, in: JAR 1983, Vol. 21 (Nr. 1), S. 271–285. http://dx.doi.org/10.2307/2490947

Lherm, F.-R. (2016): The jurisdiction of comfort: Auditing beyond auditability. An investigation into the use of skepticism in the audit of estimates, Working Paper 2016, ESCP Europe, S. 1–60. http://dx.doi.org/10.2139/ssrn.2846963

Libby, R. (1981): Accounting and Human Information Processing: Theory and Applications, Englewood Cliffs 1981.

Libby, R. (1985): Availability and the Generation of Hypotheses in Analytical Review, in: JAR 1985, Vol. 23 (Nr. 2), S. 648–667. http://dx.doi.org/10.2307/2490831

Libby, R. (1991): Experimental Research and the Distinctive Features of Accounting Settings, in: Ponemon, L. A./Gabhart, D. R. L. (Hrsg.): Auditing. Advances in Behavioral Research, New York 1991, S. 1–29. https://doi.org/10.1007/978-1-4612-3190-5_1

Libby, R./Bloomfield, R./Nelson, M. W. (2002): Experimental research in financial accounting, in: AOS 2002, Vol. 27 (Nr. 8), S. 775–810. https://doi.org/10.1016/S0361-3682(01)00011-3

Libby, R./Kinney, W. R. (2000): Does Mandated Audit Communication Reduce Opportunistic Corrections to Manage Earnings to Forecasts?, in: TAR 2000, Vol. 75 (Nr. 4), S. 383–404. https://doi.org/10.2308/accr.2000.75.4.383

Libby, R./Lewis, B L. (1977): Human Information Processing Research in Accounting: The State of the Art, in: AOS 1977, Vol. 2 (Nr. 3), S. 245–268. https://doi.org/10.1016/0361-3682(77)90015-0

Libby, R./Lewis, B. L. (1982): Human Information Processing Research in Accounting: The State of the Art in 1982, in: AOS 1982, Vol. 7 (Nr. 3), S. 231–285. https://doi.org/10.1016/0361-3682(82)90004-6

Libby, R./Lipe, M. G. (1992): Incentives, Effort, and the Cognitive Processes Involved in Accounting-Related Judgements, in: JAR 1992, Vol. 30 (Nr. 2), S. 249–273. http://dx.doi.org/10.2307/2491126

Libby, R./Luft, J. (1993): Determinants of Judgment Performance in Accounting Settings: Ability, Knowledge, Motivation and Environment, in: AOS 1993, Vol. 18 (Nr. 5), S. 425–450. https://doi.org/10.1016/0361-3682(93)90040-D

Libby, R./Trotman, K. T. (1993): The Review Process as a Control for Differential Recall of Evidence in Auditor Judgments, in: AOS 1993, Vol. 18 (Nr. 6), S. 559–574.

https://doi.org/10.1016/0361-3682(93)90003-O

Lichtenstein, S./Fischoff, B./Phillips, L. D. (1982): Calibration of probabilities: The state of the art to 1980, in: Kahneman, D./Slovic, P./Tversky, A. (Hrsg.): Judgment under Uncertainty: Heuristics and Biases, Cambridge 1982, S. 306–334.

Lilienfeld, S. O./Ammirati, R./Landfield, K. (2009): Giving Debiasing Away. Can Psychological Research on Correcting Cognitive Errors Promote Human Welfare?, in: Perspectives on Psychological Science 2009, Vol. 4 (Nr. 4), S. 390–398.
https://doi.org/10.1111/j.1745-6924.2009.01144.x

Lipe, M. G. (1991): Counterfactual Reasoning as a Framework for Attribution Theory, in: PB 1991, Vol. 109 (Nr. 3), S. 456–471. http://dx.doi.org/10.1037/0033-2909.109.3.456

Lockton, D. (2012): Cognitive biases, heuristics and decision-making in design for behaviour change, Working Paper 2012, Brunel University, S. 1–19.
http://dx.doi.org/10.2139/ssrn.2124557

Loewenstein, G./Cain, D. M./Sah, S. (2011): The Limits of Transparency: Pitfalls and Potential of Disclosing Conflicts of Interest, in: American Economic Review 2011, Vol. 101 (Nr. 3), S. 423–428. http://dx.doi.org/10.1257/aer.101.3.423

Loewenstein, G./Sunstein, C. R./Golmann, R. (2014): Disclosure: Psychology Changes Everything, in: Annual Review of Economics 2014, Vol. 6, S. 391–419.
https://doi.org/10.1146/annurev-economics-080213-041341

Lopes, L. L. (1987): Procedural Debiasing, in: Acta Psychologica 1987, Vol. 64 (Nr. 2), S. 167–185. https://doi.org/10.1016/0001-6918(87)90005-9

Lord, A. T. (1992): Pressure: A Methodological Consideration for Behavioral Research in Auditing, in: AJPT 1992, Vol. 11 (Nr. 2), S. 89–108.

Lord, C. G./DeZoort, F. T. (2001): The impact of commitment and moral reasoning on auditors‘ response to social influence pressure, in: AOS 2001, Vol. 26 (Nr. 3), S. 215–235. https://doi.org/10.1016/S0361-3682(00)00022-2

Lord, C. G./Lepper, M. R./Preston, E. (1984): Considering the Opposite: A Corrective Strategy for Social Judgment, in: Journal of Personality and Social Psychology 1984, Vol. 47 (Nr. 6), S. 1231–1243. http://dx.doi.org/10.1037/0022-3514.47.6.1231

Lord, C. G./Ross, L./Lepper, M. R. (1979): Biased Assimilation and Attitude Polarization: The Effects of Prior Theories ob Subsequently Considered Evidence, in: Journal of Personality and Social Psychology 1979, Vol. 37 (Nr. 11), S. 2098–2109.
http://dx.doi.org/10.1037/0022-3514.37.11.2098

Lowe, D. J./Reckers, P. M. J. (2007): The Effects of Hindsight Bias on Jurors' Evaluations of Auditor Decisions, in: Decision Sciences 2007, Vol. 25 (Nr. 3), S. 401–426.
http://dx.doi.org/10.1111/j.1540-5915.1994.tb00811.x

Lüdenbach, N./Hoffmann, W.-D./Freiberg J. (2016): § 21 Rückstellungen, Verbindlichkeiten in: Lüdenbach, N./Hoffmann, W.-D./Freiberg (Hrsg.): Haufe IFRS-Kommentar, 14. Aufl., Freiburg 2016, S. 1000–1094.

Lundholm, R. J. (1999): Reporting on the Past: A New Approach to Improving Accounting Today, in: AH 1999, Vol. 13 (Nr. 4), S. 315–322. https://doi.org/10.2308/acch.1999.13.4.315

Maines, L. A./McDaniel, L. A. (2000): Effects of Comprehensive-Income Characteristics on Nonprofessional Investors' Judgments: The Role of Financial-Statement Presentation Format, in: TAR 2000, Vol. 75 (Nr. 2), S. 179–207. https://doi.org/10.2308/accr.2000.75.2.179

Maines, L. A./Salamon, G. L./Sprinkle, G. B. (2006): An Information Economic Perspective on Experimental Accounting Research, in: Behavioral Research in Accounting 2006, Vol. 18, S. 85–102. https://doi.org/10.2308/bria.2006.18.1.85

Maksymov, E./Nelson, M. W./Kinney, W. R. (2017): Budgeting Audit Time: Effects of Procedure Frame and Perceived Procedure Verifiability, Working Paper 2017, Arizona State University et al., S. 1–45. http://dx.doi.org/10.2139/ssrn.2066160

Mala, R./Chand, P. (2015): Judgment- and Decision Making Research in Auditing: Future Research Implications of Person, Task, and Environment Perspective, in: AP 2015, Vol. 14 (Nr. 1), S. 1–50. http://dx.doi.org/10.1111/1911-3838.12040

Marten, K.-U./Quick, R./Ruhnke, K. (2015): Wirtschaftsprüfung, 5. Aufl., Stuttgart 2015.

Martin, R. D./Rich, J. S./Wilks, T. J. (2006): Auditing Fair Value Measurements: A Synthesis of Relevant Research, in: AH 2006, Vol. 20 (Nr. 3), S. 287–303. https://doi.org/10.2308/acch.2006.20.3.287

Mauldin, E. G./Wolfe, C. J. (2014): How Do Auditors Address Control Deficiencies that Bias Accounting Estimates?, in: CAR 2014, Vol. 31 (Nr. 3), S. 658–680. http://dx.doi.org/10.1111/1911-3846.12051

Maxwell, S. E./Delaney, H. D. (2003): Designing Experiments and Analyzing Data. A Model Comparison Perspective, 2. Aufl., New York 2003.

Mayer, V. (2009): Motivationstheorien, in: Schwaiger, M./Meyer, A. (Hrsg.): Theorien und Methoden der Betriebswirtschaft. Handbuch für Wissenschaftler und Studierende, München 2009, S. 223–249. http://dx.doi.org/10.15358/9783800644377_226

Maynes, J. (2015): Critical Thinking and Cognitive Bias, in: Informal Logic 2015, Vol. 35 (Nr. 2), S. 183–203. http://dx.doi.org/10.22329/il.v35i2.4187

McDaniel, L. S./Hand, J. R. M. (1996): The Value of Experimental Methods for Practice-Relevant Accounting Research, in: CAR 1996, Vol. 13 (Nr. 1), S. 339–351. http://dx.doi.org/10.1111/j.1911-3846.1996.tb00504.x

McDaniel, L. S./Kinney, W. R. (1995): Expectation-Formation Guidance in the Auditor's Review of Interim Financial Information, in: JAR 1995, Vol. 33 (Nr. 1), S. 59–76. http://dx.doi.org/10.2307/2491292

McEwen, R. A./Welsh, M. J. (2001): The Effects of Bias on Decision Usefulness: A Review of Behavioral Financial Accounting Research, in: Advances in Accounting Behavioral Research 2001, Vol. 4, S. 3–24. http://dx.doi.org/10.1016/S1474-7979(01)04066-2

McMillan, J. J./White, R. A. (1993): Auditor's Belief Revisions and Evidence Search: The Effect of Hypothesis Frame, Confirmation Bias, and Professional Skepticism, in: TAR 1993, Vol. 68 (Nr. 3), S. 443–465.

Menzefricke, U./Smieliauskas, W. (2015): Are All Accounting Estimates Auditable? Some Evidence on Estimated Returns in Pension Accounting, Working Paper 2015, University of Toronto, S. 1–58. http://dx.doi.org/10.2139/ssrn.2715839

Mertins, L./Salbador, D./Long, J. H. (2013): The outcome effect – A review and implications for future research, in: JAL 2013, Vol. 31, S. 2–30. https://doi.org/10.1016/j.acclit.2013.06.002

Messier, W. F. (1995): Research in and developement of audit decision aids, in: Ashton, R. H./Ashton, A. H. (Hrsg.): Judgment and decision-making research in accounting and auditing, Cambridge 1995, S. 207–228. https://doi.org/10.1017/CBO9780511720420.010

Messier, W. F. (2010): Opportunities for Task-Level Research within the Audit Process, in: International Journal of Auditing 2010, Vol. 14 (Nr. 3), S. 320–328. http://dx.doi.org/10.1111/j.1099-1123.2010.00420.x

Messier, W. F./Quick, L. A./Vandervelde, S. D. (2014): The influence of process accountability and accounting standard type on auditor usage of a status quo heuristic, in: AOS 2014, Vol. 39 (Nr. 1), S. 59–74. https://doi.org/10.1016/j.aos.2013.12.002

Messier, W. F./Quilliam, W. C. (1992): The Effect of Accountability on Judgment: Development of Hypotheses for Auditing, in: AJPT 1992, Vol. 11 (Supplement), S. 123–138.

Messier, W. F./Schmidt, M. (2015): Offsetting misstatements: The effect of client pressure and materiality on auditors' judgments, Working Paper 2015, University of Nevada et al., S. 1–28. http://dx.doi.org/10.2139/ssrn.2671445

Michel, M. (2016): Wesentlichkeitsallokation im Rahmen der Konzernabschlussprüfung. Eine theoretische und empirische Analyse, Wiesbaden 2016. http://dx.doi.org/10.1007/978-3-658-13269-9

Milkman, K. L./Chugh, D./Bazerman, M. H. (2009): How can Decision Making be Improved?, in: Perspectives on Psychological Science 2009, Vol. 4 (Nr. 4), S. 379–383. https://doi.org/10.1111/j.1745-6924.2009.01142.x

Miller, D. T./Effron, D. A. (2010): Psychological License: When It Is Needed and How It Functions, in: Advances in Experimental Social Psychology 2010, Vol. 43, S. 117–157. https://doi.org/10.1016/S0065-2601(10)43003-8

Miller, D. T./Ross, M. (1975): Self-Serving Biases in the Attribution of Causality: Fact or Fiction?, in: PB 1975, Vol. 82 (Nr. 2), S. 213–225. http://dx.doi.org/10.1037/0033-295X.101.2.343

Miller, G. A. (1956): The Magical Number Seven, Plus or Minus Two: Some Limits on Our Capacity for Processing Information, in: The Psychological Review 1956, Vol. 63 (Nr. 2), S. 81–97. http://dx.doi.org/10.1037/h0043158

Milligan, G. W./Wong, D. S./Thompson, P. A. (1987): Robustness Properties of Nonorthogonal Analysis of Variance, in: PB 1987, Vol. 101 (Nr. 3), S. 464–470. http://dx.doi.org/10.1037/0033-2909.101.3.464

Mitchell, M. N. (2012): Interpreting and Visualizing Regression Models Using Stata, College Station 2012.

Mitchell, M. N. (2015): Stata for the Behavioral Sciences, College Station 2015.

Mock, T. J./Bédard, J./Coram, P. J./Davis, S. M./Espahbodi, R./Warne, R. C. (2013): The Audit Reporting Model: Current Research Synthesis and Implications, in: AJPT 2013, Vol. 32 (Supplement 1), S. 323–351. https://doi.org/10.2308/ajpt-50294

Mock, T. J./Fukukawa, H. (2016): Auditor's Risk Assessments: The Effects of Elicitation Approach and Assertion Framing, in: Behavioral Research in Accounting 2016, Vol. 28 (Nr. 2), S. 75–84. https://doi.org/10.2308/bria-51326

Mong, S./Roebuck, P. (2005): Effect of audit report disclosure on auditor litigation risk, in: Accounting and Finance 2005, Vol. 45 (Nr. 1), S. 145–169. http://dx.doi.org/10.1111/j.1467-629x.2004.00124.x

Monin, B./Miller, D. T. (2001): Moral Credentials and the Expression of Prejudice, in: Journal of Personality and Social Psychology 2001, Vol. 81 (Nr. 1), S. 33–43. http://dx.doi.org/10.1037/0022-3514.81.1.33

Montague, N. (2010): The Effects of Directional Audit Guidance and Estimation Uncertainty on Auditor Confirmation Bias and Professional Skepticism When Evaluating Fair Value Estimates, Dissertation 2010, University of South Florida.

Montibeller, G./von Winterfeldt, D. (2015): Cognitive and Motivational Biases in Decision and Risk Analysis, in: Risk Analysis 2015, Vol. 35 (Nr. 7), S. 1230–1251. http://dx.doi.org/10.1111/risa.12360

Moore, D. A./Tetlock, P. E./Tanlu, L./Bazerman, M. H. (2006): Conflicts of Interest and the Case of Auditor Independence: Moral Seduction and Strategic Issue Cycling, in: Academy of Management Review 2006, Vol. 31 (Nr. 1), S. 10–29. http://dx.doi.org/10.5465/AMR.2006.19379621

Moreno, K./Bhattacharjee, S. (2003): The Impact of Pressure from Potential Client Business Opportunities on the Judgments of Auditors across Professional Ranks, in: AJPT 2003, Vol. 22 (Nr. 1), S. 13–28. https://doi.org/10.2308/aud.2003.22.1.13

Morewedge, C. K./Yoon, H./Scopelliti, I./Symborski, C. W./Korris, J. H./Kassam, K. S. (2015): Debiasing Decisions: Improved Decision Making With a Single Training Intervention, in: Policy Insights from the Behavioral and Brain Sciences 2015, Vol. 2 (Nr. 1), S. 129–140. https://doi.org/10.1177/2372732215600886

Moser, D. V. (1998): Using an Experimental Economics Approach in Behavioral Accounting Research, in: Behavioral Research in Accounting 1998, Vol. 10 (Supplement), S. 94–110.

Müller, M. A./Riedl, E. J./Sellhorn, T. (2015): Recognition versus Disclosure of Fair Values, in: TAR 2015, Vol. 90 (Nr. 6), S. 2411–2447. https://doi.org/10.2308/accr-51044

Müsseler, J./Rieger, M. (Hrsg.) (2017): Allgemeine Psychologie, 3. Aufl., Berlin 2017. http://dx.doi.org/10.1007/978-3-642-53898-8

Mulgan, R. (2000): 'Accountability': An Ever-Expanding Concept?, in: Public Administration 2000, Vol. 78 (Nr. 3), S. 555–573. http://dx.doi.org/10.1111/1467-9299.00218

Mussweiler, T./Strack, F./Pfeiffer, T. (2000): Overcoming the Inevitable Anchoring Effect: Considering the Opposite Compensates for Selective Accessibility, in: Personality and Social Psychology Bulletin 2000, Vol. 26 (Nr. 9), S. 1142–1150. https://doi.org/10.1177/01461672002611010

Mynatt, C. R./Doherty, M. E./Tweney, R. D. (1977): Confirmation Bias in a Simulated Research Environment: A Experimental Study of Scientific Inference, in: Quarterly Journal of Experimental Psychology 1977, Vol. 29 (Nr. 1), S. 85–95.
https://doi.org/10.1080/00335557743000053

Naumann, K.-P. (2017): Kapitel A. Beruf und Dienstleistungen des Wirtschaftsprüfers, in: IDW (Hrsg.) (2017): WP Handbuch. Wirtschaftsprüfung und Rechnungslegung, 15. Aufl., Düsseldorf 2017, S. 1–182.

Nelson, M. W. (2003): Behavioral Evidence on the Effects of Principles- and Rules-Based Standards, in: AH 2003, Vol. 17 (Nr. 1), S. 91–104. https://doi.org/10.2308/acch.2003.17.1.91

Nelson, M. W. (2004): A Review of Experimental and Archival Conflicts-of-Interest Research in Auditing, Working Paper 2004, Cornell University, S. 1–38.
http://dx.doi.org/10.2139/ssrn.511383

Nelson, M. W. (2006): Ameliorating Conflicts of Interest in Auditing: Effects of Recent Reforms on Auditors and Their Clients, in: Academy of Management Review 2006, Vol. 31 (Nr. 1), S. 30–42. http://dx.doi.org/10.5465/AMR.2006.19379622

Nelson, M. W. (2009): A Model and Literature Review of Professional Skepticism in Auditing, in: AJPT 2009, Vol. 28 (Nr. 2), S. 1–34. https://doi.org/10.2308/aud.2009.28.2.1

Nelson, M. W./Elliott, J A./Tarpley, R. L. (2002): Evidence from Auditors about Managers' and Auditors' Earnings Management Decisions, in: TAR 2002, Vol. 77 (Supplement), S. 175–202. https://doi.org/10.2308/accr.2002.77.s-1.175

Nelson, M./Kinney, W. R. (1997): The Effect of Ambiguity on Loss Contingency Reporting Judgments, in: TAR 1997, Vol. 72 (Nr. 2), S. 257–274.

Nelson, M. W./Smith, S. D./Palmrose, Z. (2005): The Effect of Quantitative Materiality Approach on Auditors' Adjustment Decisions, in: TAR 2005, Vol. 80 (Nr. 3), S. 897–920.
https://doi.org/10.2308/accr.2005.80.3.897

Nelson, M. W./Tan, H.-J. (2005): Judgment and Decision Making Research in Auditing: A Task, Person, and Interpersonal Interaction Perspective, in AJPT 2005, Vol. 24 (Supplement), S. 41–71. https://doi.org/10.2308/aud.2005.24.s-1.41

Newell, A./Simon, H. A. (1972): Human Problem Solving, Englewood Cliffs, New York 1972.

Newell, B. R. (2013): Judgment under Uncertainty, in: Reisberg, D. (Hrsg.): The Oxford Handbook of Cognitive Psychology, Oxford 2013, S. 604–617.
http://dx.doi.org/10.1093/oxfordhb/9780195376746.013.0038

Ng, T. B. (2007): Auditors' Decisions on Audit Differences that Affect Significant Earnings Thresholds, in: AJPT 2007, Vol. 26 (Nr. 1), S. 71–89.
https://doi.org/10.2308/aud.2007.26.1.71

Ng, T. B./Tan, H. (2007): Effects of Qualitative Factor Salience, Expressed Client Concern, and Qualitative Materiality Tresholds on Auditors' Audit Adjustment Decision, in: CAR 2007, Vol. 24 (Nr. 4), S. 1171–1192. http://dx.doi.org/10.1506/car.24.4.5

Nichols, D. R./Price, K. H. (1976): The Auditor-Firm Conflict: An Analysis Using Concepts of Exchange Theory, in: TAR 1976, Vol. 51 (Nr. 2), S. 335–346.

Nickerson, R. S. (1998): Confirmation Bias: A Ubiquitous Phenomenon in Many Guises, in: Review of General Psychology 1998, Vol. 2 (Nr. 2), S. 175–220. http://dx.doi.org/10.1037/1089-2680.2.2.175

Nisbett, R. E./Ross, L. (1980): Human Inference: Strategies and Shortcomings of Social Judgment, Englewood Cliffs 1980.

Nisbett, R. E./Wilson, T. D. (1977): The Halo Effect: Evidence for Unconscious Alteration of Judgments, in: Journal of Personality and Social Psychology 1997, Vol. 35 (Nr. 4), S. 250–256. http://dx.doi.org/10.1037/0022-3514.35.4.250

Nisbett, R. E./Zukier, H./Lemley, R. E. (1981): The Dilution Effect: Nondiagnostic Information Weakens the Implications of Diagnostic Information, in: Cognitive Psychology 1981, Vol 13 (Nr. 2), S. 248–277. https://doi.org/10.1016/0010-0285(81)90010-4

Nolder, C. J. (2012): The Role of Professional Skepticism, Attitudes, and Emotions on Auditor's Judgments, Dissertation 2012, Bentley University, S. 1–140.

Nolder, C. J./Kadous, K. (2017): Grounding Measurement of Professional Skepticism in Mindset and Attitude Theory: A Way Forward, Working Paper 2017, Suffolk University et al., S. 1–44. http://dx.doi.org/10.2139/ssrn.2524573

O'Donnell, E./Schultz, J. J. (2005): The Halo Effect in Business Risk Audits: Can Strategic Risk Assessment Bias Auditor Judgment about Accounting Details?, in: TAR 2005, Vol. 80 (Nr. 3), S. 921–939. https://doi.org/10.2308/accr.2005.80.3.921

Oehlert, G. W. (2010): A First Course in Design and Analysis of Experiments, o.A.

Oppenheimer, D. M./Kelso, E. (2015): Information Processing as a Paradigm for Decision Making, in: Annual Review of Psychology 2015, Vol. 66, S. 277–294. https://doi.org/10.1146/annurev-psych-010814-015148

Ortegren, M./Downen, T./Kim, S. (2016): Linking Skeptical Judgment with Skeptical Action: Consideration of Potentially Influential Client and Professional Factors, Working Paper 2016, Southern Illinois University et al., S. 1–39. http://dx.doi.org/10.2139/ssrn.2727864

Pampel, F. C. (2000): Logistic Regression. A Primer, in: Lewis-Beck, M. S. (Hrsg.): Quantitative Applications in the Social Sciences Series, Nr. 132, Thousand Oaks 2000.

Pannese, D./DelFavero, A. (2010): Fair Value Accounting: Affect On The Auditing Profession, in: The Journal of Applied Business Research 2010, Vol. 26 (Nr. 3), S. 43–50.

Pany, K./Reckers, P. M. J. (1987): Within- Vs. Between-Subjects Experimental Designs: A Study of Demand Effects, in: AJPT 1987, Vol. 7 (Nr. 1), S. 39–53.

Parlee, M. C./Rose, J. M./Thibodeau, J. C. (2014): Metaphors and Auditor Professional Judgment: Can Non-Conscious Primes Activate Professionally Skeptical Mindsets? Working Paper 2014, Bentley University, S. 1–34.

Pawelzik,, K. U./Theile, C. (2012): Rückstellungen (IAS 37) in: Heuser, P. J./Theile, C. (Hrsg.): IFRS Handbuch. Einzel- und Konzernabschluss, 5. Aufl. 2012, S. 638–666.

Payne, E. A./Ramsay, R. J. (2008): Audit Documentation Methods: A Path model of Cognitive Processing, Memory, and Performance, in: AJPT 2008, Vol. 27 (Nr. 1), S. 151–168. https://doi.org/10.2308/aud.2008.27.1.151

Payne, J. W. (1982): Contingent Decision Behavior, in: PB 1982, Vol. 92 (Nr. 2), S. 382–402. http://dx.doi.org/10.1037/0033-2909.92.2.382

Payne, J. W./Bettman, J. R./Johnson, E. J. (1992): Behavioral Decision Research: A Constructive Processing Perspective, in: Annual Review of Psychology 1992, Vol. 43, S. 87–131. https://doi.org/10.1146/annurev.ps.43.020192.000511

Payne, J. W./Bettman, J. R./Luce, M. F. (1998): Behavioral Decision Research: An Overview, in: Birnbaum, M. H. (Hrsg.): Measurement, Judgment, and Decision Making, 2. Aufl., San Diego 1998, S. 303–359.

PCAOB (Hrsg.) (2008): Report on the PCAOB's 2004, 2005, 2006 and 2007 inspections of domestic annually inspected firms, Release No, 2008-008, Washington 2008.

PCAOB (Hrsg.) (2011): Concept Release on possible revisions to PCAOB standards related to reports on audited financial statements and related amendments to PCAOB standards, Release No. 2011-003, Washington 2011.

PCAOB (Hrsg.) (2013a): Report on 2007-2010 inspections of domestic firms that audit 100 or fewer public companies, Washington 2013.

PCAOB (Hrsg.) (2013b): Proposed Auditing Standards – The Auditor's Report on an Audit of Financial Statements When the Auditor Expresses an Unqualified Opinion; The Auditor's Responsibilities Regarding Other Information in Certain Documents Containing Audited Financial Statements and the Related Auditor's Report; and Related Amendments to PCAOB Standards, Release No. 2013-005, Washington 2013.

PCAOB (Hrsg.) (2016a): Staff Inspection Brief July 2016, Vol. 2016/3, S. 1–19.

PCAOB (Hrsg.) (2016b): Proposed Auditing Standard – The Auditor's report on an Audit of Financial Statements when the Auditor Expresses an Unqualified Opinion and Related Amendments to PCAOB Standards, Release No. 2016-003, Washington 2016.

Peecher, M. E. (1996): The Influence of Auditors' Justification Processes on Their Decisions: A Cognitive Model and Experimental Evidence, in: JAR 1996, Vol. 34 (Nr. 1), S. 125–140. http://dx.doi.org/10.2307/2491335

Peecher, M. E./Kleinmutz, D. N. (1991): Discussion of Experimental Evidence on the Effects of Accountability on Auditor Judgments, in: AJPT 1991, Vol. 10 (Supplement), S. 108–113.

Peecher, M. E./Solomon, I. (2001): Theory and Experimentation in Studies of Audit Judgments and Decisions: Avoiding Common Research Traps, in: International Journal of Auditing 2001, Vol. 5 (Nr. 3), S. 193–203. http://dx.doi.org/10.1111/1099-1123.00335

Peecher, M. E./Solomon, I./Trotman, K. T. (2013): An accountability framework for financial statement auditors and related research questions, in: AOS 2013, Vol. 38 (Nr. 8), S. 596–620. https://doi.org/10.1016/j.aos.2013.07.002

Pei, B. K. W./Reed, S. A./Koch, B. S. (1992): Auditor Belief Revisions in a Performance Auditing Setting: An Application of the Belief-Adjustment Model, in: AOS 1992, Vol. 17 (Nr. 2), S. 169–183. https://doi.org/10.1016/0361-3682(92)90009-H

Pelzer, J. R. E. (2016): Understanding Barriers to Critical Audit Matter Effectiveness: A Qualitative and Experimental Approach, Dissertation 2016, Florida State University, S. 1–130.

Pennington, N./Hastie, R. (1986): Evidence Evaluation in Complex Decision Making, in: Journal of Personality and Social Psychology 1986, Vol. 51 (Nr. 2), S. 242–258. http://dx.doi.org/10.1037/0022-3514.51.2.242

Pennington, R./Schafer, J. K./Pinsker, R. (2017): Do Auditor Advocacy Attitudes Impede Audit Objectivity?, in: Journal of Accounting, Auditing & Finance 2017, Vol. 32 (Nr. 1), S. 136–151. https://doi.org/10.1177/0148558X16641862

Peters, J. M. (1993): Decision Making, Cognitive Science and Accounting: An Overview of the Intersection, in: AOS 1993, Vol. 18 (Nr. 5), S. 383–405. https://doi.org/10.1016/0361-3682(93)90038-8

Peterson, B. K./Wong-On-Wing, B. (2000): An Examination of the Positive Test Strategy in Auditors' Hypothesis Testing, in: Behavioral Research in Accounting 2000, Vol. 12, S. 257–277.

Petty, R. E./Cacioppo, J. T. (1986): The Elaboration Likelihood Model of Persuasion, in: Advances in Experimental Social Psychology 1986, Vol. 19, S. 123–205. https://doi.org/10.1016/S0065-2601(08)60214-2

Peytcheva, M./Gillett, P. R. (2011): How Partners' Views Influence Auditor Judgment, in: AJPT 2011, Vol. 30 (Nr. 4), S. 285–301. https://doi.org/10.2308/ajpt-10170

Philipps, H. (2017a): Besonders wichtige Prüfungssachverhalte im Bestätigungsvermerk (IDW EPS 401). Überblick und Umsetzungsbeispiel, in: WP Praxis 2017, Nr. 3, S. 70–75.

Philipps, H. (2017b): Neuerungen beim Bestätigungsvermerk zum Jahresabschluss und Lagebericht bei PIE (IDW EPS 400 n.F.) in: WP Praxis 2017, Nr. 5, S. 109–117.

Phillips, J. K./Klein, G./Sieck, W. R. (2009): Expertise in Judgment and Decision Making: A Case for Training Intuitive Decision Skills, in: Koehler, D.J./Harvey, N. (Hrsg.): Blackwell Handbook of Judgment & Decision Making, 3. Aufl., Malden 2009, S. 297–315.

Pfister, H.-R./Jungermann, H./Fischer, K. (2017): Die Psychologie der Entscheidung. Eine Einführung, 4. Aufl., Berlin 2017. http://dx.doi.org/10.1007/978-3-662-53038-2

Pföhler, M./Kunellis, A./Knappe, I. (2016): Die Berichterstattung über Key Audit Matters im Bestätigungsvermerk des Abschlussprüfers, in: WP Praxis 2016, Nr. 3, S. 57–63.

Piercey, M. D. (2009): Motivated reasoning and verbal vs. numerical probability assessment: Evidence from an accounting context, in: Organizational Behavior and Human Decision Processes 2009, Vol. 108 (Nr. 2), S. 330–341. https://doi.org/10.1016/j.obhdp.2008.05.004

Piercey, M. D. (2011): Documentation Requirements and Quantified versus Qualitative Audit Risk Assessments, in: AJPT 2011, Vol. 30 (Nr. 4), S. 223–248. https://doi.org/10.2308/ajpt-10171

Pike, B. J./Curtis, M. B./Chui, L. (2013): How does an Initial Expectation Bias Influence Auditors' Application and Performance of Analytical Procedures?, in: TAR 2013, Vol. 88 (Nr. 4), S. 1413–1431. https://doi.org/10.2308/accr-50426

Platt, W. (2015): A practitioners persepective: 2014 AOS Conference on Accounting Estimates, in: AOS 2015, Vol. 46, S. 5–7. https://doi.org/10.1016/j.aos.2015.10.007

Plendl, M. (2017): Kapitel M. Berichterstattung über die Abschlussprüfung, in: IDW (Hrsg.) (2017): WP Handbuch. Wirtschaftsprüfung und Rechnungslegung, 15. Aufl., Düsseldorf 2017, S. 1807–2072.

Plous, S. (1993): The Psychology of Judgment and Decision Making, Philadelphia 1993.

Plumlee, R. D./Rixom, B. A./Rosman, A. J. (2015): Training Auditors to Perform Analytical Procedures Using Metacognitive Skills, in: TAR 2015, Vol. 90 (Nr. 1), S. 351–369. https://doi.org/10.2308/accr-50856

Ponemon, L. A./Gabhart, D. R. L. (1990): Auditor independence judgments: A cognitive-developmental model and experimental evidence, in: CAR 1990, Vol. 7 (Nr. 1), S. 227–251. http://dx.doi.org/10.1111/j.1911-3846.1990.tb00812.x

Power, M. (2003): Auditing and the production of legitimacy, in: AOS 2003, Vol. 28 (Nr. 4), S. 379–394. https://doi.org/10.1016/S0361-3682(01)00047-2

Prakash, P./Rappaport, A. (1977): Information Inductance and Its Significance for Accounting, in: AOS 1977, Vol. 2 (Nr. 1), S. 29–38. https://doi.org/10.1016/0361-3682(77)90005-8

Prentice, R. A. (2000): The case of the irrational auditor: A behavioral insight into securities fraud litigation, in: Northwestern University Law Review 2000, Vol. 95 (Nr. 1), S. 133–219.

Proctor, R. W./Vu, K. L. (2012): Human Information Processing, in: Seel, N. M. (Hrsg.): Encyclopedia of the Sciences of Learning, New York 2012, S. 1458–1460. https://doi.org/10.1007/978-1-4419-1428-6_722

Pronin, E./Gilovich, T./Ross, L. (2006): Objectivity in the Eye of the Beholder: Divergent Perceptions of Bias in Self Versus Others, in: PR 2006, Vol. 111 (Nr. 3), S. 781–799. http://dx.doi.org/10.1037/0033-295X.111.3.781

PWC (Hrsg.) (2017): Will you be second guessed? Applying judgment in the financial reporting process, S. 1–4.

Pyszczynski, T./Greenberg, J. (1987): Toward an Integration of Cognitive and Motivational Perspectives on Social Inference: A Bias Hypothesis-Testing Model, in: Advances in Experimental Psychology 1987, Vol. 20, S. 297–340. https://doi.org/10.1016/S0065-2601(08)60417-7

Quadackers, L./Groot, T./Wright, A. (2014): Auditor's Professional Skepticism: Neutrality versus Presumptive Doubt, in: CAR 2014, Vol. 31 (Nr. 3), S. 639–657. http://dx.doi.org/10.1111/1911-3846.12052

Quick, R. (2015): Die Einschätzung von Bankvorständen zu potenziellen inhaltlichen Erweiterungen des Bestätigungsvermerks, in: WPg 2015, Vol. 68 (Nr. 5), S. 207–217.

Quick, R. (2016a): Abschlussprüfungsreformgesetz (AReG) – Kritische Würdigung zentraler Neuregelungen, in: DB 2016, Nr. 21, S. 1205–1213.

Quick, R. (2016b): Der neue Bestätigungsvermerk – Entscheidungsnützlichkeit oder Informationsüberflutung, in: IRZ 2016, Nr. 5, S. 231–235.

Raghubir, P./Das, S. R. (1999): A Case for Theory-Driven Experimental Enquiry, in: Financial Analysts Journal 1999, Vol. 55 (Nr. 6), S. 56–79. https://doi.org/10.2469/faj.v55.n6.2314

Ranzilla, S./Chevalier, R./Herrmann, G./Glover, S./Prawitt, D. (2011): Elevating Professional Judgment in Auditing and Accounting: The KPMG Professional Judgment Framework, o.A. 2011, S. 1–55.

Rasso, J. T. (2013): Psychological Distance: The Relation Between Construals, Mindsets, and Professional Skepticism, Dissertation 2013, University of South Florida.

Rasso, J. T. (2015): Construal instructions and professional skepticism in evaluating complex estimates, in: AOS 2015, Vol. 46, S. 44–55. https://doi.org/10.1016/j.aos.2015.03.003

Rausch, A./Brauneis, A. (2015): The effect of accountability on management accountants' selection of information, in: Review of Management Science 2015, Vol. 9 (Nr. 3), S. 487–521. https://doi.org/10.1007/s11846-014-0126-8

Redlawsk, D. P./Lau, R. R. (2013): Behavioral Decision-Making, in: Huddy, L./Sears, D. O./Levy, J. S. (Hrsg.): The Oxford Handbook of Political Psychology, 2. Aufl., Oxford 2013, S. 131–164. http://dx.doi.org/10.1093/oxfordhb/9780199760107.013.0005

Reese, E. J. (2012): Techniques for Mitigating Cognitive Biases in Fingerprint Identification, in: UCLA Law Review 2012, Vol. 59, S. 1252–1290.

Reid, L. C./Carcello, J. V./Li, C./Neal, T. L. (2015a): Are Auditor and Audit Committee Report Changes Useful to Investors? Evidence from the United Kingdom, Working Paper 2015, University of Pittsburgh et al., S. 1–52.

Reid, L. C./Carcello, J. V./Li, C./Neal, T. L. (2015b): Impact of Auditor and Audit Committee Report Changes on Audit Quality and Costs: Evidence from the United Kingdom, Working Paper 2015, University of Pittsburgh et al., S. 1–43. http://dx.doi.org/10.2139/ssrn.2647507

Reisch, B. (2015): Umfang und Tiefe der Berichterstattung über Key Audit Matters („KAM") im Bestätigungsvermerk bei der Prüfung von Unternehmen von öffentlichem Interesse („PIEs") – Diskussionsergebnisse, in: WPg 2015, Vol. 68 (Sonderheft 2), S. 45–48.

Rest, J./Cooper, D./Coder, R./Masanz, J./Anderson, D. (1974): Judging the Important Issues in Moral Dilemmas – An Objective Measure of Development, in: Development Psychology 1974, Vol. 10 (Nr. 4), S. 491–501. http://dx.doi.org/10.1037/h0036598

Rich, J. S./Solomon, I./Trotman, K. T. (1997): The Audit Review Process: A Characterization from the Persuasion Perspective, in: AOS 1997, Vol. 22 (Nr. 5), S. 481–505. https://doi.org/10.1016/S0361-3682(97)80165-1

Richter, M. (1999): Konzeptioneller Bezugsrahmen für eine realwissenschaftliche Theorie betriebswirtschaftlicher Prüfungen, in: Richter, M. (Hrsg.): Theorie und Praxis der Wirtschaftsprüfung, Bd. 2, Berlin 1999, S. 263–305.

Robinson, S. N./Curtis, M. B./Robertson, J. C. (2013): A Person-Situation Approach to the Examination of Professional Skepticism: Consideration of Time Pressure and Goal Framing, Working Paper 2013, Sam Houston State University et al., S. 1–55. http://dx.doi.org/10.2139/ssrn.2276478

Roese, N. J. (1997): Counterfactual Thinking, in: PB 1997, Vol. 121 (Nr. 1), S. 133–148. http://dx.doi.org/10.1037/0033-2909.121.1.133

Rohrmann, B. (1978): Empirische Studien zur Entwicklung von Antwortskalen für die sozialwissenschaftliche Forschung, in: Zeitschrift für Sozialpsychologie 1978, Vol. 9, S. 222–245.

Rowe, S. P. (2013): Auditor Judgment Under Uncertainty, Dissertation 2013, University of Illinois at Urbana-Champaign, S. 1–89.

Roy, M. C./Lerch, F. J. (1996): Overcoming Ineffective Mental Representations in Base-rate Problems, in: Information Systems Research 1996, Vol. 7 (Nr. 2), S. 233–247. https://doi.org/10.1287/isre.7.2.233

Ruhnke, K. (1997): Empirische Forschung im Prüfungswesen, in: ZfbF 1997, Vol. 49 (Nr. 4), S. 311–344.

Ruhnke, K. (2000): Normierung der Abschlussprüfung, Stuttgart 2000.

Ruhnke, K. (2003): Nutzen von Abschlussprüfungen: Bezugsrahmen und Einordnung empirischer Studien, in: ZfbF 2003, Vol. 55 (Nr. 3), S. 250–280. https://doi.org/10.1007/BF03372706

Ruhnke, K. (2006): Business Risk Audits: State of the Art und Entwicklungsperspektiven, in: JfB 2006, Vol. 56 (Nr. 4), S. 189–218. https://doi.org/10.1007/s11301-006-0014-7

Ruhnke, K. (2007): Geschäftsrisikoorientierte Prüfung von IFRS-Abschlüssen – Prüfungsansatz, Konkretisierung am Beispiel der Prüfung geschätzter Werte sowie Beurteilung des Ansatzes –, in: KoR 2007, Vol. 10 (Nr. 3), S. 155–166.

Ruhnke, K. (2009): Entdeckung von falschen Angaben in der Rechnungslegung durch den Abschlussprüfer – Bezugsrahmen, Einordnung empirischer Studien der Prüfungsdifferenzforschung und Forschungsperspektiven, in: JfB 2009, Vol. 59 (Nr. 1), S. 61–94. https://doi.org/10.1007/s11301-009-0048-8

Ruhnke, K./Schmidt, M. (2003): Überlegungen zur Prüfung von beizulegenden Zeitwerten, in: WPg 2003, Vol. 56 (Nr. 19), S. 1037–1051.

Ruhnke, K./Schmidt, M. (2015): The Resolution of Audit-Detected Misstatements, Working Paper 2015, Freie Universität Berlin et al., S. 1–40. http://dx.doi.org/10.2139/ssrn.2580084

Russo, J. E./Medvec, V. H./Meloy, M. G. (1996): The Distortion of Information During Decisions, in: Organizational Behavior and Human Decision Processes 1996, Vol. 66 (Nr. 1), S. 102–110. https://doi.org/10.1006/obhd.1996.0041

Salterio, S. (1996): The Effects of Precedents and Client Position on Auditors' Financial Accounting Policy Judgment, in: AOS 1996, Vol. 21 (Nr. 5), S. 467–486. https://doi.org/10.1016/0361-3682(95)00041-0

Salterio, S. (2012): Fifteen years in the trenches: Auditor-client negotiations exposed and explored, in: Accounting and Finance 2012, Vol. 52 (Supplement), S. 233–286. http://dx.doi.org/10.1111/j.1467-629X.2012.00499.x

Salterio, S./Koonce, L. (1997): The Persuasiveness of Audit Evidence: The Case of Accounting Policy Decisions, in: AOS 1997, Vol. 22 (Nr. 6), S. 573–587. https://doi.org/10.1016/S0361-3682(97)00002-0

Salzsieder, L. (2016): Fair Value Opinion Shopping, in: Behavioral Research in Accounting 2016, Vol. 28 (Nr. 1), S. 57–66. https://doi.org/10.2308/bria-51238

Samuelson, W./Zeckhauser, R. (1988): Status Quo Bias in Decision Making, in: Journal of Risk and Uncertainty 1988, Vol. 1 (Nr. 1), S. 7–59. https://doi.org/10.1007/BF00055564

Sanna, L. J./Schwarz, N./Kennedy, L. A. (2009): It's Hard to Imagine: Mental Simulation, Metacognitive Experiences, and the Success of Debiasing, in: Markman, K. D./Klein, W. M. P./Suhr, J. A. (Hrsg.): Handbook of Imagination and Mental Simulation, East Sussex 2009, S. 197–211.

Schedler, A. (1999): Conceptualizing Accountability, in: Schedler, A./Diamond, L./Plattner, M. F. (Hrsg.): The Self-Restraining State. Power and Accountability in New Democracies, London 1999, S. 13–28.

Schepanski, A./Tubbs, R. M./Grimlund, R. A. (1992): Issues of Concern Regarding Within- and Between-Subjects Designs in Behavioral Accounting Research, in: JAL 1992, Vol. 11, S. 121–150.

Schick, A. G./Gordon, L. A./Haka, S. (1990): Information Overload: A Temporal Approach, in: AOS 1990, Vol. 15 (Nr. 3), S. 199–220. https://doi.org/10.1016/0361-3682(90)90005-F

Schindler, J./Haußer, J. (2017): Kapitel L. Die Durchführung der Abschlussprüfung, in: IDW (Hrsg.) (2017): WP Handbuch. Wirtschaftsprüfung und Rechnungslegung, 15. Aufl., Düsseldorf 2017, S. 1423–1806.

Schneider, S. L./Shanteau, J. (2003): Introduction: Where to Decision Making? in: Schneider, S. L./Shanteau, J. (Hrsg.): Emerging Perspectives on Judgment and Decision Research, Cambridge 2003, S. 1–10.

Schreiber, S. M. (2000): Das Informationsverhalten von Wirtschaftsprüfern. Eine Prozessanalyse aus verhaltenswissenschaftlicher Perspektive, Wiesbaden 2000. http://dx.doi.org/10.1007/978-3-663-08332-0

Schrimpf-Dörges, C. E. (2016): § 13 Rückstellungen, in: Driesch, D./Riese, J./Schlüter, J./ Senger, T. (Hrsg.): Beck'sches IFRS-Handbuch, 5. Aufl., München 2016.

Schulz, A. K.-D./Booth, P. (1995): The Effects of Presentation Format on the Effectiveness and Efficiency of Auditors' Analytical Review Judgments, in: Accounting and Finance 1995, Vol. 35 (Nr. 1), S. 107–131. http://dx.doi.org/10.1111/j.1467-629X.1995.tb00279.x

Schwarz, N. (2002): Feelings as Information: Moods Influence Judgments and Processing Strategies, in: Gilovich, T./Griffin, D./Kahneman, D. (Hrsg.) (2002): Heuristics and Biases. The Psychology of Intuitive Judgment, Cambridge 2002, S. 534–547.

Schwind, J. (2011): Die Informationsverarbeitung von Wirtschaftsprüfern bei der Prüfung geschätzter Werte, Wiesbaden 2011. http://dx.doi.org/10.1007/978-3-8349-6225-6

Sedlmeier, P./Renkewitz, F. (2013): Forschungsmethoden und Statistik. Ein Lehrbuch für Psychologen und Sozialwissenschaftler, 2. Aufl., München 2013.

Selling, T. I./Nordlund, B. (2015): The problem of managment bias in accounting estimates: An investor perspective on root causes and solutions, in: BH 2015, Vol. 58 (Nr. 5), S. 501–508. https://doi.org/10.1016/j.bushor.2015.05.003

Seltmann, H. J. (2015): Experimental Design and Analysis, o.A. 2015.

Senger, T./Brune, J. W. (2008): IAS 37. Rückstellungen, Eventualschulden und Eventualforderungen (Provisions, Contigent Liabilities and Contingent Assets), in: Hennrichs, J./Kleindiek, D./Watrin, C. (Hrsg.): Münchner Kommentar zum Bilanzrecht, Band I IFRS, Stand nach der 5. Ergänzungslieferung 2014, München 2008, S. 1–48.

Setiawan, W. Y. (2017): Need for Cognition: Does It Influence Professional Judgment?, in: Review of Integrative Business & Economics Research 2017, Vol. 6 (Nr. 1), S. 240–248.

Shanteau, J. (1989): Cognitive Heuristics and Biases in Behavioral Auditing: Review, Comments and Observations, in: AOS 1989, Vol. 14 (Nr. 1/2), S. 165–177. https://doi.org/10.1016/0361-3682(89)90040-8

Shaub, M. K. (1996): Trust and Suspicion: The Effects of Situational and Dispositional Factors on Auditor's Trust of Clients, in: Behavioral Research in Accounting 1996, Vol. 8, S. 154–174.

Shockley R. A. (1981): Perceptions of Auditors' Independence: An Empirical Analysis, in: TAR 1981, Vol. 56 (Nr. 4), S. 785–800.

Sieck, W./Yates, J. F. (1997): Exposition Effects on Decision Making: Choice and Confidence in Choice, in: Organizational Behavior and Human Decision Processes 1997, Vol. 70 (Nr. 3), S. 207–219. https://doi.org/10.1006/obhd.1997.2706

Siegel-Jacobs, K./Yates, J. F. (1996): Effects of Procedural and Outcome Accountability on Judgment Quality, in: Organizational Behavior and Human Decision Processes 1996, Vol. 65 (Nr. 1), S. 1–17. https://doi.org/10.1006/obhd.1996.0001

Simnett, R./Huggins, A. (2014): Enhancing the Auditor's Report: To What Extent is There Support for the IAASB's Proposed Changes? in: AH 2014, Vol. 28 (Nr. 4), S. 719–747. https://doi.org/10.2308/acch-50791

Simon, H. A. (1955): A Behavioral Model of Rational Choice, in: Quarterly Journal of Economics 1955, Vol. 69 (Nr. 1), S. 99–118. https://doi.org/10.2307/1884852

Simon, H. A. (1956): Rational Choice and the Structure of the Environment, in: PR 1956, Vol. 63 (Nr. 2), S. 129–138. http://dx.doi.org/10.1037/h0042769

Simon, H. A. (1957): Models of Man. Mathematical Essays on Rational Human Behavior in a Social Setting, New York 1957.

Simon, H. A. (1959): Theories of Decision-Making in Economics and Behavioral Science, in: The American Economic Review 1959, Vol. 49 (Nr. 3), S. 253–283.

Simon, H. A. (1979): Rational Decision Making in Business Organizations, in: The American Economic Review 1979, Vol. 69 (Nr. 4), S. 493–513.

Simon, H. A. (1986): Rationality in Psychology and Economics, in: The Journal of Business 1986, Vol. 59 (Nr. 4), S. S209–S224.

Simon, C. A. (2012): Individual Auditors' Identification of Relevant Fraud Schemes, in: AJPT 2012, Vol. 31 (Nr. 1), S. 1–16. https://doi.org/10.2308/ajpt-10169

Sirois, L./Bédard, J./Bera, P. (2016): The Informational Value of Key Audit Matters in the Auditor's Report: Evidence from an Eye-tracking Study, Working Paper 2016, Laval University et al., S. 1–39. http://dx.doi.org/10.2139/ssrn.2469905

Skirk, U. (2017): Der neu gefasste Bestätigungsvermerk, in: WPg 2017, Vol. 70 (Nr. 2), S. 57.

Sloman, S. E. (1996): The Empirical Case for Two Systems Thinking, in: PB 1996, Vol. 119 (Nr. 1), S. 3–22. http://dx.doi.org/10.1037/0033-2909.119.1.3

Sloman, S. A. (2002): Two Systems of Reasoning, in: Gilovich, T./Griffin, D. W./Kahneman, D. (Hrsg.): Heuristics and Biases. The Psychology of Intuitive Judgment, Cambridge 2002, S. 379–396.

Slovic, P./Finuncane, M./Peters, E./MacGregor, D. G. (2002): The Affect Heuristic, in: Gilovich, T./Griffin, D./Kahneman, D. (Hrsg.) (2002): Heuristics and Biases. The Psychology of Intuitive Judgment, Cambridge 2002, S. 397–420.

Slovic, O./Fischoff, B./Lichtenstein, S. (1977): Behavioral Decision Theory, in: Annual Review of Psychology 1977, Vol. 28, S. 1–39. https://doi.org/10.1146/annurev.ps.28.020177.000245

Smieliauskas, W. (2012): Principle-Based Reasoning about Accounting Estimates, in: AP 2012, Vol. 11 (Nr. 4), S. 259–296. http://dx.doi.org/10.1111/1911-3838.12001

Smieliauskas, W. (2015): Auditability of Accounting Estimates and the IASB's Conceptual Framework Exposure Draft, Working Paper 2015, University of Toronto, S. 1–37. http://dx.doi.org/10.2139/ssrn.2715741

Smith, D./Hall, M. (2008): An Empirical Examination of a Three-Component Model of Professional Commitment among Public Accountants, in: Behavioral Research in Accounting 2008, Vol. 21 (Nr. 1), S. 75–92. https://doi.org/10.2308/bria.2008.20.1.75

Smith, J. F./Kida, T. (1991): Heuristics and Biases: Expertise and Task Realism in Auditing, in: PB 1991, Vol. 109 (Nr. 3), S. 472–489. http://dx.doi.org/10.1037/0033-2909.109.3.472

Smith-Lacroix, J./Durocher, S./Gendron, Y. (2012): The erosion of jurisdiction: Auditing in a market value accounting regime, in: Critical Perspectives on Accounting 2012, Vol. 23 (Nr. 1), S. 36–53. https://doi.org/10.1016/j.cpa.2011.09.002

Smith, V. L./Schatzberg, J./Waller, W. S. (1987): Experimental Economics and Auditing, in: AJPT 1987, Vol. 7 (Nr. 1), S. 71–93.

Snyder, M./Swann, W. B. (1978): Hypothesis-Testing Process in Social Interaction, in: Journal of Personality and Social Psychology 1978, Vol. 36 (Nr. 11), S. 1202–1212. http://dx.doi.org/10.1037/0022-3514.36.11.1202

Snyder, M./White, P. (1981): Testing Hypotheses About Other People: Strategies of Verification and Falsification, in: Personality and Social Psychology Bulletin 1981, Vol. 7 (Nr. 1), S. 39–43. https://doi.org/10.1177/014616728171007

Soll, J. B./Milkman, K. L./Payne, J. W. (2015): A User's Guide to Debiasing, in: Keren, G./Wu, G. (Hrsg.): The Wiley Blackwell Handbook of Judgment and Decision Making, Vol. II, Chichester 2015, S. 924–951. http://dx.doi.org/10.1002/9781118468333.ch33

Solomon, I. (1987): Multi-Auditor Judgment/Decision Making Research, in: JAL 1987, Vol. 6, S. 1–25.

Solomon, I./Shields, M. D. (1995): Judgment and decision-making in auditing, in: Ashton, R. H./Ashton, A. H. (Hrsg.): Judgment and decision-making research in accounting and auditing, Cambridge 1995, S. 137–175. https://doi.org/10.1017/CBO9780511720420.008

Solomon, I./Trotman, K. T. (2003): Experimental judgment and decision research in auditing: the first 25 years of AOS, in: AOS 2003, Vol. 28 (Nr. 4), S. 395–412. https://doi.org/10.1016/S0361-3682(02)00023-5

Spence, M. (1973): Job Market Signaling, in: The Quarterly Journal of Economics 1973, Vol. 87 (Nr. 3), S. 355–374. https://doi.org/10.2307/1882010

Spetzler, C. S./Staël von Holstein, C.-A. S. (1975): Probability Encoding in Decision Analysis, in: Management Science 1975, Vol. 22 (Nr. 3), S. 340–358. https://doi.org/10.1287/mnsc.22.3.340

Svanberg, J./Öhman, P. (2015): Auditors' Identification with their clients: Effects on audit quality, in: The British Accounting Review 2015, Vol. 47 (Nr. 4), S. 395–408. https://doi.org/10.1016/j.bar.2014.08.003

Svanberg, J./Öhman, P. (2016): Does Ethical Culture in Audit Firms Support Auditor Objectivity?, in: Accounting in Europe 2016, Vol. 13 (Nr. 1), S. 65–79. https://doi.org/10.1080/17449480.2016.1164324

Swieringa, R. J./Weick, K. E. (1982): An Assessment of Laboratory Experiments in Accounting, in: JAR 1982, Vol. 20 (Supplement), S. 56–101. http://dx.doi.org/10.2307/2674675

Tamhane, A. C. (1996): Multiple Comparisons, in: Ghosh, S./Rao, C. R. (Hrsg.): Handbook of Statistics Vol. 13, Design and Analysis of Experiments, Amsterdam 1996, S. 587–630. https://doi.org/10.1016/S0169-7161(96)13020-0

Tan, C. E. L./Jubb, C. A./Houghton, K. A. (1997): Auditor Judgments: The Effects of the Partner's Views on Decision Outcomes and Cognitive Effort, in: Behavioral Research in Accounting 1997, Vol. 9, S. 157–175.

Tan, H.-T. (1995): Effects of Expectations, Prior Involvement, and Review Awareness on Memory for Audit Evidence and Judgment, in: JAR 1995, Vol 33 (Nr. 1), S. 113–135. http://dx.doi.org/10.2307/2491295

Tan, H.-T./Kao, A. (1999): Accountability Effects of Auditors' Performance: The Influence of Knowledge, Problem-Solving Ability, and Task Complexity, in: JAR 1999, Vol. 37 (Nr. 1), S. 209–223. http://dx.doi.org/10.2307/2491404

Tan, S.-K./Tan, H.-T. (2008): Effects of Exposure to Subsequently Invalidated Evidence on Judgments of Audit Workpaper Preparers and Reviewers, in: CAR 2008, Vol. 25 (Nr. 3), S. 921–946. http://dx.doi.org/10.1506/car.25.3.10

Tepalagul, N./Lin, L. (2015): Auditor Independence and Audit Quality: A Literature Review, in: Journal of Accounting, Auditing & Finance 2015, Vol. 30 (Nr. 1), S. 101–121. https://doi.org/10.1177/0148558X14544505

Tetlock, P. E. (1983a): Accountability and Complexity of Thought, in: Journal of Personality and Social Psychology 1983, Vol. 45 (Nr. 1), S. 74–83. http://dx.doi.org/10.1037/0022-3514.45.1.74

Tetlock, P. E. (1983b): Accountability and the Perseverance of First Impression, in: Social Psychology Quarterly 1983, Vol. 46 (Nr. 4), S. 285–292. http://dx.doi.org/10.2307/3033716

Tetlock, P. E. (1985): Accountability: The Neglected Social Context of Judgment and Choice, in: Research in Organizational Behavior 1985, Vol. 7 (Nr. 1), S. 297–332.

Tetlock, P. E. (1992): The Impact of Accountability on Judgments and Choice: Toward a Social Contingency Model, in: Advances in Experimental Psychology 1992, Vol. 25, S. 331–376. https://doi.org/10.1016/S0065-2601(08)60287-7

Tetlock, P. E./Boettger, R. (1989): Accountability: A Social Magnifier of the Dilution Effect, in: Journal of Personality and Social Psychology 1989, Vol. 57 (Nr. 3), S. 388–398. http://dx.doi.org/10.1037/0022-3514.57.3.388

Tetlock, P. E./Skitka, L./Boettger, R. (1989): Social and Cognitive Strategies for Coping with Accountability: Conformity, Complexity, and Bolstering, in: Journal of Personality and Social Psychology 1989, Vol. 57 (Nr. 4), S. 632–640. http://dx.doi.org/10.1037/0022-3514.57.4.632

Thaler, R. (1980): Towards a Positive Theory of Consumer Choice, in: Journal of Economic Behavior and Organization 1980, Vol. 1 (Nr. 1), S. 39–60. https://doi.org/10.1016/0167-2681(80)90051-7

Thayer, J. (2011): Determinants of Investors' Information Acquisition: Credibility and Confirmation, in: TAR 2011, Vol. 86 (Nr. 1), S. 1–22. https://doi.org/10.2308/accr.00000015

Thomas, H. (1971): The Debiasing of Forecasts in Research and Developement, in: R&D Management 1971, Vol. 1 (Nr. 3), S. 119–123.
http://dx.doi.org/10.1111/j.1467-9310.1971.tb00069.x

Toutenburg, H./Heumann, C. (2008): Induktive Statistik. Eine Einführung mit R und SPSS, 4. Aufl., Berlin 2008. http://dx.doi.org/10.1007/978-3-540-77510-2

Trompeter, G. (1994): The Effect of Partner Compensation Schemes and Generally Accepted Accounting Principles on Audit Partner Judgment, in: AJPT 1994, Vol. 13 (Nr. 2), S. 56–68.

Trompeter, G./Wright, A. (2010): The World Has Changed – Have Analytical Procedure Practices?, in: CAR 2010, Vol. 27 (Nr. 2), S. 669–700.
http://dx.doi.org/ 10.1111/j.1911-3846.2010.01023_8.x

Trope, Y./Liberman, N (2003): Temporal Construal, in: PB 2003, Vol. 110 (Nr. 3), S. 403–421. http://dx.doi.org/10.1037/0033-295X.110.3.403

Trope, Y./Liberman, N (2010): Construal-Level Theory of Psychological Distance, in: Psychological Review 2010, Vol. 117 (Nr. 2), S. 440–463. http://dx.doi.org/10.1037/a0018963

Trotman, K. T. (1996): Research Methods for Judgment and Decisions Making Studies in Auditing, Melbourne 1996.

Trotman, K. T. (1998). Audit judgment research – Issues addressed, research methods and future directions, in: Accounting and Finance 1998, Vol. 38 (Nr. 2), S. 115–156.
http://dx.doi.org/10.1111/1467-629X.00007

Trotman, K. T. (2001): Design Issues in Audit JDM Experiments, in: International Journal of Auditing 2001, Vol. 5 (Nr. 3), S. 181–192. http://dx.doi.org/10.1111/1099-1123.00334

Trotman, K. T. (2011): A Different Personal Perspective through the Behavioral Accounting Literature, in: Behavioral Research in Accounting 2011, Vol. 23 (Nr. 1), S. 203–208. https://doi.org/10.2308/bria.2011.23.1.203

Trotman, K. T. (2014): Judgment and Decision Making, in: Hay, D./Knechel, W. R./Willekens, M. (Hrsg.): The Routledge Companion to Auditing, London 2014, S. 200–218.

Trotman, K. T./Bauer, T. D./Humphreys, K. A. (2015): Group judgment and decision making in auditing: Past and future research, in: AOS 2015, Vol. 47, S. 56–72.
https://doi.org/10.1016/j.aos.2015.09.004

Trotman, K. T./Tan, H./Ang, N. (2011): Fifty-Year overview of judgment and decision-making research in accounting, in: Accounting and Finance 2011, Vol. 51 (Nr. 1), S. 278–360. http://dx.doi.org/10.1111/j.1467-629X.2010.00398.x

Trotman, K. T./Wright, A. (2000): Order effects and recency: where do we go from here?, in: Accounting and Finance 2000, Vol. 40 (Nr. 2), S. 169–182. http://dx.doi.org/10.1111/1467-629X.00042

Trotman, K. T./Yetton, P. W. (1985): The Effect of the Review Process on Auditor Judgments, in: JAR 1985, Vol. 23 (Nr. 1), S. 256–267. http://dx.doi.org/10.2307/2490918

Turner, C. W. (2001): Accountability Demands and the Auditor's Evidence Search Strategy: The Influence of Reviewer Preferences and the Nature of the Response (Belief vs. Action), in: JAR 2001, Vol. 39 (Nr. 3), S. 683–706. http://dx.doi.org/10.1111/1475-679X.00034

Tversky, A./Kahneman, D. (1973): Availability: A Heuristic for Judging Frequency and Probability, in: Cognitive Psychology 1973, Vol. 5 (Nr. 2), S. 207–232. https://doi.org/10.1016/0010-0285(73)90033-9

Tversky, A./Kahneman, D. (1974): Judgment under Uncertainty: Heuristics and Biases, in: Science 1974, Vol. 185 (Nr. 4157), S. 1124–1131. http://dx.doi.org/10.1126/science.185.4157.1124

Tversky, A./Kahneman, D. (1981): The Framing of Decisions and the Psychology of Choice, in: Science 1981, Vol. 211 (Nr. 4481), S. 453–458. http://dx.doi.org/10.1126/science.7455683

Tversky, A./Kahneman, D. (1982): The simulation heuristic, in: Kahneman, D./Slovic, P./ Tversky, A. (Hrsg.) (1982): Judgment under Uncertainty: Heuristics and Biases, Cambridge 1982, S. 201–208.

Umar, A./Anandarajan, A. (2004): Dimensions of pressures faced by auditors and its impact on auditors' independence. A comparative study of the USA and Australia, in: MAJ 2004, Vol. 19 (Nr. 1), S. 99–116. https://doi.org/10.1108/02686900410509848

Van Boven, L./Travers, M./Westfall, J./McClelland, G. (2013): Judgment and Decision Making, in: Carlston, D. (Hrsg.): The Oxford Handbook of Social Cognition, Oxford 2013, S. 375–401. http://dx.doi.org/10.1093/oxfordhb/9780199730018.013.0018

Vanstraelen, A./Schelleman, C./Meuwissen, R./Hofmann, I. (2012): The Audit Reporting Debate: Seemingly Intractable Problems and Feasible Solutions, in: EAR 2012, Vol. 21 (Nr. 2), S. 193–215. https://doi.org/10.1080/09638180.2012.687506

Veidt, R. J./Spang, H. (2016): Das Abschlussprüfungsreformgesetz (AReG), in: WP Praxis 2016, Nr. 8, S. 193–198.

Vessey, I. (1991): Cognitive Fit: A Theory-Based Analysis of the Graphs Versus Tables Literature, in: Decision Sciences 1991, Vol. 22 (Nr. 2), S. 219–240. http://dx.doi.org/10.1111/j.1540-5915.1991.tb00344.x

Viator, R. E./Bagley, P. L./Barnes, B. G./Harp, N. L. (2014): Measuring Reflective Cognitive Capacity: A Methodological Recommendation for Accounting Research of Feedback Effects, in: Behavioral Research in Accounting 2014, Vol. 26 (Nr. 2), S. 131–160. https://doi.org/10.2308/bria-50803

Vul, E./Pashler, H. (2008): Measuring the Crowd Within. Probabilistic Representations Within Individuals, in: Psychological Science 2008, Vol. 19 (Nr. 7), S. 645–647. https://doi.org/10.1111/j.1467-9280.2008.02136.x

Vranas, P. B. M. (2000): Gigerenzer's normative critique of Kahneman and Tversky, in: Cognition 2000, Vol. 76 (Nr. 3), S. 179–193. https://doi.org/10.1016/S0010-0277(99)00084-0

Waller, W. S./Felix, W. L. (1984): The Auditor and Learning from Experience: Some Conjectures, in: AOS 1984, Vol. 9 (Nr. 3/4), S. 383–406. https://doi.org/10.1016/0361-3682(84)90021-7

Wason, P. C. (1960): On the Failure to Eliminate Hypothesis in a Conceptual Task, in: The Quarterly Journal of Experimental Psychology 1960, Vol. 12 (Nr. 3), S. 129–140. https://doi.org/10.1080/17470216008416717

Weber, E. U./Johnson, E. J. (2009): Mindful Judgment and Decision Making, in: Annual Review of Psychology 2009, Vol. 60, S. 53–85. https://doi.org/10.1146/annurev.psych.60.110707.163633

Weis, H. (2016): Abschlussprüfer-Regulierung in Deutschland, in: WPg 2016, Vol. 69 (Nr. 1), S. 4–10.

Weisner, M. M. (2015): Using Construal Level Theory to Motivate Accounting Research: A Literature Review, in: Behavioral Research in Accounting 2015, Vol. 27 (Nr. 1), S. 137–180. https://doi.org/10.2308/bria-51063

Wentura, D./Frings, C. (2013): Kognitive Psychologie, Wiesbaden 2013. http://dx.doi.org/10.1007/978-3-531-93125-8

Westermann, K. D./Cohen, J./Trompeter, G. (2014): Professional Skepticism in Practice: An Examination of the Influence of Accountability on Professional Skepticism, Working Paper 2014, Florida International University et al., S. 1–46.

Wheeler, P. R./Arunachalam, V. (2008): The Effects of Decision Aid Design on the Information Search Strategies and Confirmation Bias of Tax Professionals, in: Behavioral Research in Accounting 2008, Vol. 20 (Nr. 1), S. 131–145. https://doi.org/10.2308/bria.2008.20.1.131

Wiemann, D. (2010): Prüfungsqualität des Abschlussprüfers. Einfluss der Mandatsdauer auf die Bilanzpolitik beim Mandanten, Wiesbaden 2010. http://dx.doi.org/10.1007/978-3-8349-6526-4

Wilcox, R. R. (1987): New Designs in Analysis of Variance, in: Annual Review of Psychology 1987, Vol. 38, S. 29–60. https://doi.org/10.1146/annurev.ps.38.020187.000333

Wilks, T. J. (2002): Predecisional Distortion of Evidence as a Consequence of Real-Time Audit Review, in: TAR 2002, Vol. 77 (Nr. 1), S. 51–77. https://doi.org/10.2308/accr.2002.77.1.51

Wilson, T. D./Brekke, N. (1994): Mental Contamination and Mental Correction: Unwanted Influences on Judgments and Evaluations, in: PB 1994, Vol. 116 (Nr. 1), S. 117–142. http://dx.doi.org/10.1037/0033-2909.116.1.117

Wolfe, C. J./Christensen, B. E./Vandervelde, S. D. (2014): Thinking Fast Versus Thinking Slow: The Effect on Auditor Skepticism, Working Paper 2014, Texas A&M University et al., S. 1–33. http://dx.doi.org/10.2139/ssrn.2512329

WPK (Hrsg.) (2013): Comment Letter zum "Exposure Draft - Reporting on Audited Financial Statements: Proposed New and Revised International Standards on Auditing" vom 25. Okt. 2013, S. 1–10.

WPK (Hrsg.) (2017): Mitgliederstatistik der WPK Stand 1. Januar 2017, S. 1–9, abrufbar unter: www.wpk.de/wpk/organisation/mitgliederstatistik/ (zuletzt abgerufen am 16.06.2017).

Wright, W. F. (1980): Cognitive Information Processing Biases: Implications for Producers and Users of Financial Statement Information, in: Decision Sciences 1980, Vol. 11 (Nr. 2), S. 284–298. http://dx.doi.org/10.1111/j.1540-5915.1980.tb01139.x

Wright, W. F. (1995): Superior Loan Collectibility Judgments Given Graphical Displays, in: AJPT 1995, Vol. 14 (Nr. 2), S. 144–154.

Wright, A. M./Wright, S. (1997): An Examination of Factors Affecting the Decision to Waive Audit Adjustments, in: Journal of Accounting, Auditing and Finance 1997, Vol. 12 (Nr. 1), S. 15–36. https://doi.org/10.1177/0148558X9701200102

Wright, A. M./Wright, S. (2014): Modification of the Audit Report: Mitigating Investor Attribution by Disclosing the Auditor's Judgment Process, in: Behavioral Research in Accounting 2014, Vol. 26 (Nr. 2), S. 35–50. https://doi.org/10.2308/bria-50662

Yates, J. F./Veinott, E. S./Patalano, A. L. (2003): Hard Decisions, Bad Decisions: On Decision Quality and Decision Aiding, in: Schneider, S. L./Shanteau, J. (Hrsg.): Emerging Perspectives on Judgment and Decision Research, Cambridge 2003, S. 13–63.

Zimbelman, A. F. (2014): The Influence of Intuition and Specialization on Auditors' Attempts to Draw on the Crowd Within, Dissertation 2014, University of Illinois.

Zimbelman, M. F./Waller, W. S. (1999): An Experimental Investigation of Auditor-Auditee Interaction under Ambiguity, in: JAR 1999, Vol. 37 (Supplement), S. 135–155. http://dx.doi.org/10.2307/2491349

Verzeichnis zitierter Gesetze und amtlicher Drucksachen

AReG – Abschlussprüferreformgesetz
Gesetz zu Umsetzung der prüfungsbezogenen Regelungen der Richtlinie 2014/56/EU sowie zur Ausführung der entsprechenden Vorgaben der Verordnung (EU) Nr. 537/2014 im Hinblick auf die Abschlussprüfung bei Unternehmen von öffentlichem Interesse vom 10. Mai 2016 (BGBl. Jg. 2016, Teil I, Nr. 23, S. 1142–1157).

HGB – Handelsgesetzbuch
Gesetz vom 10. Mai 1897 (RGBl. I S. 219), zuletzt geändert durch Gesetz vom 11.04.2017 (BGBl. I S. 802) m.W.v. 19.04.2017.

Richtlinie 2006/43/EG
Richtlinie 2006/43/EG des europäischen Parlaments und Rates vom 17. Mai 2006 über Abschlussprüfungen von Jahresabschlüssen und konsolidierten Abschlüssen, zur Änderung der Richtlinien 78/660/EWG und 83/349/EWG des Rates und zur Aufhebung der Richtlinie 84/253/EWG des Rates, in: ABlEG Nr. L 157 vom 09.06.2006, S. 87–107.

Richtlinie 2014/56/EU
Richtlinie 2014/56/EU des europäischen Parlaments und Rates vom 16. April 2014 zur Änderung der Richtlinie 2006/43/EG über Abschlussprüfungen von Jahresabschlüssen und konsolidierten Abschlüssen, in: ABlEU Nr. L 158 vom 27.05.2014, S. 196–226.

Verordnung (EU) Nr. 537/2014
Verordnung (EU) Nr. 537/2014 des europäischen Parlaments und Rates vom 16. April 2014 über spezifische Anforderungen an die Abschlussprüfung bei Unternehmen von öffentlichem Interesse und zur Aufhebung des Beschlusses 2005/909/EG der Kommission, in: ABlEU Nr. L 158 vom 27.05.2014, S. 77–112.

WpHG – Wertpapierhandelsgesetz
Wertpapierhandelsgesetz in der Fassung der Bekanntmachung vom 9. September 1998 (BGBl. I S. 2708), zuletzt geändert durch Artikel 4 des Gesetzes vom 23. Juni 2017 (BGBl. I S. 1693).

WPO – Wirtschaftsprüferordnung
Gesetz über eine Berufsordnung der Wirtschaftsprüfer vom 05.11.1975 (BGBl. I S. 2803), zuletzt geändert durch Gesetz vom 10.05.2016 (BGBl. I S. 1142) m.W.v. 17.06.2016.

K. Asbahr, *Entzerrungsstrategien bei der Prüfung geschätzter Werte*, Auditing and Accounting Studies, https://doi.org/10.1007/978-3-658-21603-0

Verzeichnis zitierter nationaler und internationaler Prüfungs- und Rechnungslegungsstandards

IAS 37: Provisions, Contingent Liabilities and Contingent Assets
Verordnung (EG) Nr. 1126/2008 der Kommission vom 3. November 2008 zur Übernahme bestimmter internationaler Rechnungslegungsstandards gemäß der Verordnung (EG) Nr. 1606/2002 des Europäischen Parlaments und des Rates, in: ABlEU Nr. L 320 vom 29.11.2008, S. 1–481.

IDW PS 314 n.F.
IDW (Hrsg.) (2009): Die Prüfung von geschätzten Werten in der Rechnungslegung einschließlich von Zeitwerten (IDW PS 314 n.F.) vom 09.09.2009, in: IDW Fachnachrichten 2009, Nr. 9, S. 415–427.

IDW PS 400
IDW (Hrsg.) (2010): Grundsätze für die ordnungsmäßige Erteilung von Bestätigungsvermerken bei Abschlussprüfungen (IDW PS 400) vom 24.11.2010, in: IDW Fachnachrichten 2010, Nr. 12, S. 537–565, zuletzt geändert am 28.11.2014 (IDW Fachnachrichten 2015, Nr. 1, S. 31).

IDW EPS 400 n.F.
IDW (Hrsg.) (2017): Entwurf einer Neufassung des IDW Prüfungsstandards: Bildung eines Prüfungsurteils und Erteilung eines Bestätigungsvermerks (IDW EPS 400 n.F.) vom 14.12.2016, in: IDW Life 2017, Nr. 2, S. 148–187.

IDW EPS 401
IDW (Hrsg.) (2017): Entwurf eines IDW Prüfungsstandards: Mitteilung besonders wichtiger Prüfungssachverhalte im Bestätigungsvermerk (IDW EPS 401) vom 14.12.2016, in: IDW Life 2017, Nr. 2, S. 187–201.

IDW RS HFA 47
IDW (Hrsg.) (2014): Einzelfragen zur Ermittlung des Fair Value nach IFRS 13 (IDW RS HFA 47) vom 06.12.2013, in: IDW Fachnachrichten 2014, Nr. 1, S. 84–100.

IFRS 13: Fair Value Measurement
Verordnung (EU) Nr. 1255/2012 der Kommission vom 11. Dezember 2012 zur Änderung der Verordnung (EG) Nr. 1126/2008 zur Übernahme bestimmter internationaler Rechnungslegungsstandards gemäß der Verordnung (EG) Nr. 1606/2002 des Europäischen Parlaments und des Rates im Hinblick auf International Accounting Standard 12 und International Financial Reporting Standards 1 und 13 sowie Interpretation 20 des International Financial Reporting Interpretations Committee, in: ABlEU Nr. L 360 vom 29.12.2012, S. 78–144.

ISA 260 (Revised)
IAASB (Hrsg.) (2017): ISA 260 (Revised): Communication With Those Charged with Governance, in: Handbook of International Quality Control, Auditing, Review, Other Assurance, and Related Services Pronouncements, 2016–2017 Edition, Volume I, New York 2017, S. 225–254.

K. Asbahr, *Entzerrungsstrategien bei der Prüfung geschätzter Werte*, Auditing and Accounting Studies, https://doi.org/10.1007/978-3-658-21603-0

ISA 315 (Revised)
IAASB (Hrsg.) (2017): ISA 315 (Revised): Identifying and Assessing the Risks of Material Misstatement Through Understanding the Entity and Its Environment, in: Handbook of International Quality Control, Auditing, Review, Other Assurance, and Related Services Pronouncements, 2016–2017 Edition, Volume I, New York 2017, S. 280–337.

ISA 540
IAASB (Hrsg.) (2017): ISA 540: Auditing Accounting Estimates, Including Fair Value Accounting Estimates, and Related Disclosures, in: Handbook of International Quality Control, Auditing, Review, Other Assurance, and Related Services Pronouncements, 2016–2017 Edition, Volume I, New York 2017, S. 489–533.

ISA 701
IAASB (Hrsg.) (2017): ISA 701: Communicating Key Audit Matters in the Independent Auditor's Report, in: Handbook of International Quality Control, Auditing, Review, Other Assurance, and Related Services Pronouncements, 2016–2017 Edition, Volume I, New York 2017, S. 774–797.

ISA 705
IAASB (Hrsg.) (2017): ISA 705 (Revised): Modifications to the Opinion in the Independent Auditor's Report, in: Handbook of International Quality Control, Auditing, Review, Other Assurance, and Related Services Pronouncements, 2016–2017 Edition, Volume I, New York 2017, S. 798–829.

ISA 706
IAASB (Hrsg.) (2017): ISA 706 (Revised): Emphasis of Matter Paragraphs and Other Matter Paragraphs in the Independent Auditor's Report, in: Handbook of International Quality Control, Auditing, Review, Other Assurance, and Related Services Pronouncements, 2016–2017 Edition, Volume I, New York 2017, S. 830–847.

ISA 700 UK (June 2013)
FRC (Hrsg.) (2013): ISA 700 (UK and Ireland): The independent auditor's report on financial statements (June 2013), S. 1–17.

ISA 700 UK (June 2016)
FRC (Hrsg.) (2016): ISA 700 (UK and Ireland): Forming an Opinion and Reporting on Financial Statements (revised June 2016), S. 1–55.

ISA 701 UK
FRC (Hrsg.) (2016): ISA 701 (UK): Communicating Key Audit Matters in the Independent Auditor's Report, S. 1–2

Sachverzeichnis

K. Asbahr, *Entzerrungsstrategien bei der Prüfung geschätzter Werte*, Auditing and Accounting Studies, https://doi.org/10.1007/978-3-658-21603-0

Printed by Printforce, the Netherlands